Miklós Radnóti
*The Complete Poetry
in Hungarian and English*

# Miklós Radnóti

## *The Complete Poetry in Hungarian and English*

MIKLÓS RADNÓTI

*Translated by* GABOR BARABAS

*Foreword by* GYŐZŐ FERENCZ

McFarland & Company, Inc., Publishers

*Jefferson, North Carolina*

**Frontispiece:** Miklós Radnóti, summer 1942, in Szeged, Hungary.
Photograph by Miklós Müller.

LIBRARY OF CONGRESS CATALOGUING-IN-PUBLICATION DATA

Radnóti, Miklós, 1909–1944.
[Works. English & Hungarian]
Miklós Radnóti : the complete poetry in Hungarian and English /
Miklós Radnóti ; translated by Gabor Barabas ; foreword by Győző Ferencz.
p.     cm.
Includes bibliographical references and index.

**ISBN 978-0-7864-6953-6 (softcover : acid free paper)** ∞
**978-1-4766-1431-1 (ebook)**

I. Barabas, Gabor, translator.   II. Title.
PH3321.R27A2 2014        894'.511132—dc23        2014006896

BRITISH LIBRARY CATALOGUING DATA ARE AVAILABLE

On the cover: Portrait of Miklós Radnóti by artist George Pratt

Printed in the United States of America

*McFarland & Company, Inc., Publishers
Box 611, Jefferson, North Carolina 28640
www.mcfarlandpub.com*

I dedicate this book,
a labor of love,
to my wife,
SuzAnne
—translator Gabor Barabas

# Table of Contents

## Újhold / New Moon (1935)   70

## Járkálj csak, halálraítélt! / March On, Condemned! (1936)   85

## Meredek út / Steep Road (1938)   102

## Naptár / Calendar (1942)   120

## Tajtékos ég / Frothy Sky (1946) 123

## Zsengék / Miscellaneous Poems (1925–1929)   175

## Kötetbe nem sorolt és hátrahagyott versek / Miscellaneous Poems (1930–1944) 200

## Eaton Darr strófái / The Songs of Eaton Darr (1941–1943) 220

## Tréfás versek / Incidental Poems (1938–1943) 222

# Translator's Acknowledgments

I would like to thank Fanni Radnóti for entrusting me with her husband's complete poetical works, and for allowing me the opportunity to translate his poems. By reviewing my early exploratory translations and then giving me permission for the entire project, she allowed me to realize a long-held quixotic dream, one that I was finally able to pursue during these past five years. For almost 70 years until her death on February 15, 2014, she was the guardian of his memory and legacy, patiently shepherding his work into the public's consciousness. She was the muse that inspired many of his poems and since his death faithfully continued to carry the torch she once carried in her husband's imagination, one that illuminated the profundities of love and nature, as well as the darkest recesses of men's minds.

I also thank and acknowledge Győző Ferencz for his masterful editing and compilation of Radnóti's works in his book *Radnóti Miklós összegyűjtött versei és versfordításai* [*Miklós Radnóti's Collected Poems and Translations*], published by Osiris Kiadó in Budapest. My now-dog-eared copy of his book served as the foundation for my translations. He was forever available and responsive to answer any questions and generously provided me with information on various individuals and obscure locations cited in the poems, as well as on individuals to whom the poems are dedicated, all of which have been critical to the development of this book. His

"Preface" is invaluable in introducing the English reader unfamiliar with Radnóti, to his life and work, and more importantly places the poems in a broader social and historical context. We are the beneficiaries of his extensive knowledge as he identifies the primary motifs in Radnóti's work while at the same time providing insights into the complex psychological dynamics that underlie his poems. The parallels that he draws between Radnóti's ouvre and that of the confessional poetry of important American poets of the 1950s and 1960s is revelatory and critical to understanding Radnóti's relevance to world literature. It places it beyond the confines of the Finno-Ugric language that continues to isolate Hungary and its rich literary tradition from much of the English-speaking public.

Two writers must be singled out for having devoted their passion and their creative energies to advancing Radnóti's legacy by writing monumental books on the subject. Their work provided me with invaluable contextual insights, ones that I relied upon throughout my project as I tackled the translations and struggled to bring poetic coherence to each poem. It was because of them, and Győző Ferencz, that I felt I was not alone on those many nights when the context of a poem eluded me and I despaired of not doing full justice to Radnóti's spirit or words. Emery George's pioneering and exhaustive book *The Poetry of Miklós Radnóti: A Comparative Study*, stands as the touchstone for anyone who seeks to understand Radnóti's work and the forces that shaped him. Similarly, Zsuzsanna Ozsváth's elegant *In the Footsteps of Orpheus: The Life and Times of Miklós Radnóti* melds biography with critical analysis, and at the same time provides the kind of broad historical context that only years of exhaustive research can provide.

I must thank Osiris Kiadó for giving me permission to publish in its entirety the 2006 edition of *Radnóti Miklós összegyűjtött versei és versfordításai* [*Miklós Radnóti's Collected Poems and Translations*], edited by Győző Ferencz, that serves as the Hungarian section in my manuscript. I also thank Fanni Radnóti and Győző Ferencz for their permission. Fanni Radnóti kindly provided photographs as well.

I thank my wife, SuzAnne, for being patient with me throughout this long journey and for providing me with encouragement and support as I disappeared for stretches of time into the misty purgatorial world that lies between Hungarian, my mother-tongue, and English, my gifted language.

Some of these translations have appeared previously, including "Welcome the Day!" "Psalms of Devotion," "Paris to Chartres," "Versailles," and "Quai de Montebello" in *The Innisfree Poetry Journal* (on-line), #11, Fall, 2010, "Night," "The Corpse," "Seventh Eclogue," "Razglednica," "Razglednica (2)," "Razglednica (3)," and "Razglednica (4)," in *The Great River Review*, Fall/Winter Issue, 2011, and "Calendar" in *This Broken Shore*, Vol. 5:1, 2012: "Calendar." Jennifer Tardibuono is also to be acknowledged for assisting with incorporating the "errata" into the Hungarian manuscript.

Finally, I wish to thank my dear friend, Carl Hoffman, who volunteered to help shepherd the manuscript along and who worked on some of the most demanding aspects of this project setting up hardware and software to accommodate the ever-changing,

ever-evolving manuscript. He reviewed, over many months, the entire Hungarian section of the text and helped organize the various sections of the book to make the editing process more coherent and less burdensome. He labored into late nights and early mornings to provide on-going momentum for the project that sometimes seemed overwhelming. Most important, he prodded me when my energies flagged, assuring me that the book would not write itself. Although this is an oft used and hackneyed phrase, in his particular case it can be said with total conviction that the book would not have been written without his faithful and dogged assistance nor his encouragement.

In closing, I wish to acknowledge my father, Francis Barabas, and my mother Gizella, survivors of the Holocaust, who were caught up in the same maelstrom and madness as Radnóti but who happened through some enigmatic beneficence to survive. Every page of this book is informed by the memory of my relatives who died in Auschwitz, in forced labor camps, and on death marches before I was born. From an early age I have consciously sought to be a vessel through which they may live on and I list their names here so that they not be lost to time like the names of countless others lost in the great cavalcade of anonymity. They include my maternal grandmother, Maria Róth Frischmann; my maternal grandfather, Móric Frischmann; my mother's brothers, Endre and Pál Frischmann; my maternal great aunt and great uncle, Ilona Frischmann and Nándor Frischmann; my maternal great-great grandmother, Eszter Karfunkel Frischmann; my maternal great uncle, Jenö Roth; my maternal great aunt, Ilona Roth, her husband, Herman Feldmeszer, and their children Laci, Tibor, Jenö, and Gizella; my maternal great uncle, Marton Frishmann, my maternal great aunt, Erzsébet Roth Friedmann, her husband, Ziegmund Friedmann, and their children Páli, Irén Friedmann Goldman, and Borbála

Friedmann Erdös; my paternal grandfather, Samuel Klein; my father's nine-year-old sister, Gyöngyike Frank; my paternal great uncle, Aladár Czeisler, his wife, Annus Löwy Czeisler, and their children György and Éva; my paternal great uncle, Mór Czeisler; my paternal great aunt, Irén Czeisler Ungar, her husband, Ernö Ungar, and their children György and Laci.

—Gabor Barabas

# Foreword by Győző Ferencz

There can be little doubt that it is his last poems that elevate Miklós Radnóti to the high rank that he deserves in literature. His poetry in its final dénouement created a matchless unity of life and literature. His final poems, "Töredék" (Fragment) and the ones that survived in the Bor notebook,[1] speak on the very borderline of human existence. Indeed, "Razglednica (4)" (*razglednica* is Serbian for postcard), was written just a few days before his death, and freezes the image of his own murder at the hands of his guards, and articulates the tragedy of his senseless death from a point that is virtually beyond that border. His last ten poems were written in a notebook discovered on the exhumed body of the murdered poet—and contained the text in five languages with the opening line of the English text smeared into illegibility: "[The finder is kindly requested to forward this notebook, which] contains the poems of the Hungarian poet Miklós Radnóti to Mr. Gyula Ortutay, Budapest university lecturer, Budapest, VII. Horánszky u. 1. I thank you in anticipation"[2]—has become a symbolic object, with poetry and life, poetry and death, conjoined in a unique manner.

The significance that Radnóti has for world literature is shown by the fact that even though a Hungarian link can be traced behind virtually all the published translations of his poems, his poetry has nevertheless transcended cultural barriers and entered the international literary consciousness. Carolyn Forché, in her anthology *Against Forgetting: Twentieth Century Poetry of Witness*,[3] refers to Radnóti as a major Hungarian poet of the Holocaust, along with admittedly better-known figures such as Paul Celan, Nelly Sachs, Primo Levi, and Tadeusz Borowski. What raises Radnóti's oeuvre beyond the realm of being merely testimony to the Holocaust alone is that the viewpoint that he adopted in his conceptually authoritative compositions is not retrospective. He was productive throughout his three tours of labor service, and his poems and the diary that he kept with meticulous care are both extraordinary attempts at placing poetry and life side by side. His last poems, and in particular "Töredék," written on May 19, 1944, the day before he left for his third, and final tour of forced labor, and the poems in the Bor notebook were not the products of an unexpected, inexplicable flaring up of creativity but were the culmination of a deliberately and tightly woven web of themes and motifs he had been developing since adolescence.

Miklós Radnóti was born on May 5, 1909, in Budapest. Originally his family name was Glatter, and his father, Jakab Glatter was employed at the textile wholesale company owned by his brother-in-law Dezső Grósz. His ancestors on both sides were Ashkenazi Jews from Galicia who probably settled in Hungary some time in the early 19th century and lived in Northern Hungary. His grandfather, Jónás Glatter, was an innkeeper in

Radnót, part of the county of Gömör-Kishont (today Radnovce in Slovakia). His mother and twin brother died at his birth, a fact that haunted him and his poetry throughout his life. There is no reliable surviving source to document whether after birth Miklós was taken home by his father, nor is it known where and by whom he was taken care of and what happened to him during the first two years of his life. What is known is that in 1911, two years after his birth, his father remarried. Jakab's second wife, Ilona Molnár, came from a Jewish family in Transylvania and in 1914 their daughter, Ágnes, was born.

The parents did not reveal the tragic death of Miklós's mother to the children, and Miklós did not know that Ilona was not his biological mother until the age of twelve when in July 1921 his father unexpectedly died of apoplexy. Radnóti, as he described in his autobiographical short story (Gemini) of 1940, "Ikrek hava" lived in emotional security until that time. In the months following his father's death Radnóti lived with various relatives, one of whom finally revealed to him that his mother died during his birth, that Ilona Molnár was his stepmother, and that Ágnes was his half-sister. The fact that his twin brother also died at birth was not revealed to him until three years later. As his foster mother could not provide for two children alone, the family considered it advisable that Ilona and Ágnes move to Nagyvárad (today in Romania) where they had relatives, and in 1941 Ilona remarried. Ágnes was also married for a short while and published a volume of poetry and a novel under the name of Ágnes Erdélyi. She remained in contact with Radnóti until the end of their lives. Both Ilona and Ágnes perished in Auschwitz in 1944, the same year of Radnóti's murder in a remote forest near Abda, Hungary, during a death-march.

While there is no reliable information about the life of Radnóti during the two years following his father's death, he probably lived with the brother of his stepmother from 1921 until 1923, at which time his maternal uncle, Dezső Grósz, was appointed his guardian and Radnóti moved into the apartment of his great-grandaunt. This remained his registered address until his marriage.

It took Radnóti several years to process the trauma of these years, and the idea that his birth involved the sacrifice of the lives of his mother and twin brother became a recurrent theme of his poetry from his earliest works until 1941. He elaborated on this most fully in his short story, "Gemini," which reveals how deeply these personal tragedies and their protracted revelation had wounded him, and how they led to serious identity problems. At the very age that the components of his personality were about to be solidified, these experiences profoundly influenced his view of his relation to the world and to himself. The awareness of death permeated his thought since his adolescent years and it was during these years that he started to write poems. His earliest works were published in various student journals, and he joined a student association of literature which released a home-printed journal *Haladás* (Progress). The ideas that the members shared amalgamated left-wing sentiments and philosophies with the teachings of Jesus and Hindu mysticism, and all these influences had a specific impact on him.

His first volume of poetry, *Pogány köszöntő* (Pagan Salute), was published in 1930. The title of the volume indicated the entry of the young poet into literature, as well as his standing as an outsider who uses the language of pastoral poetry. The volume was introduced by a motto taken from the book *Jesus* (1927) by Henri Barbusse (1873–1935), which formulated the concept of "goodness." Radnóti viewed Jesus as a social revolutionary and the term "pagan" was intended to convey less a position on religion than a sense of rebellion.

Radnóti's goal was to pursue studies at

Pázmány Péter University (now Eötvös Loránd University) in Budapest, but he was denied admission because he was Jewish. He was, however, able to enroll in the University of Szeged, a major town in the Southeast region of Hungary, and in 1930 was majoring in Hungarian and French. He immediately became a member of the leftist student organization, the Art College of the Youth of Szeged, which organized cultural visits and performances at neighboring villages, and was at the same time deeply influenced by his professor of modern Hungarian literature, Sándor Sík, who was a respected scholar, poet, priest, and member of the Piarist order. The dark side of his university years was the rising anti–Semitism that led to repeated "Jew-beatings" at the university organized by racist "Turulist" associations with impunity.

Radnóti's second volume, *Újmódi pásztorok éneke* (Song of Modern Shepherds), was published in 1931. Only a few weeks after its publication the public prosecutor began an inquiry and had all the copies confiscated on the charge of offence against decency and religion. Radnóti was interrogated and a lawsuit was brought against him. In the summer of 1931 Radnóti made his first trip to Paris and spent two months there with the purpose of improving his knowledge of the language. He was deeply impressed by the cultural variety of a democratic society and when he attended a so-called "colonial exhibition," it turned his attention toward African cultures, an interest that he maintained throughout his life. On his return to Hungary, the tribunal found that two of his poems, "Arckép" (Portrait) and "Pirul a naptól már az őszi bogyó" (The Autumn Berries Redden in the Sun) justified the charges. He was sentenced to eight days of prison but immediately appealed. It was partly through the intervention of his mentor and friend Sándor Sík that the sentence was suspended, which was fortunate because Radnóti might otherwise have been expelled from the university, limiting any

hopes of an academic or teaching career. In his third book, *Lábadozó szél* (Convalescent Wind), published in 1933, he included some of the poems of the previous, confiscated collection.

In 1934 at the age of twenty-five, Radnóti wrote his PhD dissertation on Margit Kaffka (1880–1918), a Hungarian poet and novelist. This was in keeping with his on-going efforts to elevate the place of women in Hungarian literature. (One-third of the book reviews that he published between the late 1920s and early 1940s took for its subject books written by women, a percentage that far exceeded the critical output of any of his contemporaries.) After receiving his doctorate and marrying Fanni Gyarmati, Radnóti tried to make a living by writing, but his only stable income was the monthly support he received from his guardian. He was never able to obtain a job as an editor or teacher because of the anti–Semitic laws and restrictions in most professions.

His literary career and reputation, however, grew during these years and in 1935 he published his third volume of poetry, *Újhold* (New Moon), which signaled a turn in his oeuvre. With this book he became a mature poet, and the presentiment of violent death, which became perhaps the main motif of his poetry, appeared here for the first time. The theme was further elaborated upon in his next book, *Járkálj csak, halálraítélt!* (March On, Condemned!), published in 1936 and honored with the prestigious Baumgarten Award a year later. With the money he received Radnóti was able to make his second trip to Paris, with Fanni, and it was during this trip that he became acquainted with the poetry of Federico García Lorca (1898–1936), the Spanish poet who was murdered by fascists during the Spanish Civil War. The death of the young poet prefigured for Radnóti his own violent and premature death.

During this period, he was also engaged in translation, and in just a few years Radnóti became one of Hungary's best literary translators. In 1937 and 1938 he delivered a series of lectures on Hungarian literature on radio, which came to an abrupt end due to the anti–Jewish legislation of 1938.

His fifth collection of poetry, *Meredek út* (Steep Road), came out in 1938 and was the last to be published in his lifetime. It was in this volume that he published his "First Eclogue" inaugurating a "hidden cycle" of eclogues he was to write in the next six years and that blended the bucolic tone of his early poetry with that of his great theme of death. In the summer of 1939 he traveled to France for the third and final time, a bittersweet journey taken at a time when war loomed. This was a period of both feverish literary activity and deep distress over his ever-dwindling opportunities to find employment.

After the start of World War II Radnóti was called up for forced labor service on three occasions since Jews could not serve in the Hungarian army in a combat capacity, prohibited as they were from carrying arms. The first tour was between September 9 and December 9, 1940, and involved disassembling wire fencing that separated the former Romanian border around Veresmart in northern Transylvania from Hungary. At this stage of his life he was exposed to anti–Semitic attacks in the press and part of his response was to compose a sequence of absurd surrealist poems, "Eaton Darr strófái" (The Songs of Eaton Darr), that he wrote behind the mask of a fictitious British poet to mock the cruel reality rising around him. "Eaton Darr" is "Radnóti" backwards, and the poems were published posthumously in 1970.

His private life also went through an emotional crisis when he fell in love with the painter Judit Beck, and he addressed his poems "Zápor" (Rain Shower) and his "Harmadik ecloga" (Third Eclogue) to her. His marriage to Fanni, however, did recover, as shown in his poem, "Októbervégi hexameterek" (Hexameters in Late October), written during his second tour of forced labor service (July 3, 1942–April 1943). While he did not have to wear any special marking during his first service, on this second tour he had to wear a yellow armband that marked him as a Jew. On this tour he was sent to Transylvania to set up phone poles and was then taken to a small town in October to work in a sugar factory. Starting in November he nailed ammunition cases and later worked in a machine factory on the outskirts of Budapest. He recorded these humiliating experiences in his diary making his final entry on March 14, 1943. The reason for the abrupt silence that followed was an incident on March 16. Radnóti had received an official leave for that afternoon, but an officer picked him up on the street as he was waiting for a trolley, and he was taken into a nearby garrison where his head was shaved, he was beaten, and was tortured with drills. After this incident his friends sent a petition to the Ministry of Defense asking for his discharge. Whether for this or some other reason, he was discharged in the final days of April after serving ten months of hard labor. Several days later he and Fanni converted to Catholicism. The months before his third and final call for forced labor service were spent feverishly working on translations and his own poetry. Among other works he began translating Shakespeare's *Twelfth Night*, which he never completed.

On May 20, 1944, he was called up for forced labor service for the last time and composed the short poem "Töredék" on the day before his departure. He was taken to the town of Bor, in Serbia, where through an inter-governmental agreement between Hungary and Nazi Germany, whose army now occupied Radnóti's country, about six thousand Hungarian Jews were assigned to work in a copper mine and on railroad construction to support the German war machine. The labor camp was supervised by the Hungarian army, and on this tour Radnóti wore a white armband indicating his Christian religion. The camp of Bor was a series of sites established on the line between Bor and Žagubica, and the various lagers, or camps, were named after German towns, with Radnóti assigned to Lager Heidenau. On August 29, because of the advance of the Soviet army and the renewed activity of Yugoslav partisans, the lager was evacuated and its inmates were taken on a forced march to the central lager in Bor. From here, the thousands of prisoners were set on the road to Germany in two detachments. Radnóti was assigned to the detachment that was scheduled to leave first. Before embarking on September 17, he gave a copy of five of his poems written in the labor camp to a friend, who luckily survived and carried the manuscripts home to Fanni.

The second detachment left Bor on September 29 and was liberated by Yugoslav partisans on the following day. Radnóti's group, however, was decimated, its members indiscriminately killed by the guards and various German units. Radnóti was last seen at Szentkirályszabadja airport where his group was lodged in a barracks. It was here that he wrote his final poem, "Razglednica (4)," on October 31. After this there is no surviving document relating to Radnóti except for the exhumation record of the mass grave found in Abda, a village in the northwest region of Hungary a year and a half after his killing and more than a year after the end of the war. Radnóti's final days, like the first two years of his life and the two years that followed his father's death, are forever shrouded in mystery What is known is that the forced laborers were compelled to walk from Szentkirályszabadja towards the Western borders of Hungary and that 22 persons, among them Radnóti, who were unable to walk were placed on a carriage. The men were wounded and ill and were to be taken to a hospital in nearby Győr, but the hospital refused to accept them. Eventually, the Hungarian soldiers guarding them drove the carriage to Abda where they executed all the prisoners. The mass grave was discovered in late June 1946 and the exhumed bodies were taken to Győr to be buried in the local Jewish cemetery on June 25. Autopsies were performed and corpse number 12, that of "Miklós Radnóczi," was buried for a second time. According to the official cause of death he was killed with a shot to the skull and his body was identified through documents found in his clothes that included his name card, his civil identity card, his membership certificate to the Economic Association of Writers, an authorized copy of his certificate of baptism, and letters addressed in his name.

Also among his papers was a small black notebook that contained Radnóti's final ten poems. Five of the poems had been given to his friend, who gave them to Fanni, who in turn published them in the posthumous collection *Tajtékos ég* (Frothy Sky) in 1946, before the discovery of the mass grave. The five newly discovered poems were then published for the first time in Radnóti's collected poems in 1948.

Radnóti was buried for the third and final time in grave 41, parcel 41 of the Kerepesi Street Cemetery in Budapest on August 16, 1946.

In considering his entire oeuvre, it is striking how Radnóti's prose, diary, essays and reviews, even as they are themselves self-contained and -consistent, seem to serve the inner unity of the poetic works. At the start of his career, he published two volumes (*Pogány köszöntő* [Pagan Salute] in 1930 and *Újmódi pásztorok éneke* [Song of Modern Shepherds] in 1931) of uneven but interesting poetry, and they were followed by a third, blustering volume, *Lábadozó szél* (Convalescent Wind), published in 1933, that should have proven to be the dead end to his creative output. All the same, a detailed analysis of these early volumes shows that even before his poetry was fully developed, Radnóti strove for a mature concept. His compositional flair was of a high order, even if it was still not uncommon for uncertainties to be manifest in the poetics, meter and tone struck by a poem. Thus a cycle of poems within a given volume, the positioning of poems within a cycle, or the arc of motifs within a poem forms a closed architectonic system. Indeed, it is noticeable that the volumes build on one another, with the opening or closing poems of one book, for instance, referring to similarly placed poems in volumes preceding or following, so that these early poems become the structure of a soundly uniform work.

Two conspicuous characteristics of his poetry, both early and late, are its economy and the unbroken arc of its inner development. In moving on from his early, more experimental period, Radnóti incorporated into his mature poetry aspects that he considered usable. The most revealing example is the bucolic tone that he hit upon in his first published volume, *Pogány köszöntő* [Pagan Salute], which was maintained through the poetry of mid–1930s, then suitably transformed into the love idylls in the garden on Istenhegy (Hungarian for "God's Hill") in Buda, and found its culmination during the final years in a series eclogues. This constancy of point of view is illustrated by a similar continuity in his nature poems, which often observe minute incidents, from the perspective of a person bending down to closely scrutinize objects, and thereby catching a glimpse of the universal in the microcosm of a trifle. This is summed up in the final line of the 1941 poem "Eső esik. Fölszárad ..." [The rain falls, then dries...]: "Consider the tiny agitations of the world."

Besides this unity of composition and viewpoint, the cohesion of the entire oeuvre is also reinforced by the way that Radnóti returns, to an image or a word of seemingly slight importance but through repetition accumulates meanings. An example is found in the drool or saliva of a calf, stag or ox,

which makes an appearance three times in his poems. The first is in the first cycle of *Pogány köszöntő*, in the poem that provides the book with its title: "And how our gentle calf drools / as he ambles dumbly behind our cart." The next is at the near-midpoint of his poetic output, in the poem "Mint a bika" (Like a Bull) that opens the 1935 volume *Újhold* (New Moon), in which the young bull plays "in the sweltering / noonday sun, his frothy saliva fluttering in the breeze." Then, close to the end, in "Razglednica (3)," we find: "The oxen drool bloody saliva." (It has to be noted that Radnóti used the very same word, "nyál," or saliva, in all three cases.) These three metaphors correspond to the three phases of the poet's life.

Radnóti shaped his poetry in a state of continual creative readiness, and even under the most severe physical and emotional duress, he managed to reach the peaks of his poetic craft. One reason Radnóti's works are assured a permanent place in world literature is the fact that he was able to mobilize his creative energies up until the very end. Of course, it is blind good fortune that his last poems, including "Root" and the four "Razglednica" poems, are extant only because the sole source of these poems, a small notebook, was discovered in a mass grave when his body was exhumed.

From the mid–1930s on, the inevitability of his own violent end was the main subject of Radnóti's poetry. This consciousness of death in adulthood, as we know from the poems, was conditioned by his early childhood experience of the trauma of death that left a deep psychological scar and wreaked profound changes in his personality. On the evidence of the handwritten exercise books of poetry that he produced in his adolescence, it was this extreme childhood trauma that prompted him to turn to writing. For three years following the death of his father, when he was 12 years old, the full dimensions of his family's tragedy were gradually revealed to

him. In his early verses he attempted to for-
mulate how the loss of both parents had
affected his personality, using poetry for psy-
chological self-healing. As the process of
assimilating the trauma of these deaths grad-
ually came to an end with the 1936 volume
*Járkálj csak, halálraítélt!* (March On, Con-
demned!), he had a growing awareness of his
vulnerability and mortality, to the point that
it took over as the leitmotif in the subsequent
volume, *Meredek út* (Steep Road, 1938), and
then in his later poems. In this way, Radnóti
deliberately integrated the tragedies of his
childhood into the structuring of his person-
ality, and looked on poetry as the terrain on
which he could come to terms with the irrev-
ocable losses he had suffered. This layer of his
poetry is confessional, with a therapeutic
function, and in assimilating his trauma he
not only resolved his psychological difficulty,
but also created himself as a poet. Through
his very particular relationship with death
Radnóti emerged, in the mid–1930s, as the
only one among his contemporaries who
sensed the danger that would, in the end,
destroy him, and this awareness led to an exis-
tential crisis that is manifest within his
poetry.

In this sense Radnóti's poetry was a remark-
able experiment in linguistic self- construc-
tion. He was searching for answers to what is
perhaps the greatest of all questions in poetry
in the European tradition—namely, What is
the connection between a poet's personal life
and the work created?

Radnóti's poetry asks another, related
question, as well: Is it possible for an identity
to be chosen freely? His own fate and his
poetry attest unequivocally to the individual's
prerogative to select his own identity, and it
is the great irony that in the repressive and
murderous political milieu in which he lived
in Hungary, this was not possible. The Hun-
garian state after World War I denied him
this right. Even when he wished to change his
name from Glatter to Radnóti the authorities

responded in 1934 by high-handedly chang-
ing his choice to "Radnóczi," making it clear
that the prevailing powers reserved for them-
selves the right to choose even this aspect of
his identity.

Radnóti's linguistic self-construction of
identity is comparable to poetic strategies
employed by the so-called confessional poets.
Attributed by literary history to primarily
American poets of the late 1950s and 1960s—
among them John Berryman, Randall Jarrell,
Robert Lowell, Sylvia Plath, and Anne Sex-
ton—who consciously used their poetry to
work out and explore psychological and emo-
tional traumas, often from childhood expe-
riences.[4] Confessional poetry looks back on
a substantial tradition in both historical and
aesthetic terms, with its immediate precursor
lying in the Romantic ideal of the poet as a
prophet and seer; but its roots stretch back
much further, all the way, it can be argued, to
Plato, who believed that poets, by their very
nature, are unpredictable and dangerous,
their actions subverting common sense. Being
confessional, however, does not necessarily
involve the poet's being damned or self-
destructive. Radnóti, certainly, did not sub-
scribe to such notions. His poetry, as in the
case of the "Töredék" (Fragment), from May
of 1944, directly contradicts Plato in that he
asserts, in the opening verse, that as a poet,
he represents normalcy in an age of lunacy.

It is interesting to note that the confes-
sional poets, an American group writing in
the years after World War II, share many
common features with certain creative efforts
in Hungarian lyric poetry of the 1930s, fore-
most those of Attila József (1905–1937) and
Radnóti. It is perhaps no accident that a
poetic approach evolving in Budapest prior
to World War II anticipated the methods
adopted by the Americans, given that in the
early years of the 20th century, the Austro–
Hungarian monarchy, and specifically its
twin capital cities of Vienna and Budapest,
were the epicenters of Freudian psychiatry,

before its blossoming in America. It was in the United States, however, that the everyday application of psychology completely permeated all aspects of intellectual life as it became a widely utilised therapeutic procedure.[5]

Hungarian and American confessional poetry is situated at the two ends of a timeline that spans the cultural crisis represented by the Second World War. The Hungarian variety emerged in the pre–Auschwitz era under an authoritarian political regime that was eventually to evolve into an open Nazi dictatorship, whereas its American counterpart unfolded in a period of liberal democracy in the post–Auschwitz era. Accordingly, it is broadly the case that the Hungarian poets were more deliberately political, and that the Americans poets were more psychologically oriented.

Radnóti's poetry is strongly distinct from that of the American school insofar as he did not use psychotherapeutic methods to analyze himself, although he demonstrably read several of Freud's works and even read psychology while he was at the university. Thus while he did not adopt Freudian or other psychological approaches to analyze his consciousness, his situation, or his life, and he did not put forward his poetry as an explicit program to construct himself, his poetic and prose works achieved precisely that end. His poetry is most akin to that of Sylvia Plath and Anne Sexton, and it is of interest that both of these poets drew on images provided by the Holocaust to express events that were critical for their own lives and identities. More specifically, they had a clear sense that modern, industrialized genocide had deeply shaken the moral foundations on which human civilization is based. This was essentially the same issue that Radnóti himself confronted but in all its murderous immediacy. Genocide shadowed his life both before and during the war, and it was the direct cause of his death. In the 15 years that Radnóti was active as a poet, the idea that a person is a

unique individual (the great accomplishment of Renaissance humanism) was torpedoed, and the very concept of the ego was shattered. The great question confronting the post-war confessional poets then was whether a destroyed ego emptied of meaning could be rebuilt by aesthetic means, something Radnóti nobly struggled with until the bitter end. Embodying the general crisis of civilization through his own fate, Radnóti became a poet whose intertwined life and art were a response to historical crisis experienced at the most personal level.

In reconstructing his self and ego in language, Radnóti had to reconcile and clarify his relationship to his Jewishness, his Catholicism, his political leftism, and his sense of being Hungarian. In the thinking of his own times, the pairings of Hungarian-Jewish, Jewish-Catholic, and Catholic-Communist, -Marxist or -socialist were generally regarded as mutually exclusive polar opposites in defining an individual's identity. Yet Radnóti strove to resolve these contradictions within his own personality.

Not a trace is to be found of Radnóti ever having received a religious Jewish upbringing, and yet there are many references in his letters and diary entries to his Jewishness, and more generally to Judaism and Jewish culture. These point to his being acutely concerned with these issues, even if all the signs suggest that he did not feel any ties to the traditions of Hungarian Jewry. He thought of Jewish culture in much the same way as he did the culture of antiquity, and he felt its value in being part of the cultural heritage of mankind. It may seem somewhat surprising today, but he did not accept the notion of a dual identity but believed instead in unconditional assimilation. It is notable that the word *Jew* is used only twice in his poems. The first instance is in a jocular extemporization about Heinrich Heine, dated Christmas 1939 but unpublished during his lifetime, and was conceived as an outburst against literary anti–Semitism. The second instance occurs in "Hetedik ecloga" (Seventh Eclogue), where Jews are listed as merely one of several ethnic groups in the labor camp. In neither case is the word used to refer to himself directly.

In contrast, he was drawn to Catholicism starting in secondary school when he was also developing his left-wing convictions, and to the end of his life he did not regard these two orientations as contradictory. Radnóti was not a deeply read Marxist, and his knowledge was based purely on second-hand sources. The essence of his leftist views was a sense of social justice based on the principles of equality and solidarity between human beings. His Marxism (or at least what he conceived of as being Marxism) was emotional; he did not join any left-wing party and was indeed highly critical of the illegal Communist movement. At the same time he looked on Jesus as a social revolutionary, and Biblical and Christian religious motifs crop up frequently in his poetry, though it should be noted that references to Old Testament prophets proliferated particularly in the last phase of his life.

Radnóti was a lot more reserved in the manner in which he handled his sense of Hungarianness or national consciousness. The poetic summation of his sense of nationality is a famous poem written in January 1944, "Nem tudhatom …" (I cannot know …). In its 36 lines the words *haza* (homeland), *hon* (home country), *táj* (landscape), and *föld* (soil), or some compound or variant of these, occur 14 times. At first sight this emphasis seems to fit comfortably into a long series of major patriotic Hungarian poems in the Romantic tradition, but unlike its precursors the poem does not promote any outstanding events of national history, pointing instead to a personal bond to a geographically definable region as the dominant factor in forming a sense of nation. This also explains his paradoxical concern about both the destruction that war wreaks, ostensibly his prime reason

for writing that poem, and the Allied aircraft whose bombs he feared might fall on his much-beloved countryside. This is not articulated in the text, of course, for in fact Radnóti wanted nothing more fervently than release from the Nazi rule of terror, and "Nem tudhatom …" takes a worm's eye view of the matter and thereby, paradoxically, strips it of its concrete specifics and raises it to a level of universality.

The greatest accomplishments of Radnóti's mature poetry spring from this intellectual field of force, and from the latter half of the 1930s, he achieves in a series of major poems a supremely high level of linguistic self-construction. This created identity, however, was in serious conflict with the outside world, as is signaled by an awareness of death that, throughout his mature poems, overshadows his love idylls. Before long a recurrent vision of his own death as a poet appears with almost obsessive regularity, and Radnóti speaks of his own death, or the deaths of other poets, in something like four dozen poems.

This necessarily means that with the growing consciousness of death, faith in the power of poetry and verbal expression is shattered. One of his very last poems, "Nyolcadik ecloga" (Eighth Eclogue), written in the forced labor camp at Bor, is essentially, from its first line to its last, an internal debate on the sense or senselessness of poetic expression and the power of the word. This tension can be clearly seen in the poems in the Bor Notebook composed literally during Radnóti's own death march, and the fact that the notebook emerged from a mass grave is surely a peerless example of the triumph of a poet's creative power over even self-liquidation.

The most exceptional example of the internal struggle of the late poetry can be found in "Razglednica (4)," Radnóti's very last poem, written four days before he died. The poem relates the death of a companion, which is also clearly his own, with Radnóti literally at the side of a fellow prisoner at the moment of his execution as he slumps to the ground. The fate of the two men may be separated only by an instant in the poem, but Radnóti becomes a participant in his companion's death, and when he reports on it he is reporting on his own death. This ambiguity is displayed in the fact that the text of the lines allows different interpretations, depending on whether the German phrase *Der springt noch auf* (He may still jump up), which appears in the penultimate of the seven lines, is taken to mean that the poet has been given a reprieve or, on the contrary, has been shot. The first interpretation is that in the course of the march those who became incapable of walking, and fell behind, were shot out of hand, but anyone who was capable of walking still had a chance of surviving. The freezing of the image in the last line ("as mud caked with blood dried upon my ear") hints at the latter meaning. These musings are supported by the specifics of the poem's origin, because the actual event that triggered the writing of "Razglednica (4)" was the death of Miklós Lorsi, a café musician from Budapest who served along with Radnóti in the forced-labor service and, according to eyewitness accounts, was shot after that quoted German cry was shouted out. By a process of reconstruction it becomes clear that poem's narrative disrupted the chronological order, and while Radnóti used each and every motif of Lorsi's death, the text that emerged was not a description of Lorsi's death, authentic down to the very last detail, but of the poet's vision of his own. In the final line the blood that denotes life becomes mingled with inanimate mud, just as the process of linguistic self-construction is completed in physical annihilation.

Győző Ferencz is an associate professor of English at Eötvös Loránd University in Budapest, Hungary. A poet, critic, and translator, he is the author of *Radnóti Miklós élete és költészete* (The Life and Poetry of Miklós Radnóti).

# Introduction

## Background

This book is the culmination of five years of work spent translating Miklós Radnóti's poetry, but the idea for the undertaking began many years ago. I first became aware of Radnóti's work when I was given a small facsimile edition of his Bor notebook during a trip to Hungary 17 years ago.[1] The notebook had been discovered in the pocket of his trench coat when his body was exhumed from a mass grave in 1946 and contained his final 10 poems, written shortly before his murder by his Hungarian guards in a remote forest near Abda, Hungary. Years later, I decided to learn more about his work and came upon a book by Emery George, *The Poetry of Miklós Radnóti: A Comparative Study*,[2] that surveyed and exhaustively analyzed the influences that shaped his aesthetics and his work. Soon afterward, I came upon another book by George, in which he translated Radnóti's poems into English.[3] I then decided to read the poems in Hungarian, my mother tongue, and obtained a copy of Radnóti's complete poems compiled and edited by Győző Ferencz, one of the world's foremost experts on the poetry and life of Radnóti.[4]

At the time I was practicing as a pediatric neurologist and occasionally late at night, after grappling in the hospital with the afflictions of the brain and nervous system, I would take these books off my shelf to relax and enter a world other than that of medicine. While there have been other translations of Radnóti's poetry into English, both before and since George's book, these books were selective in coverage, focusing on anywhere from 35 to 75 poems, typically those considered his "major" poems. George, however, translated everything, thereby making an invaluable contribution that enables the English reader to appreciate the range of Radnóti's poetic output, as well as his transitions from his earliest poems and juvenilia to his final and greatest poems. One of the striking things about Radnóti, who was killed at 35, was that he wrote his poems in a span of only 19 years. He compacted his transitions into a relatively short period of time, transitions that take most longer-lived poets twice as many years to achieve. It is to be noted, however, that there have been other such ill-fated poets, such as Keats, who transitioned from his earliest awkward attempts at versification at the age of 19 to writing his great odes by the age of 25, when he tragically succumbed to the ravages of tuberculosis.

At a certain point I became intrigued by the idea of translating Radnóti's complete poetical works, motivated by what I perceived as a highly personal connection: Radnóti was a victim of the Holocaust and my parents were Holocaust survivors. My father, Francis Barabas (Herman Klein), was born in 1921 and was 21 years of age when he was conscripted into the Hungarian army on October 5, 1942, to work in an all–Jewish forced-labor battalion much like that of Radnóti's. Like all Jews, he was not allowed to bear arms. He was ordered to work first in a munitions factory in Komárom and then, from late 1942 to 1944, in a plant supplying electricity for a railway that ran between Vienna and Budapest and was used to transport German forces and munitions to the Russian front. In December 1944 my father was taken to a death camp in Kőszeg near the Austro-Hungarian border. Four months later, in March 1945, he was moved to the notorious concentration camp at Mauthausen, and from there to its satellite camp, Gunskirchen, where he was close to death when liberated by American units on May 4, 1945. During his imprisonment he witnessed the brutalization and killing of many of his friends and companions at the hands of both the German SS and his Hungarian guards. On one occasion he was severely beaten with truncheons for hiding bread beneath his overcoat, and he lived with the psychological and physical consequences of this beating for the rest of his life. His father, aunts, uncles, cousins, and his nine-year old sister were all murdered in Auschwitz.

My mother, Gizella Barabas (née Frischmann), was also enveloped in the genocide. At 17 she was taken from her small village of Kemecse to Auschwitz, where within days her parents, two brothers, aunts, uncles, and cousins were murdered in the gas chambers. After a month she was taken to Stuthoff, Germany, and then to Brahnau, Poland, to work as a slave laborer in a munitions factory. While on a death march in Poland she was liberated by Russian soldiers in January 1945, having miraculously survived eight months while most around her were killed by the German SS or froze to death in the bitter snow. My parents were among the 185,000 Hungarian Jews that survived, but 500,000 others did not, among them Radnóti.

## Embarking on the Project

At the start of the project I had the good fortune of obtaining permission from Radnóti's widow, Fanni, to translate his entire poetical works. In tackling the project I was especially drawn to the idea that if I translated the poems in sequence, just as Radnóti had written them, I could best approximate his evolution as a writer and "mature" along with him artistically, stylistically, and psychologically. I was of course also aware of the need never to try to "improve" a poem but to retain any perceived weaknesses or awkwardness of words or lines. I knew as well that in such a project, in which Radnóti's complete works were to be presented, there would be poems that he himself might never have selected for publication. Some of the poems may have been early drafts or ones that he would have discarded, corrected, or rewritten had he had the opportunity to do so. In addition, I was acutely aware throughout the process of the responsibility I had, both to Fanni and to Radnóti's poetic legacy, to have a clear sense of the difference between Radnóti's voice and mine as the translator. My job was more properly to bring out, to the best of my ability, his distinctive voice to the English reader.

As I journeyed with Radnóti through the poems I realized that while the translation of poetry, by its very nature, presents linguistic, stylistic, and poetic challenges, there is one facet that may be overlooked, and that is that any act of translation is ultimately an ethical dilemma. I was especially aware of this during those late nights when I grappled with Radnóti's words, sentiments, and intentions, both transparent and elusive, when only he and I were present in the room, and he had finally become a palpable presence. The heavy weight of his incorporeal hand on my shoulder reminded me of the need to remain as faithful to his work as possible. On occasion I could not help but think that translation may be construed to be an act of violation, and this for me was both a frightening and a humbling thought.

## The Early Years (1909–1932)

For the English reader unfamiliar with Radnóti I wish to provide an overview of his life, for it will shed light on the themes that concerned him and on some of the influences that shaped his work. Miklós Radnóti was born Miklós Glatter on May 5, 1909, in Budapest. He came from humble beginnings and at birth both his mother and twin brother died, an event that would forever haunt him and appear throughout his poetry. It especially engendered in him a deep psychic wound and a sense of guilt so profound that from an early age he viewed himself as their murderer. One could perhaps question the logic of such violent feelings but then it merely highlights that the

**Miklós Radnóti, circa 1930, by an unknown photographer.**

logic that motivates the human heart is not the logic that motivates the human brain. His mother, Ilona Grosz, was 28 years old at the time of her death, and his devastated father, Jakab Glatter, remarried soon afterwards. Fortunately, Radnóti's stepmother, Ilka Molnár, was a loving parent, and the poet later called her his "living mother." Ilka raised him and his half-sister, Ágnes, until Radnóti was 12, when his father unexpectedly died at the age of 47. It was not until then that he learned that Ilka was not his biological mother and that Ilona had died while giving birth to him. He was soon sent to live with his maternal uncle, Dezső Grosz, a successful textile mer-

chant who started to groom him to take over the family business. He was sent to a trade school in Budapest, and it was there that his talents as a fledgling writer were discovered by his mathematics instructor, Károly Hilbert, who encouraged the young Radnóti to write poetry, which he did both at school and in secret while apprenticing for his uncle. It was also in Hilbert's home that he met the young Fanni Gyarmati, who was to become his wife and who would figure prominently in many of his poems as his constant love and muse.

In 1927, at the age of 18, his uncle sent him to Reichenberg, Czechoslovakia, to a textile manufacturing factory to continue his education in business. Radnóti was more interested in continuing his self-education as a poet. In the associated trade school, German was the spoken language, and it was here that Radnóti first became conversant with the language that would later lead to his translations into Hungarian of the works of prominent German poets. Radnóti's early influences also included the French symbolists Baudelaire and Verlaine, as well as the great Hungarian poet, Endre Ady, who cast a long shadow over all aspiring poets of the time.

Some of his earliest poems, written between 1927 and 1930, appeared in his first published book, *Pogány köszöntő* (Pagan Salute); other poems written during this period appeared only after his death. These earliest works are characterized by florid and highly energetic paeans to love, nature, and a budding sexuality, and they adopt a pastoral voice. As a Jew growing up in a predominantly homogeneous Catholic country, where the minority population of Jews was under increasing constraints and pressures, he began to incorporate Christian imagery into his poems that would ultimately get him in trouble with the censors. His use of such imagery, linking the sacred and the profane, was a unique expression of his earliest voice and echoed throughout his brief life and career as a writer.

Upon his return to Budapest from Czechoslovakia in 1928, Radnóti immersed himself in the robust literary life of the capital and initially flirted with avant-garde influences. With his first book about to appear in print, Radnóti finally had to reveal his secret preoccupation to his disappointed uncle, with whose grudging support Radnóti entered the University of Szeged to pursue studies in both French and Hungarian literature. It was here that he became aware of political currents and joined a left-wing student organization, which did not endear him to local authorities. He was on a collision course, and

when his second book, *Újmódi pásztorok éneke* (Song of Modern Shepherds), was published in 1931, it brought him directly into the crosshairs of the Hungarian right-wing establishment and the public prosecutor. Copies of his book were seized and destroyed, and he was placed on trial for sacrilege and insulting public morality.[5] Given the long tradition of anti–Semitism in the country and Radnóti's left-wing sentiments, he was a perfect target. If the charges leveled at him in court were upheld, and if the ultimate sentence of one week's imprisonment were carried out, he would never be able to pursue a career in teaching and the humanities. During his appeal, however, his friend and mentor, Sándor Sík, interceded. Sík, a prominent and highly respected teacher, writer, and Piarist priest, wrote a letter to the court on his behalf, indicating that while he agreed that the poems were in questionable taste he did not feel that they reached the level of obscenity or sacrilege.[6] The letter helped sway the decision of the Royal Court of Appeals and led to a suspended sentence. It was during this time that Radnóti first traveled to Paris, and it was here that he was assailed by the powerful currents of modernism. As a student of French literature he was immersed in the hotbed of cubism and surrealism, and could not help but be deeply affected. He returned to Hungary heavily influenced by these powerful movements, which gradually altered his poetic voice.

## The Middle Years (1933–1939)

The early and mid 1930s were a time of great social and political upheaval in Europe, with fascism and Nazism on the ascendancy, gradually and then radically transforming nations. Each new day brought with it ominous news and Radnóti began to write topical poems reflecting on the alarming events of his day. Still, in 1934 he managed to earn his doctorate in Hungarian literature. Also that year, he changed his name from Glatter to Radnóti, after the village where his paternal grandfather had run a tavern. He then moved back to Budapest to marry Fanni on August 11, 1935, at the age of 26. He obtained a teaching certificate for secondary school and looked forward to some modicum of financial stability but was prevented from teaching in a public institution because of his Jewish background. The young couple struggled on the fringes of poverty for the remainder of their brief married lives, but he was able to secure tutoring positions and supplement his income by translating various works into Hungarian. Meanwhile, Fanni was able to teach, and their families also provided some support to the young couple. Despite his exclusion from mainstream society, Radnóti's reputation in Budapest as a poet continued to rise, and in 1937 he won the prestigious Baumgarten Prize in Poetry. He also managed to successfully publish four more books of poetry—*Lábadozó szél* (Convalescent Wind) in 1933, *Újhold* (New Moon) in 1935, *Járkálj csak, halálraítélt!* (March On, Condemned!) in 1936, and *Meredek út* (Steep Road) in 1938—and appeared in various literary journals and anthologies, publishing poems and essays, and actively participating in public readings.

In 1937, Radnóti returned to a very different Paris from the one that he had first visited, and he experienced first-hand, in the public demonstrations on the streets, the anxieties engendered by the Spanish Civil War. Until his death, he would write about the great shadow cast over Europe during these years leading into the Second World War, a shadow that would ultimately envelop him. His final trip to Paris was in 1939, just before

**Miklós Radnóti, 1934, Szeged, Hungary by Miklós Müller.**

the invasion of Poland by Hitler and the outbreak of war, but as early as 1936, eight years before his murder, Radnóti was already writing about himself as a condemned man. Perhaps he perceived that he had allied himself with those that were most vulnerable, and perhaps his inauspicious birth had also marked him early on for destruction.

## The Later Years (1940–1943)

By 1940 his already constricting world constricted even further. In September of that year he was called up for the first time to serve in a forced-labor camp under the military and was sent for four months to the eastern frontier to clear barbed-wire fences and disarm mines.[7] In 1942 he was called up once again and landed in a military hospital ill and exhausted. Only the intervention of his friends shortened his tour, and he was able to return home to Fanni temporarily.[8] In Budapest he was unable to teach and his access to publishing was greatly curtailed, but at least he had a year's reprieve before his final call-up. Even the fact that he and Fanni had converted to Christianity in May 1943 did not provide protection, and his Jewish background was a permanent lightning rod for the pro–Nazi fascist government that remained one of Hitler's staunchest allies throughout the war. It was this government that ultimately sent 500,000 of its Jewish citizens to die in the concentration camps and gas chambers of the Third Reich and similarly killed many of its citizens in labor camps.

Radnóti's decision to convert was not one of mere expediency; he had always been attracted to the meaning of Christ's life and work and felt a spiritual, symbolic, and literary link not only to the Old Testament but the New Testament as well, as evinced by his poetry. He was baptized by the same Piarist monk, Sándor Sík, who had remained his friend throughout the years and who had defended him during his trial 10 years earlier. His last publication, *Naptár* (Calendar), appeared in 1942, and was a small monograph of 12 short poems, one for each month of the year. The last poem, "December," echoes and is reminiscent of the sentiments expressed by Keats in his "Ode To Autumn," written a hundred years before when, dying of consumption, the young English poet celebrated the season and peacefully resigned himself to mortality.

## The Final Months (1944)

On May 18, 1944, Radnóti received his third and final call to report for forced labor. At the time of the call-up, he had begun on a translation of Shakespeare's *Twelfth Night*, a work Radnóti would never complete. Conscripted into the Hungarian army and sent weaponless into battle zones to clear mines and to labor in dangerous circumstances, Jews were treated by the guards as prisoners who could be executed on a whim with impunity. He was taken by train to Lager Heidenau in Yugoslavia to work on building a railroad near Bor to transport munitions for the crumbling German army.[9] During these three months, Radnóti had somehow obtained a small Serbian notebook, a child's assignment book, and it is into this that he wrote his final 10 poems.

On August 20, the labor camp was abandoned because of the advancing Soviet forces, and 3,000 of the prisoners were placed on the road back home to Hungary. Another 3,000 who remained behind were rescued by Yugoslav partisans. Radnóti was among the prisoners on the forced march, during which those who were ill or could not keep up were executed, while others were sent to death camps or were killed upon reaching their homeland. On November 8 or November 9, Radnóti, who was weakened, possibly from a beating by the guards when his forbidden notebook was discovered, was taken with 21 other men into a frozen woods near Abda, a small Hungarian village. There they were shot and executed by Hungarian soldiers and buried in a mass grave.[10] On June 23, 1946, 18 months after his death, the grave was exhumed and Radnóti's body identified. In the pocket of his trench coat the small notebook was discovered, and with it his final poems.

It is important to note that his last poems represent the culmination of a long and triumphant journey through language. At the end, there was a simultaneous evolution and de-evolution toward a poetry that is both spare and elemental. Now that death was inevitable, language stood in all its stark nakedness and served as a tool for bearing dispassionate witness to the Apocalypse.

## Dominant Themes and Recurrent Images in Radnóti's Poetry

In the process of translating Radnóti's poetry, especially if one translates the verses sequentially from his earliest to his final poems, one begins to recognize not only dominant themes but recurrent images that accrue additional layers of meaning through repetition. I have highlighted in this section some of these themes and images to provide guideposts for the interested reader and to mark the paths that Radnóti took in developing his aesthetics.

## The Early Pastoral Voice

The earliest voice that the young Radnóti adopts is that of "pagan eroticism." As Emery George notes in his comparative study, Radnóti was influenced by Mihály Babits's Hungarian translation of the ancient Greek lyric poet Bacchylides.[11] His first two published books, *Pogány köszöntő* (Pagan Salute) and *Újmódi pásztorok éneke* (Song of Modern Shepherds), are both illustrative of the evolution of this pastoral strain in his poetry and of his search to link himself to classicism, a link that would find its most mature expression later in his eclogues. There is an exuberance in these early poems, and Radnóti was criticized for his posturing, which sometimes gave the work an artificiality and an awkward, unrestrained air. He was, however, searching for the foundations of an aesthetic, one upon which he would later unexpectedly build his greatest poems. The last two stanzas of the collection's opening poem, "Köszöntsd a napot!" (Welcome the Day!), are a perfect example of this early lyric pastoral voice:

A sleepy afternoon has come: let us welcome it in
silence! a kiss blooms upon your fingertips,
the palm of your hand gives birth to shade!
And let us be thankful! with palms open like a
   supplicant's,
and let us thank the sunlight, where we stand
twirling and disheveled, in fields animated

and gleaming with passion, where the raucous unhinged stalks of wheat burst into blossom!

This pastoral strain continued throughout much of his poetry, but over time manifested in more subtle ways, as in his minute observations of nature, or in the frequent association of Fanni with nature and the sun, and finally in the ways in which his eclogues strain against their classical roots toward an expression of modernity. One of the most remarkable examples of the persistence and adaptability of this pastoral strain in his poetry can be seen in one of his last poems, "Razglednica (2)," written during the death march from Bor to the frozen forest in Abda where he was killed.

In the poem, the pastoral voice is unextinguished despite Radnóti's having witnessed the horrors that man can offer man; but instead of the unbridled exuberance of his youth, he has reduced the pastoral to its starkest elements, creating a picture postcard, or *razglednica*, that he is sending off to whoever might find the poem after his death. It is a remarkable vision of simultaneity, of both the apocalypse and of the peaceful idyll of a young shepherdess untouched by war. The soft pastoral voice of the ancient Greek idyll that was the cornerstone of his early poetry becomes at the end the stone-cold, dispassionate, and accepting voice of witness.

Nine kilometers from here
the haystacks and houses are burning,
and frightened peasants sit by their fields
numbly smoking their pipes.
But here, the pond ripples gently
as the young shepherdess steps into the water,
and the ruffled sheep bend their heads
to drink in the clouds.

## Guilt and the Fractured Psyche

Much has been written about Radnóti's struggle with guilt after he discovered at the age of 12 that his biological mother had died while giving birth to him and, three years later, that his twin brother had also died during the birth. The self-flagellation for this "murder" is something that dominates his early poems such as "Nem volt anyám" (I Had No Mother), from 1926, written at the age of 17 and followed by similar examples, including ",És szólt és beszélt vala Káin Ábellel'" ("And Thus Spoke Cain to Abel"), "Huszonnyolc év" (Twenty-Eight Years), and "Csöndes sorok lehajtott fejjel" (Quiet Lines with Head Bowed). Despite the passage of the years, he was never fully able to expiate this guilt, as can be seen in its reappearance much later in one of his greatest poems, "A félelmetes angyal" (The Terrible Angel), in which the Angel of Death rummages through his mother's grave and wakes her, sneering: "Was he worth it?... Pitiful creature who gave him birth, then died of it!" The depths of this persistent psychic wound are discussed in this book more fully by Győző Ferencz in his Preface.

## The Anticipation of a Heroic Death

There is no question that Radnóti was a deeply wounded man. Orphaned at an early age, he lived much of his life in poverty, caught between two World Wars in a time of cataclysmic social change and persistent chaos. In his homeland he witnessed the rise of virulent anti–Semitism and the beatings of his fellow Jewish students by right-wing mobs, and although he did not view himself as religious and considered his Jewishness a mere cultural legacy, it did not escape him that he was still a marked man by birth, despite his later conversion to Catholicism. Except for his first 12 years of life with his father, stepmother, and sister, he never experienced peace or security, and upon finding out about the secrets of his birth, he felt that even those happier days had been built upon a lie. Therefore, his anticipation of an early death was certainly in keeping with everything he had lived through and witnessed. His expressions of guilt might be dismissed by some as adolescent self-pity or obsessive rumination, or as the working out of intense feelings without the modern ministrations of psychiatry; but it was this simple fatalistic view that ultimately became the preamble to a mature existential worldview in keeping with the horrors that slowly enveloped and destroyed him. He became one of the most articulate witnesses to the gathering shadows of the Holocaust, and from the shards of his fractured psyche he was able to reassemble a mirror to hold up to a world in which the veneers of civilization were gradually stripped away to reveal the bestiality of man. He became the seer and the poet-prophet he envisioned from an early age. He was also a dispassionate witness in an apocalyptic time, with the clarity of vision that only a mature poet could muster as he sought desperately to find the remnants of a moral presence in an amoral, indifferent, and godless universe. At first his anticipated destruction was personal and fueled by guilt, as in ",És szólt és beszélt vala Káin Ábellel'" (And Thus Spoke Cain to Abel), in which it is his "ancient sin" (the murder of his mother and twin brother) that damns him.

In a similar vein, in "Huszonnyolc év" (Twenty-Eight Years) he is his "twin-bearing mother's murderer," and the punishment of an early death is for a familial sin with no broader implications. A subtle shift occurs, however, in later poems when there is an implication that he will be killed because of the path that he has taken, to serve as the voice for the poor and the persecuted. In "Nyugtalan órán" (In the Restless Hour), he writes: "But know this! not one voice will be raised in protest, / when they tuck me in the grave, nor will any valleys resound." He develops this idea further in later poems, that his early death will be that of the poet-prophet who must inevitably be sacrificed like Lorca, with whose fate he identifies more and more. In fact, when he writes of Lorca's death in "Federico Garcia Lorca," he may as well be writing about his own, as can be seen in his lines about the Spanish poet's death: "and when they came, what else could *they* do, / but kill you, for after all you were a poet." There is clearly a price to be paid for speaking out and for being the voice that advocates for a moral center in an unhinged, amoral world. In "Mint a bika" (Like a Bull) he intends to do "desperate battle," like the bull he describes, surrounded by wolves as he closes with these final lines:

This is how I will do battle, and how I, too, will
    fall, and let this
be a lesson for future generations, and let the
    earth guard my bones.

Radnóti's long journey toward his inevitable death reached its remarkable apotheosis in his final poem, "Razglednica (4)," one that he most likely crafted in an intensely focused mental state while marching toward his death as friends fell and were killed around him. It is a poem of great beauty and lucidity, in which language is chiseled down to its barest elements so that he can compose the words for his final picture postcard, one that bears ultimate witness to the darkest recesses of men's souls. It is his final post from hell:

I fell beside him, his body rolled over
already as stiff as a string about to snap.
Shot in the back of the neck. "So this is how
    you, too, will end,"
I whispered to myself. "Just lie still.
From patience death will bloom."
"Der springt noch auf," I heard someone say
    above me;
as mud caked with blood dried upon my ears.

## The Poet as Prophet

Radnóti refers to both the Old and New testaments in his poems. For a full exploration and discussion of his religious orientation and the possible motives for his conversion to Catholicism I refer the reader to Zsuzsanna Ozsváth's book, *In the Footsteps of*

*Orpheus*.[12] Radnóti invokes various Old Testament prophets in the poems, including Nahum in "Nyolcadik ecloga" (Eighth Eclogue), Habakuk in "Lapszéli jegyzet Habakuk prófétához" (Marginalia to the Prophet Habakuk), and Isaiah in "Töredék" (Fragment). It is clear that he considers himself a part of a long lineage of not only poets but prophets as well. In particular, he utilizes the prophets in keeping with their role in the Bible, to warn of a cataclysm to come. There is a difference, however, in that the biblical prophets warned of destruction emanating from God as a sign of his displeasure, whereas Radnóti warns of an apocalypse emanating from man. The former were motivated by moral imperative, and by man's sins against both God and man; Radnóti saw the destruction of his times as the result of a man-made world now devoid of morality. In one of Radnóti's final poems, "Nyolcadik ecloga" (Eighth Eclogue), Nahum appears as one of the "raging prophets of old" who had "railed against Nineveh, that lewd, corrupt Assyrian city." The speaker, a poet, relates to Nahum the great atrocities that are being committed, to which the prophet replies: "The rage of prophets and poets is the same." Later, the speaker envisions the coming of a new Kingdom and looks to Christ, "that young disciple, that rabbi." In the poem "Töredék" (Fragment), Radnóti writes in his final stanza:

I lived in an age on this earth
when even the poet fell silent,
waiting to find his voice once more—
and then, there were none left to curse the
    world,—
like Isaiah, the master of dreadful words.

For Radnóti, the poet-prophet could sublimate his personal pain by speaking up even when those around him are silent either from fear or from intent and complicity. His own love for Fanni and his re-creation of her as his muse further helped him to survive the poverty and persecution that had become his lot. It is important to note that in his poems,

Radnóti rarely complains or points a finger directly at his tormenters. He sees his circumstance as part of a shared fate not only with those suffering with him at that moment in time, but as part of a greater universal suffering that speaks to an existential dilemma. As a young man he had exercised his moral voice on behalf of the proletariat and the poor, allying himself with like-minded students at the university and helping create the Arts College of Young Szeged, an association of "young intellectuals and artists pursuing populist goals."[13] He moved on from his early years of championing the proletariat and calling for a socialist revolution to a broader awareness of persecution and injustices throughout the world, as in "Ének a négerröl, aki a városba ment" (Song of the Black Man Who Went to Town); "Ének a négerröl, aki a városba ment" (Elegy for Montenegro); "1932. április 24." (April 24, 1932), in which he voices his concern for the fictitious John Love, a victim of the Ku Klux Klan; "1932. február 17" (February 17, 1932), in which he laments the invasion of China by the Japanese; and "Hispania, Hispania," in which he grieves for Spain, and "Federico Garcia Lorca." In the later poems the lamentation for the particular becomes a grieving for the world, and only toward the end does he falter in his abiding belief that poetry is redemptive, a shift that can be seen in his famous sonnet, "Ó, régi börtönök" (O Ancient Prisons):

O for the peace of ancient prisons, where
   a poet can find refuge from age-old
torments, even death, a wondrous and exalted
   end, where rhyme still commands an
   audience,—
But here, if you dare to speak, or move, you step
   into a void, into a foggy drizzling mist,
where truth is a crushed urn, that can no longer
   hold its form, its useless shards waiting to
be scattered o'er the earth. What will become
   of him who lives only to survive, and
   keep up appearances, whose every word
is an indictment, who speaks only what is,—

And who would teach more. But the world
   collapses
around him, so he just sits and stares. Paralyzed.

In the cool lucidity of his final poems such as the four "Razglednica," he reclaims this faith, albeit briefly and through the sheer will, while composing poems on a march toward his certain death.

## Classicism and the Eclogues

Inspired by the great Roman poet Virgil, who in his turn was inspired by the Greek poet Theocritus, Radnóti embarked on a cycle of eclogues that he never completed. In the hexameter of the eclogues he found his mature voice, and he created some of his finest poems in this form. He wrote "Elsö ecloga" (First Eclogue) in 1938 at the age of 29 and his final and "Nyolcadik ecloga" (Eighth Eclogue) in August 1944, just shortly before his death. The first eclogue is not as free or fluid in its lines and dialogue as the later eclogues, but he was introducing a well-established form whose residual archaic elements he was to greatly modify and modernize over time.

In "Nyolcadik ecloga," the dialogue is between a shepherd and a poet, and the poem is a vehicle for discussing the fate of Federico Garcia Lorca, murdered by fascists three years earlier in the Spanish Civil War. It depicts a chance meeting orchestrated by Radnóti to explore the events that were to become one of the preludes to the Second World War. The poem begins with simple banter as the two speakers happen to come upon each other by the edge of the woods and ends on a peaceful note as the two part ways and the poet says:

Perhaps one day, I, too, shall be blessed like you
   by this peaceful sky,
where a butterfly flutters as it rubs the silvery
   twilight from its wings.

The Second Eclogue ("Második ecloga") is once again a dialogue, but this time between a pilot and a poet. The pilot serves with the Allies, who are bombing Radnóti's stricken homeland. It ends with the Pilot asking: "Will you write of me?" The Poet answers: "If I'm still alive. And if there's anyone left to hear." It is a remarkable engagement that can take place only in the poetic imagination.

"The Third Eclogue" ("Harmadik ecloga") is an internal dialogue in which the poet invokes the pastoral muse of his youth to save him "in this senseless age when poets must die." It is also a poem that was written to Judit Beck, a friend with whom he had a one-year affair that placed a tremendous strain on his relationship with Fanni at a time when he was already called up for forced labor and the situation for Jews was rapidly deteriorating.

Like the third eclogue, the fourth ("Negyedik ecloga") is an internal dialogue, albeit one with two speakers: "The Poet" and "The Voice." The poet envisions his fate, saying that "one day I shall be free, dissolving in the earth, / while the broken world flickers above me / in the dawdling flames." The voice responds:

Yes, the ripe fruit will swing, fall, and decay;
and the deep earth, filled with your memory
    shall comfort you.
But for now let the smoke of your anger rise,
and write your words in the sky, while all else
    lies shattered below!

Clearly, the struggle to continue writing while living in poverty—and while attempting to mend his relationship with Fanni and cope with the terrible uncertainty of his fate—was taking its toll. The Fifth Eclogue ("Ötödik Ecloga") was written in memory of György Bálint, Radnóti's friend and journalist who died in a labor camp in the Ukraine. The fate of the sixth eclogue in the cycle, or whether it was ever written, is unknown.

"Hetedik ecloga," the Seventh Eclogue, is a love letter to Fanni written in the forced labor camp a few months before his murder by his Hungarian guards, and the eighth and final poem in the cycle, "Nyolcadik ecloga," is another dialogue, this time between a poet and the prophet Nahum. As in the first eclogue, there is a chance meeting, but this time the setting is a "treacherous mountain path." Nahum, the prophet, is well-acquainted with God's vengeance, having witnessed the destruction of countless cities that had incurred His mighty wrath. The Poet explains that "nations still annihilate one another," to which Nahum replies: "man is / still an orphan among the dissolute and savage cavalcade." The prophet also notes later that "I have read your newest poems and anger / sustains you. The rage of prophets and poets is the same."

The poem ends with Nahum anticipating Christ's Kingdom, and instead of parting ways the two agree to wander together to bear witness and to apprise God of man's depravity and sins.

## The Grotesque as a Device to Confront the Absurd

The grotesque in literature seemed to hold special fascination for Radnóti from an early age. The juxtaposition of discordant themes and images as well as the creation of poems that on the surface have no "logical" meaning are seen early on in poems such as "Két groteszk" (Two Grotesques), written in 1931 at the age of 21.

It is in his poems written in the persona of Eaton Darr ("Radnóti" backwards, spelled phonetically), however, that he begins to explore the genre in earnest, in keeping with the madness that surrounded him. In the 1941 poem "Alkonyat" (Dusk), the interplay between the hunter and the hunted hare and the presence of "the patent leather shoes" marching across the meadow have a special resonance when considered in the context of the environment in which he lived.

## The Recurring Image of the Wind

The significance of recurring images in Radnóti's poetry has been noted and commented upon by, among others, Gusztáv Láng in his essay "Imitation and Variation: A New Analysis of the Eclogues of Miklós Radnóti."[14] The wind is one of these recurrent images, and in his early poems its appearance is a portent of a revolution to come, a hopeful sign of a much-anticipated left-wing uprising of the proletariat. Zsuzsanna Osváth, when writing of the students that constituted Radnóti's circle of colleagues at the university in Szeged in the 1930s, observes:

> Idealistic to the core, these young artists emphasized their common aims, hopes, and goals. No matter what their particular political ideology, they all believed that art must respond to the social crisis plaguing the world ... and become instrumental in establishing ... new sets of moral and social values.... [A]ll felt morally compelled to help the world toward the "inevitable revolution"... toward "the inevitable victory of the poor and neglected.[15]

In the poem "1932. július 7." (July 7, 1932), written while on a camping trip, Radnóti notes that there are upheavals in the Far East and that the pines he watches, though thousands of miles from the conflict, "already bend to the *wind!*" In a similar vein in "Fogaid ne mossa panaszszó" (May No Complaint Ever Moisten Your Teeth) he once again alludes to a force that is on its way: "keep silent / and prepare for battle, and plant your kisses without complaint, / for as sure as I'm alive, there's a strong wind coming!" In both examples the reference is cryptic and tangential, perhaps because Radnóti is aware of the censors and knows that his audience will understand this shorthand for revolution. In "Szél se fúj itt már" (Not Even the Wind Blows Here Anymore) Radnóti comments on the apathy that forestalls rebellion, and in "Acélkórus" (Steel Chorus) he exhorts workers and peasants to rise up, for a "frozen

wind blows / and the chorus hardens! / hardens / like stone!" Likewise in "Déli vers" (Noon Poem) he states: "I wait for the time I can release my voice, / and at that time the wind will be pregnant with rage, / and my rage shall commune with the gleaming ice, / and fly like a hatchet through the air!"

## The Image of the Knife

Another recurrent image in Radnóti's poetry is that of the knife and his concern that he will be harmed by the authorities. He had already witnessed the beatings of his fellow left-wing and Jewish students by mobs at his university in Szeged, and he himself was persecuted by the courts when his second book was confiscated and he was threatened with imprisonment for blasphemy and obscenity. In his 1933 poem "És kegyetlen" (And as Cruel), he recognizes that the quiet life that he and Fanni are living is perhaps a delusion: "Our life is as simple, and without dread, / as this paper, or this cup of milk on our table, / and perhaps as ruthless and as cruel, / as this shifty knife, lying here beside us." In "Huszonkilenc év" (Twenty-Nine Years), he writes, "perhaps a knife or a cancer growing inside / might finish you off." In "Csütörtök" (Thursday), written a few months before the onset of World War II, he refers to those who have killed themselves or of those killed in the Spanish Civil War: "how can a poet seeking to be free, / shout down a glinting knife?" The image of the knife is seen perhaps most dramatically in the final lines of "A félelmetes angyal" (The Terrible Angel), as the Angel of Death seductively encourages him to flay off his skin, whispering in his ear: "believe me it's madness / to cling to it, somewhat like a prisoner in love with his prison bars, / it is but a mask, an illusion, so come take this knife."

## The Image of the Angel

In his early poems the image of the angel tends to be unassociated with any metaphoric meaning, and the image is that of a benevolent presence. In "Italos ének" (Drunken Song) we see "snow-white angels," and in "Tápé, öreg este" (Tápé, Ancient Evening), "the angels pull up their black coverlets / of the night." In later poems, the angel becomes his protector, but as he experiences the dangers and privations of the forced labor camps he feels increasingly abandoned, and the changing image of the angel chronicles his gradual disillusionment. This can be seen in the poem "Sem emlék, sem varázslat" (Neither Memory, Nor Magic) where at first Radnóti presents the angel as his protector: "I knew / that an angel escorted me with sword in hand, walking / behind me, and guarding me, in this troubled time." But later on in the poem he writes, "There was a time an angel stood before me with sword,- / but perhaps now there's no one there." The poem was composed in April 1944, six months before his death. In "Októberi erdő" (The Forest in October), the angel is once again his guardian, but its protection may be of no avail in the gathering storm: "for not even winter's laws can shield / you now, no archangels can guard you." In "Száll a tavasz ..." (Spring Flies ...), written as his preface to the eclogues, "the ancient angel of freedom is deep asleep," and finally, in "A félelmetes angyal" (The Terrible Angel), the image has become openly malevolent as it mocks his dead mother in her grave for having given birth to him. In "Razglednica," one of his final poems, a mute angel marvels "at the apocalypse" while a beetle quietly tends "to its grave in the hollows of a moldering tree."

## His Constant Muse

Radnóti's poetry and work are inextricably interwoven with his remarkable relationship with Fanni Gyarmati, whom he met when she was 15 and he was nearly 18. They met by chance at the home of Károly Hilbert, who was the tutor who encouraged Radnóti's early

interest in writing, and were married eight years later. By the time of their marriage they were already intimate friends and lovers, and Fanni was the subject of many of his earliest poems, including "Szent szerelmi újraélés V." (Holy Rebirth in Love), written at the age of 17, and "Levél" (The Letter), both of which were published posthumously. His first book, *Pogány köszöntő* (Pagan Salute), published in 1930, is dominated by poems that she inspired, including the title poem, "Tavaszi szeretők verse" (A Verse of Lovers in Springtime), and the cycle that constitutes "Az áhitat zsoltárai" (Psalms of Devotion). These early poems chronicle a passionate and evolving sexual relationship, but it was perhaps Fanni's steadfast presence in his life that would exert the strongest influence on Radnóti's work and sustain them through the most desperate of times until his death after nine years of marriage.

Fanni is frequently linked to the sun, and she is often described as having golden hair, which becomes a shorthand for her appearance in various poems. (Her name, in fact, is invoked in only six of the many poems in which she either appears or is the dedicatee. (The latter group include "Október, délután" [October, Afternoon], "Bizalmas ének és varázs" [Secret Song and Magic], "Hazafelé" [On the Way Home], "Emlékeimben ..." [In My Memories ...], "Erőltetett menet" [The Forced March], and "Hát szaporázol már ..." [So You Press On Little Brother...]).

An early poem, "Este a kertben" (The Garden at Night) is illustrative of this imagery:

> I arrive with poem in hand, as my wife
> runs to greet me, and her hair unravels
> over her snowy neck, and flutters
> in the sun like a golden banner.

In another poem, "Változó táj" (Changing Landscape), her link to the sun is further elaborated upon:

> She's seen me and runs
> through the weaving grass

as the sun takes a golden-streaked
bite out of her fluttering hair.

The evolving complexity of this sun im-
agery through various poems can be seen in
the final four lines of "Alvás előtt" (Before
Sleep).

But now she wakes, disturbed by my puttering,
    and she
shines so bright, as she sheds her weightless
    dreams, that she
is like a fairy sprite on our dozing flowers as the
    sun
barges through our humble window to set her
    aflame.

The transmutation of the lovers by nature
and in turn, the transmutation of nature by
their presence, is seen in poems such as
"Tavaszi szeretők verse" (A Verse of Lovers
in Springtime):

    ... our springtime dalliance shines
    in the dimming twilight! for
    we have become the grass,
    and the trees, and the shore, and have been
    blessed by the soft-spoken benediction
    of the land!

In "Pogány köszöntő" (Pagan Salute) the
lovers are instrumental in shepherding in a
new season:

... we have drowned in wild kisses, and given birth
with pied and pagan eyes to spring!

This transmutation is seen evolving fur-
ther in the cycle of poems in "Az áhitat
zsoltárai" (Psalms of Devotion) where trans-
ported by love he writes:

... you shower me with love,
like a wild chestnut shedding its leaves. And
    even now,
amidst this grief cleansed by the diaphanous
    dawn,
you are still the earth, and the flesh, and the blood
and everything and all, is but like child's play
    beside you.

Frequently, these images are intermixed
with eroticism as in the second poem in the
cycle:

I have come to understand
the secrets of the ripened corn,
and each night I feel
my tongue swell with fire,
as I dumbly place the reds of sunset,
with passionate kisses in your palm.

Or more graphically the third poem of the
cycle that ends with the lines:

... I accompany your moans and gasps,
like a lace-adorned retinue trembling
with moist and chattering teeth, and love's
    shudder.

With time, as their relationship matures,
and the dangers that surround them intensify,
Fanni's role gradually changes to that of the
protector as in "Tört elégia" (Broken Elegy),
in which Radnóti writes that with "each new
day I live with new-born horrors and a des-
perate unease" and then observes in the final
lines that "when she thinks that I am / un-
aware, she calls out secretly to some god / and
pleads pitifully for my soul." The growing
depth of their relationship and intimacy is
chronicled in many poems, as here in "Him-
nusz" (Hymn):

    You are the trunk and the root,
    winter's branch and fruit,
    a cooling breeze
    the warm sun ripening,
    ...........................
    the sun that wakes me,
    on each sun-swept dawn,
    the fruit of my bough,
    that stirs beside me.

The emotional and physical toll of their
poverty, the virulent anti–Semitism, and the
prospects of war give rise to poems such as
"Háborús napló" (War Diary), and specif-
ically to the lines below, from the final stanza:

And as this world careens toward yet another
    war, and
ravenous clouds devour the blueness of the
    genial sky,
your young wife collapses and sobs in the
    gathering
gloom as she holds you in a desperate embrace.

As the ever-present dangers close in, it is Fanni who tries to shield him:

She looks about, and her cool protective hand
flutters gently over my face,
and as I fall asleep, with my tired heart beating
   next to hers,
I feel the breath I have come to know so well on
   my lids.

As circumstances deteriorate and Radnóti perceives his inevitable fate more clearly, Fanni evolves from protector to muse, and in the final three years of his life, as he is called up for forced labor service and witnesses the death and killing of his friends, she becomes the spiritual confidante and guide in his poems, and an unwavering muse that will sustain him till the end.

In one of his last poems, "Levél a hitveshez" (A Letter to My Wife), written several months before his death, he writes to Fanni from "the soundless depths" of the labor camp where he is ill and starving. The poem is filled with uncertainty:

My confidence fails me, and I ask, do you still
   love me?
as jealous and insecure as at the height of my
   youth
when I wondered, would you ever be mine ...

The young couple had known mostly hardships throughout much of their brief nine years of marriage and were presumably still working through the pains from Radnóti's affair with Judit Beck as he struggled to survive every day. In this profound predicament he continued to turn to Fanni for comfort as can be seen as the poem draws toward its close:

I once believed in miracles but their feeble light
now eludes me, as the air-raid sirens scream
   above;
I was drifting, wondering if your eyes were as
   blue as this sky
but then the planes came, and the bombs are
   impatient.
I am a prisoner and live to mock them. Everything
I ever hoped for, I have weighed and measured;
but having surveyed the length and depths of
   my soul,
I always seem to return to you.

In analyzing the relationship between Radnóti and Fanni one cannot help but draw parallels with the famous bond that existed almost seven hundred years earlier between Dante and Beatrice Portinari, who was Dante's muse, and who was the inspiration for his *Vita Nuova*, in which he transformed the tradition of secular courtly love and elevated it to a higher sacred realm where mortal love was on a plane with love for God. Dante developed an emotional autobiography in his poetical works, as Radnóti did in his poetry to Fanni. In Dante's greatest work *The Divine Comedy*, it is Beatrice who guides Dante on his final journey as he enters Paradise. Until then the great Roman poet Virgil, representing reason, had been his guide through Hell and Purgatory; but as a "pagan," Virgil is not allowed entry into Paradise and Beatrice, representing faith, must escort him.

Radnóti's journey, however, is not toward paradise but toward hell, and Fanni must painfully accompany him. Like Beatrice, she is the personification of faith, a muse from his earliest pastorals, which were inspired by Virgil, and by a long lineage of Latin and Greek poets and classical poetics that stretches back for centuries. In the end he became the mythic poet that he had always wanted to be, the one that haunted his verse and imagination from youth and that spoke up when others were silent. a sacrifice. It has been suggested that Radnóti was beaten on the death march because he was writing poems into his small forbidden notebook and that his injuries singled him out for execution with his 21 wounded companions. The last poems that he wrote in his Bor notebook reveal that Fanni occupied his imagination and final thoughts. These are lines written to Fanni from his seventh eclogue, "Hetedik ecloga," found in his Bor notebook:

You see, my dear, how the camp sleeps, and all
   around me
I am surrounded by dreams and whispers, and
   then someone snorts and turns

to dream once more, his face aglow and beatific.
　And only I am still awake
with the taste of a half-smoked cigarette instead
　of the sweet taste
of your kisses in my mouth, and sleep, that
　balm, refuses to come,
and death refuses to take me, and without you,
　my love, how can I live and go on.

Against all odds, nearly two years after his death, the mass grave that held Radnóti's body was discovered, and in the first page of his notebook he had written in five languages a brief message that began: "This small notebook contains the poems of the Hungarian poet Miklós Radnóti. I ask whoever finds it..."

It was Fanni who published *Tajtékos ég* (Frothy Sky) after his death, and with that publication Radnóti became famous in his homeland over the next 10 years as his countrymen recognized the great poet who had been living in their midst. A question asked eight years before in a small poem, "S majd igy tünődöm ...?" (And Will I Meditate Thus ...?), was answered.

I lived, but in living was only half-alive, and I
　knew
full well that in the end they would bury me
　here,
and that year would pile upon year, clod upon
　clod, stone upon stone,
while deep below my flesh would swell and
　decay, and in the
cold darkness even my naked bones would shiver.
Above, the rustling, fleet-footed years shall
　rummage through my work,
while I sank deeper and deeper into the earth.
All this I know. But tell me, the poetry, did that
　at least survive?

　　　　　　　　　　　　　　—Gabor Barabas

## *A Guide for Readers New to Radnóti*

There are many ways to wade into a book that contains the entire poetical works of a writer. The reader unfamiliar with Radnóti's poetry can start at the beginning of this book, but it might also be helpful for him to begin with a selection that represents both some of Radnóti's best work and in-troduces his most significant themes and symbols. The list below is arranged chronologically by volume and includes many of the so-called major poems alongside other, sometimes less-accomplished pieces that prefigured his more mature work.

## *Recommended Poems*

From *Pagan Salute* (1930): "Welcome the Day!," "Pagan Salute," "A Playful Verse After the Harvest," psalms 3 and 8 from "Psalms of Devotion" cycle, and "Meditation; from *Song of Modern Shepherds* (1931): "Tuesday Night Grotesque," "A Spring Poem," "After the Storm, Portrait," "A Duckling Bathes," "Love's Game," and "The Autumn Berries Redden in the Sun"; from *Convalescent Wind* (1933): "Rain Shower" and "Ferenc Hont"; from *New Moon* (1935): "Like a Bull" and "The Garden at Night"; from *March On, Condemned!* (1936): "The Garden on Istenhegy"; from *Steep Road* (1938): "Twenty-Eight Years," "Cartes Postales," "From Dawn to Midnight," "Peace, Horror," "Il Faut Laisser...," "First Eclogue," and "Twenty-Nine Years"; all twelve poems in *Calendar* (1942); from *Frothy Sky* (1946): "Hispania, Hispania," "Federico Garcia Lorca," "Death and Autumn," "Love Poem," "Frothy Sky," "In Your Two Arms," "Second Eclogue," "You Wonder My Dear," "Third Eclogue," "Mere Skin and Bones and Pain," "Similes," "I Hid You Away," "Night," "Goats," "Fourth Eclogue," "A Tentative Ode," "Columbus," "Youth," "The Terrible Angel," "Fifth Eclogue," "I Cannot Know," "O Ancient Prisons," "In a Clamorous Palm Tree," "Neither Memory nor Magic," "A May Picnic," "Fragment," "Seventh Eclogue," "A Letter to My Wife," "Root," "A la recherché...," "Eighth Eclogue," "The Forced March," "Razglednica (2)," "Razglednica (3)," "Razglednica (4)"; from *Miscellaneous Poems, 1925–1929*: "The Rose," "The Fool and the Moon," "The Letter," the "Landscapes" cycle, "C. Neumann & Söhne," the "Die Liebe Kommt Und Geht" cycle, "The Typists," poems 1, 2, and 3 from the "Psalms of Rapture" cycle, "To a Sick Girl in Bed"; from *Miscellaneous Poems, 1930–1944*: "Saturday Evening Grotesque"; dedication to *New Moon*; from *The Songs of Eaton Darr*: "Morning, Dusk," "No Problem"; from *Incidental Poems*: "Heine Was Blessed by the Lord." Whenever a title is in square brackets it indicates that Radnóti did not title the poem himself and that generally the first line is being used as a given title.

# Pogány köszöntő / Pagan Salute (1930)

*The introductory quotation to Radnóti's first published volume of poems is by Henri Barbusse (born May 17, 1873, Asnières, France; died, August 30, 1935, Moscow). Barbusse was a French novelist and neo–Symbolist poet best known for his novel, "Le Feu" (1916) written about his experiences in World War I. He moved to Moscow in his thirties and joined the Bolsheviks, and upon his return to France was active in the French Communist Party. At first he was a pacifist who espoused the need for moral regeneration, linking Christ's goodness and self-sacrifice with the highest aspirations of communism. He sought to right the injustices visited upon the poor and advocated for the fair distribution of wealth. Later on, Barbusse became more militant and supported the overthrow of capitalism through revolution. Many of the young Hungarian intellectuals who embraced his less radical thinking were secular Jews, and while they were activists supporting various forms of change, they were also ardent patriots aspiring to resurrect Hungary's once mythic glory. Pagan Salute was published by Kortárs in Budapest in 1930 and consists of 24 poems written mostly between nineteen and twenty years of age. The book is in five sections: "Pagan Salute" (6 poems), "Psalms of Devotion" (one poem with eight distinct sections), "The Cry of Gulls" (six poems), "Variations on Sorrow" (four poems), and "Days of Piety" (seven poems). These early poems are characterized by free verse. It is of note that the young Radnóti, raised in a society where anti–Semitism was deeply ingrained, chose lines from Henri Barbusse's "Jesus" to introduce his inaugural work. Although he wrote a significant number of other poems between 1925 and 1929, most notably his "Landscapes" and poems written during his stay in Reichenberg, Radnóti decided not to include these in the book, and they were published posthumously (see "Miscellaneous Unpublished Early Poems"). It seems that Radnóti wanted as the framework for his first published volume of poems the pastoral voice and sentiment that he had been developing.*

14. Oú vas-tu, petit?
15. Vers l'oeuvre de douceur.
16. Il dit encore: non. puis á moi qui
    partais, il dit: quand beaucoup de
    jours se seront perdus, tu revien-
    dras ici, un jour
(H. Barbusse: *Jésus.* Chapitre VI. 36.)

14. Where are you going, little boy?
15. Toward the deeds of kindness.
16. He said again: No. And then to me as I was
    leaving: After many days have been lost,
    you will return here some day.
(H. Barbusse, *Jésus.* Chapter VI. 36.)

## KÖSZÖNTSD A NAPOT!

Most már a kezedet csókolom,—így
paraszt bánattal oly szép megállni

a napban, lelkes földeken csörren
ütődő szárba szökkenve a búza!

Nézd! ahol hevertünk eldőlt a szár,
szigorú táblán szerelmi címer,—hogy
bókol a tájék! bókolva előtted
csúszik a porban a messze torony!

Álmos délután jön: csöndben köszöntsd!
csók virágzik ujjaid csúcsán és
tenyeredben megszületik az árnyék!
Te csak köszöntsd! szétnyitott tenyérrel

köszöntsd a napot, mert most még
feléfordúlva állunk és lelkes
földeken, csillanó földeken csörren
ütődő szárba szökkenve a búza!

*1929. október 8.*

## WELCOME THE DAY!

I kiss your hand,—like this, like a
shuffling peasant basking in the sun, while

in fields pregnant with passion, the raucous
unhinged stalks of wheat burst into blossom!

And look! Where we just lay the stalks are
    bent,[1]
a stern reminder of our love—and how
the world bows! And the distant tower bows
and grovels at your feet in the dust!

A sleepy afternoon has come: let us welcome it
    in silence!
a kiss blooms upon your fingertips,
the palm of your hand gives birth to shade!
And let us be thankful! with palms open like a
    supplicant's,

and let us thank the sunlight, where we stand
twirling and disheveled, in fields animated
and gleaming with passion, where the raucous
unhinged stalks of wheat burst into blossom!

*October 8, 1929*

    1. *Human activity has altered nature. This interplay is
a recurrent theme in Radnóti's poems.*

## NAPTESTÜ SZŰZEK,
### PÁSZTOROK ÉS NYÁJAK

A pásztor is lassan lejön a hegyről,
karámba zárva fehéren torlódik
a nyáj és napbafürdött szűzek is a
dombról ringó csipőkkel lefelé jönnek,
jószagúan s álmatagon, mint minden
ősszel, ha halnak fekete ég alatt a
fák, naptestü szűzek, pásztorok és nyájak
jönnek le lassan a falu felé.

Megtörünk mi is, asszonyainknak
tükrös szeme alatt feketébb lesz az
árnyék s csókunkból ránkhavaz a tél:
hajunk is balúl homlokunkba hull és
senki sem simitja meggyulladt szemünk,
csak naptestü szűzek, pásztorok és nyájak
jönnek le lassan a falu felé, hol
terhes felhőkben már összegyült a bánat.

*1929. október 13–november 24.*

## VIRGINS BATHED IN SUNLIGHT,
### THE SHEPHERDS AND THE FLOCK

The shepherds slowly come down the mountain,
as the white flock gathers in the closed corral,
and virgins bathed in sunlight, with swaying
hips descend the hill as well; they are fragrant
as in a dream, and come each autumn, when the
    trees

wither beneath darkening skies, the virgins
bathed in sunlight, the shepherds, and the flock
wend their way slowly toward the village.

And we shatter as well, beneath the mirrored
gaze of our women's eyes, as the shadows darken
and winter plants its snow-cold kisses down
upon us; our hair tumbles over our brow,
and there is no one to soothe our feverish eyes,
only the virgins bathed in sunlight, the
    shepherds, and the flock,
shuffling slowly toward the village, where
the clouds float pregnant with regret and
    sorrow.

*October 13–November 24, 1929*

## ERDEI ÉNEK VALAHONNAN

Fejünket majd szépen lehajtjuk,
most a bokrok közt hálunk, mint a
madarak, neszelve hogy ropog
a fiatal őzbak csontja amint
álmában elnyúlva csak nő a
pázsiton, mert barátunk látod,
és talán még két hét; agancsa
helyén már szép apró dúdorok
nőnek és elbőgi álmában
magát, hogy fölriadunk; előbb,
mint a virágok nyitnák ajkuk
a harmat előtt, előbb,—előbb,
a hangjukat imádó részeg
madarak énekénél mert jaj!
oly messze még a derengés is;
majd heverünk csak alvó bokrok
leveleit tépdesve félve
ujjaink között babonásan
nyitott szemekkel nézzük egymást.

*1929. szeptember 4.*

## WOODLAND SONG FROM SOMEWHERE

We will bend our heads softly, like this,
and doze like tiny birds among the
bushes, and then rustle like a young
buck with his bones crackling, as he
stretches in his sleep and dreams upon
the lawn; he seems our friend now, and
perhaps in a few weeks his horns
will be emblazoned with small knobs,
and as he whimpers in his sleep,
we will awaken with alarm;
long before the flowers open their mouths
to drink in the dew, long, long, before

the birds raise their drunken voices
in their morning prayers, but oh!
daybreak is still nowhere near;
and so we will lie here among the shadows,
tearing at the leaves with trembling fingers,
our eyes haunted and wide, as we stare
with idolatry into each other's eyes.

*September 4, 1929*

we have become the grass,
and the trees, and the shore, and have been
blessed by the soft-spoken benediction
of the land!

*November 12, 1929*

1. *Heightened sensitivity to sound is a recurrent motif in his work, seen also in line 9 "...loud chattering of crickets."*

## Tavaszi szeretők verse

Látod!
boldog csókjaink öröme
harsog a fák közt és
árnyékkal áldja
testünket a táj! hallod,

hogy terül a füvön a
fény és pattan a fákon
dallal a hajtás! csak

csörgető fekete tücskök
zaja dicséri most
fűnek és fának
jó örömét! nézd,

a vizén, messze partok
homályos tövén
tükrösen fénylik
tavaszi kedvünk! mert

mi vagyunk most a fű,
a fa, a part, az öröm is
és szépszavú áldása
a tájnak!

*1929. november 12.*

## A Verse of Lovers in Springtime

See!
how our happy kisses
echo among the trees[1]
and the land anoints
our bodies with shade! Can you hear,

how the light twirls upon the grass
and the fallen branches
crackle and snap with song! Listen, how the

loud chattering of crickets
rises in cacophony
to praise the entire
world with joy! and look,

how upon the waters,
and the distant shores
our springtime dalliance shines
in the dimming twilight! for

## Pogány köszöntő

Nézd! dércsipte fáink megőszült
fején ül most a szél és lengő
harangú tornyok között csak
megkondúlnak a jámbor imák!

Csörgó nyálával békés borjú
lépdel még szekerünk után, de
már nem kószál szárnyas szavakkal
szájunk körül halovány ámen!

Megmosakodtunk! tornyok között,
fákon pihenő szélben és most
megőszült fák közt csókokkal tarkán
pogány szemekkel kitavaszodtunk!

A testünket nézd! együtt fakad a
rüggyel drága hús és napbadobált
csókjaink után boldog torokkal
így, istentelenül fölsikoltunk!

*1930. január 11.*

## Pagan Salute

Look! how the wind roosts upon the heads
of ancient trees pinched with frost,
and how the pealing towers[1] toll
and sway in pious prayer!

And how our gentle calf drools
as he ambles dumbly behind our cart
and we no longer speak in high-flown
words or mouth a pallid amen!

We have cleansed ourselves! between the towers,
and bathed in light breezes among the ancient
    trees;
we have drowned in wild kisses, and given birth
with pied and pagan eyes to spring!

Look at our bodies! how they ripen like buds,
and our flesh trembles beneath our sun-
    drenched kisses,
as hoarse-throated and with joyous voices
    raised,
we stand godless,[2] and howl at the heavens and
    the sky!

*January 11, 1930*
  1.  *Symbol of the Catholic Church or conservative establishment against which the sexual freedom and eroticism celebrated in this poem stand in defiance*
  2.  *The uninhibited pagan spirit*

## JÁTÉKOS VERS ARATÁS UTÁN

Fütyölni jó s jó lenne dúdolva
megmarkolni a kedves fejét mint
vénasszony motyogva ha játszik a
hempergő macskát kapunk előtt
itt a kazlakat hordják s a tarlón
már sikongva jár a lány ha fúj a
szél szoknyák alatt kemény a combja
s a kedves haja is (csak csókolom)
dalos karom között aranykazal!

*1930. január 16.*

## A PLAYFUL VERSE AFTER
   THE HARVEST

It is good to whistle and sing to oneself
and softly caress her head like a shuffling
old crone gently stroking the cat by our gate
they are carrying the haystacks off the stubble
field where a girl wanders about screeching
as the lunatic wind takes a peek at her firm
muscular thighs beneath her skirt
and her bright hair (that I am kissing now)
is like a golden haystack in my song-filled
    arms!

*January 16, 1930*

# Az áhitat zsoltárai

1

Szakadt, dúlt ajkunk között forgó
feszülő szavaink is csókká
gömbölyödve bujdosnak itt a
díszes pillák között egymásba—
akadt csodáló szemünkben és
elhalnak hang nélkül; amire
születnek az cifra ajándék,
zsoltáros látás és tudós csók
terebélyén sárga rigóknak
szárnyas, csattogó ölelése.

*1929. augusztus 27.*

2

Régen lehozott fénylő
csillagok akarnak szökni
az ujjaim közül
mert nagyon szeretlek látod
őszi bokrok duzzadó
bogyófürtjein feszül
életem kedve, érett
kalászoknak terheit
érzem és éjjelenként
csókos nyelvem alkonyi
pirossát rácsókolom
némán a tenyeredre.

*1928. december 10.*

3

Hűs néha forró kezednek
csúcsos ujjai zenés tornyai
karcsú életemnek,—mely oly
gazdag párás szinekben mint
dús csókjaink a csendben—
ha csipkésen kíséri sóhajos
lihegésed és nedves nagy
fogaim szerelmes vacogása.

*1929. május 26.*

4

Karcsú ujjaid között aranyló
narancs az életünk régi kedve,
mert valamikor mi együtt csodáltuk
csurranó, csodás ligetek alján
forró, szines madarak
daloló fészekrakását.

Tenyered gödrén forró ligetek
mesélnek elhagyott egekről,
ahonnan együtt zuhantunk
két fehér ártatlan szűzek,
bimbóban elnyílott pompás virágok:
mert ölelés nélkül fogamzott
csodásszép égi gyermekünk,
hullató, lombos erdők ölébe.

*1929. február 7.*

5

Mint új istenben kék egekből most
széphangú orgonák zúgnak bennem,
álomhegyeim sorra beszakadnak,—
most eljöttél hozzám hullottan mint
a csillagok ősszel, mert úgy szeretlek
szememben hordva fehérszakállú
istenek végtelen életét és
úgy tanulom meg a csókjaidat
hivőn!
mint vénasszonyok a kártyavetést.

*1929. június 25.*

6

Csak körmeink sápadt félholdja ragyog
és szemünk súlyos függönyét leeresztve
vak kezeinkkel játszunk szerelmet, mert
lila madarak ülnek a ködben
a lámpák alatt és ha felnyitjuk
ködfalak nyílnak néma szemünkben és
már csak körmeink félholdja ragyog.

*1929. március 5.*

7

Néha harapunk. Fényes fogaink
vértjén csattogva törik a csók
és apró vércseppek koszorúja
lebben a homlokunk felé.
Csak kúszik, kúszik egy csillag
az égen és szerelmünk alatt
bókolva hajlik a fű, tapadnak,
tapadnak a bokrok a szélben,
mint néha szelid szeretők nyelve
tapad, ha csókban összeér.

*1929. július 9.*

8

Földszagú rét vagy, a lihegésed egyszerű
mint a szeretkező béresparaszté és a
földanya átkos erejét hordozza tested.
Néha csak vágyad harangja kongat
és misére hív a lélekző csöndben
ziháló sötétnek tornya alatt.
Szerelmed rámhúll kerengve, mint hulló
nagy vadgesztenyelevél. Most is.
A búnak áttetsző tiszta hajnalán
te vagy a föld, a test, a vér
és terajtad kívül minden csak játék.

*1928. július 12.*

## Psalms of Devotion[1]

1.

Torn, our faces are anguished masks,
shredded by harsh words, but then our lips
curve into secret kisses, as beneath
our ornate lashes our eyes entwine
and lock in wonder. Then rude words
softly die without a sound, and by
the time these gaudy gifts are born,
our whispers of devotion and practiced kisses
will have flown like the yellow thrush
spreading its wings, in a fluttering embrace.

*August 27, 1929*

1. *A cycle of eight poems characterized by an interplay
between the sacred and the profane.*

2.

Radiant stars snatched long ago
from the sky seek to escape
from between my fingers
for I am madly in love you see;
the berry clusters swell upon the
autumn boughs as my fancy strains,
I have come to understand
the secrets of the ripened corn,
and each night I feel
my tongue swell with fire,
as I dumbly place the reds of sunset,
with passionate kisses, in your palm.

*December 10, 1928*

3.

Your hands are sometimes cool, but then they
   burn,
as your delicate fingers rise like musical spires
to celebrate my slender existence,—their
opulence sets the stage for our
abundant kisses in the heaving dark—
as I accompany your moans and gasps,
like a lace-adorned retinue trembling
with moist chattering teeth, and love's shudder.

*May 26, 1929*

4.

Our love was once like golden fruit
that you held between your delicate fingers,
and we sat marveling at streams
that trickled through magical groves in the
scorching heat, while colorful birds
built their nests and sang joyously.

The hollows of your burning palms
told a tale of an abandoned paradise
from which we plummeted
like two pure and innocent virgins
about to bloom into riotous flowers:
then gave birth without coupling
to a beautiful heavenly child,
and fell headlong into the forest's lush
   embrace.

*February 7, 1929*

5.

Like a new-born god from the blue skies above
I feel the thrill of organ music within me
then feel my pinnacled dreams melt away,—
you came to me one autumn like a fallen
star, and I will carry you in my eyes forever
like the cherished immortal lives
of white-bearded gods, and vow to study
each and every one of your kisses,

reverently!
like an old gypsy-woman reading fortunes.

*June 25, 1929*

6.

In the dark the only glow is that of the half-moon
of our nails as we lower the heavy drapery of our
   eyes
and with blind and fumbling hands play at love,
indigo birds perch in the gathering fog
beneath the streetlamps, and if we were to open
our glazed eyes now, the thick fog would part,
and the half-moon of our nails would gleam
   through the night.

*March 5, 1929*

7.

Sometimes we bite. And our lips are crushed
against the armor of our bright, chattering teeth,
and then we kiss, as droplets of blood flutter
like garlands across our feverish brow.
The stars inch and crawl across the sky,
as the grasses curtsy and kneel in awe
in recognition of our love, and the bushes cling
to one another in the wind,
like our tongues, that of gentle lovers,
meeting in a kiss.

*July 9, 1929*

8.

You are a plowed field that smells of earth, and
   your panting
is like that of the hired hand making love as you
   bear
the weight of the entire world upon your back.
And sometimes your desire is like a deafening
   bell
that beckons me to Mass beneath the towers
of the dark and panting night.
And then you shower me with love,
like a wild chestnut shedding its leaves. And
   even now,
amidst this grief cleansed by the diaphanous
   dawn,
you are still the earth, and the flesh, and the blood
and everything and all, is but like child's play
   beside you.

*July 12, 1928*

# Sirálysikoly

SIRÁLYSIKOLY
*Élő anyámnak*

Vészes sirálysikollyal ha fölsikoltok
nem hallja senki pedig
testvéreim
a milliók
sikoltanak akik meghalnak valahol
és milliók
akik helyett élek és szeretem árván
az adott asszonyt
s milliók
akik helyett álmodom az álmot
és támadok fel Krisztusként
vérszínpiros rossz hajnalokon
a bűnre és a vágyra
alázatra és tisztaságra
s a születések szeretések és
temetések
testvéreim
miattam szépek!

*1928. november 3.*

# The Cry of Gulls

THE CRY OF GULLS
*For my living mother*[1]

I may sound the alarm like a screeching gull
but none will hear
dear brothers and sisters
though millions
are weeping and dying somewhere
millions
in whose stead I live an orphan
who loves his given mother
millions
in whose stead I dream dreams
and rise Christ-like resurrected
each blood-red vicious dawn
and all this for sin and desire
shame and purity
for births and loves
and burials
dear brothers and sisters
all these are beautiful because of me!

*November 3, 1928*

   1. *Dedicated to his step-mother, Ilka, who died in Auschwitz in 1944 at the age of fifty-nine. Radnóti's biological mother died in childbirth.*

## SOK AUTÓ JÁR ITT

*Hugomnak*

Testvérem, látod mennyi a koldus és
nyomorúlt és mennyi az úri rongyszedő,
csak mi vagyunk ketten; zártkezü koldusok
és néma nyomorúltak.

Testvérem, add ide a kezed, sok autó
jár itt és sok úriember és vigyázni kell;
sötét kapualjak elölelnek, ha elleresztlek.

Testvérem, látod ketten vagyunk: egy apa
álma és két anya kínja sikoltoz bennünk.

Két szép ölelésnek emlékeképen, látod,
ittmaradtunk, két nagy álomemlék és álmaink
a reggelbe csúsznak, nappali tarlón álmodunk
és karonfogjuk egymást ha járunk.

*1928. október 12.*

## MANY CARS PASS BY HERE

*For my sister*[1]

My little sister, you see how many beggars there
    are,
and how many wretches and dignified rag-
    pickers,
while we two are alone, closefisted beggars
and silent wretches.

My little sister, give me your hand, for many cars
pass by here, as well as so-called gentlemen, and
    the
dark entryways will swallow you whole, were I
    to ever let you go.

My little sister, we are alone: and the dream of
    one father,[2]
and the anguish of two mothers[3] shriek within
    us.

Look how sweetly we embrace in this photo,
    you can see
we have survived, like two dreams recalled, and
    as our
dreams slide into morning, beyond the bright
    fields of day,
we will take each other by the arm and walk on.

*October 12, 1928*

1. *Dedicated to his younger half-sister, Ágnes, who died
in Auschwitz in 1944 at the age of twenty-nine.*
2. *Refers to his biological father who died when Radnóti
was twelve.*
3. *Refers to his biological mother and his step-mother.*

---

## SZEGÉNYSÉG ÉS GYŰLÖLET VERSE

Testvér, én éjjelenként füstfürtös, fekete
tűzfalak tövén aludtam a szegénység és
gyűlölet álmaival s kiforgatott zsebekkel
ordítottam a szegénység dalát az aranyméhű
kazánok felé!

A gyűlölet szerető, gömbölyű szavai forgatták
az áttételek lomha kerekét, amikor telthúsu
fehér álmok szorúltak be a szijak közé!

Kezeim kemény munkáskezek súlyával
    csapdosták
a combjaimat és a gyárak lányait szerettem,
akik őszi seregek remegő fáradságát cipelték
a szegénység és gyűlölet hegyére s ujjaim a
csorduló olaj ázott útjai tapadón markolták
a semmit!

Verejtékkeresztektől görnyedő ráncokkal
    terhes
Golgotha volt a szememalja, ahol az éjek
szénporos Krisztusai feszültek kéken.

*1928. október 11.*

## POEM OF POVERTY AND HATE

My brother, many a night I have slept by the
    base
of black firewalls stained by curly-haired
    smoke,
and dreamt of poverty and hate with turned
    out pockets
then shouted at the top of my lungs the song
    of privation
at the gold-wombed furnaces!

Seductive rounded words of hate turned
the transmission's sluggish wheels, where full-
    fleshed
white dreams were trapped between the strap
    belts!

My calloused hands with which I slap my thighs
    were those
of a hardened laborer, and I was in love with the
    girls from the factories,[1]
lugging their tremulous weariness like autumn
    armies
to the heights of poverty and hatred as I reached
    with sticky fingers
to touch the highways drenched with oil but
    grasped
at nothing!

Beneath sweating crucifixes my wrinkled eyelids
    became

a sagging Golgotha, as the coal-dust Christs
of long nights stretched far into the blue.

*October 11, 1928*

    1. *Refers to Radnóti's time in Reichenberg where his
uncle sent him to learn the textile business.*

## MEGBOCSÁJTÁS

Tejízű fehér gyermekek álmait
alszom s reggelre a szivem ragyog
mellem furcsa, csillogó táján.

Ma nyájat őriztem a jóság
dombjain éjjel, de hajnalra
elveszítettem és most egyedül vagyok.

Mellemre hajtom csöndben a fejem
és szegény szivemet leejtem ilyenkor
egy-egy koldus halálos tenyerébe.

*1929. május 16.*

## FORGIVENESS

I dream the dreams of milk-flavored innocent
children and in the morning find my heart
  aglow
within the strange radiant landscape of my
  chest.

Today I was guarding a flock of sheep in the
  hills
of goodness in the dead of night, but come the
  dawn
had lost my herd and found myself alone.

At times like this I lean my head silently
upon my chest and drop my aching heart
into the skeletal hand of each and every beggar.

*May 16, 1929*

## „ÉS SZÓLT ÉS BESZÉLT VALA
    KÁIN ÁBELLEL"

*(M. l. 4., 8)*

*G. D.-nek, bátyámnak*

Ábel, testvérem, tegnap fölkeltett az ősi bűn,
megöltem hófehér álmaidat és hajszoltam
  magam
kárhozottan a hiábavalóság éjjeli útján, fagyott
szomorú fáknak glédája között a reggel elébe.

Napszagú földjeim párázva sirtak utánam,
kiűzött testem lihegő éji sebekkel világitotta

arcomra a megbánás piros rózsáit és koldulón
hívtalak átokbontó, nagy találkozásra.

Te szent voltál és a fölajánlás áhitata lengett,
amikor megszülettél; az én régi napomon
  terhesen
zengett az ég, gyilkos nehezen szakadtam le
mint első levél az átkotnyögő keserű fáról.

És lettem Káin, domború mellemen kelt fel a nap
és térdeim fáradtsága hozta az alkonyt amikor
öltem s amikor szórtad utánam kergetőszavú
fájdalmaid és elémdöntötted éji futásom őreit
a fagyott, szomorú fákat.

Megbotoltam, fölhasadt a húsom a gáton és
elestem s ujra futottam feketén, bibliáson:
Káin vagyok és tegnap fölkeltett az ősi bűn,
Káin vagyok és te vagy az Ábel!

*1928. október 26.*

## "AND THUS SPOKE CAIN TO ABEL"

*(Genesis 4:8)*

*For D.G., my uncle*[1]

Abel, my brother, yesterday I was awakened by
  my ancient sin,[2]
for I had murdered your snow-white dreams,
  and ever since
I have pursued myself unsparingly on this dark
  road to damnation,
wandering among the frozen grieving trees in
  the cool lap of morning.

My sun-scented fields wept their misty dews for
  me and my
exiled body lit the world with the wounds of the
  panting night
illuminating my face with the blood-red roses of
  my regret while like
a mendicant I called out for us to meet and dis-
  pel this wretched curse.

You were a saint, and piety wafted over you
  from birth
like a votive offering; but my ancient days have
  borne the resounding
murderous weight of the sky, torn from the tree
  of life
like the first leaf torn from the groaning tree of
  bitterness.

And I became Cain, and the sun rose over my
  rounded chest
as my weary knees gave way and
  brought on
the murderous dusk, and you scattered your
  words

and torment before me
and placed the heartbroken frozen trees to stand
over me like watchmen
through my evening flight.

With each step I take I stumble, my flesh cleanly
split upon the gate,
I stand, fall, and run, again and again, darkly, as
in the scriptures:
For I am Cain, and yesterday my ancient sin
awoke me,
I am Cain, and you are Abel!

*October 26, 1928*

1. *Dedicated to Dezső Grosz, Radnóti's maternal uncle
and guardian after his father's death.*
2. *Reflects his profound guilt over the death of his twin
brother and mother during delivery.*

## MÁJUSI IGAZSÁG

Én is csak ma látom a tegnapot,
mert szegény szemeim betegek és
csak asszonyra és könnyre lettek,
pedig testvéreim
tegnap a májusi igazság járt az
uccátokon, virágokkal fölcicomázva.

Asszonnyal és könnyel szememben
a májusi igazság útját taposom
a kőfalak között virágosan és
barnaszemű őzek jönnek hozzám,
megnyalják lecsüngő kezem és
cinkék raknak fészket a hajamba:
mert testvéreim,
utam átkozott őszi vetés, késői vetés
mulasztott májusokba.

*1928. december 3.*

## MAY'S TRUTH

It was not until today that I could see yesterday,
for my poor eyes had been ailing,
meant for only women and tears,
but my brothers and sisters,
yesterday May's truth finally marched
down the streets, decked out in flowers.

With my eyes filled with women and tears,
I now tread the path of truth with May
between the stone walls and flowers,
as brown-eyed fawns come
to lick my dangling hand,
and swallows build their nests in my hair,
brothers and sisters,
my once accursed path sown with winter corn,

now yields the belated harvest of neglected
Mays.

*December 3, 1928*

# Variációk szomorúságra

## ITALOS ÉNEK
*(lassan énekelve, szomorúan.)*

Meghalunk szegény barátom igen,
vétkesek vagyunk és
kacér szemünkkel most hazatértünk
fehér angyalok parázna szemeiből
s állunk a szélben is már,
kiforditott tenyerek sápadt
tükrei közt, bizony elkésett
bánatok halmán hiába! már
fölöttünk szivárványszíntógás
biráknak fehér szakállát
lengeti látod a szél szegény,
szegény kacér szemünket
hunyjuk le végre, hogy lássunk.

*1929. október 30.*

# Variations on Sorrow

## DRUNKEN SONG
*(to be sung slowly, sadly)*

My poor friend, we will surely die one day,[1]
for we are all accountable, and from
the lecherous eyes of snow-white angels
our flirtatious eyes will lead us home
where we will stand wind-blown,
between the pale mirrors of our upturned
palms,
and our woes shall be heaped up belatedly in
vain!
for already the sage judges in their rainbow
gowns
hover above us with their white beards
fluttering in the wind,
and we will close our impoverished
and seductive eyes
so that we may finally see.

*October 30, 1929*

1. *The poem is infused with the strains of melancholy
that characterize many of Radnóti's poems.*

## VARIÁCIÓ SZOMORÚSÁGRA

Nézd én a fájdalmak kertjéből jöttem
könnyes folyókon hullató ligeteken
és zokogástól rengő réteken át
a fájdalmak kertjéből jöttem
ahol sirást hozott
a szél a nap az eső
a köd a hold a hó
az ég az ég az ég is!

És kelőhajnali színeken is sírtam
ha épen egy érett alma
esett le csengve fáradtan az ágról
vagy egy madárnak röpülő íve
a föld felé hajolt és eltűnt
valahol a ringó zöld mögött.

Csak jöttem némán könnyes folyókon
hullató ligeteken és zokogástól rengő
réteken is némán keresztül csak a
sirásom csorgott szűz arcomon
mely már halovány mint a
hajnali holt hold mely
szégyen a hajnali hajnali égen.

*1929. június 8.*

## VARIATIONS ON SORROW

Look, I just arrived from the garden of sorrows
with its river of tears leaf-shedding groves
and its mournful meadows quaking with sobs.[1]
Yes, I just arrived from the garden of sorrows
where the wind and the sun and the rain
conspire to bring tears along with
the fog and the moon and the snow
and the sky sky sky!

In the gathering tint of dawn I wept
for the ripened apple wearied of life
that jingled and fell from the bough
and for the bird that plunged
to the earth only to disappear
somewhere deep within the swaying forest.

I just arrived mute from the river of tears
with its mournful groves and quaking meadows
while between my silences the tears trickle
down my saintly face and in the sallow
dawn the lifeless moon
scurries and hides in shame
only to disappear into the dawning dawning sky.

*June 8, 1929*

1. *Once again he conjures an auditory world as in various poems such as "A Verse of Lovers in Springtime." See also "jingled" line 3 second stanza.*

---

## BÉKESSÉG

Te, ez olyan jó,—ez a matató
hallgató, szomorú játék,
éjjeli játék szomorú szívvel
és szemekkel, magamellé
szeliden, hosszan odaejtett
szomorúujjú fehér kezekkel,
amikor egy bútor görbe lába
ernyős lámpám világa alól
csillan, mint néha léha szobákban
bronzfényü aktok sima háta.

*1929. május 12.*

## TRANQUILITY

You must admit, that this is good—this
    meandering
silent, sad game we play,
this night-time game we play with heavy hearts
and downcast eyes, just us two,
ever so sweetly, our pale hands
and fingers fumbling mournfully,
while the crooked leg of the
the table glints beneath the shaded lamp,
and in our idle room the smooth silken back
of the bronze nude gleams ever so bright.

*May 12, 1929*

---

## MEDITÁCIÓ

Most már elhiszek mindent csöndben:
éjjel Mondschein szonátát és Áve
Máriát hallgattam egy szál
csöpögő gyertya mellett,—az
ablakon át fények feszültek a
falra furcsán,—imára kulcsolt
szivvel és kezekkel űltem,—ave,
ave!—a gyertya is tövig ég majd,
de a kedves keze mégis szép,
hosszú, keskeny, úgy szeretem
és ül rajtam a szerelem
mint régi templomok falán
fehér szentek fején megűlő
fényesszemű és szelid galambok.

*1929. április 15.*

## MEDITATION[1]

In this sweet after-glow I will surrender to the
    silence:
for I had been listening to the strains
of the Moonlight Sonata and the Ave Maria

by the light of a dripping candle,—through
the windows the lights flicker mysteriously
on the wall—and I clasp my hands together
as if in prayer while my heart sings,—"Ave!
Ave!"—the candle continues to burn,
and I think of how just earlier I had glanced at
   your
long, delicate fingers, and was overcome
with a buoyant love that fluttered
like bright-eyed, timid doves
come to roost on the heads of pale saints
in the shadow of a crumbling church.

*April 15, 1929*

   1. *An early poetic tour de force written close to the age
of twenty.*

# Jámbor napok

## SZERELMES VERS BOLDOGASSZONY
   NAPJÁN

Fázol? várj, betakarlak az éggel,
hajadra épül a hímzett csillagok
csokra és holdat lehellek a
szemed fölé.

Már nem húz madarak búbos szerelme
csak házak tárják lámpás ölüket
a szélnek és hangtalan fákon
ring a szerelem.

Valamikor az asszonyom leszel
és átkozott költők rettentő téli
danákkal valahol a hegyeknek
alján hiába énekelnek.

Szép bánat feszül a homlokom
alatt és fekete tájak tükröznek
sötéten összecsörrenő fogaimon:
ne félj.

Csak a februári egyszerűség
érett most bennem szerelemmé
és teljes vagyok már, mint nyáron
egy zengő égszakadás!

*1930. február 2.*

# Days of Piety

## A LOVE POEM ON CANDLEMAS[1]

Are you cold? wait, I will cover you with the
sky, and the embroidered stars will cluster

in your hair as I breathe
a moon upon your lids.

The love of tufted birds no longer enchants me
as the houses open their lamp-radiant laps
to the wind and love sways among the
soundless trees.

One day you will become my wife and all
the cursed poets huddled in their dreadful
winter hovels in the foothills
will then sing in vain.

A glorious sorrow furrows my brow
and the blackening landscapes
reflect darkly on my chattering teeth;
but don't be afraid.

It is merely the artlessness of February
that has ripened into love,
and I have become whole and complete, like
a thundering cloudburst in summer!

*February 2, 1930*

   1. *Christian holiday celebrating the presentation of the
infant Jesus, Jesus' first entry into the temple, and the Virgin
Mary's purification.*

## ESTE, ASSZONY, GYEREKKEL A HÁTÁN

*Hilbert Károlynak*

A város felé jövök a hegyről, nagy tele holddal a
   fejem fölött,
szegényen, mint régi próféták, szendergő ösvény
   a lábam alatt,—kincseim:
a cifra esteli város és az asszony, aki most jön
   gyerekkel a hátán és
megáll mellettem, köszön. Fiatal asszony, a
   szeme szép, a szememet rajtafelejtem.
Megy tovább. Fogait mutatja, nevet, a gyerek
   pedig búcsut integet a hátán.
Most nekikadnám papoknak örülő, mosolyos
   szivét, melyet este igy magamban hordok,
de már késő van, sötétek az árkok. Kaszált füvek
   közt görnyedt hátakkal viszik
az álmot és megszólalnak már mindenütt,
   énekes hangon az esti kutyák.

*1929. június 22.*

## EVENING, A WOMAN, A CHILD
   ON HER BACK

*For Károly Hilbert[1]*

I come toward the city from the mountains, a
   full moon looming above my head,

penniless, like the prophets of old, with the
  dozing paths beneath my feet,—my
  treasures:
the luxuriant night-time city and the woman,
  who now comes with a child upon her back,
  and who stops beside
me, and says hello. A young woman, whose
  radiant eyes make me forget that I am staring.
She moves on. Flashes her teeth, and brightly
  smiles, as the child waves farewell from her
  back.
I would offer them the smiling, joyous hearts of
  priests, such as I carry within me through the
  night,
but it is late, and the ditches by the roadside
  darken. Between the mowed grass with
  sagging backs they carry
their dreams as their voices rise from
  everywhere—the hounds of evening baying
  through the night.

*June 22, 1929*

  1. *Radnóti's tutor when he was sixteen and an early sup-
porter of his interest in poetry and literature. He met Fanni
in Hilbert's home.*

## TÉLI VERS

Béke legyen most mindenkivel:
jámbor öregek járnak az
első hó sarában és meghalnak
mire megjön a hajnal.

Hó, hó! fekete szemekben
sötéten fénylik az ég, rossz
bánat sír a lámpák alól és
száll elárvúlt terhes asszonyok
foganó átka, holdas
pocsolyákból a férfi felé.

Tél, tél! fél most a gyerek s
fél az üvegesházban markos
marokkal nevelt gyönge virág;
az anyák gondja kiköltözött
az ereszekre és sipog, sipog:
leesett már az első hó,
irgalom és béke, béke legyen
már mindenkivel.

*1929. december 17.*

## A WINTER POEM

May there be peace on earth for everyone:
as pious old men trudge through the

mud and the first winter snow
only to die with the coming dawn.

Snow, snow! deep within black eyes
the sky gleams dark, and a malevolent
sorrow sobs beneath the street lamps
then takes flight as the curses of abandoned
pregnant girls standing in moonlit puddles
soar accusingly toward their careless men.

Winter, winter! a child cringes in fear
as delicate flowers raised with beefy hands
cower in the hothouse;
the deep dread of mothers fades away
and whistle, whistle beneath the eaves:
the first winter snow has fallen,
and brings with it mercy and peace,
oh, let this peace drift over everyone.

*December 17, 1929*

## Ó FÉNY, RAGYOGÁS, NAPSZEMÜ REGGEL!

Ó nézd! Zsolozsmás tiszta a reggel
és szerelmes szavainkkal elszáll
a köd és minden tiszta lesz.
Ragyogj!
Nézd, csillog a tenger és üvegpartokon
cseng a faragott hullám a nap alatt!

Ó fény, ragyogás, napszemü reggel!
Imádkozz! és
mutasd meg magad, mert
üvegpartokon állunk és
átlátszók vagyunk. Vérünk
mint szentelt, metszett pohárban
aranyszinü bor: csillog hidegen.
Imádkozz, imádkozz értem!

Ó csengenek a partok és remegnek;
torkunk áhitatot küld a ködök után
és megsimogatjuk a napot a
szemeinkkel és a szemeink fájnak!

Zenés üvegpartokon szeretlek
és imádkozz
ó imádkozz értem!
mert csillogó reggeleken is kiáltom
hogy érted csillognak a megcsengő
partok és érted a napszemü távol!

*1929. február 2.*

## O LIGHT, BRILLIANT, SUN-SWEPT MORNING!

O look! How the morning intones the day
and our amorous words disperse the fog
while the whole world glows with purity.
Glisten!
And look, how the sea glimmers on the
    transparent shore
and the hewn waves peal beneath the chanting
    sun!

O light, brilliant, sun-swept morning!
Pray! and
reveal yourself, as we stand
on these transparent shores
diaphanous and clear. Our blood
is like golden wine in a consecrated
chalice of etched glass; twinkling icily.
Pray, pray for me!

O how the shores peal and quake;
as our parched throats yearn
for the fog, and we caress the sun
with our aching eyes!

I love you on these transparent
song-filled shores o pray
pray for me!
as I lift my voice on this glittering morning
and the pealing banks gleam for you
for you alone and the sun-swept beyond!

*February 2, 1929*

## ÁDVENT. KÉSEI EMBER

Megy vézna fenyővel a hóna alatt
a sárban szegény; kalapja körül a
kedve leng ijedten, mint nyáron, sárló
tehénnek feje körül a méla bánat!

(Tán gyerek is még ő és félti a
mennyből az angyalt; tegnap még kis
szőke szakálla fölött az ajkain
néha fölpattant a lázas öröm!)

De ma már csak megy vézna fenyővel
a hóna alatt; fáradt két lába
két érett gyümölcs a sárban csattog!
és énekel szegény!

*1929. december 23.*

## ADVENT,[1] THE LATE-ARRIVED MAN

Poor man, he slogs through the mud, dragging a
ragged pine beneath his arm, his hat pulled low;

his frightened spirit billowing, like the pensive
    sorrow
of a rutting steer in summer!

(Perhaps he is still a child and fears the
angels in heaven; only yesterday, he was
overcome with such feverish joy, that it singed
his cheeks above his blonde and scraggly beard!)

But today he limps home with a stunted
pine tucked beneath his arm; while his
legs slosh like two over-ripe fruit through the
    mud,
and yet, despite everything, the poor man still
    sings!

*December 23, 1929*

1. *Holy season in the Christian calendar, the time of
preparation for the birth of Christ and the Second Coming.*

## JÁMBOR NAPOK

Együtt kelek a nappal, hajamat fésüli—
marja a hegyek felől a szél:
ébredő utak között, színes vetések és
virágos mákföldek fölött lengetem
hajnali szomorúságom.

Kedvesem messze van és
hogy szép maradjon, fürdetem néha
könnyeimben: füveket hordok a fogaim
között és szembenézek a nappal ha
rágondolok.

Déli árnyékos heverőn,—evés után—
ha elönt a bánat,
parasztlányok kibontott mellén
játszik szótlan a kezem és este
hazatérek nagyokat lépve,
a hallgató kertek alatt.

Mintahogy szarvakat bimbózó
borjakkal és nagy sáros tehenekkel
hazafelé ballag—ha eljön az este—
a jámbor.

*1929. július 31.*

## DAYS OF PIETY

I rise with the sun, as the wind from the
mountains brushes and scrapes my hair:
and walk along the waking paths, as my dawn-
    born
sorrow flutters above the colorful pastures
and flowering fields of poppy.

My love is far away, and so that she remain
beautiful, I occasionally bathe her memory

with my tears: I hold grasses between
my teeth and gaze into the bright eyes of the sun
whenever I think of her.

At noon I sprawl in the shade,—and after eating—
still overcome with sorrow,
my hands silently play with the budding breasts
of peasant girls
then head for home striding through the
hushed gardens in the night.

Like calves with budding horns
and cattle covered in mud
I shuffle home—as the evening falls—
a man cloaked in piety.

*July 31, 1929*

### CSÖNDES SOROK LEHAJTOTT FEJJEL

*Forgács Antalnak*

Éjfélre szült az anyám, hajnalra
meghalt, elvitte a láz és én a
mezőkön szülő erős anyákra
gondolok cifra szavakkal.

Apámat éjjel elvitte egyszer
a kórházi ágyról, szájtátó
orvosok közül a gond; akkor
otthagytam a vörösszemű
embereket, egyedül éltem
és élek a házakon kivül
régóta már.

Az őseimet elfelejtettem,
utódom nem lesz, mert nem akarom,
kedvesem meddő ölét ölelem
sápadt holdak alatt és nem tudom
elhinni néki, hogy szeret.

Néha csók közben azt hiszem, hogy
rossz ő, pedig meddő csak és

szomorú, de szomorú vagyok
én is és ha hajnalban a
csillagok hívnak, egymást karolva
mégis, együtt indulunk ketten
a napfény felé.

*1929. szeptember 28.*

### QUIET LINES WITH HEAD BOWED

*For Antal Forgács*

My mother bore me by midnight, but by dawn
was dead, carried away by a fever, and I
think of the fierce women who give birth in the
    fields
in these, my fanciful words.

My father was also carried away
in the night, wrested from his sick-bed,
and the arms of his incredulous doctors;
and it was then that I retreated from
those bleary-eyed men, to live my life alone
and have been living ever since
outside of houses.

I have forgotten my ancestors,
and have no desire for progeny,
and as I embrace my love's barren lap
beneath the pale moons I question
whether she ever truly loved me.

And sometimes between kisses, I may think
that she is bad, when she is merely sad
and barren, but then I am sad as well,
and if at daybreak the stars
were to call out to me, then arm in arm
the two of us would set out
toward the gleaming sun.

*September 28, 1929*

   1. *Dedicated to Antal Forgács (1910–1944) poet and
co-founder with Radnóti of the literary journal, "Kortárs."*

# Újmódi pásztorok éneke /
# Song of Modern Shepherds (1931)

*In his second published book, Radnóti continues in the pastoral vein. The poet Mihály Babits' translations of
Theocritus into Hungarian influenced Radnóti and inspired in him his early attachment to the pastoral genre
and Greek classical poetry. It led him to adopt "the peasant voice, the bucolic consciousness" (George, pp. 24–
43). The book was confiscated by the authorities for indecency and blasphemy and it was mostly through the
timely and fortunate intervention of his mentor, the Piarist priest Sándor Sík, that he was saved from impris-
onment and expulsion from the university. The eroticism from his first book continues to echo in this second
collection of thirty-one poems.*

## Táj, szeretőkkel

TÁJ, SZERETŐKKEL

*Szalai Imrének*

Tegnap még sínek mellett álltam
a páristjárt fiatal magyarokkal,
de most már egyedül élek egy lengő
pipaccsal a lábam előtt és a lányok
messzi dalával az alkonyodó
faluvégen, ahol még néznek csak
egymás szemébe hosszan, néha tudós
szeretők, akik ölelni bújnak éjre
a bokrok alá, hol csóktól fullad a lány
és teli csókkal szökik haza reggel!

*1930. június 11*

# A Landscape, with Lovers

A LANDSCAPE, WITH LOVERS

*For Imré Szalai[1]*

It seems only yesterday I was standing
by the train tracks with the young Hungarian
     tourists
visiting Paris but now I stand alone with a single
     poppy
swaying by my feet as the song of young girls
echoes in the distance and dusk settles on the
edge of the little village, where lovers stare
longingly into each other's eyes, then
embrace only to hide among the shadows
beneath the bushes, where a young girl suffocates
with kisses, then runs for home with the dawn!

*June 11, 1930*

1. *Dedicated to Imre Szalai (1894–1979), friend, writer, architect.*

OKTÓBERI VÁZLAT

Reggel, fa alatt fagyott verebet
tépett a kutyám és napsütött
nyári tornyok alatt most sárban jár
cifra lábakkal, legény a lány után;

ma már dalolva vár testvérei közt
régen halottan a nagy fa, sötét
erdőkön tüzelésre és leveles,
bő élete jajdul a fejsze alatt,

mint kispapok őszülő bánata fordúl
imásan, miséken lesett fiatal
apácák, hites, hófehér teste
felé, a hüvösödő esti időben;

ökörnyál kötött ki ujra már szigorú
bokrainkon, de a Tiszán még mesélnek
dévajos játékról titkosan az árnyak
és csöndesen elmulat a táj.

*1930. október 6.*

AN OCTOBER SKETCH

It is morning, and underneath a tree my dog
     tears
at a frozen sparrow, while beneath cathedral
towers drenched in summer's sunlight, a boy
     stalks
a young girl with prancing steps through the mud;

today, a long-dead, ancient tree stands among its
companions singing and awaits the woodman's
     axe,
it shall cry out as its abundant life leaps up in
     flames
in the dark and verdant forest, and it becomes
     kindling,

its age-old sorrow shall rise like a seminarian's
prayer, who glances longingly at the young nuns
while performing Mass, desiring their pure
     white bodies
sanctified by the cool of evening;

gossamer shall glisten on our stern bushes,
while on the winding Tisza the shadows whisper
their impish secretive tale; as night falls
and silence comes to consume the land.

*October 6, 1930*

TÁPÉ, ÖREG ESTE

*Sós Endrének és S. Koncz Erzsébetnek*

Szerencselepények füstölnek az úton
a ködben, jó tehenektől, de ők már
pisla jászlak előtt eldőlve pihennek
és orrlikuk köré is enyhülni száll a légy!
Most a híjjas ákácot kalapozza

haloványan a holdfény s nem csillagzik
az ég! mert angyalaink magukra húzták
a fekete takarókat, már hiába
áll ki várni az apját, csillagok nélkül
nem nő nagyra ilyenkor a kicsi legény!

De azért hazafelé jönnek szekéren
és papírral ápolt glóriákkal sötéten
a gazdák s eldőlnek, ha asszonyuk kilép
meleg szoknyáiból előttük és szolgálva
hozzájuk bontja a testét melegen!

Kinn kutya nappali mérgét játssza
a lánccal, benn a gyerek figyel még, ó
szemekkel s a macska! és szerető zajban
álmodnak együtt már, köcsög tejekről
boldogan, nyáluk csorgatva a vackon!
*1930. december 6.*

## TÁPÉ, ANCIENT EVENING[1]

*For Endré Sós[2] and Erzsébet S. Koncz[3]*

Steam rises from the dung on the road, and
in the gathering fog the cows retire to their
dozing barns to nod off and sleep, while flies
    cavort
about their nostrils, then land, to cool off in the
oppressive heat! The pale moonlight anoints the
wisteria in the dark and starless sky!
as the angels pull up their black coverlets of
the night, and a child waits in vain for his
father to return, but without stars to
light the sky how will he ever grow tall!

The carts wend their way slowly home in the
haloed dark festooned with paper garlands,
and the farmer collapses on his bed, as his
wife steps out of her warm skirts, and unfolds
before him like a dutiful flower in her sultry
    nakedness!

Outside a dog feigns anger and rattles his chain,
    while inside a child listens raptly, along with
his cat! then they drift off to love's rapturous
    din,
and in their sleep dream of a cool pitcher of
    milk
as their saliva dribbles over the pillow!

*December 6, 1930*
    1.  *A small town in Hungary several kilometers from Szeged.*
    2.  *Endré Sós, writer.*
    3.  *Erzsébet S. Koncz—Unable to identify individual.*

## ESŐ

Boros emberek nézik a felhőket
feketén egy hete már s huncut szavakat
morognak az égre a fénytelen útról,
és hogy ázott leánnyal dalolva jöttem
a hegyről, csomósan elpanaszolták: a Vág
kimosta éjjel s most viszi a füzet
a partról és rajta a sok bogárt; már
omlik a nedves föld és kutya kíséri
a parton ugatva s a szélben a csillogó
bokor is föltapsol az udvaros holdra,

mert fehéren a falu végén most hal meg
a lány, aki hiába húsz éve várja már,
hogy visszajöjjön barna kedvese.
*1930. július 21.*

## RAIN

For nearly a week the loud-mouthed drunks
have been shaking their fists and snarling up at
    the sky
cursing from the dark and muddy roads,
but I have come down from the mountains
    singing
with my arms wrapped around my girl drenched
    with rain,
who cares if the men rail angrily at the sky:
last night the swollen Vág[1] washed the trees
    away
covered with clamoring insects, and the muddy
banks collapsed as dogs barked and the
    glistening
branches applauded the courteous moon;
in a cottage by the edge of the village
a pale virgin is dying, having waited twenty
years in vain for her brown and ruddy lover to
    return.

*July 21, 1930*
    1.  *Longest river in Slovakia.*

## HOMÁLY

Most ránkköszönt a színek
szomorúsága látod, s a
domb fölött is megálltak a
felhők, csak a csókunk hull
még, mint forró magyar ősszel
érett gyümölcs a fa alá
a földre, mikor koszorús
fejjel, szomorú lányok
szüretelnek és énekük
zeng a fürtök fölött;
asszonyokról, akik siratják
hulló hajjal a kertek
alatt, réghalott kedveseik.

*1930. március 16.*

## TWILIGHT

See how the mournful colors
rise up to greet us, and how
over the hill the clouds have
come to a stand-still, only our kisses
tumble, like fallen fruit

seared by the Hungarian autumn,
while sad young girls
with garlands in their hair
gather grapes and raise their voices
in lamentation, their songs
echoing above the vines,
as their golden hair thins with grief
for their long-dead silent lovers.

*March 16, 1930*

## KÉT GROTESZK

### • Péntek éji groteszk •

A hajnali csillag fölkacag!
Egy korsóka tutajról a vízbe
lefordul ijedten! Fűz alatt,
faragottképü legény ébreszti
alvó kedvesét. Azt hiszi, hogy
zajjal most támad a nap! Pedig
csak életükért harcol manó
a cserfák tetején! Éjjel van. Kacag
a hajnali csillag s a Tiszaparton
ujra már elaludtak a rózsák!

*1930. szeptember 19.*

### • Kedd éji groteszk •

Szerető lehell most meleget
szerető tenyerébe, mert szél
indul és porból tornyokat épít
az útra, ahol szerelmesen
négy zsemlyeszín agár szalad,
fátyolfülüket hátraborítva
és mögöttük a vár úrnője
galoppol, alkarján billenő
sólymaival; fulladt házakban
ágyazó asszonyok várnak ijedten
hazatérő, sötét embereikre.

*1931. január 19.*

## TWO GROTESQUES[1]

### • Friday Night Grotesque •

The dawn star cackles with laughter!
As a jug tumbles from the dock into the water
with fright! Beneath the willow
a youth with sharp-chiseled face awakens his
   sleeping lover. He thinks
the racket is the sun attacking! And yet, it is
   only a sprite scrambling for its life atop the
   oak. Night comes.
The dawn star cackles,

and on the banks of the Tisza
the nodding roses fall asleep once more!

*September 19, 1930*

   1. *A favored genre of the surrealists and the avant-garde, one that Radnóti returns to in various poems. Perhaps best illustrated by his unfinished cycle of poems "The Songs of Eaton Darr." The grotesque is often linked to satire but is also the evocation of the "strange" and develops its own idiosyncratic logic where the logical and illogical create a tension of contrasts. The grotesque is the foundation of Lewis Carroll's "Alice's Adventures in Wonderland."*

### • Tuesday Night Grotesque •

The wind gathers up the dust from the road
and builds sand castles like a pining youth
gently blowing into his lover's palm.
Four honey-colored whippets
run about frolicking and crazed with love,
their ears fluttering like veils with joy;
behind them their mistress gallops,
a steely-eyed hawk flapping on her arm;
in houses suffocating with fear
terrified women fluff-up their beds
waiting for their dark and ruddy lovers to
   return.

*January 19, 1931*

## TÉLRE LESŐ DAL

*Kún Miklósnak*

Nyár volt; a templomok tornyaiért
árnyékuk misézett a napban s
a gazdagok hattyas tavain ujra
fehér madarak úsztak csak és az ég!
s rozsdás földjeink csodás gyermekei
tovább fürödtek a Tisza felé
hajoló, halas patakokban!

Nyár volt pedig; de szegény menyasszony és
vőlegény előtt most sem nyílott ki
életük rózsafája! kék májusunk
vörös orgonát dobált fiatal
díszül kalapunkra; már hóba bukó
esők tarka színeink nyomorítják s
takarót vár a fészkes vetés!

*1930. november 14.*

## SONG WHILE WAITING FOR WINTER

*For Miklós Kún*[1]

It was summer, and in the sunlight the shadows
of the cathedral spires celebrated a somber Mass
while in the glistening ponds of the well-to-do
white swans swam lazily beneath the ruffled sky!

the enchanted children of our rust-strewn earth
still bathed in bending streams teeming with
  fish,
flowing gently toward the Tisza!

It was summer for sure; but the roses no longer
  bloomed
for the impoverished bride and groom
celebrating their union! And yet, our blue May
still tossed its red lilacs about with which to
  adorn
our caps; but now the stumbling rains hint at
  winter,
and amid the garish colors of our wretchedness,
the nestling earth awaits its first blanket of
  snow.

*November 14, 1930*
  1. *Dedicated to Miklós Kún, a fellow student (George p.
357).*

### Tavaszi vers

A fák vörös virágokat lázadnak
éjjel és vidám csavargók ölelnek
most a reccsenő ágú bokrok alatt;
csak a lány sivít, karmolva, teste
tavaszi forradalmán, mint
megbúbozott madár, ha hímje elől
csattogva menekül és borzas bögyén
színes vágyai fütyölve kivirúlnak.

*1930. március 27.*

### A Spring Poem

The trees are ablaze with crimson flowers
as two young vagabonds tangle
in the delirious dark beneath the
rattling boughs; a young girl scratches
and squeals, her body on fire with
spring's rebellion, then she flees,
like a great crested-bird from her lover,
clapping her beak, her crop engorged with
  desire.

*March 27, 1930*

### Vihar után

A földeket fénylő fekvésre
verte a zápor és kilenc lány
paskolja keményre izgatott
mellén a tapadó, vizes inget,

mert rezgve száradó lepkék
visszatérő lelkei közt
döngeti földhöz most ölelni
a gazda fölcsukló, szerelmes
asszonyát, akinek nyíló
ölében ring a füvek füttyökbe
fakadása és csókja előtt már
csillogva áll föl a hajlott vidék.

*1930. március 30.*

### After the Storm

A downpour had hammered the earth
that now lies in wait; as nine maidens
pat their hardened nipples beneath
their drenched and clinging blouses,
butterflies alight upon the leaves and tremble
like ghosts as they dry their wings in the sun,
and the whole earth sings,
as the farmer presses his wife
to the ground, her thighs parting
like grass before the whistling wind,
and the whole earth bows to celebrate their
  kisses,
as the countryside stands erect, and glows.

*March 30, 1930*

## Elégiak és keseredők

### Keseredő

Tegnap módos legény szemétől híztak
vasárnapi lányok a templom előtt még;
holdas gond pipál ma házaink lukán
és várostjárt, nagyhasú lányok lesik
lassan kifelé kerekedő kölykeiket,
hogy tele combjuk közt liláraszorítsák,
mert mire is kell ma, kicsi melles lány
és legényke, gatyábafütyölős! hogy
álljanak majd éhesre ijedten, mikor rí
a rét s föld a magot is undorral kihányja!

*1931. január 30.*

## Elegies and Lamentations

### Lament[1]

Yesterday, well-dressed dandies ogled Sunday's
  girls
as they gathered by the church and turned
  plump before their eyes;

today, our moon-crested woes drift like smoke
   through the crevices
of our houses, as girls with swollen bellies, who
   have been
to town, threaten to strangle their brats
till they turn purple between their ample thighs.
I fear that no good can come of this, my full-
   breasted girl
my little man, wetting your knickers! how will
   you
survive this hunger and this fright, when even
   the meadows
and fields vomit up their seeds!

*January 30, 1931*

   1. *Another poem in the grotesque genre in keeping with
Radnóti's interest in the avant-garde and surrealism.*

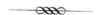

## ELÉGIA EGY CSAVARGÓ HALÁLÁRA

*Szász Sándor Bélának*

Hangokat fogott a levegőből
madaras fütyülésre; vidám volt és
nagyokat izzadt a poros úton
cifra igékkel, ha nem vette föl
a vén paraszt kocogó szekérére.

Pedig jámborul kérte s megbökve
zsíros kalapját dicsérte a legyes
gebét, Krisztust, az összes szenteket s
dühös volt, hogyha elmúlt a nap már
és nem akadt lány a karja közé.

Mert ölelni szeretett, még tömzsi
testét harcos lányok jó körmei
díszével engedte ujabb kaparásra
s régi falvaiban sokszor fulladt
halálra a fürdetlen poronty lányanyja

barna térgyei közt s vitte kis testét
messzi határba a hajnali víz.
Ha szidtam bor mellett, csak sörtéjén
fénylett zsírosan a távoli bánat s
versem fütyölte arcomba, amit szeretett.

Már két éve nem él és nem fütyöl,
fekszik a földben, karjaiban nincs
most karmos szerető, csak a ráhuppant
föld áll össze rémülten, néma
csomókba száraz bordái közt.

A szentekkel bizton összeveszett és
már jótőgyü szűz angyalokkal
viaskodik most az égi kazlak
tövén s összeszorított combokat
feszeget átizzadt szerelemmel.

Már két éve halott és senki sem
kérdezi hol van,—tegnap megöltet:
a tömzsi gyümölcsfa az út mellett
kivirágzott a porban, valahol lány
sikított és nagyon dulakodtak.

*1930. június 25.*

## ELEGY ON THE DEATH OF A BUM

*For Béla Sándor Szász[1]*

He plucked voices out of the insubstantial air
to add to the whistling of birds; he was carefree
   and
sweated heavily as he slogged down the dusty
   roads,
and he was given to colorful phrases whenever
old peasants passed him by in their rattling
   carts.

But he could also be meek, and would piously
   tip
his greasy hat to praise the fly-infested nags,
Christ, and all the saints, but became furious
whenever the sun went down and he
found himself once again without a girl in his
   arms.

He loved to give crushing hugs in his thick-set
arms, and grabbed pugnacious girls who
   decorated
his skin with ever-new scratches with their
sharp nails, and in his village there was many
a time that an unwashed brat suffocated

between its unwed mother's grimy knees, the
small body carried far away, placed in the water
at dawn. And once, when I rebuked him over
   wine,
his bristling mane shone greased with sorrow,
as he whistled my poems, the ones he loved, in
   my face.

It's two years since I last heard him whistle, and
   he's gone,
and he sleeps deep within the ground; no sharp-
   clawed
lover to rock him now, only the pounding earth
mutely gathering its terrifying clumps
to slowly harden and dry between his ribs.

I know for sure he quarrels with the saints now,
and brawls and exchanges blows with the
virginal sweet-dugged angels beneath the
   haystacks of
heaven, and drenched in sweat lustily pries
their unwilling thighs apart.

He has been dead for two years now, and no one
asks anymore where he is,—but just yesterday I
   thought
I felt his arms, as the squat fruit-tree beside the
   road
blossomed in the dust, and somewhere a girl
   shrieked
with delight amidst a great scuffle and brawl.

*June 25, 1930*

   1. *Dedicated to Béla Sándor Szász, a friend (George p. 358).*

## SIRATÓ

Az öregasszonyban, akinek házánál élek,
azt hiszem tegnap meghalt az asszony
éjjel, mert reggelre kelve teli torokkal
énekelt, sokáig állva az ágya fölött s
most mint a gyerek, loppal jár az ünnepélyes
tulipánok között a kertben és eltátja
száját, hogyha lányokkal játszó
legényhangoknak fiatal csokrát hozza be
hozzá rémülten, az út felől a szél, de
tán még tízszer is érik a lugasok
szőlleje már, amikorra meghal egészen.

*1930. május 8.*

## DIRGE

I think that yesterday the old woman
in whose house I live must have died during
the night, for it was her habit to raise her voice
each morning in full-throated song, and to
stand for a long time over her bed,
but now she tip-toes among the solemn tulips
swaying in the garden like a child, and gapes in
   fear
as the wind above the road tosses the girl-
   teasing
voices of boys about like a bouquet of flowers,
and perhaps the grapes on the arbor will ripen
   ten times more
before she finally dies for good.

*May 8, 1930*

## KEDD ÉS SZERDA KÖZÖTT

Látod, töröttre ápolta szép szádat
a gond s nem érted, mit szeret rajta
a kedves néha, ha hozzádörzsöli

ajkát és belecsókol, mert nem érted
te már a nagy hajók lengését sem
a kék vizeken, csak figyeled a
hajadat őszül-e s ámulsz, mint
az asszony, akinek nagy fia jön meg
elámul: bizony megöregedtél.

Tegnap még hitted, hogy kedvedért
csillagok fénylenek este, de ma
már csöndes házakban járkálsz, ahol
letakarva hűvös, sárga férfiak
várják, hogy arcuk halottan kisarjadt
szőrire hulljon a föld és galambok
elhullott tollak szeded föl mélán
a házak alatt.

Kedvesed fiatal csókjaitól
dalol föl benned a lázadó jóság
és elsírod magad:
barna húgod hét napja beteg már.

*1930. április 15.*

## BETWEEN TUESDAY AND WEDNESDAY

You see, you have nursed on your cares
until your delicate lips are cracked, and you no
   longer
understand what your girl still loves about them
when she rubs her lips against yours to
confound and smother you, but then you
   neither
understand the great ships swaying
on the blue waters as you watch bemused while
your hair turns gray and marvel like a woman
whose son has returned full-grown, and says:
   you have truly aged.

Yesterday, you still believed that the stars
shine only for you at night, but today you
   wander
about through the silent houses where covered
over and cold, yellowing corpses with wilting
whiskers await the rain upon their face
so they may sprout up again come spring, and
   you
pensively gather the feathers of the doves
that flutter between the houses.

Your sweetheart's youthful kisses have roused
your voice to righteous and rebellious song
and you pour out your heart and cry:
that your brown-haired little sister has been ill
   for seven days now.

*April 15, 1930*

## Hajnali elégia

*Lakatos Péter Pálnak*

Betegen feküdtél, amikor először
láttalak és rossz veséddel játszottál
komoran huszonegyest! borok
s feketekávék növelték nagyra azóta
erőnket; már tilalomfák görbülnek
a földig országló gondjaink alatt!

Nézd a lányodat Máriát! vidám
élete dedók udvarán csomósodik
össze a többi aprócska Máriákkal s
holnap az asszonyod Anna, (Mária
ő is) nem tud adni mit enni neki!

Énekelj Mária! holnapután már
örülni fog Anna balatoni, nyári
örömmel és többi Annáink hó
foga is jó mosolyra virágzik!

Már jegenyék árnyéka gyászolja csak
régen fekete kenyerünket a fák
tudják csak a patakok partján,
hogy fejzés emberek lábanyomán fut
össze most sírva az őszi víz fénylő
pocsolyákba s átkok gyűjtik s mérges
köpések dagasztják csobogóra!

Gonddal kerített gyümölcseinket már
lámpák fénye érlelte gyönyörűvé és
kiteljesedett nyomorunk fölött vörös
hamvakkal visszük szét hajnalodó életeinket!

*1930. november 7.*

## Elegy at Dawn

*For Péter Pál Lakatos[1]*

You lay in your sick-bed when I first saw
you solemnly playing twenty-one
with your one failing kidney! but since then
   wine
and black coffee have bolstered our
resolve; as poles with posted decrees bend to the
ground from the heavy woes of our nation!

Look at your daughter, Mary! her care-free
life in nursery school entangled
with that of all the other little Marys, and
tomorrow your wife Anna (also known
as Mary) will no longer have food to feed her!

But sing little Mary! for perhaps after tomorrow
   Anna
will be as happy as a summer's day
on Lake Balaton[2] and the snow-white teeth
of all the world's Annas will blossom into
   smiles!

Only the shadows of the poplars still mourn
our long-endured black bread, and only the trees
by the riverbanks truly know of our grief;
as the weeping waters of autumn run together
in gleaming puddles in the seeped footsteps
of the woodsmen carrying their axes as
their curses splash like fat and poisonous spittle!

By the light of our lamps our care-worn fruit
shall ripen into beauty while in our poverty
and wretchedness we carry about our dawning
lives like glowing embers!

*November 7, 1930*

   1. Dedicated to the poet Péter Pál Lakatos.
   2. A large freshwater lake in Hungary, the largest in
Central Europe. A popular resort area.

## Kedvetlen férfiak verse

Fulladunk a borba ízetlen,
szalonnás kenyér szánkba ragad
s üdvöket kapunk és glóriát
kucsma helyett fejünk tetejére:
kan dühünk elvitték a szellők
kacskaringva, mégis lányok
az utakon koldusgyerekek
születő kedvét dédelgetik
viszkető öleikben s felesen,
mint a tyúkok néznek kedvetlen
kötéseinkre, melyek alatt már
csak emlékek rínak s hasunk
és lábaink eloldott csoszogása
hangzik imának a csillagos égre
ha esteledik: mert hangosodnak
rossz, vézna kutyák és féloldalt
billen gazdag zsákokban a zsákmány!

*1931. január 5.*

## Poem of Cheerless Men

We drown in the tasteless wine,
and our stale bread smeared with bacon
fat sticks in our craw, for they give us blessings
and haloes over our heads instead of the fur caps
that we need to keep us warm[1]:
the breeze may have carried away the twisted
animal rage that lurks within us, but still
there are girls that walk the roads and nurse
their wretched ill-tempered infants
in their itchy laps
gazing like hens at our dejection
beneath which our memories sob and our
unbound swaying stomachs and shambling feet

echo like an accursed prayer rising to the
starry sky as evening comes: for rabid dogs
snarl and bark, while from the sacks of
the rich plunder spills over the side!

*January 5, 1931*

   1. *Reveals Radnóti's increasing interest in the plight of
the poor and in giving voice to their grievances.*

## ELÉGIA, VAGY SZENTKÉP, SZÖGETLEN

János ő is; az országúton csavargott
munkanélkül, néha vándorolt és néha
pihenve számolta öklén puhuló bütykeit
s nedveset ásított a tenyerébe.

Aztán újra csak ment tovább, ajándék
kenyérrel a szíve fölött és hogy ne legyen
egyedül, istent lehúzta az égből,
lábainál fogva magamellé s hódolt néki,
ha kibicsaklott, kemény, rövidke imákkal.

És elkapta egy éjjel a gróf porzó
mótorja az úton s leteperte; most
félszemű s karu, béna; nem is hadirokkant.

Dolgozni nem tud, sem csavarogni, már
pörös, vacak iratokkal járkál éhesen
hivatalról hivatalra, mert nem fizet
a gróf karért, szemért és patikáért.

Oly messzire gondol: akkor éjjel, mikor
a városba vitték, a gróf szeretője
ült mellette és fehér sikítósan,
szagos kendővel tartotta véres homlokát.

Rá gondol ő most s a balladás
kuvaszra, ki egyszer egy símogatásért
három nap nem mozdult a sarka mögül.

*1931. január 13.*

## ELEGY, OR ICON, WITHOUT NAILS[1]

He is also known as John, a jobless vagrant,
roaming the highways, sometimes he wandered
   about and
sometimes he sat down to rest, counting the soft
   calluses
on his fist and spitting into the hollow of his
   hand.
And he kept on going, tightly clutching a gift of
   bread
to his heart, and so as not to be alone,
he wrenched god out of the sky, and held him
by the legs in a desperate embrace, as with
   sprained
ankles he recited short staccato prayers.

And then one night, kicking up the dust, the
   count's
motor car ran him down, and now
he's a one-eyed, one-armed, non-combat
   casualty.
He can no longer work, nor roam, and he
   stumbles
about starving and clutching a worthless piece
of paper from office to office, because the count[2]
refuses to pay for the arm, the eye, or the drug-
   gist.
Sometimes, he recalls that fateful night, when
they took him into town, the count's lover
   sitting
beside him screaming, the blood drained from
   her face,
pressing a perfumed scarf to his head.
He still thinks of her now and then, and also
   recalls
a mutt he once petted, worthy of song,
that would not leave his side for days.

*January 13, 1931*

   1. *Poem echoes sentiments already expressed in "Elegy
on the Death of a Bum" and "Poem of Cheerless Men" and
reveals the young Radnóti's preoccupation with the plight
of the poor.*
   2. *The legacy of the feudal system with the lord ruling
over the powerless serfs is highlighted.*

## SZÉLESEN

Örülj, ha te meghalsz, majd körülállnak
apró szentek, megáldott hanggal és
énekelnek; áldott leszel, ha
nagyszemű fiuk és nagyszemű lányok
állnak és épül búcsuzó hangjuk
lassan köréd, mint porszemre épül a
gyöngy a kagyló könnyeitől költő
és imádkoznak majd a jámborok.

*1930. március 23.*

## BE IN HIGH SPIRITS

Be in high spirits when you die, for the Holy
   Innocents
will gather about you, and raise their enchanted
voices to sing, and you will be blessed, as
wide-eyed youths and wide-eyed maidens come
to embrace you, and their words of farewell
   slowly
enfold you like the tears of an oyster surround
a grain of sand to form the luminous pearl, and
   then

poets and god-fearing men shall kneel before
   you and pray.
*March 23, 1930*

## Szerelmes keseredő

Nézd, fogd nyakon kedvesed kutyáját
és emeld be meleg inged alá
s kiálts a kedvesnek is! kiálts
és szólítsd jó állatok nevén, arcához
arcod lökdösd bocimód és menj
a fenébe véle, hisz szereted!

Mert mit keresel: hegyesfülü majmok
zsákjatömése ez itt most, akik
szelídke üdvöket plántálnak
hazudós szóval s az igaz gyümölcsfát
a naptól is lécekkel elóvják!

Láthatod: gazdagok szusszanó
tálai fölött még mindig pára leng
és tiszta szavaddal, ahogyan itt állsz:
orv vadölők állnak így orozva
erdőknek szélén és fiatal életed
s kedvesedé, szép tilos nyúlként
csöndesen lóg az ujjad hegyén!
*1931*

## Love's Bitter Lament

Look, grab your sweetheart's mongrel by the
   neck
and tuck it beneath your warm shirt
and then shout at the top of your voice at your
   love!
call her by the names of animals, and shove
your face into hers like a moo-cow, and then
go to hell with her, since you love her so
   desperately!

What are you searching for: like a sack-stuffing
simpering pointy-eared monkey meekly
implanting what seems salvation with
perjured words while the fruit-tree of
truth is kept hidden from the sun with fences!

You can see: how above the wheezing porcelain
   plates
of the rich, fragrant vapors still hover,
while your clean and earnest words, as you stand
   here:
are purloined by poachers lurking in the forests
on the outskirts of town, and your young life
and that of your lover's are hung like
poached rabbits quietly from your fingertips![1]
*1931*

1. *The rich continue to live in their world of luxury while the poet has only his "clean and earnest words" and even that they try to take from him.*

## Beteg a kedves

Pásztorok, jöjjetek le mind a hegyekből és
párnának kifésült, gyönge gyapjakat
hozzatok néki a feje alá. És mert
szereti, kővirózsát! halovány szegény
most, mint ahogy halovány hajnal felé a
vacsoracsillag!

Pásztorok népe segíts! hisz közülünk való
amióta a kedvesem, ő is; birkái
ezüst mezőkön aranyos szőrrel, éjjel
legelésznek, amikor csak a hold süt. És
az ő nyájairól álmodtok asszonytalan
álmaitokban!

Anyám, halott anyácskám! a foltos Jula
tejéből hozz inni néki, de forrald föl
elébb! Hallod-é halott apám! te szoknyás
koromban tanítottál lenge imákra:
imádkozz érte most, mert elfajzottam
tőled én ujmódi pásztorok közé, akik
nem szoktak imákat énekelni! Szép
barna hugom nevess sokat rá, hogy ne
legyen szomorú!

Sírva fordulj ki föld a kapa nyomán és
gurulva továbbríjj! pállott patakok
rohanjatok csak fölfordult halaitokkal!
fák és füvek, hozzatok lázára árnyat és
simogatást, mert ha soká tart, én is
vélebetegszem!

*1930. szeptember 7.*

## My Love Is Ill[1]

Shepherds, all of you, come down from the
   mountain and
bring soft-combed wool for the pillow
beneath her head. And because
she loves them, leeks! my poor love is sick and
   pale,
as pale as the evening star
at dinner time!

Shepherds help me! for ever since she's
been my love, she's been one of us, and her
   golden-fleeced
sheep graze on the silvery meadows
beneath the moon-glow at night. And you
   dream

of her flocks whenever you dream
your womanless dreams!

My Mother, my poor dead Mother! bring her
    spotted Julia's
milk to drink, but you must boil it carefully
first! And if you can you hear me, my poor dead
    Father! When I was
a child you taught me devout prayers:
so pray for her now, even though you and I have
    been estranged
and I have joined the modern shepherds who
are unaccustomed to singing prayers! And my
    beautiful,
little brown-haired sister, beam your smiles
    upon her, so she
is no longer burdened with sorrow!

Clods of earth, turn over and weep in your
    furrows
dug up by the hoe, then weep again! and fetid
    streams
with your dying fish turn and roll!
and trees and wild grasses, offer her your shade
to soothe her fever, for if she were to suffer long,
I will surely fall sick as well!

*September 7, 1930*

   1.  *The poet enlists the aid of shepherds, his dead mother
and father, his sister, nature and all of heaven and earth to
help heal his lover. An extravagant over-the-top invocation.*

## Olasz festő

Egy kövön ül. Merész fenekét
hálóval fonja a kőhöz a pók
és fest, nagyokat dudolva
a vászna elé:

(—A rosszak kerékbetörettek
a parton s a jókat elmosta
dagálykor az ár. Süketek
lábukat dugták az égre, a vakok
is elmentek már a föld
alá, csak a fehér némák
ugatnak néha még.—)

Tegnap Máriát festett, szépszemű
lányt és énekelt. Most Krisztust
vázolja Júdás csókja alatt
és elkezdi ujra elölről:

(—A rosszak kerékbetörettek
a parton s a jókat elmosta
dagálykor az ár.—)

Színekkel játszik és fekete
haja lassan megőszül a naptól.

Dudol és istentelenül
egyedül van a vászna előtt!

*1930. augusztus 23.*

## Italian Painter[1]

He sits on a rock. His audacious butt
knitted to the stone by a spider web
and he paints, and hums lustily
in front of the canvas.

("The evil ones were broken on the wheel
by the shore, and the good ones were washed
    away
by the rising tide. The deaf ones
dug their feet into the sky, while the blind ones
now lie beneath the earth,
and only the white and dumb
bark now and then.")

Yesterday he painted a Mary, a beautiful, bright-
    eyed
girl, and he sang. And now he sketches Christ
receiving Judas' kiss,
and then he starts once more from the beginning:

("The evil ones were broken on the wheel
by the shore, and the good ones were washed
    away
by the rising tide.")
Then he plays with his paints as his black
hair turns slowly gray in the sun.
And he hums and sits, godless and alone,
in front of his canvas![2]

*August 23, 1930*

   1.  *Identity of the artist, and whether fictitious, is not
known.*
   2.  *One reading of the poem is that the painter paints
themes approved by church authorities but is fantasizing
about unsanctioned themes for his art. A sort of silent artis-
tic rebellion is brewing but he does not act. Since he has not
moved in years, a spider has knitted him to the stone with
its web as his "hair turns slowly gray." Poem may be Rad-
nóti's self-admonishment to take action. The refrain "The
evil ones..." refers to the rising fascism.*

# Aprószentek

## Arckép

Huszonkét éves vagyok, Így
nézhetett ki ősszel Krisztus is
ennyi idősen; még nem volt
szakálla, szőke volt és lányok
álmodtak véle éjjelenként!

*1930. október 11.*

## KÉT SZENTKÉP

### • Mária •

A kezeit nézd! haló
virágok a fagyban. Haj
omlik s galamb a párnán
hogy megül. Mária ő!
de kedvesed is volt már,
szeretőd ilyen arcú!

*1930. október 14.*

### • János •

Keresztelő, szomorú ember volt,
angyal hirdette, hogy élni fog
s pusztákban élt sokáig. Asszonyt
nem ösmert sohase, de sokszor
napestig vízben állt; ruháját
szőtték teveszőrből, deréköve bőr
volt, étele sáska s erdei méz!

*1930. december 18.*

## Holy Innocents

### PORTRAIT[1]

I just turned twenty-two. I suspect Christ
must have looked like this at my age
in the fall, for he, too, was beardless
and fair, and all the girls fantasized and
dreamt about him every night!

*October 11, 1930*

1. *One of two poems for which Radnóti was prosecuted
and threatened with imprisonment and expulsion from
the university. In the conservative Catholic society of
Hungary the poem was deemed sacrilege. The other poem
was "The Autumn Berries Redden in the Sun" felt to be
obscene. The fact that Radnóti was a Jew and a socialist
also irritated the authorities especially since there was ram-
pant anti–Semitism. The courts were focused on silencing
and punishing Communists and Jewish activists and intel-
lectuals.*

### TWO ICONS

### • Mary •

Look at her hands! like dying
flowers in the snow. Her cascading
hair is a roosting dove on a
pillow. She is the Blessed Virgin!
but then your sweetheart,
also has such a face!

*October 14, 1930*

### • John •

He was the Baptist, a man who knew sorrow,
and an angel announced he would live forever

in the desolate wilds, and he lived for a long,
    long time.
He was forever chaste, and often stood
in water until the sun went down; his garments
were made of camel's hair, his belt of leather,
and his food was locusts and wild honey.

*December 18, 1930*

## EMLÉK

Ó, én!
szoknyás gyerek még,
fölemelt karral álltam
az ég alatt és
teli volt a rét
csillaggal s katicabogárral!

Akkor fordította el rólam
egy isten a szemét!

*1930. március 17.*

## A MEMORY

Oh, my!
I was still a boy in skirts,
standing with my arms raised
beneath the sky in
a meadow awash with
ladybugs and stars!

It was then that a god turned away
from me and averted his eyes!

*March 17, 1930*

## KIS KÁCSA FÜRDIK

Fekete tóban kis kácsa fürdik
s fürdik a nagy lány a ruhaáztató,
jó tekenőben s mindene látszik,
ahogy csattogva mossa magát; már
tudom, utána száradni kifekszik
a napra és engem kíván ő csörgő
fogakkal két énekes combja közé!

*1930. szeptember 16.*

## A DUCKLING BATHES[1]

A duckling bathes and dips in the black pond,
where a voluptuous girl bathes in a
laundry tub, everything's laid bare, as she
splashes, and scrubs, and tosses her hair; I know
that soon she will sprawl out in the warming
    sun,

and will welcome me with her chattering teeth,
as I slip softly between her warbling thighs!

*September 16, 1930*

　　1. *A poem deemed by authorities to be obscene. Led to confiscation and destruction of all available copies of "Song of Modern Shepherds."*

## Legény a lány után

### BOLDOG, HAJNALI VERS

Verebek pengtek az útszéli porban
és árnyékok daloltak boldogan
házunk előtt a fán, mert tudták
reggelre asszonnyá leszel már s
mire tél lesz, megjön a gyermek!

Éjjel, csokor orgonával a karjai
közt ma, gyerek lopta magát
a bokrok alatt és látod hiába
már! elhullajtott virág festi
nyomát a füvön át!

Most kinn jársz a homályban és
szemeiddel költöd a kertet, csak
áldott tested leng ijedten az
alvó út fölött! mert ráfagyott a
hajnali harmat a gyönge virágra
s még nem kelt föl a nap!

De hallod, bokorban a madár
már leengedi szárnyát, repülni
készül s énekel! nézd, napravirradás
ez, mert szerelemre születtél s
ébredő lépteidtől a kert
lelkesen ujra kivirágzik!

*1930. május 19.*

## Youth After a Girl

### A JOYOUS, DAWN POEM[1]

Sparrows jingle in the dust by the roadside
and the shadows sing with joy in the tree
by our house, for they know that by morning
you will have become a woman,
and come winter, a child will have arrived!

Evening, and a mischievous child hides
beneath the bushes clutching a bouquet
of lilacs, but it is easy to see it is all in
vain! For the fallen blossoms have painted
with color his footsteps in the grass!

My love, you walk outside in the twilight and
improvise a lush garden with your eyes,

as your blessed body sways with fear above
the sleepy path! for the morning dew
has shrouded the delicate flowers in ice,
and the early sun has not yet risen!

Can you hear, how among the branches a bird
has relaxed its wings and sings as it prepares
to fly! and look, as daybreak comes,
you, my love, who was born for love, have
　　awakened
the garden with your delicate steps,[2]
and the impassioned flowers bloom once more!

*May 19, 1930*

　　1. *Once again illustrates the unique and eccentric auditory world conjured in many of Radnóti's poems.*
　　2. *An example of Radnóti's transfigurative device of melding nature and his beloved.*

### SZÉLLEL FÜTYÖLJ!

Örömöd fusson le a fák gyökeréig,
őzek szemetükrén díszítsd fel mosolyod
szerelemre; széllel fütyölj! és
tájékpirítónak kelj égre a nappal!
szeretlek!
melleiden aludni készülő
csillaggá pislan a bimbó!

*1931*

### WHISTLE WITH THE WIND!

May your joy run as deep as the roots of this
　　tree,
and may your love and smile reflect in the eyes
　　of
this gentle fawn[1]; I whistle with the wind! let
the sun-scorched countryside be praised to the
　　sky!
for I am in love!
and your nipples blink like buds
that prepare for sleep beneath the winking stars!

*1931*

　　1. *Illustrates Radnóti's propensity to intimately fuse nature and his beloved, Fanni.*

### HÁROM RÉSZLET EGY NAGYOBB LÍRAI
### KOMPOZÍCIÓBÓL

—Nézz körül, kammogva jönnek
a környező héthegyek és
elédtérgyelve áldoznak könnyü
porral! gyerekkorom cukorral

ápolt kuvaszai módjára jönnek
a fák és szolgálnak néked
kócosan; pufók bokrok pávás
csudálatára csak jönnek az írigy
ég alatt, apródoló topogással!

—Igen, és ha fütyölsz, úrfarkas is
hozza asszonyát szülni elébem,
látom! már erre loholnak az úton,
mellettük rétek takarodnak el
gyorsan hátrafelé; kármadár
ijedten billen félre a fán és más
állatok is udvarolnak nékem, ha
akarod, csillogó nyelvvel előre!
Mégis, füzek alá bújok előled
én, mint Mária régen, mikor
az isteni pöttyel menekült,
katonák szemes lándzsái elől
a szélverte csúnya vidéken!

—Látod, sokat tudok én, láttam!
hat éves se múltam el én, ól
elé tévedve kocát vajúdni és
kanászt cafatos születéssel s
együtt örültem a napnak a nedves
malacokkal! láttam kazalon
Jánost és Julát is játszani este
szelíden, mikor a legény billéjét
már ujra bekötötte; tehént is
ösmertem, az is Jula volt s
meghalt egyszer még a vész idején!

*1931*

# THREE FRAGMENTS FROM A MORE AMBITIOUS LYRIC COMPOSITION

—Look around, and see how the
surrounding mountains drag their feet, as they
come
to kneel before you to make their offering of
dust! like sheepdogs nursed on sweets
in my youth, the shaggy trees
rise up to greet you; while beneath
the covetous sky, the puffed-up bushes
parade like astonished peacocks,
and stamp their feet like pageboys!

—Yes, and if you were to whistle, even the wolf
would
bring its mate to give birth before me,
I can see them now! trotting down the road,
as the pastures flee and recede into the shadows;
the blackbirds huddle in fear on the
tips of the branches, as the wild beasts come
to woo and lick me
with their glistening tongues!

None the less, I hide from you beneath these
willows, like the Virgin Mary fleeing
the soldiers' spears so long ago,
clutching her divine infant,
on the wind-swept, desolate plains!

—You see! I had seen much of life
by the time I was six! like the
swineherd delivering the pregnant sow,
how joyously I reveled in the sun playing
with the moist, slippery piglets! And then, one
day,
I came upon John and Julia fondling each other
beneath the haystacks in the dark,
the youth buckling up his belt,
and I also recall another Julia, my gentle cow,
that died one day, without warning,
in the time of the plague!

*1931*

---

## SZERELMES JÁTÉK

Ma reggel vakondot fogott a kedves,
hogy járt a réten a túrás fölött;
csak meséli most fekete, prémes
csudáját tenyerének s földi
illatokkal ideadja nékem
a kezét bolondos szagolásra,
mert régen a kedvesem ő s az
asszonyom is lesz egy tavaszon már,
szeret s egyszerű, mint a napfény,
karomban alszik nyáron délután
és ha fölriad szájonharap,
szárnyas madarak nyitvafelejtett,
énekkel ámuló csőre előtt.

*1930. június 26.*

## LOVE'S GAME[1]

My love caught a mole this morning,
while walking through the meadow,
then marveled at the dark, furry miracle
that wriggled in her palm;
she teasingly gave me her hand to smell,
still fragrant with the earth,
I have loved her for a long, long time,
and we will be married come the early spring,
but for now she sleeps on this summer afternoon
her love as pure and simple as the waning light,
and I know when she awakes, she will bite my
mouth,
and then how the winged birds will sing with
joy,
and worship her with clattering devotion.[2]

*June 26, 1930*
1. *A poem that minutely captures an ordinary day.*
2. *Once again, Fanni and nature are intimately fused as the poet looks on.*

## PIRUL A NAPTÓL MÁR AZ ŐSZI BOGYÓ

Szőke, pogány lány a szeretőm, engem
hisz egyedül és ha papot lát
rettenve suttog: csak fű van és fa;
nap, hold, csillagok s állatok vannak
a tarka mezőkön. És elszalad. Por
boldogan porzik a lábanyomán.

Pedig fönn a kertek felé
feszület is látja a csókját és
örömmel hull elé a búzavirág,
mert mindig hiába megcsudálja őt
egy szerelmetes, szakállas férfiszentség.

Tizennyolc éves és ha nélkülem van,
hallgatva jár, mint erdős partok
közt délidőn jár a nyári víz s
csillogó gondot ringat magában arról,
hogy sohasem telünk el a csókkal és
szomorú. Pirul a naptól már az őszi bogyó.

*1930. szeptember 1.*

## THE AUTUMN BERRIES REDDEN IN THE SUN[1]

My love is a blond-haired pagan, who
worships only me, whenever she spies a priest
she shrinks in alarm: for us there is only the grass
and trees; the sun and moon, and the stars and
    the beasts
of the pied meadow. She flees. And the dust
swirls joyously behind her.

Near our garden hangs a crucifix
where a bearded love-sick saint
peers down with lust and wonder
whenever we kiss, and the sunflowers
collapse at her feet with joy,

She is eighteen, and whenever I'm away,
she mopes about in silence, like a glinting
forest stream swaying and lost in thought
on a summer afternoon, and if we speak
of being apart not even kisses can
comfort her. The autumn berries redden in the
    sun.

*September 1, 1930*
1. *One of the poems that led to the confiscation of "Song of Modern Shepherds" by the authorities.*

## SZERELEM

Kutyánk vinnyog a kertben és boldog
nyelvvel viharzik elő, hazajött
a kedves. Szemében hajnali csókunk
örömével s kora csillagokkal az ajka
között. Kislányt tanított és
magával hozta fehér nevetését.

Hogy jött, jánosbogár riadt fénnyel
a sövény feketéjén, de már
elfullad lassan a kert s házunk
alól elúszik a csöndben. Madarak
mozdulnak álmukban a fán és gyöngén
sipognak felőle a holdra. Már én
is régóta csak róla énekelek!

*1930. augusztus 17.*

## LOVE[1]

Our dog whines in the garden, and dashes
joyously for the gate, slobbering, for my love
has arrived. In her radiant eyes our morning
    kisses
linger, as the early-risen stars gently brush her
lips. She had been coaching a girl with her studies
and has brought home with her, her pure white
    laughter.

The fireflies suddenly appear with their glow of
    alarm
and flit between the darkening hedges, as our
    garden
sinks and drowns in the depths of the night, then
silently slips beneath our house. The birds rustle
    in their sleep
among the branches and chirp faintly
at the moon. Just like I, who chose long ago
to use my voice to sing her praises!

*August 17, 1930*
1. *Another poem that intimately captures the simple pleasures of an ordinary day.*

## ZAJ, ESTEFELÉ

Már a Maros füzes partjai
közt jön el hozzám most a messzi
vidék! csikók csomós lábakkal
futnak az anyjuk után s így
este, hazafelé most kácsák
és szeretők totyogva menetelnek!
Az égen egy helyen látni még,
(csikók! kácsák és szeretők!) hogy
olyan, mint kedvesem szemekékje!

*1930. október 12.*

## A Noise, Toward Evening

On the banks of the Marosh[1] through
the willowed banks I survey the distant
countryside! young colts with gangly legs
chase their mothers, and as night
falls, ducks and lovers wend their way home!
One can still see their faint reflections in the
sky

(colts! ducks and lovers!)
as if seen through the sky-blue eyes of my love!
as if seen through the blue firmament of her
eyes!

*October 12, 1930*

1. *A river that originates in the Carpathian Mountains
in Romania and then joins the Tisza near Szeged.*

# Lábadozó szél /
# Convalescent Wind (1933)

*The third book of poetry published in his lifetime. It is important to note that because "Song of Modern Shep-
herds" was confiscated and most copies of the book were destroyed, Radnóti included some poems from that
volume in his publication of this one. (Not included in this section since they already appear in "Song of
Modern Shepherds.") The poems that appeared in both volumes are: "A Noise Toward Evening," "Tápé, Ancient
Evening," "Song Waiting for Winter," "Friday Night Grotesque," "Love's Lament," "My Love Is Ill," "Love's
Game," "Love," "Whistle in the Wind," and "A Joyous Verse at Dawn" (George p. 361).*

## Férfinapló

### [Napjaim tetején ülök, onnan...]

Napjaim tetején ülök, onnan
lóg le a lábom, hajamon
hófelhő kalapoz és szavaim
messze, kakastollak közt
port verve menetelnek!

Mondják, hogy virrad a gödrök
alján, füvek alatt csillogva
lesnek a tücskök s napitta
pocsolyák helye lelkesedik
döngölő léptek után!

Talán vihar jön, mert
simult halasodva a borz víz,
széttette a csönd lábát
az út fölött és harcos
zajokkal készül marakodni!

*1931*

## Male Diary[1]

### [I Sit Upon the Peak of My Days...]

I sit upon the peak of my days
and dangle my legs, on my head
the snow-laden clouds serve as my cap,

while in the distance my words tramp, kicking
up
the dust among the cock-feathers!

They say it's dawning in the depths
of hollows, and glinting crickets stare at me
from underneath the grass, as sun-burnished
puddles smolder with unbridled desire
in the wake of pounding boot heels!

Perhaps a storm is coming,[2] for the
undulating waters have calmed as fish
swim beneath the chastened waves, and silence
spreads its legs over the road as with
a rowdy clamor it prepares for battle!

*1931*

1. *Consists of nine poems, starting with the untitled lead
poem followed by eight poems whose titles are a particular
date associated with epigraphs. Radnóti is experiment-
ing with a "modern" approach where he grounds each poem
with the date giving it the immediacy of a news report and
using each poem to report on an actual or an imagined his-
torical event. The tone of the poems is conversational and
approximates prose and is a divergence from his customary
lyrical voice. In the untitled first poem, "cock-feathers" refers
obliquely to the emblem of the Hungarian gendarmes rep-
resenting the repressive authorities.*
2. *Intimates the revolution to come and is a vague allu-
sion to get past the censors. In various poems Radnóti alludes
to the wind or to a coming storm that become short-hand
for the socialist revolution he increasingly envisions. The*

*image of the wind as a messenger or carrying the portent of the justice to come is reminiscent of Shelley's "Ode to the West Wind."*

―――――∞∞∞―――――

## 1931. ÁPRILIS 19.

Uj könyvemet tegnap elkobozták,
most egyedül ülök, ujjaim
átfonva bokám körül, piros
pillét ástam ma babonásan
a küszöb alá és lassan elalszom!

Emlékszem én! egyszer a tizenhétéves
anya, barátom tejetlen asszonya
aludt el fáradtan, húsznapos, tejes
kislánya fölött így: gyerekingeket
álmodott s urának új cipőt! és
kedvvel ébredt, ahogy mesék csatái
hajnalán kürthangra harcosok!

Majd fölébredek én is! kedvesem arany
varkocsán sikongat a napfény,
lóbálva nő föl árnyam az égig és
huszonkét szemtelen évem az éjjel
bevacsorázik három csillagot!

## APRIL 19, 1931

Yesterday they confiscated my new book,[1]
and now I sit here alone, with my fingers
wrapped around my ankles; I superstitiously
buried a red moth today beneath my
doorway and now I'm slowly falling asleep!

And then I remembered! How the seventeen
    year old
wife of a friend of mine, was unable to give
    milk,
and fell asleep one day, just like this: bent over
    her nursing,
twenty-day old daughter, dreaming of new shoes
for her husband and a new blouse for her little
    girl! then
awoke refreshed, like a seasoned warrior on the
    dawn
of a storied battle waking up to a bugle's call!

And so I will awake as well! to the sunlight
screeching at my love's golden braids
as my shadow dangles its legs and swings up to
    the sky
while my twenty-two impudent years ravenously
wolf down these three glinting stars for supper!

    1. *Refers to the police breaking into his apartment in Szeged to impound his second book, "The Song of Modern Shepherds."*

―――――∞∞∞―――――

## 1931. DECEMBER 8.

*Dr. Melléky Kornélnak*

Előttem Müller, a nyomdász
állt a mérleg előtt,
megméretett
s hat hónapot kapott.

Aztán kiürítették a termet, hogy
én kerültem sorra; óvták a népet
ragályos verseimtől.

Pattogni s köpni szerettem volna,
mint a tűz, kit szikkadt emberek
ülnek körül fecsegő szalonnák és
várakozó kenyerek gyönyörével.

Köpködtem volna, mint a tűz, kinek
csak szalonnák fényes csöppje jut, mit
elforgat magán majd vicsorogva
és sütöttem mégis, mint pisla parázs
s ők fujtak engem, hogy védekezzem,
mert úgy szokás, s hervadjak el,
fújt rám az ügyész.

Nem észleltetett enyhítő körülmény
s két versem nyolc napot nyomott;
fölállva hallgattam. Tudták kiktől
születtem, hol s mikor; ösmertük egymást
és hogy kimentek, mégse köszöntek.

Védőmmel álltam s beszélt köröttem
néhány barát és néhány mesemondó;
félhárom volt már, délután s
drukkoló szeretőm szemei
kerekedtek az uccán.

## DECEMBER 8, 1931

*For Dr. Kornél Melléky[1]*

Before me came Müller,[2] the printer,
who stood on the scales,
got weighed,
and got six months.

Then my turn came, and they cleared
the chamber, for it seems they wanted
to protect the public from my contagious
    poetry.

I sputtered, and felt like spitting,
to flare up like a flame, while dried-up
old men sat about chatting, as if waiting
to be served their bacon and bread.

I could have spit, like a fire sizzling
from bacon drippings, but merely
frowned and ground my teeth
I flickered like dying embers, but then they
blew on me, to force me to defend myself,

as is the habit, finally, the prosecutor blew
on me so that I would wilt away.

There were no mitigating circumstances,
and for eight days they pressed me over two
    poems,[3]
and I just stood and listened. They said they
    knew of my mother,
and where I was born, and how, and then they
    left the room,
without as much as a how-do-you-do.

I stood with my attorney, and chatted
with several friends, while they told tall tales,
and then it was two-thirty in the afternoon, and
    I watched
as the eyes of my love, who had been rooting for
    me all along,
grew round and wide as she searched the room
    for an exit.

    *1. Dedicated to Dr. Kornél Melléky, his attorney at his trial for sacrilege and obscenity.*
    *2. Lajos Müller, printer of books deemed controversial by authorities.*
    *3. The poems referred to are "Portrait" and "The Autumn Berries Redden in the Sun." However, there were other poems that the authorities found objectionable as well, among them "A Duckling Bathes."*

## 1932. JANUÁR 17.

*(Napilapból: Farkas László, magyar proletár költő és író, 31. életévében Bécsben a Wiedener Spital ágyán, emigrációja első esztendejében, tüdővészben elpusztult.)*

Reggel hegyi erdőket jártam a lánnyal
akit szeretek. Vasárnap volt, vasárnap
így megyünk el mindig és fölfelé,
dologtalan.

Hegyes kis vállát tartottam átkarolva,
járjon mellesen ilyenkor, alázó
hét után! és lassan beszéltünk
arról, hogy összeházasodunk s hogy
az a szomorú kisfiú szamárköhögős volt
reggel a villamoson.

Útra értünk ki, fagyosan fújt a szél;
megcsókolt s mondta: a balfüle fázik,
melegítsem, s én forrókat lehelltem rá,
mint a táltos.
Aztán borzasra fázott verebek szálltak
fölénk a fára s hullt ránk apró
tüskékben, zúzmara.

    *

Estefelé fiatal elvtárssal ültem

a kávéház közepén s harcosan járt
a szánk. Sok volt a vasárnapi vendég;
szomszédos asztalnál rendőrtiszt ült
hozzánkszorulva.

Papírt szedtem elő, ráírtam: vigyázz!
társam olvasta, bólintott s összetépte;
apró öröm kuporgott bennünk, hogy
észrevettük.

Kinyitottam az ujságot és halkan
mondtam, ahogy kardlap suhan a dobogó
uccán, amikor torkokon duzzad
a jaj még, mely később síkosan ugrik
az égre: Farkas Laci meghalt.

    *

Nyáron mesélték, látták kopaszon,
börtönből szabadult, üdvözöl és
Bécsbe emigrál; most meghalt!
nem hiszem el s lassan magyaráz
a fodros szomorúság:

huszonegy hónapot ült és tüdőbajt kapott,
meghalt a Wiedener Spitálban;
Szatmárról az anyját szerette volna
Bécsbe látni s kezét a homlokán.

(Most minden proletárok anyja
fogja hideg fejét; közös anyánk!
kezén őszinte illatokkal.)

Meghalt. Belőle fujásnyi por maradt
s egy krematórium kőkorsáján neve;
utána néhány vers, egy öregasszony
s a harc, mely mi vagyunk és amely
eldől nemsokára;     és akkor!

    *

Ma vasárnap volt, esni akart a hó,
de fagy fogta fönn és nem esett.
Szervusz.

## JANUARY 17, 1932

*(From a newspaper: László Farkas,[1] Hungarian proletarian poet and writer, 31, died in Vienna, in his bed in Wiedener Spital, of tuberculosis, in the first year of his emigration.)*

In the morning I walked in the mountain forests
with the girl I love. It was a Sunday, and this is
    how
we spend our Sundays, loafing and
strolling about.

I held her by her pointed delicate shoulders,
then let her walk ahead of me, proud and assured
after a degrading week! and then we spoke
in measured words, that it was probably time we
    marry,

and of that poor little boy on the trolley this
morning with whooping cough.

And finally, we came upon a road, where a chill
   wind was howling,
and she kissed me and said: that her left ear was
   cold,
and could I warm it with my breath, and I did,
like an enchanted horse, snorting.
Then the sparrows, suffering terribly from the
   cold,
landed in the branches above, and we were
   dusted
with tiny spikes of frost.

* * *

Toward evening I sat with a friend
in the middle of a cafe where we were loud-
   mouthed
and bellicose. There was a large Sunday crowd;
and we noticed that a police officer sat at the
   table
pressed next to ours.

I took out a piece of paper, and wrote on it:
   careful!
and my friend read it, nodded, then tore it up;
and we congratulated ourselves,
for having been so vigilant.

Then I opened the newspaper and whispered
   under
my breath, much the way the flat side of a sword
swishes on a pounding street, or like when
   despair
swells the throat then leaps into
the sky: Laci Farkas is dead.

* * *

They spoke of him this summer, that they saw
   him
just out of prison, frail and bald, and that he
   sent his regards,
and was planning to emigrate to Vienna; but
   now he's dead!
and though I still can't believe it, my frilled
   sorrow
slowly offers up this explanation:

he languished for twenty-one months, then
   came down
with TB, dying in the Wiedener Spital;
and he asked that his mother visit him for one
   last time
in Vienna from Szatmár, and lay her hand upon
   his head.

(But now the mother of all proletarians

strokes his cold brow; a mother common to us
   all!
with the fragrance of truth still upon her
   hands.)

He may be dead. And perhaps only his winding
   dust,
and his name carved on a crematorium urn
   remain;
and though he left behind but a few poems and
   an old woman,
the desperate, endless struggle, for which we
   fight
will one day be resolved;        and then!

* * *

Today was Sunday, and it was going to snow,
but the frost held it up in the air, and so it never
   fell.
Good-bye.

   1. *Poem commemorates László Farkas, Communist poet
and writer. Poem appeared initially in the 1933 edition of
"Convalescent Wind" with only its first four stanzas. Then
appeared in its entirety with an additional eight stanzas in
the literary journal "Korunk" ("Our Age") published in
Kolozsvár, Romania in November 1933. (Győző Ferencz,
personal communication.)*

## 1932. FEBRUÁR 17.

### *á Maki Hiroshi*

Te Párisban élsz Hiroshi még, japáni
társaid és csöndes orvosok között
orosz feleségeddel, aki szőke
s a Sorbonne doktora hat hete már.

Igen, őt elkivántam egyszer a Vaugirard fölött,
szobátok ajtajában, mikor indultam ép egyedül.
Fényes esőben Nogent felé, hol
a mérnökkel aludtam egy ágyban,
ki legjobb bátyám volt és régen sebesült;
fronti golyó gennyesedét a béle falán.

Emlékezz Hiroshi! ültünk a Rotonde terraszán
s magyaráztad merev arccal
tüdőbajok rettentő grafikonját;
a kávés szürke macskája pedig fejét
tologatva barátkozott szíves tenyerünkön.

Most biztos furcsáiva matat szemed
a laboratórium ablakán át, mert
lenn türelmes emberek ülnek a parton
s halakat akarnak ölni horoggal;
hagyd ott a szérumodat már!

Fehér köpenyed köpjön és piruljon el!
mert sárga emberek fennen öldösik egymást

s fegyelmes halottakat lottyantva kanyarodnak
Kínában a kotyogó patakok! füttyel
oszlik a béke! s proletárhalottak
oszlanak nézd, a fütyölő levegőben!

Átkelt a Wuszung patakon tegnap
a japáni gyalogság
s ágyuk vastag harmata készíti
kínai réteken útját.

## FEBRUARY 17, 1932

*to Maki Hiroshi*[1]

Hiroshi, I hear you are still living in Paris, among
your Japanese friends and quiet physician
   colleagues,
with your blonde Russian wife,
who got her doctorate from the Sorbonne six
   weeks ago.

Yes, I desired her once above the Vaugirard,
   standing in
your doorway, but then walked away alone
in the glistening rain toward Nogent, where I
   slept
in a single bed with the engineer,
who was like a favorite uncle, wounded long ago;
a bullet from the front still festering in the lin-
   ing of his gut.

Do you remember Hiroshi! how we sat on the
   patio of the Rotonde
and you lectured us, with a stern face,
about the dreaded complications of TB,
as the café-owner's gray cat nudged its head
into our welcoming hands.

Your searching inquisitive eyes must find it
   strange
as you stare out of your laboratory window,
that men still sit patiently on the docks
waiting to kill fish with their hooks;
but leave your serums behind!

Let your white lab coat blush and sputter!
for your yellow comrades slaughter one another
as disciplined corpses twist and splash
in the clucking brooks of China! where peace
dissolves with a whistle! and the proletarian
   dead
dissolve into the whistling sky!

I hear that just yesterday the Japanese infantry
crossed the Wuszung River,[2]
and that their cannons have slashed a bloody
   trail,
as a thick dew settles over the Chinese meadows.

   *1. Dedicated to Maki Hiroshi who Radnóti met on his first trip to Paris in 1931 (George p. 363).*

   *2. On January 28, 1931 the Japanese shelled the Zhabei District in Shanghai and over a half million Chinese attempted to escape to the International Settlement by crossing the Garden Bridge over the Wuszung River, but they were blocked by the Japanese infantry. Radnóti is protesting to Hiroshi against the acts of his imperialist Japanese countrymen. The incident set the stage for the Second Sino-Japanese War in 1937.*

## 1932. ÁPRILIS 24.

*(Napilapból: John Love, fiatal néger költőt New York néger negyedében, St. Vincentben, a King White nevű moziban, versének elmondása közben a Ku-Klux-Klan emberei agyonverték a pódiumon és testét kidobták a szellőztető ablakon. A tetteseknek nyomuk veszett.)*

John Love, testvérem!
A Tiszán láttalak forogni
a híd alatt ma.

Örvény vagy most, hogy megölték
benned a verset s barna szemeden
hogy féreg ül. Növekedj!

Nézd, kövér eső sétál a pejszínü égből.
Kapd magadhoz és fojtsd el!
a földre ne essék!

Mert nagy a Ku-Klux-Klan s néki esik.
Övé a kenyér, szöllő és legelő!
a tej föle itt is néki ráncosodik!

Megöltek. Most örvény vagy testvér.
Guta is légy! mely
pörg és ha ugrik, helyre talál!

Együtt dolgozunk John Love;
örvény vagyok én is és guta!

Kenyér, szöllő, legelő és tej
tapsol ropogva, hogy összehajoltunk!

## APRIL 24, 1932

*(From a newspaper: John Love, a young negro poet living in a black district in New York, was beaten to death by members of the Ku Klux Klan while reciting his poetry at the podium in a movie house named King White, in St. Vincent; his body was thrown from an open window and no trace of the perpetrators has been found.)*

John Love, my brother![1]
I saw you whirling in the waters of the Tisza
beneath the bridge today.

Though they killed the poetry in you,
you have become a whirlpool,
and a worm lounges on your lids. So rise!

Look, how the thick-set rain strolls out of the
   chestnut sky.
Clasp it to you and throttle it!
and don't let it spill upon the ground!

For the Ku Klux Klan is mighty, and it falls for
   them.
For theirs is the bread, and the wine, and the
   meadow!
and the precious cream is theirs as well!

They may have killed you. But you are a
   maelstrom, my brother.
Become a convulsion as well! and rampage,
and whirl, and leap, and hit home!

We will work together, John Love, my brother;
for I, too, have become a whirlpool, a convul-
   sion!

And the bread, and the wine, the milk, and the
   meadow,
shall applaud and crackle, as we come together![2]

   1. *Addressed to John Love but there is no evidence that
he existed or that the described incident ever took place.*
   2. *He once again associates himself with the oppressed
as part of his evolution as a young socialist.*

# 1932. MÁJUS 5.

*Dóczi Györgynek*

Huszonharmadik évem huppant le
súlyosan most a bokrom alá;
kenyerem fele már kemény
fogaim közt, más fele pattogón
sül a férfikor napja alatt
és egyre ritkábban gondolok vissza
bokros harcaimból a szoknya alá,
honnan gyerekkorom ólábu évei
totyognak elő s kezükkel integetnek.

A szeretőm harcaim társa és
ösmeri életemet; ösmerte
fecskéim is eresz szakálla alatt és
látta a fészek karimáján fecskefi
kis torkát, hogy nyeldeste a szellőt s
tátogott ügyetlen féreg után!
ó, széles csőröm nékem is sárgán
csillant a fényben s boldogan
majszolt vajas szavakat még.
Most kürt szava számon a szó
és elvtársaimnak hangos indulása!

Figyeljetek a szeretőmre! nagy
kék szeme van s jó lány; szemeteslovakat
traktál az uccán kockacukorral;
ö tudja, hogy külvároson később

tuskót és szenet szedegettem! s
csimpaszkodtam kocsik farán kis
szatyorokkal, mint a többi gyerek
és mint a majmok! ő tudja, mikor
keveredtek réti szavaim közé
a pesti dumák; mint a tölcséres
vihar, hogy hízott a nyelvem és
ropogott s hogy vitte versekbe
szerte a lábadozó szél!

Most huszonharmadik évem ért be,
megtűzte a napfény! a szeretőm
néggyel kevesebb. Mikor ő született
akkortájt ülték körül vének
a hőshalni indulók dombját s
ápolták áporodott szakálluk zeneszóra!
így nőtt föl ő és semmin sem
csodálkozik immár; dolgos kezével
átfogja kezem, ha ügyész fizet
a verseimért s mosolyog. Csókjait
úgy hordom mint vértet a hősi csatán.

## May 5, 1932[1]

*For György Dóczi[2]*

My twenty-third year arrived with a heavy
resounding thud beneath the bushes,
and already half my bread lies hard and stale
between my teeth, while the other half crackles
and bakes in the sun anticipating my best years
and I think less and less these days of my
youthful skirmishes, fought while hiding
beneath women's skirts, as my bow-legged youth
trundled along and waved its arms.

My sweetheart is now my comrade-in-arms, and
she knows all about my life; she knows
of my swallows and has seen the rim of their
   nest
tucked beneath the bearded eaves where a tiny
   fledgling
opens its beak, and gulps the breeze
as it strains for the clumsy worm!
O, my breeze-swept throat glints the self-same
   yellow
in the sparkling light as I joyously
munch on buttery sandwiched words.
Words that have become a bugle's call
to accompany the loud tramping of my
   comrades![3]

So pay close attention to my love! for behind
those large blue eyes she's a good and kindly
   girl; she treats
horses hauling coal on the streets to sugar cubes;
and she knows, that on the outskirts of town
I used to gather pieces of wood and coal! then

clung to the backs of cars clutching
my small bags, and like all the other kids
hung on for dear life like a monkey! she knows
the time that my sylvan words got mixed up
with urbane blather; and then like a tornado,
my tongue swelled and
crackled as the convalescent wind[4]
scattered words through my poetry!

I have finally reached my twenty-third year,
inflamed by the rays of the sun! and my love
is four years younger than me. At about the time
she was born the elders were stroking their
     beards
by the foothills while those taking their leave
for a noble death marched off to a marching
     band!
this is how she grew up and so nothing
surprises her anymore; into her industrious hands
she takes mine, and smiles, as if a lawyer
had just paid good money for one of my poems.
     And I wear
her kisses like armor unto a battlefield.

1. *Radnóti wrote two other birthday poems, "Twenty
Eight Years" and "Twenty-Nine Years" in "Steep Road"
(1938).*
2. *Dedicated to the artist György Dóczi.*
3. *Once again, his socialist activism appears.*
4. *Perhaps veiled words for an impending socialist rev-
olution.*

## 1932. Július 7.

*Bálint Györgynek*

Szeretőm meztelen fürdik a Felkán,
hátán fürtökben fut a víz
és alatta is víz fut, kövek közt fehér parazsakkal.
Proletár öröm ez, proletárok! kiáltsatok:
mindannyiunknak fürdöző, hosszulábú
     asszonyt!
borzongós meggyet
és oltó cseresnyét asztalunkra!

A parton ülök s emlékezem: tegnap az úton,
trágyában három bogár aludt,
rakott faluk csípáztak messze, domb tövén!
és Távolkeleten testvéreinkre szálltak
vastag darazsak pörkölő puskacsövekből!
Felhős kávék fölött olvassák, elhasaló napok
     ormán!
de ébredjen falu
és túrjon a trágyában bogár!

Most szomszédolni indulok; nézem
jó úton jár-e kunyhóink közt a szó;
a szeretőm jön velem együtt, fülel és lemutat:

szellő jár már ott is, a zöldhabos erdőn!
Itt széltől hajlanak már a harci fenyők!

## July 7, 1932[1]

*For György Bálint[2]*

My lover bathes nude in the Felka,
as the water runs down her back in curls, then
trickles between the stones, glowing like embers.
This is the simple joy of the worker, the
     common man! so let us all shout:
O, bathe for us long-legged woman!
and place your shuddering sour cherries,
your thirst-quenching cherries upon our table![3]

I sit by the riverbank and recall: how yesterday
     on the road
three beetles lay asleep in the dung,
as rheumy-eyed, stacked-up villages watched
     from afar, from beneath a hill!
while in the Far East thick wasps flew upon our
     sisters
and brothers from scorched gun barrels! And
     the people read of it
above their simmering cups of coffee, lying
     down leisurely at the peak of day!
but let the villages awake,
and let the beetles burrow through the dung!

I will go and try to be neighborly, and watch to
     see
whether the news travels over solid paths
     between the huts;
and my love shall go with me, and listen and
     point below
as the *breeze* blows through the foam-green
     woods!

And here, the battling pines already bend to the
     *wind*![4]

1. *The Tatra Mountains are the highest range in the
Carpathians.*
2. *Dedicated to the writer György Bálint. Poem was
written on a camping trip with Fanni and Bálint (George
p. 363).*
3. *He invites the proletariat to share his view of his
naked lover (Fanni) bathing in the river.*
4. *The image of the wind is once again a portent of the
socialist revolution to come.*

## 1932. Október 6.

*Személy harmadik*

Dél óta utazol s most szakállas este van már,
szemben vénasszony ül veled s az orra bojtosan
     csorog;

katona alszik sapka alatt és két puskás fegyőr
   közt
rab ül. Az idősebb őr hangosan kolbászt eszik;
meséli Permben és Ufában volt fogoly
tizennyolc november hetedikén ért haza,
az eső esett. Két hetet pihent, aztán
munkába ált s azóta embertársait őrzi szuronnyal.
A másik biccent, biztos huszadszor hallja már.

Így jössz a Tisza mellől s Kőbánya után
a város fölött szőke fény, szereted kontya világol.
Ezért vagy itthon itt, ahol születtél!
Szülőanyád s apád meghaltak rég, egymástól
száz lépésnyire áradnak a földbe már.
Ritkán jársz ki a temetőbe s csak egy csokor
virágra telik. Felezni szoktad.

Hajtsd le a fejed, vidéki költő lettél.
A város fölött szereted kontya világol
s te jössz felé Tiszától a Duna mellé.
Néped közt jöttél s ha igaz
amit az erdélyi lap írt rólad egyszer,
(hogy Angyalföld és a Lágymányos
proletárjainak költője vagy te),
akkor hazaértél! Hajtsd le a fejed. Még jobban!

Szereted megijed, hogyha így lát
s meleg szájával kutatva csókol
kereső szemedre. Emeld föl a fejed és
örülj
Neked lélegzik ő; lehelld föl őt te is!

## OCTOBER 6, 1932[1]

### Third-Class Passenger

You have been traveling since noon and the
   bearded night is here,
across from you sits an old crone her nose
   running in tassles;
beneath a cap sleeps a soldier, and sitting
   between two armed guards,
a prisoner. The older guard munches loudly on a
   sausage;
and tells of how he was once a prisoner of war
   in Perm in Ufa
and how he arrived home on November 7, 1918
   in the rain.
He rested two weeks and afterwards started to
   work and
since then has been guarding his fellow men
   with a bayonet.
The other guard nods, having heard this story
   twenty times before.
You have come from beside the Tisza,[2] and after
   Kőbánya[3]
there's a blonde light above the town, where
   your love's chignon also glows,

you have come here because this is where you
   were born!
Your birth mother and your father are separated
   by a hundred
paces and died long ago, and are slowly
   dissolving into the earth.
You rarely go to the cemetery, but then anyway,
   you can only afford a
single bouquet. So you halve it evenly.

Bow your head, for you have become a country
   poet.
Above the town your sweetheart's chignon
   glows and you have
come to see her from beside the Tisza, next to
   the Danube.
You're traveling among your people, and if it is
   true
what was once written about you in the papers
   in Transylvania,
(that you are a poet of the downtrodden and the
   poor
from Angyalföld[4] and Lágymányos,[5])
then you will have come home![6] And you can
   bow your head. Even more!

Your love is frightened, seeing you like this,
as she searchingly kisses your wandering
   downcast eyes
with her burning lips. So lift up your head
and show some spirit.
For it's for you that she breathes, and you inhale
   only her![7]

---

*1. The poet travels in third-class. He allies himself with
the common man, the proletariat.*
*2. There are two large rivers in Hungary, the Danube
and the Tisza. The Tisza rises in the Ukraine and flows
along the Romanian border into Hungary at Tiszabecs, a
village in Szabolcs county in the Northern Great Plain re-
gion of Hungary.*
*3–5. Kőbánya, Angyalföld, and Lágymányos are
working-class neighborhoods in Budapest.*
*6. He takes on the mantle of being a poet of the poor and
downtrodden.*
*7. Fanni.*

# Dérrel veszekszik
# már a harmat

## TÁJ

Két felhő az égen összecsikordult
s fekete gyöngykoszorúként csapódott
a Tiszára zápor!

Laposra rémült homlokkal álltak
a fák, köztük vonúlt füstölve át
a napfény s lusta távolon, nevető
bokrok fakadtak a zápor alá!

Engem hozott a szél! kazalos hajam
után megfordúlt tíz fa ütötten és
hét deszkapalánk!

Később lomha állatok jöttek bólintva
a tájra és hátukon pirúlt
a hős nyár; én karom kinyitottam
lobogón és messze röpültem!

*1932*

## The Dew Quarrels
## with the Frost

### LANDSCAPE

Two clouds collide in the sky
and like garlands of black pearls a rainstorm
lashes the Tisza below!

The trees cower, their brows flattened in fear
as the steaming sunlight strolls between
while in the lazy distance, the shrubs cackle
beneath the gushing showers!

It is the wind that brought me here! My hair
stacked up
like a hayloft; as ten battered trees twist and
turn
and seven flat timbers twirl!

The nodding animals come to graze
lazily upon the land as the valiant summer
reddens on their backs and like fluttering banners
I unfurl my arms, and fly far away!

*1932*

### ESTEFELÉ

*Fametszet, Buday Györgynek*

A zápor már
a kertfalon futott,
fiatal zápor volt:
pirulós!

Szoknyáját összekapta és
kék ég derült
a lábaszárán.

Majd csönd lett.
Az útja villogott
s a fákra esti kóc űlt.

Két bokor játszott később
mocogva máriást,
lapjaik pattogtak
s fölhangzott nevetésük.

Ültem. Köröttem
leültek a rózsák
és rámszuszogtak.

Az égen két szerető
szíve röpült,
két kései
nyögdécselő galamb.

*1932*

### TOWARD NIGHTFALL

*A wood engraving for György Buday*[1]

The shower
scampered up the garden wall,
a youthful shower:
blushing!

She gathered up her skirts as
the blue sky cleared
about her ankles.

And then it quieted down.
And the paths sparkled
as night squatted over the trees.

Sometime later, two shrubs played
a game of cards,
smacking down their hands,
and pealing with laughter.

And I just sat. While all around
me the roses sat down
and breathed upon my face.

And in the sky the hearts
of two lovers flew,
like two overdue
groaning doves.

*1932*

1. *Dedicated to the artist György Buday.*

### KÁNIKULA

Szomjasan vonúltak inni a fák
lehajtott fejjel a patakokra,
kertekből eresz alá költöztek
rémülten a rózsák és most, hogy
este lett, gyerekek halnak asszonyok
kék szemén s a hőség barna vállán;
csak poros hangyák nézik, csudára
kerekedve a füvek tetejéről,

hogy mire följött, szakálla nőtt a holdnak.
*1931*

## DOG DAYS

With heads bowed the thirsty trees marched
in single file to drink from the streams, as the
    terrified
roses huddled and took shelter beneath
the eaves, and now that night has finally come,
children wilt and die beneath the frank blue
gaze of women's eyes and on the brown shoulders
of the heat; ants covered with dust watch in
astonishment above the tall grass, and by the
time the moon has risen it will have grown a
    beard.

*1931*

## ZÁPOR

Csámpás zápor jött és elverte
virágaim rendjét; aranybúzán
nevelt sánta galambom zengőn
csapta a falhoz, hogy turbékolt
sírva egész napon át; most űlök
a gondjaim lombja alatt és
szárítgat lassan az esti szél,
botom szorítgatom; a záport
lesem, tán hajnalra felhőzve
újra visszajön, rémítni gyerekes
szeretőmet, kinek haján a nap
vidúl s mint vízipókok árnya
rózsa, délelőtti patakok alján,
rózsázva járkál szemében a félsz is.

*Párizs, 1931. augusztus 9.*

## RAIN SHOWER

A knock-kneed clumsy storm appeared and
    trampled
my flowers, then violently flung my poor
crippled dove, the one I raised on golden seeds,
against the wall, how pitifully she cooed
the whole day through, and now I sit and fret
beneath the boughs as the evening wind
gently fans and dries the sodden earth,
I grip my cane as the storm calms down, but
    perhaps
with the dawn another storm may come,
heralded by clouds to terrify my
child-like lover,[1] upon whose sun-gilt hair[2]
the sunlight plays, and like shadows of crabs
    that form

clusters of roses at the bottom of murky streams,
fear will wander roseate in the depths of her
    eyes.

*Paris, August 9, 1931*

  1. *Fanni*
  2. *Fanni is frequently described as having golden hair
  and is often linked in various poems to the sun or to sun-
  light.*

# Szerelmes keseredő

### SZERELMES VERS
### NOVEMBER VÉGÉN

A pattanó szöcskék még ittmaradtak,
de szemén már elmélyül a kék,
sárga uraknak gazdag udvarán,
zsákos gabonák tömött csudái
előtt bókoltunk őszi fejünkkel;

azelőtt, ha messze jártam tőle,
földről pipacsok véres pöttyeit s
égről csillagokat akartam
a hajára hozni néki és
éhomra hordtam a csókjait;

most fa kéne télre, tavaly az idő
feketére verte szomszédék szőke
lányait s idén is játszik, mert bubás
főleg ül most a fák fölött és holnap
dérrel veszekszik már a harmat.

*1931*

# A Lament for Love

### LOVE POEM AT THE
### END OF NOVEMBER

The bounding locusts have stayed around while
in her eyes the blue deepens, and in the
magnificent courtyards of yellow masters, we
kneel before the wonders of the swollen sacks
of grain as we bow our autumnal heads;

but before all this, when I was far away,
I had sought to bring her the blood-red drops of
poppies torn from the ground and the stars
    pulled from
the sky with which to braid her hair, and all the
    while
I carried her kisses about on an empty stomach;

but now we need wood for winter, for last year
    the

weather beat the neighbor's blond daughters
  black and blue
and it now toys with us once again, as a tufted
cloud squats above the trees and come
  tomorrow
the hoarfrost will be squabbling with the dew.

*1931*

## SZUSSZANÓ

Szép vagyok? Szép!
Igazán? Gyönyörü!
Te tudod? Tudom én!
Százszorszép vagy! és
hívó kiáltás
szigorú téli
erdőn, amikor
fröccsen a napfény!

*1931–1932*

## REPOSE

Am I beautiful? Yes, you are!
Really? Gorgeous!
Are you sure? Yes, I'm sure!
A hundred times beautiful! like
the spurt of sunlight
that rouses the
harsh winter forest
to whoop with joy!

*1931–1932*

## ÁPRILISI ESŐ UTÁN

Asszonnyal boldog mellemen
így áprilisi eső után a napra
kiáltok és fényben fürdik
a hangom már, mint tiszta madár
most a ragyogó pocsolyában.

*1930. április 18.*

## AFTER AN APRIL RAIN

With a woman draped over my happy chest
after an April rain I shout up at the
sun and my voice is bathed in light,
just like this sparrow glinting
in this radiant puddle.

*April 18, 1930*

## FOGAID NE MOSSA PANASZSZÓ

Hallgass! ahogyan szeletlen nyáréjen
hallgat a bokor és mozdulatlan! s
fogaid ne mossa soha méla
panaszszó, mely csöndesen messzire hallik!

Ha jön a szél, késként vág és vág, mint
a fájdalom majd, de kedvesed óvjad
előle, mint sívó virágot rossz
éjjeli fagytól óv el a téli tető!

Napról napra fogy ő; karold, mert
nyár van és fölcsókolja egy délben
a nap s egyedül maradsz szeletlen
a széllel feketén föltoronyodva!

Ketten vagytok és ketten a sok szegény,
országod népe szeretői! hallgass
és készülj panasztalan csókon
hajolva a harcra, mert jön a szél!

*1932*

## MAY NO COMPLAINT EVER MOISTEN YOUR TEETH

Keep still! like a bush on a windless summer
  night
motionless and still! and
let no wistful complaint wash over your teeth
though you may think it unheard as it fades into
  the distance!

When the wind arrives,[1] it will cut and cut again
  like a knife,
like a deep pain, so guard your lover well,
like a winter roof guards the weeping flower
from the harsh evening frost!

She wilts from day to day[2]; so take her in your
  arms,
for it is the summer yet, and one day at noon
  the sun
will suck her dry and you will be left windless
  and alone
with the black winds towering above you!

There are but the two of you, among the many
  poor,
lovers among the nation's people! keep silent
and prepare for battle, and plant your kisses
  without complaint,
for as sure as I'm alive, there's a strong wind
  coming!

*1932*

1. *Radnóti once again utilizes the wind as an image and harbinger of the battle or revolution to come. Until now he used the wind as a code primarily to signal the coming socialist revolution that would challenge capitalism, but per-*

haps there is a subtle shift here and the message that the wind carries is more ominous as he begins to dimly perceive that there may be something more terrible looming in the future. In seven years he would be proven right with the start of World War II and the Holocaust.
  2. Fanni

## Vackor

### SZÉL SE FÚJ ITT MÁR

*Tolnai Gábornak*

Minden alszik itt, két virág is szotyogva
egymásra hajlik, esőről álmodik lassan
s rotyogva nő;

fizessetek nékem két erős cipőt és
elmegyek napnak Indiába sütni, hol
fehér uccákon reggel a lázadás szalad,
szép rőt haján a fiatal tömegekkel!

vagy elmegyek fényleni hónak az erdélyi
tetőkre, hol balladák hímzett szoknyáit
fújja feketén éjjel a szél, mert szél
se fúj itt már!

hasrafeküdt utakon itt a napfény
és nagyokat mélázva vakarja farát.

*1931. november 20.*

## Wild Pear

### NOT EVEN THE WIND BLOWS
###   HERE ANYMORE

*For Gábor Tolnai*[1]

Everything is asleep, like these two wilting
  flowers
huddling and dreaming of rain,
and quietly seething like invalids;

but if you were to pay me with two well-made
  shoes,
I would take myself to India, to blaze like the
  morning sun
over the white-washed streets where
  youthful mobs run through the streets
streaming like russet hair!

or else let me be the snow shining on the peaks
  of Transylvania,
where ballads are wafted by the wind
like embroidered skirts in the dead of night, for
  not even the wind
blows here anymore![2]

and even the sunlight lies down on its belly to
rest and daydream and scratch his ass.

*November 20, 1931*

  1. Dedicated to his friend Gábor Tolnai.
  2. This is a poem of indolence and inaction and the customary wind that Radnóti employs to incite action and suggest revolution has died down.

### GYEREKKOR

*Baróti Dezsőnek*

Csókák aludtak a szuszogó fán,
tizenöt éve tán, kenyér után
járt apám a városon s asszonya
ép szagos szappannal mosta kishúgom
barna haját. Alltam; velem nem gondolt
senki már! vitte pipacsok szirmát
a szél, fejetlen álltak; a lomha
sötéten hét csillag pirúlt csak át!
jánosbogár s lécekkel kerítve messze
az alvó nyáj vigyázott: föl ne
öleljen az ég; mert tudták, nyelves
tűz leszek majd én, urak fejebúbján!

*1932*

### CHILDHOOD

*For Dezső Baróti*[1]

It was perhaps fifteen years ago:
black crows slept on the snoring tree, and my
  father
had gone for bread into town while his wife
washed my little sister's brown hair
with fragrant soap. I was standing around and
  no one
paid attention to me! the torn blossoms of
  poppies
were carried on the wind, and in the listless night
seven stars still managed to blush their way
  through!
there were fireflies, and fenced in with timber
  the sleepy
distant flock lay in wait, watching: may the sky
never hide me away; for as all men know, one
  day
I will be a tongue of flame licking at the heads
  of the rich!

*1932*

  1. Dedicated to his friend the historian Dezső Baróti (George p. 365).

## JÚLIUSI VERS, DÉLUTÁN

Itt Párizsban is jön nyáron így, parkok
zöldje között az elandalodott
emberek árja, könyökük ormán
kivirágzoit asszonyaikkal s kövér
szívekkel a bőrük alatt és elpetyegtetett
régi csókjaik ezre előttük
aranydióként kopogva csüng a fákon.

De később gyerekek illatát érzik álmos
párnáik alatt majd a lábuk elalszik
a gondtól és ünnepeken, mikor
aprószentek ülnek pillogva a sarkok
feketéjén, hulló hajjal számolják
tünedező éveiket és
mentő szelekkel cimboráinak.

*1931. július*

## JULY POEM, AFTERNOON

Here in Paris summer arrives like it arrives
everywhere, in the green parks comes a deluge
    of
dreaming people, with blossoming women
dangling from the arms of their men, their stout
    hearts
beneath their skins, while in front of them drip
thousands of kisses given long ago hanging
like golden walnuts knocking among the
    branches.

Later on they will smell their children's
    fragrances
beneath their sleepy pillows, as their legs fall
asleep from care, and on holidays, when
the Holy Innocents sit blinking in their
    darkened
corners, they will mark and count their waning
    years
by their thinning hair, as they fraternize
with the liberating winds.
*July 1931*

## HONT FERENC

Ha tenyerére galambok ülnek
akkor ő is burukkoló galamb
és rendezi őket fegyelmesen.
Folyton lobog. Zászló ő az ájtatos
zenék fölött s ha rendez
a hangja világít, mint napsütött,
sárga trombita hangja. Mesélik,
szinészeket is rendezett már, de
az régen volt, talán igaz se volt.

Azóta azon gondolkodik, hogy miből él.
Mert él, csak nagyon sovány.
Drámatörténet épül benne, ujszempontu és
ötkötetes, azt vacsorázza.
Most szőkül mögötte a búza s ő kórust
tanít az aratóknak,
torkukból pacsirta száll.
A felesége feketerigó.

*1932*

## FERENC HONT[1]

Whenever doves come to roost in his palm
he becomes a cooing dove,
and he conducts them with authority.
He constantly sways. Like a banner over the
    muted
music, and when he rehearses
his voice shines, like that of a
golden trumpet burnished by the sun. They say
he once directed plays, but that was
long ago, and perhaps it's not even true.
But now he is concerned only with survival,
and though he may be alive, he is fading away.
The history of theater lives within him, he is a
trail-blazer in five volumes, and this serves now
    as his supper.
The wheat behind him grows golden
as he conducts the reapers in a chorus,[2]
larks rise up and fly from their throats.
Did I say that his wife is a blackbird.

*1932*

  1. *The title refers to Radnóti's friend, the theater pro-*
*ducer, who in Szeged was writing and producing "choruses"*
*for the proletariat to recite in public gatherings. (See Rad-*
*nóti's "Steel Chorus" and "Winter Chorus" written in the*
*early 1930s.) The purpose was to inspire and incite the op-*
*pressed workers to take action.*
  2. *He describes Hont teaching a chorus to farm laborers.*

## TAVASZRA JÓSOLOK ITT

Négy éve még, november tetején így,
a madárlátta lány karolta nyakam,
aki asszonyom ma és dolgos,
gondlátta szeretőm már.

Akkor még virágszülő költőként álltam,
nézve, hogy a fák fázó bokájuk
bugyolálják a lebegő levelekkel;
most harcaim ustora duruzsol
ruhám ujjában és készül a téli csatákra!

Lám hosszan fekszik az úton a gyönge szél,
vacog és elhal az első havazáskor,

melyet a tél fejünkre biccent;
mert harcos a tél és tudja a dolgát!

Állok, de farolva áll mögöttem az ősz is
és feneketlen dühömet elvidítja már
egy pocsolyából villanó, narancsszín kacsacsőr,
míg tavaszra jósolok itt:

ó, tavaszra már zöldkontyu
csemetefákat is csemeteszellők agitálnak
és késeket hordoz a szaladó holdfény majd
a guggoló méla szagoknak!

*1932. november*

## I DIVINE HERE THE COMING SPRING

It has been four years since the top of
    November,
when a girl like soft bread embraced my neck,
she is my wife now and my industrious
lover and is well-accustomed to worry.

I was just a poet birthing flowers then,
watching how the trees bandaged their frozen
ankles with the fluttering leaves;
but now the whip from my crusades hums
    through the air
as my sleeves prepare for the looming hostilities
    of winter!

See how the gentle wind lies prostate on the road,
and dies down and trembles with the first
    snowfall
that battle-hardened winter has dumped upon
    our heads;
for the winter knows its business well!

I stand, but the autumn brakes and skids behind
    me, yet
my bottomless rage is dispelled by an
orange duckbill glistening in a puddle[1]
as I divine here the coming spring:

oh, spring when the young breezes shall agitate
the saplings with their green-braided hair,
and the scampering moonlight will offer its
    knives
to the crouching wistful fragrances!

*November, 1932*

1. *Radnóti suggests that nature is a balm and antidote against the rage that rises as one observes the daily injustices in man's affairs.*

## Ének a négerről,
## aki a városba ment

Gazellacsapat menekült régen
a távoli lankán, mert szerelmes
elefántok zajgatták őket,

törve a fákat s hízott gyümölcsök
haltak a testük alatt.

Tüskésre ijedt majom hangja
süvöltött zuttyanó ágon s toporzékolt
akkor a sűrü vidék! azóta
szent hely az és néhol
fogatlan ott az erdő!

Guggoltak a csöndben alant a faluk,
csöndben éltek a négerek is,
s anyától anyáig
röppent a kerge dongó.

Itt született a legény s itt nőtt,
a lány is itt született s nőtt,
megeste őket a langyos trópusi eső,
kerítő ünnepeken egymásra fújta
kedvük a jószagú szél!

Sétáló fényben a hosszú napon
futottak együtt és összekocódtak,
majd fekvésük fölé ideges
fiutigris kereső dobogása
szőtt neszező takarót.

Nőtt a legény, mert locsolta a langyos
trópusi eső és nőtt suhogva a lány is;
szemük kinyílt, mint napra virág, s
kedvetlen nézték trombitásfarú véneiket.

Sok négereken hízott teli karaván
zötyögött egyik a másik után
míg a falun gond szuszogott,
terjedve lassan s emelve hasát, mint
szekérről lepottyant, hatalmas kutyakölyke.

És a legény száján kivirágzott
a messzi vidék! legények szája
vörös koszorú lett s tapsolva
állt föl előttük az út!

Halál előtt űltek és űltek
a búcsu előtt; pirúltak a tűznél
s főétkeket ettek, hogy
ne lohadjon a merszük!

Ültek együtt a vének is,
fekete dombok a szélben,
csöndes pipa után járt bennük
kövéren a traktor, boldog
álom után reggeli mosdás!

Sírt a lány, hogy búcsuzni jött a legény,
fán űlt a lány és kezeit
szorította rívó, két melle közé.

Lemászott a lány, hogy jött a legény,
tapogatta testén az idegen ruhát
és símogatta; dalt énekelt!
Amit kitalált néki,
lucskos bánatát szipogva szét a fán:

Nézd, csókkal szegem be harci ruhád,
hogy ne foszoljon; csókkal patkolom
harci bakancsod, ne kopjon a sarka
fehérek nagy faluján!

Indúlt a legény és kiáltott
utána a lány: vigyázz!
úton harangoz a borzadó szakáll!
ugorj a gépek elől! marnak
és mesélik a tigris szelleme rajtuk!

Sírt a lány és ment a legény;
ruhája kitartott, a sarka kitartott
s erején fehérek fene falujában
csak a tőke szakajtott.

Jó nagyot szakajtott,
meg is szakadt bele:
teste s a lelke is
elszáradott bele!

Őszült a fa otthon és őszült
a fán a lány; megejté őt a nap
s nagy tanakodó napokat szült,
kik a faluban szertefutottak!

Szertefutottak és összefutottak,
kunyhók füstjéből lobogót,
torkukból harcot sivítottak!

Szervezkedtek és dárdákat vertek,
dárdákkal dárdás sorsot fenyegettek;
s hogy meghalt a fa
és ki kedvesét várta a fán,—a lány;
bokorban kígyók fütyörésztek és
seregek nehéz szaga szállt:
megindúltak a néger proletárok!
*1932. március 20–április 3.*

# Song of the Black Man Who Went to Town[1]

Long ago a herd of gazelles took flight
over the distant gentle slopes, for the racket
of amorous elephants had frightened them
as they smashed the trees and crushed the
swollen dying fruit beneath their massive
   bodies.

A frightened monkey howled like prickly thorns
and stomped on a bowed branch
as the dense countryside echoed its rage!
and since then it has become a sacred place
in the toothless forest!

The villages crouched silently below,
and the blacks lived in silence as well,
as from mother to mother
giddy whirling wasps took wing.

Here the lad was born and raised,
and the young girl was raised as well,
and the lukewarm tropical rains watered them,
while at wedding feasts the fragrant wind
would blow their fantasies one upon the other!

In the strolling light of endless days
they wrestled and played,
and above their disheveled bed
a nervous tiger cub rummaged as its throbbing
heart wove for them a rustling blanket.

And the lad grew, watered by the gentle
tropical rains and the rustling girl grew as well;
their eyes opening, like flowers to the sun,
   dejectedly
watching their trumpet-rumped elders.

And the caravans, swollen with blacks
wobbled and jounced merrily along,
as a strange disquiet wheezed through the
   village,
slowly spreading and lifting its belly, like
an enormous whelp fallen from a cart.

And distant lands bloomed
on the lips of the lad! and the mouths of young
   men
became crimson wreaths, as the roads
rose before them applauding!

And they sat with death, and said
their farewells, toasting by the fire
and heartily eating their final meals, so that
their courage not waver!

And the elders hunched together,
like black hills in the wind,
and after silently sharing their pipes
they dreamt of their tractors in their happy
dreams and in the morning took their baths!

And the girl wept, as the boy came to say
   good-bye,
and she sat on a tree pressing
her hands, between her weeping breasts.

And when he arrived, she climbed down,
and touched and felt his strange garments,
then caressed him, and sang him a song!
one she had composed for only him,
then watered the tree with her sorrow-soaked
   sadness.

Look, I will hem your battle dress with my kisses
so it will not fray, and shod your
combat boots, so that the heels not wear away
in the great village of the whites!

The boy started to go and the girl shouted
after him: beware!

a quaking beard peals its warning on the road!
leap from the machines! for I hear that they
    rend and tear
for the tiger's spirit lurks within them!

The girl wept as the boy went away,
but his clothes bore up, and his heels bore up as
    well
but in the accursed city of the whites
the corrupt riches finally sapped his strength.

And he was torn apart,
put through the shredder:
and both his body and his soul
died and withered there!

Back home the trees gave way to autumn,
and the girl gave way as well; pregnant
from the sun and giving birth to countless suns,
that scattered throughout the village!

Suns that dispersed then came together,
and fashioned a flag from the smoke of the huts,

screaming for war from deep within their
    throats!

They pounded and fashioned lances and spears,
and threatened all with a sharp and rending fate,
and the tree died, and so did the
girl, who had waited for her lover;

and the serpents whistled in the brush, and
the heavy odor of marching armies spread over
    the land:

and the black proletariat advanced!

*March 20–April 3, 1932*

1. *References to Africa play a strong role in Radnóti's
poetry. In 1932–1933 he translated some of the works of
Blaise Cendrars (1887–1961), a French poet with a great
interest in African folklore (George, p. 57.) This poem
chronicles how the black man leaves his home for the king-
dom of the white man and is destroyed in the process.*

# Újhold /New Moon (1935)

*The fourth book of poetry published by Radnóti during his lifetime.*

## MINT A BIKA

Úgy éltem életem mostanig, mint fiatal bika,
aki esett tehenek közt unja magát a déli
melegben és erejét hirdetni körberohangat
s játéka mellé nyálából ereszt habos lobogót.
És rázza fejét s fordul, szarván a sűrü,
repedő levegővel és dobbantása nyomán
gyötrött fű s föld fröccsen a rémült legelőn szét.

S úgy élek mostan is, mint a bika, de mint
bika, aki megtorpan a tücskös rét közepén
és fölszagol a levegőbe. Érzi, hogy hegyi
    erdőkön
az őzbak megáll; fülel és elpattan a széllel,
mely farkascsorda szagát hozza sziszegve,—
fölszagol s nem menekül, mint menekülnek
az őzek; elgondolja, ha megjön az óra, kűzd
és elesik s csontjait széthordja a tájon a horda—
és lassan, szomorun bőg a kövér levegőben.

Így küzdök én is és így esem el majd,
s okulásul késő koroknak, csontjaim őrzi a táj.

*1933. augusztus 22.*

## LIKE A BULL[1]

Till now I have lived my life like a young bull,
lying in the field among the cows, bored to
    death, flaunting
his potency, running about and playing in the
    sweltering
noonday sun, his frothy saliva fluttering in the
    breeze.
He tosses his head and stamps his hooves upon
    the tortured grass,
as the earth sprays up to bespatter the terrified
    pasture,
and the thick air crackles and settles over his
    horns.

Yes, I have lived like a bull, like a bull that has
stopped dead in its tracks in the cricket-filled
    meadow to sniff the
air. Sensing, that in the mountain forest the
    roebuck has come
to a halt to listen intently, and then sprint away
    with the wind,
for the air carries the scent of a wolf-pack on the
    prowl,—

the bull sniffs and snorts, but does not flee like
    the deer; but rather
imagines the coming hour when he will fight a
    desperate battle only
to fall, his bones scattered over the fields by the
    ravenous horde—
slowly, sorrowfully, bellowing into the thick air.

This is how I will do battle, and how I, too, will
    fall, and let this
be a lesson for future generations, and let the
    earth guard my bones.

*August 22, 1933*

> 1. *Radnóti wrote this poem at the age of twenty-four. In
> it he introduces a theme that recurs in many of his poems:
> that of the poet dying a heroic death as a sacrifice for
> mankind and for the oppressed. The poet as a mythic figure
> and as a symbol of resistance against tyranny has ample
> precedent in Hungarian literature best exemplified by Sán-
> dor Petőfi the great poet of the ill-fated Hungarian revolu-
> tion against Austria in 1848 who died at the age of twenty-
> six in battle. This is one of the earlier poems where Radnóti
> presents a fatalistic vision of himself, a vision that persists
> to the end and is famously presented in his final poem, "Raz-
> glednica (4)" discovered on his corpse in a mass grave.*

we can hear how in their screeching graves
    beneath the ground,
their hair hisses, and their fingernails continue
    to grow.

We lead clean lives with easy smiles,[1] and my
    love
strolls about our room with her skirts rustling
    ever so slightly,
as with bright and radiant eyes she rearranges
    our modest things.

She already knows that the dogs of the wealthy
    will bite,
and that whoever dies, will be scratched forever
    from the register.

Our life is as simple, and without dread,
as this paper, or this cup of milk on our table,
but is perhaps as ruthless and as cruel,
as this shifty knife, lying here beside us.

*1933*

> 1. *The young married couple lives a pure and unpolluted
> life but danger looms just beyond their intimate and simple
> domesticity.*

## ÉS KEGYETLEN

Az anyám meghalt, az apám és ikeröcsém is,
asszonyom kicsi huga, nénje és annak a férje.

Sokan haltak meg és hirtelenül
s álmainkban, ha sokat vacsorázunk,
halljuk, hogy sírjuk alatt harsogva
nő a köröm még és szisszenve a szőr.

Tisztán élünk különben és könnyü mosollyal;
asszonyom járkál a szobán szoknyája kis neszével
és fényes szemmel rendezi tárgyainkat.

Tudja már, hogy harapósak a gazdagok kutyái
s hogy aki meghal, azt végleg elkaparják.

Oly félelem nélküli így az életünk és egyszerű,
mint a papír, vagy a tej itt az asztalunkon
és kegyetlen is,
mint mellettük a lassútekintetü kés.

*1933*

## AND AS CRUEL

My mother died, and my father and twin
    brother, too,
then my darling's little sister, her aunt, and her
    husband.

Many have died, some suddenly in their sleep,
and sometimes, in our dreams, when we have
    eaten a full dinner,

## MONTENEGRÓI ELÉGIA

Kapetánovics Pero, montenegrói férfit dicsérje a
    vers ma,
ki itt él a magosban és harcol a kővel és harcol a
    széllel,
míg el nem temetik; de zászlóként csapdos majd
    emléke
jövendő férfiak útján s késő koroknak hirdeti
    tiszta életét.

Mögötte asszonya áll és álldigál apró fia is,
    öszvére
szagolja a sziklát és néha nagyot fuj. Így áll itt a
    család
és körben állnak a sziklák, sűrü szakáll rajtuk az
    esteli
árny; kenyér a gondjuk, vajra sose telt s a
    szomszéd
falu számukra a messzi világ.

Így élnek ők itt s földjüket fallal védik a széltől,
    gyökerenként
óva nehéz hozadékát, mely mint a férfi sírása,
    oly akadós.
És kevés! Minden falatja hétszer fordul a szájban
    és
nyelés előtt óvatosan dagadoz.

Élnek, ahogy élek más tájakon én és élnek a
    többiek is,

nem könnyít sorsunkon az esti beszéd: sziklák
 között
ritka a jókedv és sok a tennivaló: lopós férfi
 élhet csak
pihenősen!

\*

Égen a sas kerengve űzi üzletét s a mélyben az
 Ádria
öblén esti helyet keresve forognak a bárkák;—
 emez se,
az se könnyű kenyér.

Nikiták árnyai jönnek át a sötét levegőn és
 könnyü
cipókon lovagolnak; ó más se könnyü! még
 csak
a megholtak szemehéjja, mely fönnakad és
 elsárgul
idővel a kékje!

Így jó, a sorsunk így lesz nehezebb. És nehezebb
 már is,
mint a só, vagy a bánat.

*1933. október 7.*

## ELEGY FOR MONTENEGRO[1]

This poem praises Pero Kapetanovics, a man
 from Montenegro,
who lives up here in the heights, fighting
 a losing battle against the wind and
 stones,
that is, until they bury him; when his memory
 will lash like a banner
on future men's paths, and pronounce his pure
 and simple life to the ages.

Behind him stand his wife and young son, and
 his mule
that sniffs the air on the cliffs, and snorts. Here
 stands a family,
about them only rocks, as the thick-whiskered
 shadows of evening
slowly gather; they worry about bread, and have
 never had enough for butter,
and the neighboring town for them, has always
 been but a distant world.

This is how they scrape by, their meager lands
 protected by walls from the wind,
root by root, their lives as harsh as a grown
 man's sobbing.
And as dark and empty! chewing each morsel of
 food seven times
before they carefully swallow.

They live, just like you and I, only somewhere
 else, like others do,

and no evening conversation lightens our loads
 among the barren stones,
and peace and happiness come but rarely, there
 is only work: and only a thief
finds time for rest!

\*

An eagle circles overhead, going about its
 business, while far down
in the Adriatic bay small boats search for a place
 to anchor for the night;—
and believe me none of this makes for easy
 bread.

The shadows of the Nikitas[2] drift through the
 dark air, cantering lightly
in soft slippers, but then nothing else is light!
 except
for the eyelids of the dead, frozen wide, their
 blue tint
yellowing with time!

But then, all this is just, though our burdens are
 ponderous and heavy.
Heavier than salt, thicker than sorrow.

*October 7, 1933*

 1. *Montenegro and Serbia fought against the forces of
Germany and the Austro-Hungarian Empire in World
War I.*
 2. *Refers to Nicholas I (1841–1921) who reigned as King
of Montenegro (1910–1918). (personal communication,
Győző Ferencz.) The poem describes the meager existence
and back-breaking labor of the poor. In contrast, the thiev-
ing ruling class finds "time for rest." The young Radnóti in-
creasingly identifies with the oppressed, i.e. "The Black Man
Who Went into Town," John Love in "April 24, 1932," the
Chinese poor in Shanghai in "July 7, 1932."*

## VIHAR ELŐTT

Az ormon üldögélsz s térdeden néked ért
ifjú asszony alszik, mögötted szakállas
haditettek, vigyázz! kár lenne éltedért

s kár világodért, mit enmagad kapartál
tíz kemény körömmel életed köré, míg
körötted körbe-körbe lengett a halál

és íme újra leng! s lepotyognak a kert
fészkei rémülten a fák tetejéről
s minden összetörik! figyeld az eget, mert

villámlás rengeti már s cibálja a szép
kisdedek ágyát s mint ők oly vékonyán és
sírva sírdogál most az alvó férfinép;

hogy álmára fú a szél, forog; dörmög és
fölriad! s bámul rád, ki ébren üldögélsz
míg szálldos körötted körbe röpke dörgés,

mert takaros csata készül itt, a cifra
szél beszél felőle fennen és a felleg;
jó lesz szerelmed terítni asszonyodra.

*1934. április 18.*

## BEFORE THE STORM

You sit on a hill and in your lap a ripe young
    woman
sleeps peacefully; but beware, for behind you,
    your bearded
deeds of combat lie! and it would be a shame if
    the life,
if the sad little world, the one you scraped
    together
so pitifully with your ten hardened fingernails,
    were
to end in death, like the one that circles above
    you now and
flutters like a bird of prey! the nests rain
down from the terrified treetops in the garden
    and everything
falls apart! so keep a watchful eye on the sky, for
it trembles with lightning, and the cradles of all
the pretty infants are tossed about, as grown
    men
cry out like babes in their fitful sleep;
the wind blows upon their dreams, and stomps,
    whirls,
and growls, then starts up again! and stares at
    you as you sit up
wide awake, while the booming thunder flits all
    around you.
a tidy little battle is being rehearsed here, as the
    fanciful wind
and clouds herald its start; don't you think the
    time
has come to lean over gently and wrap your love
    in your love.

*April 18, 1934*

## TÖRT ELÉGIA

*Sík Sándornak*

1.

Életem írtam kis bottal a porba
ott estefelé, hol két út összefutott.
Szörnyű ábra volt, füstölt, mint záptojás
szegények ritkás asztalán
és halálig mutatta magam:

államat fölkötő kendő takarta
kiserkedt szőrözetem végül
és oszlottam ott a selyem levegőben.

S az útontúli lejtőn gyenge bokorra
szállt a madár; csapdosva tartotta
a buktató ágon a súlyát
és elsiratott vékony fütyöléssel.

2.

Most estébe fordult e sánta vasárnap
és itthon ülök. Békés és harcos könyveim fölött
a polcokon s fiókjaim lukán
lidércként imbolyg a házkutatás riadalma
és apró fényekkel tétovázik:
villanjon-é, vagy várjon-e még?

Hát villanjon! riadalom legyen itt
körülöttem! életem emlékei közt
két férfi lóg két durva bitón
s apró hajakkal sodrott kötél
foszlik a súlyuk alatt.

S mint hegyi fák ágaiból
hajnalra kicsúszik az új ág,
úgy belőlem is vadgalambhangu
versekben csúszik ki érettük a sírás.

3.

És mindennap újszülött borzalommal élek
s oly nyugtalanul. Szeretőm karolásához is
gond íze járul s egyre vadabb bennem
a szomorúság.

De néha azért ő, ha azt hiszi
nem veszem észre, titkon hisz egy istent
és ahhoz imádkozik értem.

*1933. július 30.*

## BROKEN ELEGY

*For Sándor Sík*[1]

1.

I traced my life in the sand with a broken
    branch,
sometime around nightfall, where two roads
    met.
It was an appalling chart, one that smoldered
    like
rotten eggs placed upon the desolate table of
    paupers
pointing the way toward oblivion and death:
a funerary kerchief bound up my chin,
and my whiskers continued to sprout
as I decayed in the silken air.[2]

And on the slope beyond the road a bird
landed on a trembling branch, and flapped

to maintain its balance, as with threadlike
whistles it sang my requiem.

2.

I sit alone at home on this lame Sunday as it
   turns into night,
while my serene and bellicose books squat above
   me
on the shelves as a vague terror peeps through
   the keyhole
of my desk and searches the house like a
   tottering nightmare;
then with tiny piercing shafts of light
it coyly asks: shall I ignite now, or shall I wait a
   little longer?

Oh, knock yourself out and burst into flames!
   And let your
nightmares surround me! for I am haunted by
   the memory
of two men dangling from the disgraceful
   gallows[3]
as the plaited rope unraveled its delicate strands
and frayed beneath their swaying weight.

And like new twigs that slip from inside the
   branches
with the coming dawn, so my grief slips
from within me in this poem like the song
of wild doves lamenting their fate.

3.

With each new day I live with new-born horrors
and a desperate unease. Even my love's embrace
cannot dispel my disquiet as my sorrows
grow more and more wild and brutish within
   me.

But sometimes, when she thinks that I am
unaware, she calls out secretly to some god
and pleads pitifully for my soul.

*July 30, 1933*

   1. *Dedicated to Sándor Sík, prominent Piarist priest
and writer who was Radnóti's mentor and protector.*
   2. *Radnóti foresees his death. Early on the intimations
of death are the musings of a young, self-absorbed writer,
but later on the personal becomes universal and predicts the
carnage and destruction of World War II and the genocide
to come in six years.*
   3. *Refers to the execution of the leaders of the Hungarian
working-class movement, Sándor Fürst and Imre Sallai on
July 29, 1932. Sallai helped found the underground Com-
munist Party of Hungary in 1918 and was a member of its
Central Committee. Fürst joined the party in 1926 and
later became a member of its Central Committee and leader
of the Communist Youth League.*

## EMLÉKEZŐ VERS

Ősz férfi fogta a kezemet ma s mondta, hogy
téged is ösmert és közben, ahogy nézett,—
   esteledett.
Tizenkét éve a temetőben fekszel apám
s hogy emlékeztünk, mondta, már ő is arrafelé
   tart
a fél tüdejével.

Ha élnél, néked is már a halál zászlaja, ősz haj
lengene a fejed ormán
és a világ is reszketne körülötted!
de szőkén kerültél a lepedőbe te akkor
s férfifiad rád úgy emlékezik immár,
mint társára a harcos, ki
egyedül tér vissza a hosszú csatából falujába
s kettőjük tetteit meséli pipaszónál.

Nagy csata volt bizony az!
hogy haldokoltál, a kisgyerek én,
nagy diófaággal hajtottam rólad a halált s a
legyeket! s meghaltál mégis és én
egyedül tértem vissza, hírül hozni elested.

S bár mostani férfifiadnak már
asszony a gondja, sok gondja mögött
s göndör könnyekkel nem koszorúzza helyed;
tudja, hogy egyszer elveszti ő is a harcot és elesik
majd! ezért hát férfiként idéz, ha ritkán
rólad esik szó és összeszorítja utána a száját.

*1933. augusztus 4.*

## A POEM OF REMINISCENCE

A gray haired man held my hand today and said
   he knew you,
and then stared straight ahead- as evening came.
Father, you lie in your grave twelve years now,
and as we reminisced, he said he was on his way
   there as well,
only with half his lung.

And if you were alive, your gray hair would be
   fluttering
like a banner of death on the crown of your
   head
and the whole world would quake around you!
but your son still remembers you blonde and
   young
when they wrapped you in the winding sheet,
   remembers you
like a warrior remembers a fallen comrade, then
returns to his village after the long battle alone
and tells of their deeds while leisurely smoking
   his pipe.

It was indeed a great battle!
as you lay there dying, but I was but a small boy,

trying to drive death away from you with an oak
   branch as well as the
flies! but you died anyway, and I returned
home alone, to bring the news that you had
   fallen.

And now your boy is grown and has a woman
to take care of, and among his tears and many
woes is knowing he has not placed a wreath
   upon your grave;
and knowing that one day, he too, will lose the
   battle and will
fall! and that is why he rarely says your name,
and when he does, he clenches his lips tightly
   together.

*August 4, 1933*

## FÉRFIVERS

1.

Férfifene ez a magos egyedülség;
asszony se, kutya se értheti ezt.
Jár benned, mint nehéz, őszi gyümölcsben
járkál a nap melege,
szinte hallani benned áradását,
tolakodó víz neszez így a száraz partokon
és a hófodru szél járása is hasonló.

2.

Süvölts csak bátran, hisz férfi vagy
s boldog dolgaid között orvul szurokkal önt
   nyakon
a csókoddal ojtott asszony is,
s e hajlongó tréfája mögött
még kést is dugdos előled.
Tudd, egyedül vagy, mint az első farkas volt
az éjszaki rideg erdőn, mikor félfarra dőlt
és fürészelő nyögéssel tépte
a húsbapólyált bordát oldalából,
hogy nőstényt teremtsen magának,
kivel együtt futhat a fák közt
s ki elpotyogtatja majd fajtáját maradéknak!
és szedte, marta egyre kíjebb a bordát
szörnyű türelemmel s nem segített néki
   senkisem.
És mégis mindennap ujrakezdte!
Te is naponta kezded és egyedül vagy,
csak szavaid szálas indái karolnak.
És nőttön nő süvöltő kedved körül
a borostás magány.

*1933. május 9.*

## A POEM FOR MEN

1.

It is a man's curse, this lofty loneliness[1];
one that neither woman, nor dog can
   understand.
It lurks and strolls about inside, like the sun's
   warmth
that promenades in fruit weighed down with
   autumn,
one can almost hear it surge and swell,
as it thrusts the rustling waters unto the dry
   shores,
perhaps the footsteps of the snow-ruffled wind
   are as familiar.

2.

Just howl bravely, for after all you are a man,
and among your happy affairs, your love
treacherously pours hot tar down your neck like
   a Judas kiss,
while behind her jokes, and obsequious bowing
   and scraping,
she conceals a knife from you.
You should know, that you are alone, like the
   first wolf
in the frigid northern forests, when he leaned
   back on his rump
and groaning in agony, like a rasp, ripped
a meat-swaddled rib from his side,
so he could create for himself a female to
   propagate his kind,
and with whom he could run through the
   woods,
and who could drop and scatter his kind about
   like scraps and leavings!
and he tore, and clawed deeper and deeper
   with a horrible persistence at that rib, and
   there was no one there to help him.
And yet, with each coming day he began anew!
Just like you, starting each day alone,
with only the thread-like tendrils of your words
   to comfort you.
And all around you howling spirits rise
bristling with loneliness.

*May 9, 1933*

   *1. The pervasive element in the poem is the loneliness
and isolation that haunted Radnóti throughout much of
his life despite his attempts to link himself to various groups
and movements.*

## SZÁMADÁS

*Ignotusnak*

Bőven lesz szilva nékik az idén,—
pöttyenti asszonyom s meleg gyerekszáján
fürge gonddal az idegen fára fölnéz;
nékik bőven lesz szilva az idén,—igen,
s bőven nekünk is, évenkénti termés:
jaj, baj és ügyész! most igaz, csak
egy hasas kutyánk van s így lesznek
    kutyakölykek,
de egyre kölykező harci kedvünket
    ápolgathatod,
ha kerítésünk átléped és megkóstolod
igaz szándékkal fényes és puszta kenyerünket;
nehéz és ékes az, mint egy áldomás!

*1933. július 13.*

## RECKONING

*For Ignotus[1]*

My love tells me that there will be
plenty of plums this year,—her warm, child-like
    mouth
puckering as she looks up anxiously at a
    stranger's tree;
yes,—there will be plenty of plums for them this
    year,
and plenty for us as well, an annual crop:
of pain, trouble and the censor! it's true, we may
    only have
our pregnant dog, and she is about to have
    puppies,
but you can always nurse your whelping,
    fighting spirit,
with true purpose and conviction, and if you
    were to step over
our fence, you will have a taste of our shiny,
    desolate bread;
as heavy and ornate as a sacred blessing!

*July 13, 1933*

1. *Dedicated to Ignotus, pseudonym for writer Hugo Veigelsberg, one of the founders and editors of the journal "Nyugat" (George p. 368).*

---

## TÁJ, VÁLTOZÁSSAL

Zápor marsolt át a gyönge erdőn,
tükrösre lépte a fák levelét,
négyet villantott még és égi,
enyhe csúcsokon gurult tovább a dörgés.

Csöppekkel motozott még a táj ott,
szuszogva ivott a papfejü domb;
búvásából röpült föl madár
és fújatta az édes széllel a tollát.

\*

De fák mellén ráncolt lassan a bú,
gólyás vidék vizét ráncolja így
kotyogva zöldes békabánat
és savanyodott szélben a madár lehull.

Kutyák lábnyoma gyászos paszomány
a vékonyka sáron köröskörül
és lánc, mely csöngve köti össze
fa, madár és szél szipogó ijedelmét;

\*

két csendőr, kiket árnyékuk kisért,
jött a szántáson tollasan által.

*1933. március 15.*

## LANDSCAPE, WITH CHANGE

A shower marched across the tender forest,
stepping on the leaves until they shone like
    mirrors,
and the lightning glinted four times more as the
    thunder
rumbled further on over the gentle celestial
    peaks.

Its droplets rummaged through the countryside,
and wheezing, headed for the papal-headed hill
    to take a drink;
while from its hiding place a bird flew up into
    the sky,
as the sweet wind ruffled its feathers.

\*

But slowly, sorrow wrinkled the breasts of trees,
like the sorrow of a green clucking frog
wrinkles the waters where struts a stork,
and in the acrid wind birds plummet to the
    ground.

Dogs' paw-prints form a mournful
braided lace in the delicate mud,
and the whimpering fears of tree, and bird, and
    wind;
are lashed together by a pealing chain;

\*

two gendarmes,[1] accompanied by their shadows,
cross the ploughed field: in plumed hats.

*March 15, 1933*

1. *Poem ends on an ominous note as the gendarmes cross the field.*

## TŰZHIMNUSZ[1]

Járkálsz és lábad nyoma perzsel.
S ha ujra elindulsz: lábad nyoma áld!
Fölégnek a friss fák és hamu csak maradékuk,
s ha ujra elindúlsz: virúlva nőnek a fák!
Járkálsz és győzöl, náladnál nincs erősebb;
mélység és magosság mezején legelésző
nagy fénycsöcsü állat,
pattogószavu tűz te!

Mélység tüze és magosság tüze te,
holdban ragyogó fény és napban ragyogó!
Csillag, te szikra éjszaka; hullócsillag, ki fényt
    hasít!
Égzengés szelleme, viharnak csillanó szeme,
nap tüze te, akiből surran a fény!
Mélység és magosság mezején legelésző
nagy fénycsöcsü állat,
pattogószavu tűz te,
néked áldozok én!

*1933. november 26.*

1. *Változat egy áfrikai néger versre.*

## FIRE HYMN[1,2]

You walk and your footprint scorches the earth.
And when you start up again: your footprint
    sanctifies!
The fresh trees catch on fire and only their ashes
    remain,
and when you set off again: the trees wildly
    bloom!
You walk about in triumph, there is nothing
    stronger;
grazing in the pastures of depths, the pastures of
    heights
great light-uddered beast
whose words crackle like fire!

You are the fire in the depths, the fire on the
    heights,
the gleam of the moon, the glow of the sun!
The star, that sparks the night; a falling star,
    that cleaves the light!
The thundering spirit of the sky, the glint in the
    storm's gleaming eye,
the sun's inferno, from wherein glides the light!
grazing in the pastures of depths, the pastures of
    heights
great light-uddered beast
whose words crackle like fire!
I sacrifice to you!

*November 26, 1933*

1. *A variation on an African verse.*
2. *Radnóti traveled to Paris for the first time July–*

*August, 1931 where he visited the Colonial World Exposition and was exposed to African culture and art. It had a profound effect on him and led to his writing the "Song of the Black Man Who Went to Town" (1932), and to translations in 1943–44 of African fairytales. This African influence can be seen in this poem and in "A Sunday in Summer" that utilizes a similar voice.*

## NYÁRI VASÁRNAP

### • Naphimnusz •

Tüzes koszorú te!
szőke hajak gyujtogatója,
fényes esőket ivó
égi virág!

Fényesség bokra te!
folyóknak déli sziszegése,
kisded állatokat nevelő
sugaras anyaemlő!

Búzát nevelő te!
futosó gyerekek piritója,
fiatal testekkel tegeződő
ravasz szerető!

Égnek arany szöge te!
ébredező táj viditója,
pörkölve símogató
tűzkezü szentség!

Érted térdepel és
jámboran vallja a titkát
hajbókolva
a büszke vidék!

### • Modern Idill •

O, fiuk és lányok vad serege
járkálgat itt és boldogan izzad
s hüsölni időnként a vízre lejár!

Ragyogó vállaikon apró napokat
hoznak ki magukkal
és guruló, arany gyöngyszemeket,

hogy nyomuk maradjon a fű közt,
ahol letakarva, búcsúimákat
mormol az enni- és pusmog az innivaló!

Ó, fiuk és lányok ragyogó vállán
csuszkál rikoltva az ünnepi nyár
s futtuktól táncosan fordul a hő levegő
és horzsol ahogy dől.

S pattog a fény a parti csónakok
fenekén és köztük barna hajónk:
Mütyürke is ott ül!

Ül és nézi magát a víz síkos tükörében,
hol vakkan ijedten a fény és

borzolva ér ide hozzánk
s elnyugovó szuszogással
pihenni a fűre lefekszik.

Ó, csipkés inggé lett a távoli telken
a deszkapalánk és benne aludni
készül az este futó fiatal szél
s csak a hőség duruzsol
itt az arany levegőben.

### • Esti búcsúzkodó •

Fölébredt a fiatal szél s füttyent
s markolászva végigfut a parton,
hírét hozza, hogy keleten már
feketülő vízben mosakodnak a fák;
hosszú lábakkal a hold jön fölfele lassan,
csomót köt a tájra s—este van.

*1933. november*

## A SUNDAY IN SUMMER

### • Hymn to the Sun •

You are a fiery wreath!
a blond-haired arsonist,
you drink up the rain,
bright heaven's flower!

You are a bush of brilliance!
the hiss of southern rivers,
you suckle the earth's creatures
on your ray-beamed breast!

You raise up the wheat!
and roast running children,
an intimate of young bodies
a cunning lover!

You are the sky's golden nail!
that cheers waking fields,
a fire-palmed saint
with a scorching caress!

And before you bows
the proud countryside
and devoutly kneels
to confess its secrets!

### • A Modern Idyll •

O, a wild army of girls and boys wanders about
   here
and perspires joyously, resting in the shade,
   going
down from time to time to the waters to cool
   down!

On their shoulders sparkle miniature suns
that they have brought with them
and that trickle like golden drops of pearl,

and their traces linger between the blades of
   grass,
their food murmuring like a pilgrim's prayer
their drinks whispering and grumbling!

O, on the shoulders of gleaming boys and girls
the shrieking summer holiday whirls
and the warm air scampers
as it tumbles in a wild bruised dance.

And the light crackles at the bottom
of the boats moored by the shore, among them
Mütyürke: our small brown boat!

It gazes at its reflection in the water's smooth
   mirror,
where the frightened disheveled light
seeks respite and softly breathes
as it rests its head,
and lies down upon the grass.

O, the fences far away seem like
an embroidered lacy blouse,
and as the youthful wind runs to bed down
for the night, only the heat still murmurs
in the gold and gilded air.

### • Evening Farewell •

A young breeze awakens and whistles,
and bounds along, clutching at the shore,
it brings with it a message, that in the east the
   trees
now bathe in darkening waters,
as the long-legged moon slowly rises,
to tie a knot over the landscape—and to usher
   in the night.

*November 1933*

## TÉLI VASÁRNAP

Arany késként villan a napnak fénye a fák közt
és füstölve siklik az úton a friss nyomokon
s távol nagyokat hasogat a kemény levegőből,
síkos arany domb őrzi ott örömét!

O, most síkos a lomha gond is, füttyentve
   kicsúszik
melegéből és csönd s a havon vékony repedés
jelzi tünése nyomát, míg nyugodt dobogással
takarítgat utána a szív.

Nézd! asszonyod arany kontya s két síje
külön megcsillan a lejtőn s eltünik lobogón;
lenn hó pora bujtatja s egy enyhe kanyar.

Ó, fend hóhoz a léced! csisszen az s kinyitja
   előtted

az erdőt és mögötted újra kezetfog a szél
s az utat szegő fák sora tanakodva nézi tünésed!
*(Este)*

Jó fáradság pirul és szerelem az asszonyok arcán
s a ház falánál odakinn, csöpögőn sorakoznak
a ködben a lécek. Ezüst esti világ ez! fölötte
az égen sötét koszorúba gyűlik a holnapi hó.
*1934. január 5.*

## Winter Sunday

Like a golden knife the sunlight glints between
the trees and glides vaporously over the fresh
 tracks
down the road, then cleaves slices out of the stiff
 air
while in the distance a smooth golden hill
 shields its joy!

O, our torpid woes are slippery as well, sliding
 and whistling
from the sun's warmth, while in the stillness in
 the
snow only a slight crack remains to mark its
 tracks,
swept up by a calm and throbbing heart.

Look! how your love's golden hair[1] and two skis
glint on the slope then disappear, fluttering,
hidden by the snowdrifts below and the gentle
 curve in the road.

O, whet your skis upon the snow! and let the
 forest open up before you,
then let the wind clasp its hands behind you
 as the conferring
trees by the side of the road watch
 you disappear!

*(Evening)*

The flush of love and delicious fatigue are on
 women's faces,
while outside, on the walls of the house, the
 dripping skis
are aligned in the fog. This is a world of silver
 nights! and
tomorrow's snow gathers in dark garlands in the
 sky.

*January 5, 1934*

 1. *Fanni is once again described as having golden hair.
In many poems she is seen in association with the sun and
sunlight.*

## Pontos Vers Az Alkonyatról

Kilenc perccel nyolc óra múlt,
kigyúlt a víz alatt a tűz
és sűrübb lett a parti fűz,
hogy az árnyék közészorúlt.

Az este jő s a Tisza csak
locsog a nagy tutajjal itt,
mert úszni véle rest s akit
figyelget: a bujdosó nap

búvik magas füvek között,
pihen a lejtős földeken,
majd szerteszáll és hirtelen
sötétebb lesz az út fölött.

Híven tüntet két pipacs, nem
bánja, hogy őket látni még,
de büntet is rögtön az ég:
szuronyos szellővel üzen;

s mosolyg a szálldosó sötét,
hogy nem törik, csak hajlik a
virág s könnyedén aligha
hagyhatja el piros hitét.

*(Így öregszik az alkonyat,
estének is mondhatni már,
feketén pillant a Tiszán
s beleheli a partokat.)*

*1934. szeptember*

## A Precise Verse About Sunset

It was nine minutes past eight
when a fire ignited beneath the water
and the willows on the banks grew stout,
as shadows crowded in between.

Night has come, and the Tisza
laps against a bulky raft,
as the veiled sun, too sluggish to swim,
watches: and hides

lurking among the tall grasses
then comes to rest over the sloping fields,
only to scatter suddenly in the air
as darkness settles over the paths.

Two poppies faithfully demonstrate,
not minding they can still be seen,
but are quickly punished by the sky:
that sends word in a bayoneted breeze

as the soft flittering
darkness smiles upon the flowers
that gently bend and refuse to break
or abandon their crimson faith.[1]

(This is how the sunset
ages into night as twilight

blinks and stares blackly at the Tisza
as its breath befogs the shore.)
*September, 1934*

1. *The image of the poppies that refuse to abandon "their crimson faith" suggests a veiled allusion to revolution.*

as the harsh North Pole,—were it to journey
    that far,
then turns fair beneath a fragile rainbow, there
    in the wide expanse.
*June 20, 1933*

## Hőség

Tapsolva szétfutott a zápor s itt köröskörül
üresen világít a környék és szuszog,
de dong és csomókban hull már a napfény
s aranymedveként nyalja a tüzes pocsolyákat.

Kövér fényesség hintál ázott deszkáknak
és fortyog a világ a hirtelen
melegben; tükröző fák közt száll könnyü szellő
s a záporeső már a teli gyökérben él.

És bomlik a hőség s imbolyog! hajlott
fűvek közt dudoló fény kisérgeti útját;
talpát feni és csúszkálva elindul,
pára marad itt csak és szövött nyugalom.

Héthatáron túl csillámlik háta fénye már,
elfagyott kőszál aranylik tőle ott s a kemény
éjszaki sark is,—ha eléri, megszőkül tőle
a kényes szivárvány alatt, amott a messzeségben.

*1933. június 20.*

## Heat

Applauding, the shower dispersed, and all
    about me
my surroundings wheeze and gleam vacantly
while the sunlight drones and falls in knots,
and like a golden bear licks at the fiery puddles.

The dense light swings above the drenched
    timbers
and the world boils in the sudden heat;
as a light breeze flits between the reflecting
    trees,
and the rain shower takes up residence in the
    dozing root.

The heat staggers and disintegrates! as the
    crooning light
kneels in the grass and escorts it on its way;
then rocks on its heels, shuffles, and starts up
    again,
and only the fog remains in the braided
    silence.

Beyond seven borders the retreating light
    gleams,
burnishing the frozen cliffs to gold, perhaps
    even as far

## Zápor után

Két arcán két pipaccsal
pirúlt, hogy jődögélve jöttünk,—a rét;
s mint asszony, ki messzi emberét várja:
teli fény ült az enyhe dombon.

Majd ég dörrent, felhő repedt,
hosszúhaju zápor esett
és csattogva szerteszállt;

tócsába vert lepke hevert
s kapálgatva vizet kevert
a fulladó sok bogár.

Most szárító szél sürög
a zápornak ragyogó maradékán
és az ég arany hasadékán a nap
kibúvik s végigfut a lombon

    és végigfut a fán,
    a bokron is végig,
    gyorsan felejt a táj
    és gyorsan az ég is.

Nyár szusszan ujra a levegőre
s a gyönge fűre sziszegő fény száll.
Csönd van s előre hajlik a fűszál
és fodros hő száll szerte odafönt.

    Száll a hó s a fáján
    fénytől hajladoz ág;
    ránktekint ravaszdi
    mosollyal a száján
    s csucsorít a világ.

*1934*

## After the Rainstorm

She blushed with two poppies
on her cheeks, as she came to greet me,—the
    meadow;
and the light lingered like a woman waiting
for her distant lover: on the gently rolling hill.

The sky rumbled and the clouds crackled,
as a long-haired shower fell,
then clattered and dispersed;

a battered butterfly lay struggling in a
puddle with drowning insects
swirling in the water.

Now a drying wind scurries over
the shower's glowing remains
as the sun peers through golden clefts in the sky
and scampers down the branches

running over tree trunks,
and kneeling bushes
as the entire countryside
and amnesic sky rapidly forget.

The summer gasps into the air
as a panting light settles on the grass.
And in the stillness the grass bows
as a frilled warmth settles everywhere.

The heat alights, and the branch bows
before the sunlight on the tree;
and the world gazes upon us
cunningly and smiles
as it purses its lips.

*1934*

## VÉNASSZONYOK NYARA

### • Esti mosolygás •

Farkával csöndesen mozog
tóban a hal s aludni kész,
orrát iszapba dugja, és
napjának multán mosolyog;

totyog vidámka sorban ott
tizenhárom kicsi kacsa,
s arany farán viszi haza
billegve a mai napot.

Sötétül lassan a piros
s ami soká maradt fehér,
az is már látod, feketéll,
mint e verstől a papiros.

### • Altató •

Göndöríti fodrászó szél
felhőink így estefele
s a kacsanyom vízzel tele,
csipke a tócsa szélinél.

Minden göndör lesz és arany,
lomb s a lomb közt a zöld dió,
szundi madárka tolla; s jó
hogy nemsokára este van.

Az asszonyod már szendereg,
sötétség üt körül tanyát
s a fán telihold ugrik át,
mint egy riadt, pufók gyerek.

*1934. augusztus 18.*

## THE SUMMER OF OLD WIVES[1]

### • Evening Smile •

A fish moves silently in the pond
and flaps its tail as it prepares for sleep,
it buries its nose in the mud, and
seemingly smiles at the end of the day;
thirteen little ducks waddle
merrily in a row, and on
their golden rumps each takes home
the sun of the waning day.

Slowly the scarlet sky gives way to dark
and all that had been pure and white
gives way to blackness as well,
like this scrap of paper darkening beneath this
poem.

### • Lullaby •

The frilled wind curls
the clouds as evening falls
and ducks' footprints filled with water,
shimmer at the edges like lace.

Everything bends and curls, the gold
on the branches, the green walnuts
between the boughs, the feathers of a drowsy
bird;
and all this is good, for soon it will be night,

Your love has drifted off to sleep,
as darkness settles over the camp,
and the full moon leaps over a tree,
like a frightened, pudgy child.

*August 18, 1934*

1. *Refers to "Indian Summer" (George p. 369).*

## PIPACS

Az asszonyom pipacsot lát
és füttyent nekem az úton át
s hogy visszafüttyentsek, lehajol.

Két ujja végigcsúszik a szár
szőrén s a fű közt megáll. És már
kezében lángol a lenge virág.

Újra füttyentek; füttyömbe boldog
madár füttye vág s ő mosolyog:
Pipacspirossal zendüljön a világ!

*1933. június 13.*

## POPPY

My love has found a poppy
and whistles to me from across the road
then bends down, as I whistle in reply.

Her fingers slide down its furry stem
pausing in the grass. And then the heavenly
flower blazes in her hand.

I whistle once more as a bird's joyous
whistle slices into mine, and then she smiles:
Oh, let the earth mutiny with the scarlet of
    poppies!

*June 13, 1933*

### ESTE A KERTBEN

Égen az újhold oly vékonyka most,
mint apró seb, melyet a fecske ejt,
villanva víz szinén és utána
rögtön elfelejt.

Már éjszakára ágyazott a kert,
az álmos sok bogár virágba bútt
s a hetyke tulipán álldigálva
ágyán, elaludt.

Könnyen lépek hát s arra gondolok,
hogy asszonyomnak nyakán a konty tán
olyan, mint szusszanó arany pont egy
boldog vers után.

S mondom a verset; törekedik már
s úgy hangosodik szájamon, mint hű
lehellet csók után és mint avar
között az új fű.

S verssel térek a házba, ahonnan
az asszony fut elém és hordja hó
nyakán a kontyot, mely ha kibomlik,
arany lobogó.

*1934. április 8.*

### THE GARDEN AT NIGHT

The new moon in the sky is delicate and
    slight,
like a tiny wound carved unto the water's
surface by the wing of a flitting swallow
oblivious of the pain it caused.

The garden readies for bed,
as drowsy insects crawl into the flowers
and the sassy tulip bends over
its bower then promptly falls asleep.

And as I step softly I think to myself,
how the bun on my wife's neck is like
a breathless golden period
that punctuates the end of a joyous poem.

And as I say my poem out-loud it strains
to burst from my mouth, like a dependable

breath after a passionate kiss, or like new-grown
grass among a litter of leaves.

I arrive with poem in hand, as my wife
runs to greet me, and her hair unravels
over her snowy neck, and flutters
in the sun like a golden banner.

*April 8, 1934*

### OKTÓBER, DÉLUTÁN

Mellettem alszik a tölgy alatt Fanni,
s mióta alszik, annyi makk hullt a fáról,
hogy minden jámbor lombbal veszekszem
    érte,—
mikor átkarolt, kérte, őrizzem pihenését.

De nap kacsingat át fodrán a lombnak,
vad darazsak dudolnak körül haraggal.
És a lomb makkal felel és feleselget,
hulló makk makkot kerget, nem tud a fán
    maradni.

Fanni fölébred és álmos szeme kék,
keze oly szép, mint szentkép keze és gonddal
békít a lombbal, végigsímit a számon
s ujját ott tartja három harapós fogamon még,

hogy ne beszéljek. Így készül az új csend
és a csendből odafent sziszegve eső
hatnapos esső, mely elmossa a makkot
s mint fekete szallagot, úgy köti ránk a
    novembert.

*1934. október 3.*

### OCTOBER, AFTERNOON

Fanni sleeps beside me underneath the oak,
where so many acorns have fallen since she fell
    asleep,
that I have had to quarrel with every branch on
    her behalf—
for she had asked me to guard her and watch her
    sleep.

The insolent sun peers through the branches,
as angry wasps buzz overhead with rage,
and the tree replies with a shower of acorns,
that leap impatiently from the bough.

Then Fanni wakes and her sleepy eyes are blue,
her hands as beautiful and delicate as a saint's,
and she calls for a truce between me and the
    branches,
as she places her finger on my three biting teeth,
and then she gestures for me to be still, as
    another silence

begins, a silence born of hissing rains,
as a six-day torrent comes to wash the acorns
away,
and covers us in the black cloak of November.

*October 3, 1934*

## SZERELMES VERS AZ ISTENHEGYEN

Itt hordta az anyja, mielőtt született,
köszönd meg a tájnak,
hogy óvta őt és körül a vastag árnyak
hűsét is köszönd, s hajló lombját a fáknak;

mind néked tartogatták! napod egére
napnak és harcodhoz
lobogónak, mely szökkenve véd a gonosz
vermektől s nehéz munkádnak diadalt hoz.

Napod és lobogód! s itt is mindenben úgy
érzed lélekzetét,
mint mikor melletted alszik s füledbe két
kicsi hanggal szuszogja szíves életét.

Szerelme egyre egyszerűbb és szemében
már nincsen félelem,
figyeli munkád, mosolyog és hangja sem
hallik, úgy örül, ha napodon vers terem.

Szűk holmidat vidáman összetartja és
széttúr a gondodon
s mint nap, zápor vizét az ázott lombokon,
ráncaid úgy tünteti el homlokodon.

Karolva óv s karolva óvod, míg körül
leskel rád a világ
s végül hosszu késeivel megöl; virág
nem hull majd és furakodva féreg se rág,

ha meghalsz s tested égetni lebocsátják.
De mint esti harang
hangjára toronyból a sok fehér galamb,
a hangja száll utánad s csapdos majd ott alant.

*1933. szeptember*

## LOVE POEM ON ISTENHEGY[1]

Her mother brought her here, before she was
born,
so you can thank the countryside
for shielding her, and the thick cooling shades
that
enveloped her, and the bending limbs of the
trees[2];

and this was all for you! a sun for your
darkening
days and a banner for your

battles, to shield you from the evil trenches,
and assure you victory for your arduous labor.

Your sun and your battle flag! in all things you
can
feel her fragrant breath,
as she sleeps beside you and with two
diminutive notes blows her precious life into
your ears.

Her love grows simpler every day, and in her
eyes
there is no longer fear,
she just smiles, and watches you work, as her
voice
fades away with joy, while you sit immersed
writing your poems.

She cheerfully tends your humble clothes,
and dispels your cares and woes
and like the sun, or sudden rain that drowns the
branches,
she smoothes the furrowed wrinkles in your
brow.

And you shield one another in each other's
arms,
as the marauding world spies upon you
and kills you with its pointy knives, and no
flower
will fall and no worm shall gnaw that burrows
in the ground,
as they lower your body into the earth to be
burned.
And like the evening bell that rousts
a flock of white angelic doves to soar, so her
voice
will flutter after you way beyond the grave.[3]

*September, 1933*

1. *A neighborhood in the western part of Budapest
where Fanni's parents rented an apartment for the young
couple during the summer.*
2. *Fanni is once again closely identified with nature.*
3. *Though only twenty-four, Radnóti foresees his death.*

## SZERELMES VERS AZ ERDŐN

Olyan ez az erdő, mint szíves kedvesed,
ki kétfelé nyílik fektében előtted
és mégis körülzár s őrzi életedet
kemény karikában; úgy őrzi, hogyha nősz,
csak fölfele nőhetsz, mint fölfele nő itt
ez az erdő s köszönt napos kalappal!

S olyan kedvesed is, mint itt ez az erdő,
hol árnyékkal foltos csöndben fagy a gyanta,

de mégis dalolós ragyogás vonul át,
ha fölébred a szél s megfujja a lombot;
a szerelem téged is így ragyog által
s vigyázó keze óv sűrü bajoktól!

*1934. február 23.*

## LOVE POEM WRITTEN IN THE WOODS

These woods are much like your compliant love,
sprawled out in her sleep and opening wide
     before you,
and yet she enfolds and guards your precious life
in an unyielding circle, that's how she shelters
     you,
so that you can grow, grow upward, like these
     trees
that grow upward and greet you with their sun-
     burnished caps!

And your sweetheart is much like these woods,
where in the shadow-stained silence the sap
     freezes,
and yet a song-swept glow still reflects through
     the limbs,
as the wind awakens and blows upon the leaves;
this is how your love illuminates you
and how her hand shields you from a thicket of
     woes!

*February 23, 1934*

## KORTÁRS ÚTLEVELÉRE

*A Szegedi Fiatalok Művészeti Kollégiumának,
a növelő közösségnek, a barátaimnak.*

Surranva kell most élned itt, sötét
vadmacskaként, ki néma hittel ugrik
és karmol is szörnyen, tíz feszes körömmel;
ki hogyha alszik, félig alszik, és
szembehasal a vésszel akkor is
s villanva eltünik, ha fáj a küzdelem.

Vagy sárként kell majd tapadnod orvul,
lábat, ha rádlép, nyalogatni puhán
s mutatnod a hátad, hogy nyomát viseled
és hogy mily becses néked ez emlék!
medália hátadon s az asszonyod
ott a piacon, délidőn róla dicsekszik.

\*

Ha ezt követed, élhetsz valahogy;
bólinthatsz meleg ételek fölött
és az esti csöndben leköpheted magad!

\*

Vagy föllázadsz, mindezt ha nem tudod
és híredet most itt nem hirdetheti
semmise akkor és legelső fürdőd is—
hiába volt! Mert mocskol e kor. De
híred jövő, fiatal korokon
vonul át égi fényeknél fényesebben!

Gondold el! hogyha lázadsz, jövendő
fiatal koroknak embere hirdet
s pattogó hittel számot ad életedről;
számot ad és fiának adja át
emlékedet, hogy példakép, erős fa
legyen, melyre rákúszhat a gyönge növendék!

*1934. február 5.*

## ON THE PASSPORT OF
## SOMEONE MY AGE

*To the Szeged Youth Arts College, the
supportive community, and my friends.*

To survive here you need to scurry about like
a shadowy wildcat, that leaps with silent
     abandon
and scratches horribly, with its ten stiff claws;
that always seems asleep, but sleeps only
     halfway, and
crouches and stares danger in the face
then vanishes in a flash, whenever injured in a
     fight.

Or else you must stick like mud, fawn, and
softly lick their feet, as they step on you,
then show your backside, so they can see how
     you bear
the mark of their boots on your rump like a
     precious trophy!
a medal of valor on your back of which your
     wife
can brag in the market-square at noon.

\*

If you follow this, you may somehow survive,
and nodding off over your warm evening meals
you can spit on yourself when you're finally
     alone!

\*

Or if you cannot stomach this, you can rebel,
but if you surrender your fate to infamy
then even your first bath—
will have been in vain! For this age can defile
     you.
But if you resist, your fame will shine more
     bright
than all the celestial lights in the coming ages!

Think of it! If you rebel humanity and
coming ages will account for your life
with a crackling faith;
fathers will hand down your memory to their
    sons

and by example your life will be a powerful tree
upon which tender vines can climb!

*February 5, 1934*

# Járkálj csak, halálraítélt! / March On, Condemned! (1936)

*The fifth book of poems published by Radnóti during his lifetime. In 1937 he was awarded the prestigious Baumgarten Prize for the collection.*

## ISTENHEGYI KERT

A nyár zümmögve alszik és a fényes ég
magára vonta szürke fátyolát,
kutyám borzol, fölmordul s elrohan,
megugró árnyat lát a bokron át.

Öreg virág vetkőzi sorra szirmait,
pucéran áll és félig halottan,
gyönge barackág ropog fölöttem
s terhével lassan a földre roggyan.

Ó, ez a kert is aludni s halni készül,
gyümölcsöt rak a súlyos ősz elé.
Sötétedik. Halálos kört röpül
köröttem egy elkésett, szőke méh.

S fiatal férfi te! Rád milyen halál vár?
bogárnyi zajjal száll golyó feléd,
vagy hangos bomba túr a földbe és
megtépett hússal hullsz majd szerteszét?

Álmában lélekzik már a kert, hiába
kérdezem, de kérdem újra mégis.
Gyümölcsökben a déli nap kering
s hűvösen az esti öntözés is.

*1936. július 20.*

## THE GARDEN ON ISTENHEGY[1]

The summer is asleep and drones, as the bright
    sky
covers itself with a gray and delicate veil,
and my dog bristles, growls, then bolts away,
    chasing
the bounding shadows over the fleeing bushes.

A fading flower undresses and peels off its
    petals
one by one, then stands naked, half-dead, as the

delicate branch of the peach-tree cracks
    overhead
then slowly falls to its knees upon the ground.

O, this garden makes ready for death
    and sleep as
it sets its fruit before the somber autumn.
And as darkness falls, a tardy blond bumblebee
enacts its death-dance as it solemnly circles
    above me.

And for you, young man! What kind of death
    awaits you?
perhaps a bullet buzzing like an insect will
find you, or a shrieking bomb that burrows deep
    into
the ground will shred your flesh and scatter it
    about?

The garden breathes softly in its sleep, and
    though
I know I ask in vain, I ask once more
as the noonday sun revolves within the ripening
    fruit,
and the cool sprinkling of the chilly night
    unfurls.

*July 20, 1936*

    1. *Fanni's parents rented an apartment for the young
couple during the summers on Istenhegy.*

## ALKONYI ELÉGIA

Ó, alkonyoknak könnyü vétkei:
semmittevés és pillanatnyi csönd;
az álmos hegyek fejére lassan
az este ringató folyókat önt.

A nap zaja elúszik messzire,
lépek s mintha suttogásban járnék,
fut macskatalpain a tompa fény,
halvány árnyat szűl a vastag árnyék.

Régi halottaimnak húsa fű,
fű és virág s mindenhol meglelem;
vékony illatukkal álldogálok,
s oly megszokott immár a félelem.

Fodrozó füst az ákácok sora,
a hallgató sötét rájukhajolt,
előgurul és tétován megáll
föltartott ujjamon a lomha hold.

Esti béke, téged köszöntelek,
az úton nehéz napom pora száll;
lassú szívemben ilyenkor lágyan
szenderg a folyton készülő halál.

*1936. június 14.*

## ELEGY AT DUSK

O, light transgressions of the sunset's gloaming:
where amidst idleness and a momentary stillness
the evening slowly spills its swaying rivers
over the bowed heads of the drowsy mountains.

The clamor of the day drifts far away,
as I step gingerly and walk in whispers,
while the muffled light runs on cat's paws,
and the dense shade gives birth to dim-lit
    shadows.

The flesh of those long-dead has turned to grass,
to grass and flowers, that I happen upon
    everywhere;
and I linger among their delicate fragrances,
having become impervious to fear.

The rows of acacia are like ruffled smoke,
as the eavesdropping dark leans gently over them,
and the indolent moon rolls into view
then stops and hesitates above my upheld finger.

Evening's peace, I turn to welcome you,
as the dust of my burdensome day drifts over
    the road;
it is at times like this that in my waking heart
death softly slumbers, and relentlessly prepares.

*June 14, 1936*

———⟨≡≡≡⟩———

## IRÁS KÖZBEN

Csak kígyó undoríthat tiszta fatörzset így,
ha bőrét hagyja rajta, mint engem undorít
e forduló világ és az ordas emberek.

Virágszülőként kezdtem én el, de fegyverek
között neveltek engem gyilkosok s megszoktam
rég a harcot itt és gyáván sosem futottam.

Igaz, jó szerteütni néha, de békében
élni is szép lenne már s írni példaképen.
Bíztatnom kell magam, hogy el ne bujdokoljak,
mert jó lenne messze és műhelyben élni csak.
Ó, véled gondolok most, tollas jobbkezemmel
s egyre jobban értelek, Kazinczy, régi mester.

*1935. március 17.*

## IN THE MIDST OF WRITING

Only a serpent can evoke such revulsion from a
    spotless tree
by shedding and abandoning its skin, almost as
    sickening
as this spinning world and the brutish men that
    disgust
me. I started out by begetting flowers, but then
    trained killers
taught me the art of war, and I became
    accustomed to fighting
and to stand my ground and not run away like
    some gutless coward.

It is true, it feels good to pummel them now and
    then, but
to live in peace and to write by example that
    would be the best.
I need this reassurance, or else I would hide and
    fade away,
to live somewhere buried in work in a simple
    workplace.
O, I think of you more and more, with pen in
    hand and have come
to finally understand your words, Kazinczy,[1] my
    ancient master.

*March 17, 1935*

1. *Ferenc Kazinczy (1759–1831) Hungarian writer
credited with revitalizing the Magyar language. Studied
law and was conversant with German and French and
translated classical works into Magyar. He was a pioneer
in the language reform movement that created new words
to keep up with science and also retrieved forgotten words.
In 1788 he was involved in creating the first literary mag-
azine in Magyar.*

———⟨≡≡≡⟩———

## HIMNUSZ

Gyökér vagy és törzs,
teli lomb s gyümölcs,
hűs fuvallat vagy
s meleg nap érlelő,

kötöző gyökér,
iramodó vér,
vékonyszárú törzs,
széllel barátkozó,

karom lombja vagy,
karomba szaladj,
mellem virága,
szívemen takaró,

ébresztő napom
s napos hajnalon
lombom gyümölcse,
mellettem ébredő,

mellettem alvó,
szívemre hajló
jó nyugalom vagy,
csöndesen dobogó,

szépszavú forrás,
kezdő sikoltás,
szárnyas lehellet,
lélekkel szálldosó,

árnyékban éles
fény vagy és ékes
árnyék a fényben,
s felhő is, füstölő,

csukódó pillán
utolsó villám,
nyíló testeddel
karolón ringató.

Te harcon áldás,
búvó mosolygás,
aki a földön
régen fehérlő
csontjaimban is majd
ott bujkálsz mindörökkön.

*1935. március 8.*

## HYMN

You are the trunk and the root,
winter's branch and fruit,
a cooling breeze
the warm sun ripening,

an earth-bound root,
the rush of blood,
a slender tree,
the wind's companion,

you are the bough of my arm,
the one you rush into,
the flower of my bosom,
the veil on my heart,

the sun that wakes me,
on each sun-swept dawn,

the fruit of my bough,
that stirs beside me,

you sleep beside me,
and lean on my heart,
my peace and calm,
my silent throbbing,

a seething word,
the birth of a scream,
a breath taking wing,
a flailing soul,

you are the shadow
and the slicing light,
a luxuriant shade
a puff of smoke

the wink of an eye
the final lightning
a body unfolding
its shielding arms,

You are the blessing
before battle,
a shrouded smile,
lurking forever
amidst my long-whitening bones
strewn upon the earth.[1]

*March 8, 1935*

> 1. *These lines echo the final line in "Like a Bull."*

## BIZALMAS ÉNEK ÉS VARÁZS

### • Éjjel •

Nem alszik még a fa,
benéz az ablakunkon;
most is, mint minden éjjel
pislog s vigyázza velem
Fanni könnyű álmát.

Alvó arca körül
csillog és ring a párna,
haja két kósza szála
csiklándja orromat.

### • Hajnal •

Halk hangot ád a fény,
a párkány éle pendül
s Fanni már a földre lép,
száján hosszúszárú, szép
mosolygás hajladoz.

Úgy jár-kel és fütyöl,
mint ünneplő boldogok,
haja és inge lobog
s kezdi vad nappalát!

## • Varázs •

Paskold hajnali víz
és szárogasd gyermeki nap!
Úgy illesd ajakát kóbor
szellő, mint az aranyló bor
rég szomjúhozókét!

Mert vad, vad a nappal,
útjain fázik a lélek,
védd meg és simogasd ének,
szálas gondjai közt.

*1936. január 23.*

## Secret Song and Magic

### • Night •

The tree is not yet asleep
and peers through our window,
as it has each and every night;
it blinks and together we guard
Fanni and her buoyant dreams.

About her dreaming face
the pillows drift and gleam
as two stray locks of golden hair
tickle my nose.

### • Dawn •

The light makes a muffled sound
and echoes off the window-sill,
as Fanni steps unto the floor,
and about her lips a long-stemmed
lovely smile wavers.

She wanders about and whistles
like joyous celebrants,
while her hair and blouse flutter
as she starts her unruly day!

### • Magic •

Spank her dawn waters and
dry her childish sun!
and wandering breeze brush
her lips lovingly like golden wine
that wets the lips of those thirsting so long!

For the daytime is untamed, and wild,
and the soul shivers on its roads,
so protect and caress her with song,
amid her budding cares.

*January 23, 1936*

## Dicséret

Fénylő ajkadon bujdokoló nap
a mosolyod; szelíden süt rám és meleg.
Hangodra kölyökként sikoltanak
a záporoktól megdagadt kis csermelyek.

Pillantásodtól nő a fű, kihajt
a száraz ág és tőled piroslik a vér.
Ha meghalsz, meghalok; porainkból
egyszerre sodor majd forgó tornyot a szél.

*1936. január 27.*

## Praise[1]

On your burnished lips your smile is like a
    fugitive
sun that shines on me lovingly, and keeps me
    warm.
At the sound of your voice the brooks
squeal like whelps as they swell in the down-
    pour.
The grass grows beneath your gaze, and the dry
branches drive you away as your blood reddens.
When you die, I will die as well, and from our
dust the twirling wind will braid a tower.

*January 27, 1936*

    1. *Poem illustrates the strong interplay of images be-
tween Fanni and nature characteristic of many of Radnóti's
poems including the previous "Secret Song and Magic." This
fusion of the beloved with nature is a recurring theme he
develops until the very end.*

## Hajnal

Lassan száll a szürke és a kék még
lassabban szivárog át az égen,
homályban áll az erdő s minden ág
puhán mozog, úgy mint a vízfenéken.

A szürkeség eloszlik, győz a kék,
minden égi füstöt magába fal
s a dudoló hajnal elé szalad
két fiatal fa, sötét lábaival.

Harsány fürtökben lóg a fény s a táj
sok ág-bogán ökörnyál lengedez,
ragyogva lép az erdő szerteszét,
lépte vidám és egyszerre lenge lesz,

nedves fején a nappal táncba kezd
s a réten nem jöhet most senki át;
ezüst halakat virágzik a tó
és az éleshangú reggel így kiált:
halihó ha-hó ha-hó halihó!

*1935. február 1.*

## DAWN

Slowly drifts the gray and the blue ever
more slowly, as it trickles through the sky,
and in the woods the branches sway
in the twilight like sea-grass beneath the
    water.

The gray dissolves, and the triumphant blue
swallows every wisp of smoke in the sky,
as two dark-legged and youthful trees,
dash off to meet the murmuring dawn.

Shrill curls of light hang over the countryside,
as threads of gossamer flutter on the boughs
and the forest wanders about, glittering
and prancing with joy, as it turns weightless;

then the moist daybreak starts up its joyous
dance, and now none can cross the meadow,
as the ponds bloom with silvery fish
and the strident sharp-voiced morning
    shouts:

haliho, ha-ho, ha-ho, haliho!

*February 1, 1935*

## ÁPRILIS I.

Ragyogó rügyre ült le most a nap
s nevetve szamárfület mutogat.
Madárfi erre eltátja csőrét,
hunyorg feléje a nevető rét
s a bárány is csodálkozik. Csoda,
hogy nem billen ki száján fogsora.

*

Ragyogó rügyön álldogál a nap,
indulni kész, arany fején kalap.
Fiatal felhő bontja fönt övét
s langyos kis esőt csorgat szerteszét,
a rügy kibomlik tőle és a nap
pörögve hull le és továbbszalad.
*1935. április 10.*

## APRIL I

The sun sits and rests on a lustrous bud
rolling with laughter, and in reply a
fledgling opens its beak and the
laughing meadow flutters its eyes,
even the lamb marvels. It is no small miracle
that his teeth do not fall out of his mouth.

*

The sun lingers over a gleaming bud, then
stands to leave, a cap on its golden head.

Above, a young cloud loosens his belt,
and a lukewarm rain trickles to the ground,
the bud bursts open and the sunlight
scatters like pearls then moves on.

*April 10, 1935*

## ÁPRILIS II.

Április aranyként
hull a fán át,
a bujdosó
levélke szopja ágát,

sikongó hangot ád
s lihegve nő
körül a fű
és peng a sziklakő,

fáról szirom hull,
csippenti szél,
sok katona
vígan mendegél,

por száll, bombás gép száll
a por felett,
gáz pólyálja
a gyönge gyermeket,

föld emészti el majd
s ha jő a nyár,
virágot hajt
szivéből a halál.

*1936. április 18.*

## APRIL II

April trickles like gold
through the trees,
as the leaves play hide-and-seek
and nurse on the branches,

they squeal and wail
as the panting grass grows
and the distant cliffs
ring and resound,

a petal falls from a tree,
pinched off by the wind,
as soldiers march
merrily below,

a bomber flies overhead
and the dust flies,
as gas swaddles
an innocent child,

the earth will consume him
and when summer comes,

death will coax a flower
from his heart
*April 18, 1936*

## VÁLTOZÓ TÁJ

Tócsába lép a szél
füttyent és tovafut,
hirtelen megfordul
s becsapja a kaput.

A tócsa laposan
pislant s a lusta fák
madaras szájukat
hirtelen kinyitják.

Összevissza zaj lesz,
még a lomb is mormog,
épülnek a porban
porból kicsi tornyok.

Megáll az úton a
mókusbarna barát
és fölötte barnán,
egy mókus pattan át.

Aztán figyelmesen
mi mozdult: megmered,
a táj nagy kalapként
hordozza az eget.

Mire újra mozdul,
csaknem minden nyugodt,
bokorba bútt a szél
s aludni készül ott.

Nevetni kész a rét,
mosolygós és kövér,
gyöngén ring ahonnan
asszonyom jődögél.

Meglát, szalad felém
a fű közt és a nap
szétfutó hajába
arany csíkot harap.

Körben egyre tisztul
és folyton csöndesül,
az elkergetett fény
mindenre visszaül

és mi nagy kalapként
hordozta az eget:
fedetlen áll a táj
s felhővel integet.

*1935. április 1.*

## CHANGING LANDSCAPE

The wind steps into a
puddle, whistles and runs
away, then suddenly
turns and slams the gate.

The puddle flattens and blinks
as out of the blue
the lazy trees
open their bird-like mouths.

Amid the chaos and noise,
even the branches mumble,
as the dust swirls
to form tiny towers.

A squirrel-brown monk halts
upon the road
as a brown squirrel
scampers over his back.

Then mindful of all
that moves: the land
stiffens with cold and wears
the sky on its head like a cap.

And a silence falls,
but not everything is peaceful,
as the wind elbows its way
into the shrubs to sleep.

And the well-fed meadow
starts to laugh then smiles,
swaying gently
as my love comes trundling.

She's seen me and runs
through the weaving grass
as the sun takes a golden-streaked
bite out of her fluttering hair.

The day clears
and quiets bit by bit,
as the banished light
returns and sits down

and the land that once wore
the sky like a cap:
now stands bareheaded
and beckons waving a cloud.

*April 1, 1935*

## JÚLIUS

Ilyen hőség sem volt itt már régen,
mesélik, még a vaj is elalélt
és olvadni készült lenn a jégen

ma délelőtt még s most beborult. Már
aprót söpör a ház előtt a szél
s körül minden figyelmesen föláll

a tolongó porban s záport remél.
A nyugágy háta is hassá dagad
és elszakad a szárító kötél.

Két ing repül el róla, két madár,
utána kap a szolga kerítés
és csúnya szájjal szitkot kiabál.

Mindent elhord a szél s a kert haját
hosszú ujjakkal, hosszan húzza ki
és a hasaló kerten úgy fut át,

hogy villámlik sarkának friss nyomán
s a vastaglábú dörgés léptitől
kék foltokat mutogat a homály.

Sűrü szagok csúszkálnak szét elébb,
a felhő később érkezik, köszön
s a száját nagyratátó kertbe lép.

Körültekint ott, pislant, komolyan,
villogó zápor zuhan belőle
és mint hulló szög, a csöppje olyan.

(Elállt az eső s a szűk csatornán
víz zúg. Visszatér és hajladozva
jár a gyönge fény a fa ormán.)

*1935*

## JULY

It has been a long time since we had
such a heat-wave, and they say even
the butter faints and melts on the ice

this morning the sky was overcast. And
a puny wind sweeps up the leaves by our house,
as the entire countryside listens intently

and in the stampeding dust everyone prays
for a pelting rain, and even the lawn chair's
    canvas
belly swells to its back as the clothesline snaps.

Two shirts fly off like two doves, and the
fence catches them like a maidservant
yelling colorful curses.

And then the wind carts everything away, and
    with
long fingers combs out the garden's hair,
then runs between the flowers that lie face down,

and over its footprints lightning crackles
as the thick-legged thunder pounds its fists
and the twilight proudly displays its bruises.

A thick fragrance glides over the land as the
clouds arrive and greet the garden that
thirstily opens its mouth to drink.

The clouds blink, and survey the countryside,
then with a sudden flash the gleaming
rain crashes to the earth like razor-sharp nails.

(The rain has stopped, and through the narrow
drains the water rumbles. Then a soft bending
    light
gingerly returns and walks over the crowns of
    the trees.)

*1935*

## DÉLTŐL ESTIG

### (Költői gyakorlat)

#### • Mosoly •

A vastag déli nap a fán addig tolong,
amíg a lombon át kis piszokba nem lép.
A kis piszok fölött hét kis legyecske dong.

#### • Hőség •

A rozsdás tyúkok gödrükben elpihennek,
kakas kapar csupán.
A tyúkok hunyt szemén a hártya oly fehér,
mint most e délután.

#### • Pislogás •

Itt alszik kedvesed
és vele alszik lába nagyujján a légy is.
Vigyázz! fölneveted.
Olyan símogató a világ néha mégis.

#### • Riadalom •

A héja fekete kört ír az égre fel,
fölriad az udvar és sápadt port emel.
Minden fölfelé néz, kinyílnak a szemek,
a dúc két léce közt a könnyű toll remeg.

#### • Alkonyodik •

A délután szakálla nagyra nőtt
s motyog belé, úgy mint a gyönge vén.
Aludna már, hát kérdi az időt.
S a kút felel: esti itatáshoz
pántos vödör csattan a fenekén.

#### • Búcsúzó •

Fölébred most a táj,
megered a szava,
madarakkal fején
meghajlik könnyedén
s csörögni kezd a fa.

### • Sötétedik •

Torony költi még hitét fehéren,
de langyos este mossa már tövét.
Figyelj. Semmi sem mozdul az égen,
mégis szirmokban hull a vaksötét.

*1935. június 15.*

## FROM NOON TO EVENING

### (Poetic Exercises)

#### • Smile •

The plump noonday sun jostles the trees,
then steps through the leaves into a speck of dirt,
above which buzz seven tiny flies.

#### • Sweltering Heat •

The rust-colored chickens doze in their ditches,
a lone rooster scratches half-heartedly.
The whites of the hens' eyes are as pale,
as this idle afternoon.

#### • Blinking •

Here sleeps your love
and with her sleeps a fly on her great toe.
Be careful! For if you laugh, you will wake her.
Sometimes the world can be this loving and
    kind.

#### • Panic •

A hawk traces ominous circles in the sky,
as the barnyard squawks and the pale dust rises.
Eyes wide with fear gaze up at the sky,
in the henhouse between two planks a delicate
    feather trembles.

#### • Night Falls •

The afternoon's whiskers have grown long
and he mumbles into it, like a wizened old man.
He longs for sleep, and asks for the time.
And the well answers: as the hinged bucket
    smacks
the water and gets ready for the evening's
    sprinkling.

#### • A Farewell •

The countryside wakes
and begins to chatter
with birds roosting on its head
the tree takes a graceful bow
and starts to rattle.

#### • It Darkens •

A tower reaffirms its white faith,
as the lukewarm night bathes its chiseled base.

Listen. Nothing stirs or moves in the sky,
yet the unseeing dark falls like petals.

*June 15, 1935*

## EGY ESZKIMÓ A HALÁLRA GONDOL

Olyankor vagyok csak boldog én,
mikor fölszáll a hajnali köd
és ringatózom benne félig ébren,
míg a nagy nap szenderegve még,
fölfelé lépked az égen.

Mert éjjel fúró férgek árja rémít,
miattuk fekszem ébren én itt,
hideg húsuk érzem húsomban
s csiklandós lábam szára csontján
az összeforrt szilánk is újra roppan.

Ébren fekszem én itt és kérdezem: lehet
nehezebben élni életet?
a tél hideg s kevés a rongya,
medvényi gond áll most mögöttem,
meleg bőrök és csizmák lomha gondja.

És álltam soká a tenger sík jegén,
kunyhómban nem volt étel, se prém,
kövér halak kerülték horgom,
hálóm a szél könnyen lengeté;
minden új gond túltett a régi gondon

s túltesz ma is! és ha olvad nyáron át,
mikor űzöm, ízes vad nyomát
követve illó kis ételem,
akkor is gond olvad alattam
s gondokkal alszik a fáradt értelem.

Olyankor vagyok csak boldog én,
mikor fölszáll a hajnali köd
és ringatózom benne félig ébren,
míg a nagy nap szenderegve még
fölfelé lépked az égen.

*1935. december 13.*

## AN ESKIMO CONTEMPLATES DEATH

The only time I ever feel joy
is when I see the morning mist rising
and I am rocked in its endless embrace half-
    asleep
until the great dozing sun
takes its first awkward steps in the sky.

At night boring insects torment me
and keep me awake, their
cold flesh digging into mine
while along my ticklish shin
my splintered wound breaks open.

And I lie awake and ask: can anyone
have a harder life than this?
The winter is freezing and its rags are few
and my bearish woes stand behind me
in their warm skins and boots.

There was a time I stood on the slippery ice
on the ocean, with no food nor pelts in my hut
as plump fish circled my fishing line,
and the careless wind tangled my nets;
each new worry worse than the last.

and today is the same! though I dream
of hot pursuit and tasty game once summer
    comes,
and of finding a morsel of food so that my
worries can melt with the thaw beneath me, but
    I fall asleep
with an exhausted mind knowing my woes are
    unending.

The only time I ever feel joy
is when I see the morning mist rising
and I am rocked in its endless embrace half-
    asleep
until the great dozing sun
takes its first awkward steps in the sky.

*December 13, 1935*

## TEMETŐBEN

Illendőn gyászol e föld:
nem mutogatja gyászát,
nem száll bánat a rögre;
csak fényes héja ropog
szomorubban az esti
kenyérnek s a tengerek
lassúdad reggeli tánca
lett nehezebb, de jól tudod,
ez sem örökre.

Halottaival úgy bánik e föld,
ahogyan kimenős matrózok
a kocsmák poharával,
ha fölforr bennük a nyelt rum:
hosszan nézegetik,
aztán odacsapják!
Így bánik a testtel e föld is.

De elnyugszik a zajgás;
te tudod és tudom én,
mint van az!

Csöndes beszédben évek
és évszázak után is
élőkről szólnak először,

holtakról azután csak,
de róluk hosszasabban,
s a szavakon lassan
csörög az örök koszorúk levele
s ebből tenéked is jut,
ki földbeszállsz és néma
emlékedet óvja
majd az időtlen idő!

*1935*

## IN THE CEMETERY[1]

Gently the earth mourns:
humble in its grief,
no sorrow ever burdens the clod;
only the bright crust of the evening's
bread crackles more sadly,
and only the deliberate morning
waltz of the sea is more grave,
but as you know full well,
nothing lasts forever.

The earth deals lightly with its dead,
like sailors on leave for shore
tossing a tavern's mugs against the wall,
as their throats burn with rum:
and they stare for a long time
then flippantly smash their mugs!
That's how the earth deals with the body.

But the noise always dies down,
and you and I both know,
how this will go!

In whispered conversations years
and centuries from now, they
will speak first of the living,
and only afterwards of the dead,
speaking in reverent measured words
over which the wreathed leaves
of eternity shall rustle,
and this will be your fate as well,
to sink into the earth where the
timelessness of time shall forever guard
your voiceless memory!

*1935*

1. *A powerful elegy that alternates between the lofty and the sublime, the pedestrian and banal.*

## HÁBORÚS NAPLÓ

### • 1. Hétfő este •

Immár a félelem sokszor sziven érint
és néha messzi hír csak néked a világ;

egyre régibb emlékként őrzik gyermeki
korod a régi fák.

Gyanakvó reggelek s vészes esték között,
háborúk közt élted le életed felét
s most is ellened hajló szuronyok csúcsán
villog a rend feléd.

Még álmaidban néha fölötlik a táj,
verseid hona, hol szabadság illan át
a réteken és reggel, ha ébredsz, hozod
magaddal illatát.

Ritkán, ha dolgozol, félig és félve ülsz
asztalodnál. S mintha élnél lágy iszapban,
tollal ékes kezed súlyosan mozdul és
mindig komorabban.

A világ új háborúba fordul, éhes
felhő falja föl egén az enyhe kéket,
s ahogy borul, úgy féltve átkarol s zokog
fiatal feleséged.

●  **2. Kedd este**  ●

Nyugodtan alszom immár
és munkám után lassan megyek:
gáz, gép, bomba készül ellenem,
félni nem tudok és sírni sem,
hát keményen élek, mint a hideg hegyek
között útépítők,

akik, ha könnyü házuk
fölöttük összedől elaggva,
újat raknak és közben szagos
forgácson alusznak mélyeket
s reggelente fényes és hideg patakba
mártják be arcukat.

*

Magosban élek s kémlelek:
körül borul.
Mint hajónak ormán viharban,
villám fényinél
kiált az őr, ha partot látni vél,
úgy vélek én is, mégis partokat és
*lélek!*
kiáltok fehér hangon én is.
És hangomra fölragyog
és hangom messzehordja
hűvös csillag és hűvös esti szél.

●  **3. Fáradt délután**  ●

Az ablakon haldokló darázs repül be,
alvó asszonyom álmában beszél,
a barnuló felhők széleire fehér
fodrokat fú a gyönge szél.

Miről beszélhetek? tél jön, s háború jön;
törten heverek majd, senkise lát;

férges föld fekszik szájamban és szememben
s testem gyökerek verik át.

*

Ó, ringó délután, adj nyugalmat,
lefekszem én is, később dolgozom.
Napod fénye már a bokrokon lóg,
s amott az este jő a dombokon.

Felhőt öltek, vére hull az égen,
lenn, parázsló levelek tövében
ülnek a borszagu, sárga bogyók.

●  **4. Esteledik**  ●

A síkos égen ereszkedik a nap,
korán jön végig az úton az este.
Jöttét az éles hold hiába leste:
ködöcskék hullanak.

Ébred a sövény, fáradt vándorba kap,
az este a fák ága között forog
és egyre dong, míg épülnek e sorok
s egymásra hajlanak.

Csöndes szobámba rémült mókus pattan
és itt két hatodfeles jambust szalad.
Faltól ablakig, egy barna pillanat
s eltűnik nyomtalan.

A röpke béke véle tünt; hallgatag
férgek másznak szét a messzi réteken
és lassan szerterágják a végtelen
sort fekvő holtakat.

*1936. január 8.*

## WAR DIARY[1]

●  **1. Monday Evening**  ●

Fear clutches your heart more frequently now,
    and at
times it seems that distant events decide your
    fate;
and only these ancient trees watch over your
childhood memories like a precious keepsake.

Between paranoid mornings and ominous
    nights,
you have lived half your life amid wars,[2]
and those in power are forever pointing their
glinting knives[3] at you.

But sometimes in your dreams you catch a
    glimpse of home,
where your poetry was born, and where the
    scent of peace
hovers over the meadows, and in the mornings
    when you wake,
you can still recall its perfume.

And rarely, when you are working, half-
heartedly,
and sit there trembling at your desk, as if you
were mired in quicksand,
suddenly your pen-adorned hand glides across
the paper
grimly with resolve.

And as this world careens toward yet another
war, and
ravenous clouds devour the blueness of the
genial sky,
your young wife collapses and sobs in the
gathering
gloom as she holds you in a desperate embrace.

### • 2. Tuesday Evening •

After a day's work, I take my time,
and sleep peacefully for now:
though planes, gas, and bombs, conspire
against me, but I can neither cry nor feel fear,
for I live a hard life, like the men that build
roads
high up in the frozen mountains,

and who sleep in their flimsy huts
and stubbornly rebuild them whenever they
collapse,
and who crumple on their beds of fragrant
wood chips
to dream their dreams
and in the mornings dip their faces
in the chilled waters of dazzling streams.

*

I live in the heights and take stock:
of everything around me.
Like standing in a ship's prow in a storm,
beneath the glow of lightning
as the watch cries out, sensing land nearby,
well, I have this feeling now, sensing that a shore
some men call the *soul* is near!
and I call out with a pure white voice.[4]
And at the sound of my voice a dead star
begins to glow, and the cool evening wind
carries my voice wide and far.

### • 3. Weary Afternoon •

A dying wasp flies through the window
as my wife mutters in her sleep,
and a gentle wind blows white frills
at the edge of the browning clouds.

What is there to say? winter is coming, and war
is on its way
and I will soon lie broken, with no one there to
see me;

the earth, crawling with vermin shall fill my
mouth and eyes,
and the roots shall transfix my body,

*

Oh, cradling afternoon, bring me peace,
so I may lie down, and later do some work.
Your sun's light sags from the bushes,
as evening approaches over the hills.

They just murdered a cloud, and its blood drips
through the sky, while below, in the glowing lap
of the leaves, perch yellow berries, fragrant like
wine.

### • 4. Evening Comes •

The sun lowers itself down the slippery sky,
as the early-risen night saunters down the road.
In vain did the keen-edged moon see it coming:
as tiny vapors drift and fall.

The hedgerow awakens, and cuffs a weary
vagabond,
as the night twirls between the branches,
then drones on, as these lines appear
and lean on one another.

A frightened squirrel pops up in my quiet room,
and runs about like two iamb-and-a-half lines.
Scurrying from wall to window, a fleeting brown
moment that then vanishes without a trace.

And with it vanishes this darting peace; as
worms
crawl silently over distant fields
and slowly gnaw the endless rows
of corpses into scraps.

*January 8, 1936*

1. *A cycle of four poems written at the age of twenty-six
that anticipates the war to come and his own death.*
2. *By addressing "you" in these poems when writing
about himself Radnóti universalizes his fate with that of
mankind.*
3. *The knives pointed at him are pointed at all mankind.*
4. *The poet is portrayed as a seer, perhaps a prophet.*

### ALVÁS ELŐTT

A dinnye húsát már belehelte az ősz,
nem harsan késem jó éle nyomán, csak bölcs
szavakat ejteget s szelíden reped el,
de a szilvák arany ölén még feszesen
ül a mag! ó, ének dicsérjen két gyümölcs,
olcsó vacsorák dísze, kilós eledel!

És ének dicsérjen szegényt etető nyár,
asztalomon maradékod: száraz magok,

kis halom gyümölcs, már kukaccal ékesen,
de új gyümölccsel jő a hűvösujju ősz,
ázott hajában hét halott bogár ragyog
és lopva osztogat, nem hallik lépte sem.

(Míg én gyümölccsel és verssel bíbelődöm,
addig asszonyom elaludt heverőjén,
szertehagyva esti tettei dús sorát:
angol nyelvkönyv, hajának csattja, hűs tea.
De motozásomra úgy ébred és ragyog
s úgy vetkezi álmát, mint gyermeki tündér,
vagy alvó virágunk, ha az ablakon át
rásüt a betolongó, déli verőfény.)

*1935. szeptember 22.*

## BEFORE SLEEP[1]

The melon's flesh is animated by autumn's
      breath,
and does not cry out when caressed by the edge
      of my knife,
but softly splits in two, dripping words of
      wisdom one by one,
while in the golden lap of the plum the pit
sits secure! Oh, let songs praise these humble
      fruit, that
adorn an inexpensive dinner by the pound!

Yes, and let songs praise the summer, that feeds
      the poor,
that has set these leavings upon my table: dry
      seeds
and small mounds of fruit gilded and bejeweled
      with grubs,
as the cool-fingered autumn comes with newly
      ripened fruit,
while nestled in her dripping hair lie seven dead
      glinting
scarabs, as she metes out her gifts and walks
      about in silence.

(And while I was preoccupied with fruit and
      with this
poem, my love had fallen asleep on our couch,
leaving her work scattered about in opulent
      disarray:
her English dictionary, cool tea, a clasp for her
      hair.
But now she wakes, disturbed by my puttering,
      and she
shines so bright, as she sheds her weightless
      dreams, that she
is like a fairy sprite on our dozing flowers as the
      sun
barges through our humble window to set her
      aflame.)[2]

*September 22, 1935*

1. *Poem celebrates the humble domesticity of a simple day.*
2. *Once again, Fanni is linked to the sun and poem ends on a transmutation that appears in other poems.*

## LOMB ALATT

Kora reggel óta csöndben heverek én,
balról a diófa, jobbról kiterítve
háborut ujságol a vérszagú ujság.
Keresztülsüt a nap a dió levelén,
erős ere látszik. Öreg fa ez itt, de
kemény hóna alatt meglebben egy új ág.

Nézek rá, visszanéz; kissé reszket a fa,
gyönge csúcsán gyermek szellőcske üldögél.
Fülemre fordulok és hallom, alattam
fészkében megmozdul, nőni akar s puha
földet kaparász az ezerujju gyökér
és a tücsökugrás kicsi zaja pattan.

*

Nézd, fut a rigó, fujd fel a tollát,
gyere le szellő,
már hajlik az ág,
fut a béke is, zizzen az ujság,
gyere le szellő,
dagadj viharrá,
lépj rá a lombra, szakadj le alá.

Gyere le szellő,
már hajlik az ág,
elfut a béke s kigyúl a világ.

*1935*

## BENEATH THE BOUGH

I have been lying around since early morning,
to my left is a chestnut tree, and spread out to
      my
right is a paper scented with blood that tells of
      war.
The sun gleams through a leaf and its thick
      veins
show. This ancient tree, under whose arms life
stirs anew as a delicate twig begins to flutter.

I stare, and it stares back; trembling slightly,
as a frail child-like breeze sprawls upon its head.
I cock my head to listen and hear something
      move
deep within the earth, a thousand-fingered
root scratching, straining to grow, and I also
      hear
what seems the snap of a grasshopper about to
      leap.

*

Look, the thrush runs, and fluffs up its feathers,
as the breeze comes down
and the branches bend,
peace is on the run, rumors stir,
so let the breeze come down,
and swell into a storm,
then tread upon the boughs, come crashing
    down.

Let the breeze come down
and the branches bend
peace is on the run, the world ignites.

*1935*

## PARTON

Felhőbe alkonyult, sebes sötétség
szállott a parton hullongva végig,
lencsés a víz és alatta sík halak
készülnek lassan elpihenni s máris
sűrü és sötét vizekbe siklanak.

S felhőiből kilép a nap, tört lábát
a hűvös vízbe mártja, szinte loccsan,
fölébred minden újra és az álmos
part fái kormos ingüket ledobják
s pucér szárukra lenge pára szálldos.

Hideg már a víz a napnak, elvonul
és szipogva alszik minden újra el,
tücskök lélekzetén alszik a vidék
s álmában szól: kezük szívükre téve,
szavára fölriadnak az estikék.

Ősz van,—gurul az álomi szó s telek
ígérete száll távol hegyek ormán.
Ülök, a nedves szél arcon simogat,
a rendre gondolok s szemem mögött
igáslovak űznek vad kocsisokat.

(A parton hosszú testtel macska izgul,
púpoz, majd eltűnik: a fűben apró
zizzenés emlékszik kis testére még,
álom szökell át most a réten és
alsó karomra s onnan szememre lép.)

*1935. szeptember 5.*

## ON THE RIVERBANK

The sun has set in the clouds, and darkness
swiftly falls and glides along the riverbank,
on the water sways the lenticular moon and
beneath the surface slippery fish prepare
for sleep as they slip into the murky waters.

The sun steps out of the clouds, and dangles its
broken leg in the water, you can hear it splash,
as everything wakes anew and the drowsy
trees toss their soot-stained gowns upon the
    earth
as a light mist covers their naked limbs.

The icy water proves too much for the sun, and
he moves on, sniffling, then the countryside
    sleeps once more, and the
land falls asleep to the cricket's breathing,
as the fields talk in their sleep: rousing the
violets that fold their hands over their hearts.

Fall has come,—and dream-conjured words
drift toward the distant mountains. And here
I sit, with the moist wind caressing my face,
and think of order and harmony, while behind
    my eyes
draft horses give chase to wild coachmen.

(On the riverbank a sleek, restless cat
arches its back then disappears: as the
rustling grass recalls its tiny feral form,[1]
and someone's dream prances across the meadow
and lands on my arm, softly coming to rest on
    my lids.)

*September 5, 1935*

  1. *Radnóti suggests that all things leave a trace, and
nothing is forgotten. Even the momentary presence of a
scampering cat in the grass leaves its mark. (See similar sen-
timent in "Welcome the Day!")*

## BALLADA

Nyitott szájjal szalad a gyilkos,
szájából röpköd a lihegés.

A hóba mélyet ír és felfüstöl a vér
s a csiklandós kés szívéig ér a holtnak.

És fölötte összehajolnak
a hallgatag hó s a pletyka szél.

*1936*

## BALLAD

A killer flees with gaping mouth,
the breath fluttering from his lips.

The sizzling blood writes deep into the snow,
as the ticklish knife plays with the victim's heart.

And all the while, huddled above,
lean the whispering snow and gossiping wind.

*1936*

## TÖRVÉNY

Darvak írkálnak változó
betüket az égre s hangjuk
úgy potyog, kopogva, mint a jég,

utánuk pillant most az ég
s megáll a támolygó idő.

Az ősz emlékké válik és
szikrázva élesül a szó
mit lomb közt pirosan ejt a szél,

szinte fütty már, mi ide ér,
olyan sikoltva ejti el.

Mert fagy készül itt, utána
hull a hó majd s alákerül
kegyetlen a földi mozgalom,

de bujdos ott s egy hajnalon
az új fű kidugja tőrét.

Törvény ez, eddig ér; erős
a tél, de sűrü lázadás
tör majd belőle föl tömötten.

Velünk tartasz-é?—mögöttem
súgva kérdez így a tájék.

Bólintok s érzem arcomon
elégedett szelét, piros
láng a lomb és int, hogy nem felejt.

Figyelj te is. Levelet ejt
eléd is. Várja válaszod.

*1935*

## LAW

Cranes are scribbling ever-shifting
letters in the sky as their voices
drip, and splinter like ice;

the sky casts a knowing look
and time reels as it grinds to a halt.

Fall is but a memory now, and
the whetted word, dropped by the wind throws
sparks through the branches, red and scorched,

and what arrives here, is but a faint murmur,
tossed by the shrieking wind.

Here, the frost prepares, and the
snow falls, mercilessly burying
the harmonious movement of the earth,

that may lie hidden now, but one day at dawn
the new grass will thrust out its roots once
    more.

This is the law, passed down through time: that
though winter may be strong, a staunch rebellion
overcomes it and shoves it aside, thrusting
    upward.[1]

Are you with us?—whispers
the countryside behind me.

I nod, and on my face feel the
contented wind, as the blazing branch
flutters like a red flame, saying she will never
    forget.

You should look and see. For she has dropped
a leaf by your feet. It awaits your answer.

*1935*

    1. *Nature is a veiled metaphor for rebellion against
tyranny.*

## DECEMBERI REGGEL

A vastag ég szobánkba lép
és puhán feldőlnek tőle mind
aprócska tárgyaink.

Ó, vasárnap reggel, te édes!
hat érdes reggel gondja ring
s kiúszik ablakunkon.

Mert hó ragyog kint és pehely
szöszös pehelyre szálldos ujra,
fehérre hófehér.

Az utcai csenden át gyerek
piroska orráról beszél
sok gyöngyös szippanás.

Ó, lassú ébredés, óra
csengése nélkül, jó piszmogás
és hűvös, tiszta ing.

S mint a szabadság szerszámai,
csendben várnak ránk léceink
mélázó szíjaikkal.

                              *

Az ég a földig ér!
vonulj a hallgatag erdők felé,
komisz jövőd úgyis kisér
és sorsod úgyis lankadó,
mint holtrasebzett őzeké.

És holnap már lehet,
hogy utólszor tétováz ajkadon
elillanó lehelleted
s halott arcodra sávokat
a hulló bombák árnya von.

*1936*

## DECEMBER MORNING

The impenetrable sky steps
into our room, and our humble belongings
softly topple over without a sound.

Oh, Sunday morning, how dear you are to me!
the cares of six wretched mornings sway,
and drift out our window.

The soft snow glistens outside, as
fluffy down alights on fluffy down,
and the white snow alights on whiteness.

In the empty streets, the only sound is
that of the sniffling child with his reddened
nose festooned with moist pearls.

Oh, lazy awakening, without
a clock's alarm, I fiddle about,
as I don my cool, clean shirt.

And like freedom's tools, our skis
await our animating touch to snap
them out of their reverie.[1]

*

The sky touches the ground!
advance and glide toward the taciturn forests
where your abject future and your
defeats and waning fate await you,
like a mortally wounded fawn.

And perhaps tomorrow,
your fragrant sputtering breath may linger
for the last time on your lips,
as the shadows of the falling bombs
trace their arc upon your lifeless face.

*1936*

  1. *Written during a skiing trip.*

## Hazafelé

Enyhe lejtő és sziszegő hó
visz tova s pattog a
megrakott fákon az ág.

Két hófaru őz fut a zajtól
s leveri a téli
fákról a bő takarót

s a hó kezd mindenhol a hóra
zuhanni és Fanni
kicsit ijedten néz rám.

Hull az alkony, siklik a hóléc,
vonuló nyoma jó
jeleket hagy az úton

s a táj kemény arcára puha
sötét száll és körénk áll
az álmos erdő lassan.

Tűnik a nappal, útja villan,
lusta folt fönt a hold
s tömötten néz a fán át,

ritkul az erdő, a fekete
feketébb és enyhébb
lilaszín lesz a fehér.

Tündér vasárnap tűnik el most
s a városnak sáros
útja síró szakadás,

vállakra kerülnek a lécek
s íme már, mint a sár
a hétfő úgy ragad ránk.

*1935. január 19.*

## On the Way Home

A gentle slope and hissing snow
carry us forward, as the heavy
branches crackle overhead.

Two white-tailed deer run from the noise
as they knock the flowing winter blanket
off the trees,

and snow falls upon snow everywhere
as Fanni looks at me
quizzically with fear.

Twilight falls, and our skis glide,
and leave their marks upon the paths
like a processional,

and the soft darkness settles
on the hardened face of the countryside
as the drowsy forest slowly surrounds us.

The daylight fades, its path glimmering,
and the moon is a lazy stain in the sky
gazing limpidly through the trees,

the forest thins, and the black
turns blacker still, as the white turns
a softer violet.

The fairytale Sunday fades
and the city's muddy roads
become a lane of tears,

and we arrive with our skis upon our
shoulders, as the mud already clings
to us like Monday.

*January 19, 1935*

## Szilveszter és újév között

• Este •

Tűnik ez az év is, hűvösen mosdik meg
utána a lélek és fagyosan kéklik
s már színéről emlékszik
az évre, csak mint a gyermek úgy

és újat nem köszönt, mert nem vár semmire,
a piros szabadság tán nem jön el soha,
számára csak mostoha
év lehet ez és tétova táj.

### • Éjtszaka •

Ó, felejt a lélek és örömtelen jön
veled fiatal év. Fáj csak és nem hős már,
mint régente: erős vár
volt és kincses város a dombon.

### • Hajnal •

Város a dombon és búgó harsonaszó.
Igyekezz lélek még, légy újra hatalmas,
mert éget, mint hideg vas
a sorsod és olyan konok is,

igyekezz lélek és
törj föl fiatal év.

### • Reggel •

Úgy állok partodon fiatal év,
mint egyszer hajón az Ádrián,
szigorú hajnal volt és karmos ég,
eső tapintott a vízre jó
tenyérrel és eltakarta tükrét.
Míg lassan indult a nagy hajó
s orrán halkan repedt a szürkeség,
halászok álltak a parton ott,
magányos lelkek, órjás kezekkel.

Úgy állok én is, magányos lélek itt,
repedj szürkeség, s törj föl fiatal év.

*1935. január 4.*

## BETWEEN NEW YEAR'S EVE AND NEW YEAR'S DAY

### • Evening •

This year fades as well, and the soul coolly
cleanses itself as it turns a frosty blue
and from its ancient hues remembers
the year, but no more than a child recalls

for the soul expects nothing, and makes no
    greeting,
and perhaps our scarlet freedom may never come,
and a hesitant landscape and a harsh
year may be all that we can hope for.

### • Night •

O, the soul forgets, though you bring with you
a joyless New Year. And it aches, no longer heroic
like it was so long ago: when it was a mighty
    fortress
filled with riches, in a city, on a hill.

### • Dawn •

City on a hill, a bugle is calling.
Oh, struggling soul, may you be mighty once
    again,
for it's your fate to burn like cold iron,
and to be as hard and as obstinate,

so persevere my soul,
and thrust ever upward in the New Year.

### • Morning •

I stand on your shores young year,
like I once stood on a boat in the Adriatic,[1]
it was a stern dawn with a clawed sky,
and the rain stroked the water with a gentle
hand and covered its mirrored face.
Then the large ship began to sail,
its prow softly cleaving the gray dawn,
as fishermen, solitary souls,
stood on the shore, with enormous hands.

That's how I stand today, a solitary soul,
breaking through the dawn, parting the New
    Year.

*January 4, 1935*

1. *Radnóti recalls his trip to Pirano in the Adriatic that
he took with his maternal uncle at the age of eighteen after
his graduation.*

## ELÉGIA

Már arrafelé is őszül, ahol
a szabadság zászlai hullanak,
lobogó vér fut parázs avarra
s alatta rémülten fészkel a mag;

fáradt megfoganni! És ha mégis:
földbevert bitó, hősi test, avagy
harci gép dúlja fel meleg helyét
s meztelen várja, hogy jöjjön a fagy.

Várak és fűszálak perzselődnek,
vadul rohanó halál szele kél,
délben a füst és pernye közt vakon
röppen a fölriadt szárnyasegér.

Világíts, távol égő tartomány!
hideg van, markos sötét kavarog,
sápadt fák alatt hosszan vacognak
tegnap még símogató patakok.

Őrizz magány, keríts be lusta ősz,
új szégyent ró szívembe az idő,
s rágódva régi, díszes őszökön,
konokon élek, szívós téli tő.

A lélek egyre többet elvisel,
holtak között hallgatag ballagok,

újszülött rémek s hitek kisérnek
és a vándorlófényű csillagok.

*1936*

## Elegy

Autumn has come to those places now
where the banners of freedom are falling,
where blood trickles from the leaves and glows
 like embers
beneath which nestles the terrified seed

too weary to sprout! But were it to do so
the pile-driven gallows, the heroic corpse, or
 perhaps
a machine of war would unearth its balmy nest
and it would lie undressed waiting for the frost.

Citadels and blades of grass lie scorched,
as death rages overhead untamed by the wind,
and at noon, among the ashes and the smoke
an alarmed bat flies blindly about.

So spread your light, oh distant burning
 countryside!
for it is cold, and a strapping darkness eddies
 and swirls,
and the brooks, that just yesterday offered a
 warm caress
now shudder beneath the ashen trees.

Guard me my loneliness, and lazy autumn
 enfold me,
for time has carved a new indignity on my
 heart,
and I brood on ancient, ornamented autumns,
while living a hard life like a tenacious winter
 root.

The soul seems to endure more and more,
as I plod closed-mouthed among the dead
with only my new-born terrors and stalwart
 beliefs beside me
led by the radiant and meandering stars.

*1936*

## Járkálj csak, halálraítélt!

Járkálj csak, halálraítélt!
bokrokba szél és macska bútt,
a sötét fák sora eldől
előtted: a rémülettől
fehér és púpos lett az út.

Zsugorodj őszi levél hát!
zsugorodj, rettentő világ!
az égről hideg sziszeg le
és rozsdás, merev füvekre
ejtik árnyuk a vadlibák.

Ó, költő, tisztán élj te most,
mint a széljárta havasok
lakói és oly bűntelen,
mint jámbor, régi képeken
pöttömnyi gyermek Jézusok.

S oly keményen is, mint a sok
sebtől vérző nagy farkasok.

*1936*

## March On, Condemned![1]

March on, those condemned to die!
into the brambles that the wind and cat
have scaled, where the dark columns
of trees part before you: and the road
arches its back and turns pale with dread.

Shrivel leaves of autumn!
and shrivel horrible world!
the cold hisses from the sky
and spills unto the stiff, rusty grass,
where the geese cast their shadows.

O, poet, you must live a pure life now,
like the inhabitants of wind-swept snowy peaks,
and be as blameless and without sin
as tiny infant Jesuses
staring down from their ancient icons.

Then, be as resolute as great wolves
bleeding from their countless wounds.

*1936*

1. *Commemorates the Spanish Civil War.*

# Meredek út /Steep Road (1938)

*The sixth book of poems that Radnóti published during his lifetime. It contains twenty-five poems.*

## HUSZONNYOLC ÉV

Erőszakos, rút kisded voltam én,
ikret szülő anyácska,—gyilkosod!
öcsémet halva szülted-é,
vagy élt öt percet, nem tudom,
de ott a vér és jajgatás között
úgy emeltek föl a fény felé,
akár egy győztes, kis vadállatot,
ki megmutatta már, hogy mennyit ér:
mögötte két halott.

Mögöttem két halott,
előttem a világ,
oly mélyről nőttem én,
mint a haramiák;
oly árván nőttem én,
a mélységből ide,
a pendülő, kemény
szabadság tágas és
szeles tetőire.

Milyen mély volt gyerekkorom,
s milyen hűvös.
Hívó szavad helyett kígyó
sziszszent felém játékaim
kis útain, ha este lett
s párnáimon vért láttam én,
a gyermeket elrémitő,
nagy, hófehér pehely helyett.

Milyen mély volt gyerekkorom,
s milyen magos az ifjúság!
A két halál megérte-é?
kiáltottam a kép felé,
mely ott sütött szobám falán.
Huszonnyolc éves voltál *akkor*,
a képen huszonöt talán,
ünnepélyes ifju nő,
komolykodó, tünődő.

Huszonnyolc éves voltál *akkor*,
most ugyanannyi lettem én,
huszonnyolc éve, hogy halott vagy,
anyácska! véres szökevény!

Anyácska, véres áldozat,
a férfikorba nőttem én,
erősen tűz a nap, vakít,
lepke kezeddel ints felém,

hogy jól van így, hogy *te* tudod,
s hogy nem hiába élek én.
*1937. szeptember 23.*

## TWENTY-EIGHT YEARS[1]

I was a loathsome, stubborn infant,
and my twin-bearing mother's murderer!
was he dead when he was born, or did he
survive five minutes, I'll never know,
but amidst the screaming and the blood,
they lifted me up to the bright lights
like a triumphant, wild beast
who had shown his worth after its first battle:
leaving behind him two dead.

Two dead behind me,
before me, the world,
rising from the depths
like a bandit;
an orphaned soul rising
from the murky depths,
to live here, atop the
ringing, unforgiving, vast,
and wind-swept roofs of freedom.

How deep was my childhood,
and yet how cold.
Instead of your sweet voice, a serpent
hissed at me during my hours of play,
and at night, terrified,
I found bloodstains on my pillow,
instead of drawing comfort from the
goose-down snowy covers.

How deep was my childhood,
and how lofty my youth!
But did this justify two deaths!
I called out to the portrait
that shone on the wall of my room.
You were twenty- eight back *then*,
and in the portrait perhaps twenty-five,
a solemn young woman,
serious, lost in thought.

Yes, you were twenty-eight back *then*,
the same as I am now,
and twenty-eight years have passed since you are
    gone,
my dear mother! my blood-soaked fugitive!

My dear mother, my blood-soaked sacrifice,
I have grown into a man,
and the bright sun blinds me,
wave to me with your moth-winged hands
to let me know I turned out well, and that *you*
    know,
that my sorrowful life has not been all in vain.

*September 23, 1937*

1. *The opening poem to his sixth book that ends with*
*"Twenty-Nine Years."*

## EZ VOLNA HÁT...

E ritkán szálló szó, e rémület,
ez volna hát a termő férfikor?
E korban élek, árny az árnyban;
kiáltottam? már nem tudom mikor.

Ó árny az árnyban, csöndben némaság.
Sziszeg a toll, míg sort a sorhoz űz.
Vad versre készülök és rémült csönd kerít,
csak szúnyogoktól zeng a lomha fűz.

Ó mennyi társ, s a fájdalomban
legtöbbje mégis úri vendég;
emlékeim közt fekszem itt hanyatt,
hamar halálra növő növendék.

Bársony sötétség nem vigasztal,
és már nem oldoz fel tüskés harag,
virrasztva várom és reménytelen,
mikor derengenek fel a falak.

Reménytelen napokra vénülök,
a régi villongó költőfiút
konok, nehézkes férfi váltja fel,
akit ziháltat már a régi út.

Ziháltat s a kacér kapaszkodót
új váltja fel, halálos, hős orom,
széljárta sziklaszál felé vivő
vad út, mely túlvisz majd e mély koron.

Már onnan jő a szél és hozza híreit,
fütyölni kezd a fölriadt eresz;
az ifju asszony arcát fény legyinti,
felsírja álmát és már ébredez.

Már ébredez, álmos, szelíd szemén
az éber értelem villan megint,
álmára gondol s készül a vadnál
vadabb világba, míg körültekint.

Körültekint és védő, hűs keze
néhányszor végigröppen arcomon,
elalszom, fáradt szívem szíve mellett
s szememre fú a jólismert lehellet.

*1937. december 13.*

## IS THIS IT THEN...

This is a rarely soaring word, this terrifying title,
is this it then, my supposed productive
    manhood?
I cried out: I live in this dreadful age, a shadow
    in the shade;
but can no longer recall who or where I am.

Oh, I am but a shadow in the shade, wordless
    amid the silence.
My pen rustles, and stalks line after line.
Waiting for wild poems, yet surrounded by a
    stultifying stillness,
like the hum of mosquitoes among languid wil-
    lows.

Oh, how many friends now mutely lie
as honored guests of time, amid all this pain;
I lie here on my back sifting through memories,
a compliant pupil ripening for death.

Not even the velvet darkness can console me,
nor can my prickly anger give me release,
as I stay up all night tossing in despair,
and wait for daylight to dawn upon the walls.

I have grown old among these desperate days,
and a stiff-necked wearisome man has replaced
the once young and fiery poet,
who gasped for breath over the worn and
    ancient roads.

Who gasped for breath, but each new heroic
    summit
now calls out to this reluctant mountaineer
to scale the treacherous windswept cliffs
that may lead beyond this age of despair.

And now the wind arrives with its far-off tales,
and the panicked eaves begin to whisper;
as a gentle light caresses a young wife's face,
as she cries out in her sleep and stirs awake.

And in her soft sleepy eyes
the light of reason glints once more,
as she reflects on her dreams, and prepares
to enter the wild chaotic world once more.

She looks about, and her cool protective hand
flutters gently over my face,
and as I fall asleep, with my tired heart beating
    next to hers,
I feel the breath I have come to know so well on
    my lids.

*December 13, 1937*

## ÉJFÉL

Két felleg ül az esti ég
nehéz hajában és egymásra dörmög,
éjfél van, összebotlik ép
siralmas szerda és hitvány csütörtök.

Fű nő, rügy izzad, hallgatag
gubók ölében készül már a lepke,
halat pólyálgat a patak,
gyöngy pára száll az álmodó hegyekre.

Gyöngy pára száll pilládra is,
a szádra szárnyas, könnyütestü árnyék,
hajadban kislányos, hamis
fogócska izgató emléke hál még.

Oly szép vagy és oly fiatal!
s én arra gondolok, amíg csodállak,
hogy vár talán még diadal
és várnak még beszédes pálmaágak!

*1937. április 23.*

## MIDNIGHT

Two clouds squat in the lush dark mane
of the evening sky and growl at one another,
it's midnight, and this pitiful Wednesday
and wretched Thursday fall over each other.

The grass grows, the buds perspire, while in
the laps of reticent cocoons, butterflies prepare
for birth, and the stream rocks and cradles
its fish, as a pearly mist settles over the
    dreaming mountains.

The pearly mist alights on your lashes as well,
and on your lips a pinioned, tantalizing shade,
while in your hair the provocative faded
    memory
of a young girl playing tag still lingers.

You are so beautiful and young!
and as I dwell upon this thought,
    I bow before you,
and think that perhaps some triumphs still
await me beside the eloquent palms!

*April 23, 1937*

## ESTE A HEGYEK KÖZÖTT

1.

Az este már a fák közt markolász,
mikor a mélyben feltűnik a ház
s a síkos lejtő aljában tömör
hagymaszaggal s meleggel üdvözöl.

Míg léceim a falnak állitom,
hóförgeteg fut át a kis hidon,
hajamba kap s az ajtóhoz közel,
akár egy búcsuzó lány, átölel.

2.

Gőzölnek benn a fáradt emberek,
a kandi lámpán fenn egy régi ág,
Szilveszterről maradt fagyöngy remeg
s az esti ablak csupa jégvirág.

Visszatérek hozzád, mert kivánlak
és úgy kiáltok majd, ahogy
fényben kiált a sarkok Nansene,
mikor a messzi fénylő célt eléri.

Ó, mily régóta is szeretlek!
Két napja már, hogy nem ölelsz meg!
Körmöm lehellem és már írom is:
„szeretni foglak túl a síron is!"

Körmöm sikolt s a fényes üvegen
szép neved betűi megmaradnak,
s a ringató betük virágos alján
érzelmesen könnyezni kezd az ablak.

3.

„Eszem, iszom, iszom, eszem,
mit is tehetnék én,
szeretnék itt egy-két órát
üldögélni békén..."

S míg dúdolok
a fáradság
lassan rámszakad.

Foszlik a szó,
s alattam már
alvásra vár a pad.

4.

Az utak is sötétbe vesztek,
este van s a fekhelyem kemény,
de tollam még ne maradj veszteg,
épülj tovább álmos költemény!

5.

Az ember a hóban vándorol,
léceit fel- és lecsatolja,
betér egy házba, eszik, iszik,
s elernyed, nincsen semmi dolga.

Az ember eszik csak és iszik,
aztán számolgat lassan húszig,
elalszik s langy tengerben úszik,
álmait vigyázza téli ég,
ékes szavak alusznak benne
s felette kisded hópihék.

6.

Elül a szél és ujra hull a hó,

hullása ringó, ringató.
Puhán alusznak lenn a hegy meleg
sarában a szakállas gyökerek,
szuszognak és felsírnak néha,
álmukba lobban nyári ágaik
zöldfényü könnyü buboréka.

*1937. február 1.*

# EVENING IN THE MOUNTAINS

1.

The evening has already gripped the trees,
when through the dense growth my house
    appears,
and greets me at the bottom of the incline,
with warmth and the sweet smell of onions.

As I lean my skis against the wall,
a snow-gust wildly races across
the bridge, and grabs me by my hair near
the gate, like a girl saying farewell.

2.

The exhausted men steam up the room, as the
    prying
lamplight floats above the ancient trees. The
    mistletoe
left over from the New Year trembles,
and the windows are covered with flowers of ice.

I swear I will return to you, driven
by desire, and shout at the top of my voice
at the heavens like Nansene of the poles,[1]
as he neared his elusive shining goal.

Oh, I have loved you for a long, long time!
It's two days since I felt your embrace!
I blow on my frozen fingers and write:
"I will love you forever from beyond the grave!"

I shudder and scrape my fingernails over
the glowing glass, and watch as the letters
of your dear name melt like flowers of ice,
and the window overcome with grief begins to
    cry.

3.

"I eat, I drink, I drink, I eat,
what else can I do,
I would love to sit for an hour
or two in peace and quiet..."

I hum to myself,
as fatigue
overtakes me.

My words fray,
as this kindly bench waits
for me to fall asleep.

4.

The mislaid roads are swallowed by shadows
as night falls and I collapse on my bed,
but my pen, it is not yet time for sleep
for you must keep building your drowsy
    poems!

5.

You wander through the snow,
latching and unlatching your skis,
and then return home to eat, and drink,
and slump down, with nothing more to do.

Then you eat and drink once more,
and count slowly to twenty,
and as you fall asleep and float in a
warm sea, with your dreams protected by the
    wintry sky,
precious words sleep within you,
as tiny snowflakes drift above your head.

6.

The wind dies down and the snow falls once
    again,
as the lingering snowflakes cradle and rock us.
The ancient whiskered roots softly sleep
in the warm ooze of the mountains,
and let out an occasional startled cry,
as in their dreams the summer blazes amidst the
blistering, emerald-burnished branches.

*February 1, 1937*

1. *Refers to Norwegian explorer, Fridtjof Nansen, who
won the Nobel Peace Prize in 1922. Zoologist and oceanographer he explored Greenland and the Arctic and spearheaded the independence of Norway from Sweden in 1905,
later becoming its representative at the League of Nations.
Negotiated release of half-million prisoners of war held in
Russia in 1920 and became a champion of displaced refugees
throughout the Caucasus organizing relief for millions
dying of famine. Later mediated in the Greek-Turkish War
and attempted to save Armenians during the genocide. Died
in 1930.*

# HÁROM HUNYORÍTÁS

1.

Odakinn már setteng a reggel
és a parton túli hegyekkel
aranyszárnyu szellők játszanak.

Így fekszem, ringó félhomály van,
a körtében alszik az áram,
de fölébred és felkél a nap;

végigkutatja fekhelyem és
az ablak most csupa rezzenés,

zengő négyszög, tüzes csobogó,
futó fényben lengő lobogó.

2.

Figyelj csak, hármat jobbra lépeget
az asztalon, hármat meg balra lép
a lassan ébredő virágcserép,

s a megriadt pohár gyors fényeket
irkál a falra s fürge gondokat
űz az álomtól kerge gondolat.

3.

Tegnapi ujság fekszik a földön,
alvó címeit most ujraköltöm
s tiszta szobámon átalúszik a
förtelmes Politika.

Már figyelem a távol híreket,
már egy-egy szó ritmusra lépeget,
hogy tagjaim az álmot levessék,

s ujjamig szalad az idegesség.

*1937. január 7.*

## THREE WINKS

1.

The morning already strolls outside,
while beyond the riverbanks in the distant
    hills
the golden-winged zephyrs carouse.

I lie here, cradled in the half-light of dawn,
while the current sleeps in the bud
and the sun stirs and rises;

then rummages through my bed
as the window trembles,
a humming rectangle, a gibberish of fire,
a streaming banner, in the fleeing light.

2.

If you were to peek unobserved, you would
    see
the flowerpot awaken on the table and take
three steps to the left and three to the right,

and the panicked water glass scribbling madly
on the walls as the untamed thoughts
of our dreams chase our nimble cares away.

3.

Yesterday's newspaper lies crumpled on the
    floor,
and as I reread its dormant headlines,
the world and all its loathsome Politics
comes splashing and kicking through my comfy
    room.

I watch these events from afar,

and as each word marches gravely across the
    page,
my limbs shed their stupor,

and anxiety runs down to my fingertips.

*January 7, 1937*

## HIMNUSZ A NILUSHOZ

Dicsérlek zöldelő!
a mélyből törsz elő
s messze síkra áradsz,
te áradó!

A fénytől szinte vak
csordák tolonganak
s csupa zöld ragyogás
a legelő.

Te öntözöd, folyó!
s a földig roskadó
fákról szedegethet
a kolduló,

a vándorló szegény,
aki a kőkemény
rend alján háborog
s villongva nő.

Hempergő jóság vagy,
termést bőséggel adj,
tömöttre tömd a csűrt,
adakozó!

Dicsérlek zöldelő
Nikis, illatozó!
a mélyből törsz elő
s a naptól lángoló
messze síkra áradsz,
te áradó!

te bőven áradó,
halaktól hemzsegő,
hajóktól duzzadó,
partokra szökkenő
búgó szelídség,
feltörő harag!

téged dicsér a hold
s téged dicsér a nap!

*1936*

## A HYMN TO THE NILE

I praise you verdant flame!
crashing from the depths
surging toward a distant plain,
a flooding being!

In the dazzling light
cattle jostle nearly blind
as the pastures are bathed
in your green brilliance.

River, you irrigate the land!
and bend the branches
to the ground from which
the beggar can dull his hunger,

and you listen to the wandering
poor, living at the bottom of
the stone-hard order as they
grumble with discontent.

You are goodness flowing with plenty
and offer your abundant harvest,
with an open bounteous hand
to fill the granaries!

I praise your green brilliance,
and fragrant perfume!
that springs from depths
ablaze with the sun
surging toward a distant plain,
a flooding presence!

plenteous flooding being,
that swarms with fish,
your billowing waves toss ships like toys
as you leap on shore,
humming with sweetness,
drenching the farms with anger!

even the sun worships you
and even the moon sings your praises!

*1936*

## Chartres

Kőszent mozdul meg oszlopán, nyolc óra már,
a tompa fény hulló sötétre vár.
S hang szól magasból: testben éltem én,
de mégsem test szerint vitézkedém.

Éj leselkedik; a szent beáll a sorba
holt kőnek ujra most. Az álla csorba,
Vihar harapta ki, vagy vasfogu pogány?

Eltünt.
Kezében tábla volt és fény a homlokán.

*1937*

## Chartres

A stone saint stirs on his column, it is eight
    o'clock,
and the dim light waits for the plummeting
    darkness.

A voice calls out from above: "I was made of
    flesh once,
but it was not through flesh that I saw warfare
    or valor."

The night eavesdrops, as the saint retakes
his place in the lifeless stone. Was it a storm or
    an iron-toothed
heathen that once chipped his face?

He has vanished.
His hand once held a tablet,[1] a light once shone
    upon his face.

*1937*

1. *Saint holds a tablet suggesting the statue is of Moses.*

## Cartes postales

### • Chartres-ból Páris felé •

A vonaton a lámpa haldokolt,
a lengő ablakokra néha rátapadt a hold,
szemközt katona ült, szivén egy szőke lány
világitott. A lány mosolygott, könnyű álma volt.

### • Versailles •

Felforr a tó és tükre pattan,
kövér halakból dől az ikra,
karcsu lányok nézik mozdulatlan,
arany csöppek hullnak lábaikra.

### • Jardin du Luxembourg •

A gyermekek turkáló ujjain
még vígan perg a friss homok,
de hívogatják őket már kötéseik
mögül a tűkkel dolgos asszonyok.

### • Quai de Montebello •

Kislány futott el épen,
almát tartott kezében.
Piros, nagy alma volt,
a kislány ráhajolt.
Lehellet még az égen,
olyan halvány a hold.

### • Place de Notre-Dame •

Dobd el a rémes ujságot, vidám
fehér felhőt lenget a Notre-Dame;
ne gondolj másra, ülj le, nézelődj,
figyelj! mert holnap úgyis nélküled
bomlik a tér fölött a szürkület.

*1937. augusztus 7–szeptember 7.*

CARTES POSTALES

### • From Chartres to Paris •

On the lurching train the lamp dies out,
and the moon sticks to the trembling window;
a soldier sits, a blonde girl leaning on his chest,
she flickers, smiles, and is lost in dreams.

### • Versailles •

The pond boils as its mirror cracks,
and roe pours from the fattened fish,
while slender girls watch motionless,
as golden droplets tumble about their feet.

### • Jardin du Luxembourg •

The children joyously twirl the fresh dirt
between their groping fingers,
interrupted by women
with busily knitting hands.

### • Quai de Montebello •

A young girl just ran by
with an apple in her hand.
It was a plump, red apple,
and she bent over it.
The moon is so dim tonight,
that it is but a faint breath in the sky.

### • Place de Notre-Dame •

For now throw away that dreadful paper,
joyous white clouds flutter over Notre-Dame;
forget everything, and just sit, watch,
and listen! for tomorrow another dawn will
    surely
break over this empty square without you.

*August 7–September 7, 1937*

HAJNALTÓL ÉJFÉLIG

### *Istenhegyi jegyzetek*

### • Röviden •

Barátaim, ha rövid a papír,
az ember akkor apró verset ír;
higgyétek el, a rövid is elég,
meghalok, s úgyis minden töredék.

### • Hajnal •

A szálló porban az úton
még csak a hajnali szél kanyarog.
Övig mezítlen férfiak
állnak a fényben arany patakok
partján s aranyban mosdanak.

Csattan a víz, tele füttyel a táj
s fenn a hegyen tüzeket rak a nap.

### • A ház előtt •

A világot már nem érted,
s nem tudod, hogy téged itt ki értett.
Esni kezd s a sarkon egy
kövér asszonnyal trécsel egy
kisértet.

### • Lapszélre •

Fejem fölött a vén tetőben
szú gondolkodik, majd rágni kezd.
S finom fehér fapor pereg
a versre, melyhez épp
egy-egy szállongó sort vetek.

### • Gyermekkori emlék •

Hogy kínáljanak itt, azt sose várd,
jobbra a konyha, kérj magadnak,—
bíztat rokonom, a jó Eduárd.
S én kérek, újra kérek s nagy kerek,
zsírba mártogatott kenyerekkel
settengek és a konyha-némberek
szivét lágyítva hangosan nyelek.

### • Nyolc óra •

Felcsillan az alkonyi kéken a Vénusz
s máris jön a hold.
Hintázik az alma sötéten az ágon,
szél söpri a port.
Készülj. Egyedül, egyedül esel át
a halálon.

### • Később •

### (*Sírfelirat*)

Csak éltem itt, szegényen s jámboran,
míg végül elástak ide.
Sosem feledtem el, hogy meghalok:
ime.

### • S majd így tünődöm...? •

Éltem, de *élni* mindig élhetetlen voltam és
előre tudtam, eltemetnek végül itt,
s hogy évre év rakódik, rögre rög és kőre kő,
hogy lenn a test megárad és a férges, hűs
sötétben fázik majd a csont is meztelen.
Hogy fenn a művemen motoz a surrogó idő,
s mélyebbre süppedek le majd a föld alatt,
mind tudtam én. De mondd, a mű,—az
    megmaradt?

### • Este lett •

Este lett a vén tető aszú
fájában alszik most a szú.

S a ringató homályban ringó
virágon dongat még a dongó.
Szárnyukba rejtik csőrük a libák,
szagosat fú felém egy jázminág.

### • Bűntudat •

*Ringóra dongó.*

Leírtam s nem merek
felnézni most. Csak várok és sunyítok;
kezemre ütnek-é a régi mesterek?

### • Éji mozgolódás •

Halálra rémiti
a rég alvó fasort
egy felriadt kuvik.
A tócsa loccsan és a hold
a víz alá bukik.

### • Éjféli vihar •

Szél tombol a kertben, egy ág leszakadt, a
    sikongás
felhallik egészen a házig.
Erdőkön a síkos avarban a hófogu farkas
gyorslábu kis őzre vadászik.

*1938*

## FROM DAWN TO MIDNIGHT

### *Notes from Istenhegy*

#### • In a Few Words •

My friends, when all you possess is a scrap of
    paper,
then write a short poem;
believe me, the shorter the better,
One day when I'm dead, all will be but scraps
    anyway.

#### • Dawn •

In the drifting dust on the road
only the morning wind twists and turns.
On the shores of shimmering streams
men strip down to their waists
to bathe in the golden light.
The smack of water cleaves the air
and in the far-off hills the sun ignites its
    bonfires.

#### • In Front of the House •

You no longer understand the world,
and it seems no one understands you.
It starts to rain; on the street corner,
beneath a streetlamp, a ghost leans, and gossips
with a fat woman.

#### • Marginalia •

Above my head a termite meditates
and chews on the rotting shingles.
A fine dust sprinkles over my head
as I slowly begin to write, and toss a line
here and there into this poem.

#### • A Childhood Memory •

Never expect to be served here,
the kitchen's on the right, so go serve yourself,—
this is how my kind and gentle relative, Eduard,
    provoked me.
But I continued to whine, and asked once more,
    and was given
a large round slice of bread dipped in goose fat
then having softened the hearts of the kitchen-
    folk
I slunk away to bolt down my food, gulping
    aloud.

#### • Eight O'Clock •

Venus twinkles in the blue dusk
and the old moon rises.
The apples twirl darkly on their boughs,
as the wind sweeps up the dust.
Get ready, and prepare. Alone,
for when you stumble through death, you will
    fall, alone.

#### • Later •

#### *(An Epitaph)*

I lived a simple life of piety and poverty
until they came to bury me.
I always knew I would die one day:
Behold!

#### • And Will I Meditate Thus...? •

I lived, but in *living* was only half-alive, and I
    knew
full well that in the end they would bury me
    here,
and that year would pile upon year, clod upon
    clod, stone upon stone,
while deep below my flesh would swell and
    decay, and in the
cold darkness even my naked bones would
    shiver.
Above, the rustling, fleet-footed years shall
    rummage through my work,
while I sank deeper and deeper into the earth.
All this I know. But tell me, the poetry,—did
    that at least survive?

### • Evening Has Arrived •

Evening has arrived and the termite
sleeps in the dry ache of the crumbling roof.
In the twilight the flowers sway
and the bees buzz overhead.
The geese tuck their beaks beneath their wings,
as the scent of jasmine drifts through the night.

### • Bad Conscience •

"Swaying" rhymes with "droning."
                    I wrote it down but I'm afraid
to look up now. I'm just waiting, laying low;
will my old masters come and rap me on the
    knuckles?

### • A Stirring in the Night •

The cry of an alarmed owl
has frightened the sleeping
stand of trees half to death.
The puddle splashes
as the moon slips beneath the water.

### • Midnight Storm •

A limb snaps, as the wind rages through the
    garden
and shrieks up at the trembling house.
In the silvery forest, over the slippery moss, a
    white-fanged wolf
tracks a fleet-footed fawn.

*1938*

### Emlék

Aj, feszeskemellü
fecskenyelvü régi lány,
te régi költemény,
most életem delén
kérlek, ne légy goromba,
fuss karomba és kivánj!
A napból méz pereg,
oly rég nem néztelek,
fellebben lebke inged,
penderinted, szerteszáll,
kis pára messze fenn
és látlak meztelen,—

aj, a fény remeg még,
tíz éve emlék vagy te már!

*1937. december 18.*

### A Memory[1]

Ah, my tiny-breasted
swallow-tongued girl of years gone by,

the muse of my youthful poetry,
I ask you at this noontime of my life,
to be kind,
and to rush once more into my arms with
    longing!
The light drips from the sun like pearls,
and though I've not laid eyes on you for years,
I can still see you with your blouse
and clothes littering the ground,
floating like a vapor in your
nakedness above me,—

ah, how the light still trembles,
though ten years have passed, and you're but a
    memory!

*December 18, 1937*

1. *Commemorates a meeting with Tinni ten years after
their affair in Reichenberg. (See note in Miscellaneous
Poems 1925–1929 on "Die Liebe Kommt Und Geht.")*

### Piranói emlék

Mezítláb lépeget
a víz szinén a hold,
bárkája mély ölén
hever a holt halász.

Megmerevedett két
fogsora mögött még
a kósza szélből ül
egy végső harapás.

Fölötte tapsoló
vitorla térdepel,
nyitott szemén ezüst
ködökből szőtt lepel.

Gyöngyöt izzad rajta
a már parányi hő
s testére hűvöset
leheli a hűs idő.

*1937. április 3.*

### Memories of Pirano[1]

The barefoot moon steps
gingerly on the water,
in the deep lap of his boat
lies a dead fisherman.

From between his clenched
teeth, the stray wind
can still wheedle an
instinctive, vengeful bite.

Above him the sail applauds
and kneels on the soggy deck,

as the silver fog knits a veil
to shade his vacant eyes.

In the waning heat his
sweat glistens like pearls,
as the cool autumn breeze
comforts him with its breath.

*April 3, 1937*

1. *Radnóti visited Pirano with his maternal uncle, his guardian after the death of his father. The town is in southwestern Slovenia on the Adriatic and is noted for its medieval architecture.*

## TOBORZÓ

Sok barna forradás
fut füstös testén végig,
földönfutó, sötét
bozótok védik;

de hogyha visszatér,
fölkél a jajduló nép,
alatta akkor táncos és
szakállas lábu ló lép.

*1937*

## RECRUITING SONG

Countless brown scars
run down his smoky body,
as the dense ivy, and dark
thickets watch over him;

but were he to return,
those grieving would rise,
and beneath him would prance
a stallion with feathered fetlocks

*1937*

## BÉKE, BORZALOM

Mikor kiléptem a kapun, tíz óra volt,
fénylő keréken pék suhant és énekelt,
gép dongott fenn, a nap sütött, tíz óra volt,
halott néném jutott eszembe s már repült
felettem mind, akit szerettem és nem él,
sötéten szállt egész seregnyi néma holt
s egy árnyék dőlt el hirtelen a házfalon.
Csend lett, a délelőtt megállt, tíz óra volt,
az uccán béke lengett s valami borzalom.

*1938. június 30.*

## PEACE, HORROR

As I walked outside the gate, the clock struck
    ten,
and the baker shot by in his shiny wagon
    singing,
a plane droned overhead, the sun shone, and it
    was ten,
and my dead aunt came into my head and all
    those
I had ever loved and lost floated above me,
and the dark mute cavalcade of the dead flew
    by,[1]
when suddenly, a shadow fell upon the walls of
    our house.
There was silence, and the morning stopped
    dead in its tracks, it was ten,
and fluttering in the streets, was a kind of peace
    and a touch of horror.

*June 30, 1938*

1. *Nightmarish visions increasingly characterize his poems as Radnóti absorbs more and more the horrors of the war in Spain and the significance of the rise of Nazism and fascism. Also seen in "The Forest in October" and more obliquely in "From Dawn to Midnight," especially in "A Stirring in the Night" and "Midnight Storm."*

## HAJNALI KERT

Az alvó házból csöndesen
kijött a feleségem,
egy könnyü felleg úszik épp
fölötte fenn az égen.

Mellém ül és a hajnali
nedves füvek most boldogan
felé sikongnak, hallani
és fordul már a hallgatag
virágok szára, jár a fény
s megvillan rajtuk néhol,
nesz támad itt, toll villan ott
s kakaska kukkorékol.
Rigó pityeg választ s a kert
susogni kezd, minden bokor
alján apró fütty bujdokol,
kibomlik sok hüvös levél,
s felfénylik itt egy szalmaszál
a fűben és két ág között
kis pókok fényes szála száll.

Ülünk a fényben, hallgatunk,
fejünk felett a nap kering
s lehelletével szárogatja
harmattól nedves vállaink.

*1938. július 3.*

## GARDEN AT DAWN

My wife steps quietly out
of the sleeping house, just
as a feathery cloud floats by
overhead in the sky.

She sits down beside me and the
dawn grass, moist with dew,
squeals with delight; you can hear
the stems of the reticent flowers
as they turn toward the strolling light
that shines upon them, and then
there's a slight movement here, a feather
glistening there, as a small rooster crows.
A thrush whimpers its reply, and the garden
whispers, beneath every bush
there is a soft rustling,
and the cool leaves unfold,
as a single stalk of straw glimmers
in the grass, while between two branches
flutter the glinting gossamer of tiny spiders.

We sit in the light, and listen,
while above our heads the sun revolves,
and with its breath dries
our shoulders, moistened with dew.

*July 3, 1938*

## OKTÓBERI ERDŐ

A bokron nedves zűrzavar
a tegnap még arany avar
barna sár lett a fák alatt,
férget, csigát, csirát takar,
bogárpáncélt, mely széthasadt;

hiába nézel szerteszét,
mindent elönt a rémület,
ijedt mókus sivít feléd,
elejti apró ételét,
ugrik,—s a törzsön felszalad;

tanulj hát tőle, védd magad,
a téli rend téged se véd,
arkangyalok sem védenek.
az égen gyöngyszín fény remeg
s meghalnak sorra híveid.

*1937. január 17.*

## THE FOREST IN OCTOBER

A moist confusion covers the bushes,
and where just yesterday there had been
a bed of golden leaves, there is now dark mud

beneath the trees, covering bud, and worm, and
    snail,
and the shattered, abandoned armor of scarabs;

you look about for comfort in vain,
but then a horror permeates everything,
the terrified squirrel shrieks at you with rage,
and drops his tiny, precious meal by your
    feet,—then leaps, and scrambles up the twisted
    tree;

and you must learn from this, to protect
    yourself
from the world, for not even winter's laws can
    shield
you now, no archangels can guard you,
a pearly light shimmers in the sky
while your loved ones slowly fade and die.

*January 17, 1937*

## ÉNEK A HALÁLRÓL

*Kosztolányi Dezső temetésén*

A sír felett szitái az őszi köd,
korán van még és íme este lett.
Sötét egünkre lassan színezüst
koszorút fon a súlyos fáklyafüst

s felrebbenő madár fenn sírdogál!
A lélek oly ijedt és lebbenő,
akár a hűs, könnyüszárnyu felleg,
melyre forró csillagok lehelnek.

A test pihen vermében hallgatag,
rögök nyugalmas sorsát éli lenn,
szétoszlik, szomjas gyökér felissza
s zöld lobogással tér újra vissza,

törvény szerint! s oly szörnyü, szörnyü így,
mi egy világ volt, kétfelé kering!
vagy bölcs talán? a holttest tudja itt.
Őrizd Uram, a lélek útjait.

*1936. november 9.*

## SONG ABOUT DEATH

*At the burial of Dezső Kosztolányi*[1]

The autumn fog drizzles above the grave,
and though early in the day, the night has come.
Slowly the thick smoke rising from the torches
weaves a silver-tinted wreath in the darkening
    sky;

a startled bird cries mournfully overhead!
And the soul flushed from its hiding place,
    readies

for flight like the cool light-winged cloud that
floats above,
animated by the breath of the blazing stars.

The body lies silent in its restful chamber,
and shares its serene fate with the clumps of earth,
then dissolves, as thirsty roots drink it up,
only to return one day in vernal splendor;
this has all been ordained! by an awful, ghastly
law,
that that which had been a single world, must
now orbit as two!
but perhaps the wisdom eludes me? this wisdom
of the corpse.
Guard it well my Lord, the uncertain pathways
of the soul.

*November 9, 1936*

*1. Dezső Kosztolányi (1885–1936) Hungarian poet and writer born in what is now Serbia but had been part of the Austro-Hungarian Empire. Wrote novels and short stories and translated the works of Shakespeare, Lewis Carroll, Thorton Wilder and Rilke into Hungarian.*

## ELÉGIA JUHÁSZ GYULA HALÁLÁRA

Öt évig laktam városodban költő,
s nem láttalak sosem. Négy fal között,
csomós sötétben éltél távol és
nem érdekelt e földi tartomány
s a folyton mást dajkáló diadal;
immár a rémes sár ölében fekszel,
esőtől nedves deszkaszál takar.

Régóta már csak éjjel, ablakodból
néztél az égre és a fellegek
futása ért a szívedig talán;
tudom, hogy évek óta nem beszéltél,
mint hallgató barát, ki megfogadta;
oly némán éltél és szakállasan,
ahogy kegyetlen szárán él a barka.

Tavasz van és a fényes mély Tisza
tovább folyik, s árad tovább a fénytelen
nyomor tanyáidon; nem változott
mióta földbetettek semmisem:
akárha élnél, úgy vonul a felleg
s fehér virágban álló fák felől
az illatok éjente útrakelnek.

*1937. május 5.*

## ELEGY ON THE DEATH OF GYULA JUHÁSZ

Poet, I lived in your city for five years,
and yet never met you. For you lived in seclusion

between four walls in the gnarled darkness,
without concern for this earthly kingdom
nor for the hollow triumphs others incessantly
pursue;
but you now lie in the lap of the ghastly mud,
covered by a single plank soaked through with
rain.

For a long time you gazed at the sky
from your window in the night, and perhaps
the rush of clouds touched your heart;
I know, that like a silent monk, who had taken
a vow,
you had not spoken for years,
and lived mute with whiskers as dark and
unruly,
as the cruel and bearded stem of a pussy-
willow.

It is spring, and the bottomless Tisza gleams
and flows flooding your wretched
farms and destitute fields; it seems nothing has
changed
since they gingerly laid you in the ground:
it is as if you were still alive, seeing how the
clouds
march on and the white blossomed trees
send their fragrances nightly on their way.

*May 5, 1937*

## KESERÉDES

A felleg zsákja pattan,
víz csurran és riadtan
órjási hangya fut.

Villámok tőre surran,
dörgés gurul le túlnan,
de máris kékbe hull.

A záporfelleg öccse,
földönfutó ködöcske
a sárban henvereg.

Napfény lehellget rája,
megég apró ruhája
s pucéran füstölög.

A földre ázott, fényes
levél alatt szemérmes
szamóca bujdosik.

Gödörbe gyűlve néhol
kis tócsa bugyborékol
és tudja, meddig él.

S ki tudja meddig élek?
lebbenj csak, könnyű ének,
vidám lehelletem!

*1936. november 29.*

## BITTERSWEET

The cloud's sack is torn,
the rain spills, and
a frightened ant runs for its life.

The lightning's dagger glints,
as the thunder rolls in from afar,
then plummets into the blue.

The storm cloud's younger brother,
the drifting fog,
wallows in the mud.

The sunlight breathes on it,
and its tiny clothes catch on fire
as it runs away disrobed.

On the ground, beneath soaked
leaves, the wild strawberry
lies chaste and coy.

In a ditch a tiny
puddle bubbles up,
knowing how long it will live.

But who knows how long I will survive?
so flutter on my weightless song,
my joyous breath!

*November 29, 1936*

## TEGNAP ÉS MA

*Tegnap* hűs eső szitált s a térdelő
    bokorból bíborban bútt elő
    és lassan vonult a réten át
    két fölpattant ajkú szerető;

*és ma* bősz ágyuk, tapadó kerekekkel,
    gőzölgő katonák jöttek reggel,
    homlokukat rohamsisak ótta,
    erős illatok szálltak utánuk,
    férfisorsunk nehéz lobogója.

(Jaj szőke gyerekkor, de messzire szálltál!
ó, hóhaju vénség, téged sem érlek el!
a költő bokáig csúszós vérben áll már
s minden énekében utolsót énekel.)

*1936. november 25.*

## YESTERDAY AND TODAY

*Yesterday* a chill rain fell
    and from beneath the kneeling bushes

two purple-lipped lovers popped up
    and strolled across the meadow;

*but today* evil cannons, mired in mud,
    and steaming-wet soldiers arrived in the
        morning,
    their helmets covering their faces,
    followed by strong fragrances,
    the heavy banners of our male destinies.

(My fair-haired boyhood, how far you have
    flown!
and my white-haired senility, I will never live to
    see you!
for the poet stands knee-deep in blood
and every song he sings may be his last.)

*November 25, 1936*

## LAPSZÉLI JEGYZET HABAKUK
    PRÓFÉTÁHOZ

Városok
lángoltak,
robbantak
a faluk!
légy velem
szigoru
Habakuk!

Kihűlt már,
fekete
a parázs;
bennem még
lánggal ég
a tüzes
harapás!

Ételem,
italom
keserű.
Kormozz be
talpig te
fekete düh!

*1937. október 6.*

## MARGINALIA TO THE PROPHET
    HABAKUK[1]

The cities
are ablaze,
the villages
explode!
come to me
vengeful
Habakuk!

The fires
die down
the ashes smolder;
yet a fire
rages
in my burning
mouth!

My food
my drink
taste bitter.
Smear me
with black rage
from head to toe!

*October 6, 1937*

1. *Prophet mentioned in the Hebrew Bible credited as the author of the "Book of Habakkuk."*

## ALUDJ

Mindig gyilkolnak valahol,
  lehunyt pilláju völgy
ölén, fürkésző ormokon,
  akárhol, s vígaszul
hiába mondod, messzi az!
  Sanghaj, vagy Guernica
szivemhez éppen oly közel,
  mint rettegő kezed,
vagy arra fenn a Jupiter!
  Ne nézz az égre most,
ne nézz a földre sem, aludj!
  a szikrázó Tejút
porában a halál szalad
  s ezüsttel hinti be
az elbukó vad árnyakat.

*1937. november 2.*

## JUST SLEEP

They are always killing somewhere,
  whether in some drowsy valley's
lap, or atop a searching mountain,
  it never seems to matter, and though you
comfort yourself by saying, that it's far away!
  Shanghai,[1] or Guernica[2]
are as near my heart,
  as this, your trembling hand,
or even somewhere up there, Jupiter!
  So don't bother to look up at the sky,
nor to look down upon the earth, just sleep!
  Death races through the dust
of the glittering Milky Way

sprinkling its silvery sparks of light
over the savage plummeting shadows.

*November 2, 1937*

1. *The Japanese invaded Shanghai.*
2. *Basque village bombed April 26, 1937 by Franco's Nazi and Fascist allies during the Spanish Civil War. The raid by the Condor Legion of the German Luftwaffe and the Italian Aviazione Legionaria caused great destruction and hundreds of civilian deaths. One of the first air raids to target a civilian population, it was the subject of Picasso's famous painting commemorating the bombing of Guernica.*

## IL FAUT LAISSER...

*Il faut laisser maison, et vergers et jardins,—*
egyik utolsó versét e sorral kezdte Ronsard,
morgom magamban és fülel a barna ösvény
s a kerti rózsafákról egy-egy holt szirom száll;
két meztelen bokor mélán utánam bámul,
úgy látszik ért a táj egy kissé franciául;
*il faut laisser,—*mereng a tölgyfa is szavalva
s egy fáradt makkot ejt a gőzölgő avarra.

Felhők közt ül a nap, egy bak kötélre fűzve
elindul s mint fehér, szakállas mélabú jár
köröskörül s a rét tócsáiban taposgat;
az égi téreken madárhad vé-je úszkál
és néha eltünik a lassu szürkületben;
a ritkás lomb között hűs eső fátyla lebben,
*il faut laisser,—*susog, Ronsard-t a földbe tették,
s majd megfagy rajtad is, ne félj, a gyöngy
  verejték.

*1938. október 7.*

## IL FAUT LAISSER...[1]

*Il faut laisser maison, et vergers et jardins,—*
Ronsard began one of his final poems with this
  line,
I murmur to myself, as the brown dusty bridle-
  path perks up
its ears, and here and there a petal falls from the
  rose,
two naked bushes stare at me wistfully;
it seems that the garden comprehends a bit of
  French;
*il faut laisser,—*murmurs the ancient oak as if it
  were reciting
a poem, then drops its tired acorns on the
  steaming forest floor.

The sun straddles the clouds, as a tethered billy-
  goat
bleats mournfully, and goes round and
round pawing at the puddles like a bearded sage,

while in the expansive sky a flock of birds floats
    lazily
only to disappear into the languid twilight;
amidst the sparse branches a rain shower flutters
    like a veil,
*il faut laisser,*—whispered Ronsard, before they
    placed him in the ground,
one day the dew from the sweating earth will
    freeze and cover you as well.[2]

*October 7, 1938*

  1. *Takes its title from a poem published in 1586 written
by Pierre Ronsard (1524–1585) the great French poet. Sug-
gests the spirit is more important than the body.*
  2. *Builds up the myth of the poet as a necessary sacrifice
in the impending war against fascism.*

## ŐRIZZ ÉS VÉDJ

Álmomban fú a szél már éjjelente
s a hófehéren villanó vitorlák
csattogva híznak messzi útra készen.

Úgy írom itt e lassu költeményt,
mint búcsuzó, ki ujra kezdi éltét,
s ezentúl bottal írja verseit
szálló homokra távol Áfrikában.

De mindenünnen, Áfrikából is
borzalmas sírás hallik; rémitő
gyermekét szoptatja nappal, éjjel
szederjes mellén a dajka idő.

Mit ér a szó két háború között,
s mit érek én, a ritka és nehéz
szavak tudósa, hogyha ostobán
bombát szorongat minden kerge kéz!

Egünkre láng fut és a földre hull
az égi fényjelekből olvasó,
fájdalom kerít körül fehéren,
akár apályidőn tengert a só.

Őrizz és védj, fehérlő fájdalom,
s te hószín öntudat, maradj velem:
tiszta szavam sose kormozza be
a barna füsttel égő félelem!

*1937*

## GUARD AND PROTECT ME

In my dreams a wind blows every night, as
    snow-white
sails glint in the blazing sun, and snap and
swell as I prepare for my distant journey.

It seems my poems slip from me like boats
shoving off from shore, or like a man who sets
    out

for an uncertain life, and writes his poems in
    the
sand with a leafless branch in far-off Africa.

And from throughout Africa[1] comes a terrible
cry; as she suckles her ghastly
infants in the scorching sun, and the
night sleeps between her livid breasts.

But what do words matter between two
dreadful wars, and what matter I, a scholar
giving birth to precious impotent words, when
any fool can cradle a bomb between his hands!

The flames rise and lick the sky, and only a
madman can fail to read the signs as a
great suffering gathers like the pale clouds,
or like salt on the strand when the tide goes out.

Oh, guard and protect me, my pure white
    senses,
come stay with me, my deep white ache: may my
heartfelt words never be corrupted[2] by this
terror that rises like black smoke in the sky!

*1937*

  1. *The continent is being exploited and destroyed by the
imperialist European powers.*
  2. *Develops the persona of the poet who must remain
pure and uncorrupted so he can be a seer and prophet.*

## HIMNUSZ A BÉKÉRŐL

Te tünde fény! futó reménység vagy te,
forgó századoknak ritka éke:
zengő szavakkal s egyre lelkesebben
szóltam hozzád könnyüléptü béke!

Szólnék most újra, merre vagy? hová
tűntél e télből, mely rólad papol
s acélt fen szivek ellen,—ellened!
A szőllőszemben alszik így a bor

ahogy te most mibennünk rejtezel.
Pattanj ki hát! egy régesrégi kép
kisért a dalló száju boldogokról;
de jaj, tudunk-e énekelni még?

Ó, jöjj el már te szellős március!
most még kemény fagyokkal jő a reggel,
didergő erdők anyja téli nap:
leheld be zúzos fáidat meleggel,

s állj meg fölöttünk is, mert megfagyunk
e háboruk perzselte télben itt,
ahol az ellenállni gyönge lélek
tanulja már az öklök érveit.

Nyarakra gondolunk s hogy erdeink
majd lombosodnak s bennük járni jó,

és kertjeinknek sűrü illatában
fáján akad a hullni kész dió!

s arany napoknak alján pattanó
labdák körül gomolygó gombolyag,
gyereksereg visong; a réteken
zászlós sörényü, csillogó lovak

száguldanak a hulló nap felé!
s fejünk felett majd surrog és csivog
a fecskefészkektől sötét eresz!
Így lesz-e? Így! Mert egyszer béke lesz.

Ó, tarts ki addig lélek, védekezz!

*1938. február 9.*

## Hymn of Peace

You are fleeting hope, a fugitive light,
a precious ornament of the whirling
centuries, with sonorous words I rhapsodize
endlessly about you, oh, gently striding peace!

I call out once more, where are you! where have
    you
gone, fled far from this harsh winter
that preaches about you, and whets its cold steel
    against
our hearts,—against you! In the grape sleeps the
    wine
just like you who lurks deep within us now.
Come spring forth! an image from long ago
    urges us
to raise our voices and sing like saints with
    melodious
mouths; but then, do we still know how to
    sing?

Come, bring your breezes, drafty March!
with each morning there still comes a bracing
    frost,
oh, winter sun, mother of shivering forests:
breathe your warm breath on the trees crushed
    beneath the snow,

then stop above us, for we are all freezing here,
in this bleak winter scorched by flames of war,
where the incorruptible soul, too frail to resist
is taught about fists, and the ways of the world.

We dream of summers and how our forests
will bloom with lush foliage, and how good
it will be to walk beneath the walnuts ready
to fall from the branches, in gardens thick with
    perfume!

and to walk beneath golden suns, where swirling
    troops
of children swarm and squeal around snapping
    balls;

while in the meadows gleaming horses
frolic with their manes fluttering like banners,

as they gallop toward the falling sun!
and above our heads the glinting eaves darken
and the chimney swallows lie in their nests,
    twittering!
Is this how it will be? Yes, like this! For there
    shall be peace at the end.

So hold out my soul 'til then, and protect
    yourself!

*February 9, 1938*

## Első ecloga

*Quippe ubi fos versum atque nefas: Tot bella per
orbem, tam multae scelerum facies:...*
                                        *Vergilius*

Pásztor:
Régen láttalak erre, kicsalt a rigók szavak végre?
Költő:
Hallgatom, úgy teli zajjal az erdő, itt a tavasz
    már!
Pásztor:
Nem tavasz ez még, játszik az ég, nézd csak meg
    a tócsát,
most lágyan mosolyog, de ha éjszaka fagy köti
    tükrét
rádvicsorít! mert április ez, sose higgy a
    bolondnak,—
már elfagytak egészen amott a kicsiny
    tulipánok.
Mért vagy olyan szomorú? nem akarsz ideülni a
    kőre?
Költő:
Még szomorú se vagyok, megszoktam e szörnyü
    világot
annyira, hogy már néha nem is fáj,—
    undorodom csak.
Pásztor:
Hallom, igaz, hogy a vad Pirenéusok ormain izzó
ágyucsövek feleselnek a vérbefagyott tetemek
    közt,
s medvék és katonák együtt menekülnek el
    onnan;
asszonyi had, gyerek és öreg összekötött
    batyuval fut
s földrehasal, ha fölötte keringeni kezd a halál és
annyi halott hever ott, hogy nincs aki
    eltakarítsa.
Azt hiszem, ismerted Federícót, elmenekült,
    mondd?

Költő:
Nem menekült. Két éve megölték már
  Granadában.
Pásztor:
Garcia Lorca halott! hogy senki se mondta
  nekem még!
Háboruról oly gyorsan iramlik a hír, s aki költő
így tűnik el! hát nem gyászolta meg őt Európa?
Költő:
Észre se vették. S jó, ha a szél a parázst
  kotorászva
tört sorokat lel a máglya helyén s megjegyzi
  magának.
Ennyi marad meg majd a kiváncsi utódnak a
  műből.
Pásztor:
Nem menekült. Meghalt. Igaz is, hova futhat a
  költő?
Nem menekült el a drága Atilla se, csak *nemet*
  intett
folyton e rendre, de mondd, ki siratja, hogy így
  belepusztult?
Hát te hogy élsz? visszhang jöhet-é szavaidra e
  korban?
Költő:
Ágyudörej közt? Üszkösödő romok, árva faluk
  közt?
Írok azért, s úgy élek e kerge világ közepén, mint
ott az a tölgy él; tudja, kivágják, s rajta fehérlik
bár a kereszt, mely jelzi, hogy arra fog irtani
  holnap
már a favágó,—várja, de addig is új levelet hajt.
Jó neked, itt nyugalom van, ritka a farkas is erre,
s gyakran el is feleded, hogy a nyáj, amit őrzöl, a
  másé,
mert hisz a gazda se jött ide hónapok óta
  utánad.
Áldjon az ég, öreg este szakad rám, míg hazaérek,
alkonyi lepke lebeg már s pergeti szárnya
  ezüstjét.

*1938*

# First Eclogue

*Quippe ubi fas versum atque nefas: Tot bella per*
*orbem, tam multae scelerum facies...*
                              *Virgil*

Shepherd:
How long has it been, was it the thrush's song
  that lured you out?
Poet:
I listened, and heard its song above the din of
  the woods, spring is here!
Shepherd:

No, it's not yet spring, the sky toys with us, just
  look at that stagnant pool,
it may be smiling now, but come the night, its
  mirrored face will freeze
into a scowl! This is April, and you must never
  trust the fool,—
all the tiny tulips have been hoodwinked and
  now lie dead and frozen.
But tell me, why the sad face? Would you like to
  sit here on this stone?
Poet:
I'm not sad, I became accustomed long ago to
  this awful world,
and there are even times I feel no pain,—I'm
  just filled with disgust.
Shepherd:
I've heard that on the untamed heights of the
  Pyrenees, perspiring
cannons argue back and forth among the
  corpses frozen in blood,
and that wild beasts and soldiers flee together
  from the battlefield,
while armies of old men, women, and children
  run clutching their bundles
and throw themselves to the ground, as death
  drones and circles overhead,
and there are so many bodies, there is no one to
  bury the dead.
But tell me, perhaps you knew him,[1] did
  Federico at least get away?
Poet:
No, he never did. And it's two years since they
  killed him in Granada.
Shepherd:
Lorca dead! But how can that be, when no one
  ever told me!
News travels fast in time of war; so how can
  such a poet vanish
into thin air! But tell me, Europe felt the loss
  and mourned him?
Poet:
No, no one noticed or took note, except perhaps
  the wind poking
through the ashes of his grave that came upon
  some broken lines of verse
and committed them to memory, for future
  generations.
Shepherd:
So he didn't flee. Just died. But then, where is a
  poet to go?
Atilla[2] also never ran, just stiffened his back and
  said "No"
to those in power; so no one cried for his
  untimely death?

But how do you live! Do your words at least
  echo through this age?
Poet:
Amidst cannon fire? Charred ruins, orphaned
  and abandoned towns?
And yet, this is where I must live and write, in
  this world gone mad,
like an ancient oak knowing he'll be cut down, a
  white cross on his trunk
marking him for destruction, and come the
  dawn the lumberjacks will
come,—but he stands unfazed still growing,
  sending out new shoots and leaves.
But you seem well my gentle friend, and you
  seem to have peace for a little while,
the wolf rarely comes around, and months go by
  till your master calls,
and though the flock you guard, is not your
  own, you are ever vigilant.
Perhaps one day, I too, shall be blessed like you
  by this peaceful sky,
where a butterfly flutters as it rubs the silvery
  twilight from its wings.

*1938*

1. *Poem eulogizes Federico Garcia Lorca (1898–1936),
thirty-eight year old Spanish poet murdered by fascists during the Spanish Civil War. His remains have never been
found.*

2. *Attila József (1905–1937) great Hungarian poet who
grew up and lived in poverty. Struggled with schizophrenia
and died at thirty-two, most likely a suicide. Infused his poetry with surrealism and had a deep influence on many
poets of his generation.*

## Huszonkilenc év

*Ortutay Gyulának*

Huszonkilenc év! most csütörtökön
volt egy hete, hogy ennyi lettem;
verset szoktam írni én ilyenkor,
már évek óta verssel ünnepeltem
e szörnyü fordulót, de aznap
nem békitett meg semmisem,
nem maradt meg semmisem vigasznak.

Számoltam és motyogtam hajnalig,
ó jaj, utolsó huszas évem,
húszon ím kilenc s utána ó jaj,
utána: harminc. Mozdul év az éven:
a szív ijedt, régóta kínzom,
már évek óta élek így,
vad bozótban, ártatlan Robinzon,
ki békén tett-vett s közben tudta meg,
nem védi semmi és a házat,

melyet jó magasra épitett fel,
ledöntik s harsogó vadászat
kél ellene s az elbukó nap
vérében ázva gyilkos és
hallgatag vadászok hallgatóznak.

Álmatlanul feküdtem, szédülés
hintáztatott, az égből fáradt
fények hulldogáltak hunyt szememre;
eső jött hirtelen, az éj megáradt,
hűvös vize szobámba lomha
lepkéket vert be s reszketeg
csillagot sodort az ablakomra.
Órákat élő lepke szállt le rám
s időtlen éltü csillag nézett:
mennyi az, amennyit eddig éltem?
huszonkilenc év? hófehér enyészet
dédelget, ringat s úgy emel fel,
mint gyönge pelyhet lassu szél,
lassan és borzalmas kényelemmel.

Fölkeltem, kinn a hajnal tétován
járkált a púpos hegygerincen,
ablakomhoz álltam és kinéztem:
előtted húsz év? tíz? vagy semmi sincsen?
nem mindegy, mondd?—szóltam magamra,
te nem szereztél semmit itt,
drága holmi még nem ült a kamra
hűsén sosem tenálad, semmi rossz
nem él szivedben, mégis űznek,
rák épülget benned, vagy leszúrnak,
nem mindegy, mondd? vagy tán a
  máglyatűznek
hiányzik majd a költeményed,
ha többé semmit már nem írsz,
mert mi verssé lenne, füttybe téved?

A lepke meghal s lám az égi fény
az vándorol időkön által,
nagy folyók tünődve egyre folynak,
s deltáiknál iszap zsong fodros háttal,
víz álmodik a sűrü ringó
nád közt s a fényben föllebeg
a nap felé egy rózsaszín flamingó.

*1938. május*

## Twenty-Nine Years

*For Gyula Ortutay[1]*

Twenty-nine years! a week ago this
Thursday, and I marvel that I even
reached this day; for years I have celebrated
by writing a poem to mark this monstrous
turning-point, but on this day in particular,
I could find no peace, I was in shock,
and no one and nothing could comfort me.

I paced about like a madman counting
until dawn, bemoaning my fate, as I said
good-bye to my twenties, for
after this, comes only thirty and
woe. Year followed by year; it seems that I have
   lived
this way for years, tormenting my desperate
   heart,
living in a wilderness like an innocent
Robinson Crusoe, who patiently built and
built, but learned that no matter how high
he built his fortress there was nothing to
protect him from the thunderous horde
that would come one day to topple its fragile
   frame, beneath the blood-
red eyes of the sun, as murderous
soundless hunters eavesdropped in silence.

Unable to sleep I tossed about, shaky
and faint, while from the sky, drowsy,
   insubstantial
lights drifted upon my closed lids and face;
and then came a sudden rain, the night
flooded, cool water barged into my room
as stunned moths were tossed inside and
   tremulous
starlight flowed over my windowpane.
A moth with only hours to live landed
on my arm, as a timeless star looked on:
so what matter then, these
paltry years I've lived? twenty-nine? cradled
by a snow-white decay, that lifts me up and
   rocks
me like the leisurely wind stirs a light
feather, with an unhurried, terrible ease.

And then I awoke, while outside the dawn
   tottered
over the hunch-backed mountains, and I leaned
against my window to look out: twenty years
ahead of me? maybe ten? or perhaps nothing
at all? what does it matter?—I muttered
to myself, after all, you have nothing more
to gain here, precious things never crammed
   your
pantry nor filled your shelves, and though there
   is no
evil in your heart, yet, they hound you,
perhaps a knife or a cancer lurking inside,
might finish you off, but what would it matter,
   tell me? or
perhaps your poems will be used to feed some
   hungry bonfire,
so if you were to write nothing more, because
nothing more remains, who would give a damn?

The moth finally dies, and yet, behold! heaven's
   light
still wanders through eternity, as the
great rivers flow on endlessly only to
disappear, their deltas filled with mud, ringing
with ruffled waves, as the waters dream
amid the dense swaying reeds, and in the glow,
toward the sun, a pink flamingo takes flight.[2]

*May, 1938*

   1. *Dedicated to Gyula Ortutay close friend from school-days in Szeged. Radnóti addressed his Bor notebook found on his corpse in a mass grave to Ortutay.*
   2. *One of Radnóti's great poems with some of the echoes of acceptance seen in Keats' "Ode to Autumn" that ends with "And gathering swallows twitter in the skies."*

---

# Naptár / Calendar (1942)

---

*Twelve poems written over two years published in Budapest by Hungarian publisher.*

JANUÁR

Későn kel a nap, teli van még
csordúltig az ég sürü sötéttel.
Oly feketén teli még,
szinte lecseppen.
Roppan a jégen a hajnal
lépte a szürke hidegben.
*1941. február 5.*

FEBRUÁR

Ujra lebeg, majd letelepszik a földre,
végül elolvad a hó;
csordul, utat váj.
Megvillan a nap. Megvillan az ég.
Megvillan a nap, hunyorint.
S íme fehér hangján
rábéget a nyáj odakint,
tollát rázza felé s cserren már a veréb.
*1941. február 21.*

## MÁRCIUS

Lúdbőrzik nézd a tócsa, vad,
vidám, kamaszfiús
szellőkkel jár a fák alatt
s zajong a március.
A fázós rügy nem bujt ki még,
hálót se sző a pók,
de futnak már a kiscsibék,
sárgás aranygolyók.

*1941. február 26.*

## ÁPRILIS

Egy szellő felsikolt, apró üvegre lép
s féllábon elszalad.
Ó április, ó április,
a nap se süt, nem bomlanak
a folyton nedvesorru kis rügyek se még
a füttyös ég alatt.

*1939. március 12.*

## MÁJUS

Szirom borzong a fán, lehull;
fehérlő illatokkal alkonyul.
A hegyről hűvös éj csorog,
lépkednek benne lombos fasorok.
Megbú a fázós kis meleg,
vadgesztenyék gyertyái fénylenek.

*1941. február 25.*

## JÚNIUS

Nézz csak körül, most dél van és csodát látsz,
az ég derüs, nincs homlokán redő,
utak mentén virágzik mind az ákác,
a csermelynek arany taréja nő
s a fényes levegőbe villogó
jeleket ír egy lustán hősködő
gyémántos testü nagy szitakötő.

*1941. február 28.*

## JÚLIUS

Düh csikarja fenn a felhőt,
fintorog.
Nedves hajjal futkároznak
meztélábas záporok.
Elfáradnak, földbe búnak,
este lett.
Tisztatestű hőség ül a
fényesarcu fák felett.

*1940. június 12.*

## AUGUSZTUS

A harsány napsütésben
oly csapzott már a rét
és sárgáll már a lomb közt
a szép aranyranét.
Mókus sivít már és a büszke
vadgesztenyén is szúr a tüske.

*1940. július 21.*

## SZEPTEMBER

Ó hány szeptembert értem eddig ésszel!
a fák alatt sok csilla, barna ékszer:
vadgesztenyék. Mind Afrikát idézik,
a perzselőt! a hűs esők előtt.
Felhőn vet ágyat már az alkonyat
s a fáradt fákra fátylas fény esőz.
Kibomló konttyal jő az édes ősz.

*1940. július 15.*

## OKTÓBER

Hűvös arany szél lobog,
leülnek a vándorok.
Kamra mélyén egér rág,
aranylik fenn a faág.
Minden aranysárga itt,
csapzott sárga zászlait
eldobni még nem meri,
hát lengeti a tengeri.

*1941. február 7.*

## NOVEMBER

Megjött a fagy, sikolt a ház falán,
a holtak foga koccan. Hallani.
S zizegnek fönn a száraz, barna fán
vadmirtuszok kis ősz bozontjai.
Egy kuvik jóslatát hullatja rám;
félek? nem is félek talán.

*1939. január 14.*

## DECEMBER

Délben ezüst telihold
a nap és csak sejlik az égen.
Köd száll, lomha madár.
Éjjel a hó esik és
angyal suhog át a sötéten.
Nesztelenül közelít,
mély havon át a halál.

*1941. február 11.*

## JANUARY

The sun rises late, and the sky
is thick with shadows.

The darkness brims over
and drips,
as the dawn snaps the ice
and tip-toes through the gray and frozen air.

*February 5, 1941*

## FEBRUARY

The snow flutters, then alights
upon the earth, melting,
trickling, searching for a path.
The sun gleams. The sky gleams.
The sun gleams, then squints,
as the sheep raise
their pure-white voices,
and the sparrows chatter and shake their
    feathers.

*February 21, 1941*

## MARCH

The puddles stare like goose pimples,
and like wild and joyous adolescent boys
the breezes cavort beneath the trees.
March kicks up a row.
The shivering buds play hide-and-seek,
and the spider refuses to weave his web,
as baby chicks run to and fro,
like feathered balls of gold.

*February 26, 1941*

## APRIL

A lone breeze cries out having stepped
on broken glass, then limps away.
Oh, April, April,
the sun refuses to shine, and the
moist-nosed buds are loathe to open
beneath the whistling sky.

*March 12, 1939*

## MAY

The petals shudder on the branches, then fall,
as twilight sprinkles its glistening perfume,
and the trees bathe and splash in the cool of
    evening
trickling down the mountain.
The precious warmth seeks refuge from the
    cold,
and the wild chestnuts glow like tapers.

*February 25, 1941*

## JUNE

Look around, it's noon, and you are witness to a
    miracle;

the sky is clear, without wrinkles on its brow,
and the locust flowers everywhere.
The golden-crested brooks swell,
as glinting dragonflies
swagger lazily, tracing
gleaming symbols in the air.

*February 28, 1941*

## JULY

A furious wind strangles the clouds
that wince in pain,
and with drenched hair the showers fall,
then scamper barefooted
to burrow deep within the earth.
Night falls.
A torrid sun perches naked
on the bright upturned faces of the trees.

*June 12, 1940*

## AUGUST

In the shrill sunlight
the pastures lie drenched,
and the red apples
yellow on the bough.
The squirrels squeal and the haughty
wild chestnut is pierced with spines.

*July 21, 1940*

## SEPTEMBER

Oh, how many Septembers have I seen!
the wild chestnuts glint like dark gems
beneath the trees. And in far-off Africa,
the scorched earth waits for the cooling rains.
The twilight fluffs up its bed in the clouds,
and a veiled light caresses the tired trees,
as with braids undone the autumn comes.

*July 15, 1940*

## OCTOBER

A cool wind flutters, laden with gold,
as a traveler sits and waits.
In the barn a mouse gnaws,
while the bright branches glimmer above.
Everything gleams with gold,
and the trees, loathe to cast off
their drenched and yellow banners,
sway with the golden corn.

*February 7, 1941*

## NOVEMBER

Finally, the bitter cold has arrived, and screams
    up at the house,

even the teeth of the dead are chattering.
  Loudly.
The myrtle shakes and rustles its shaggy leaves
now dry and brown.
A small owl hoots, is it an omen and
should I be afraid? Perhaps, but who can tell.

*January 14, 1939*

## December

At noon the mid-day sun glows faintly in the
sky

as if it were the moon, silver and full.
And the fog looms, like a clumsy bird.
At night the snow falls gently
like an angel whispering in the dark,
and death approaches
naked and soundless in the gathering snow.

*February 11, 1941*

# Tajtékos ég / Frothy Sky (1946)

*Published by Fanni two years after Radnóti's death. Contains many poems that he would have published if not for the censors and for the difficult circumstances of his final years and the restrictive anti–Jewish laws that defeated all his efforts to find employment and publication for his works. The appearance of "Frothy Sky" brought him to the attention of the broader Hungarian public and established his reputation as a major Hungarian writer.*

## Hispánia, Hispánia

Két napja így zuhog s hogy ablakom nyitom,
Páris tetői fénylenek,
felhő telepszik asztalomra
s arcomra nedves fény pereg.

Házak fölött, de mélyben állok mégis itt,
rámsír az esővert korom,
s szégyenkezem e lomha sártól
s hírektől mocskos alkonyon.

Ó suhogó, feketeszárnyu háború,
szomszédból szálló rémület!
nem vetnek már, nem is aratnak
és nincsen ott többé szüret.

Madárfió se szól, az égből nap se tűz,
anyáknak sincsen már fia,
csupán véres folyóid futnak
tajtékosan, Hispánia!

De jönnek új hadak, ha kell a semmiből,
akár a vad forgószelek,
sebzett földekről és a bányák
mélyéről induló sereg.

Népek kiáltják sorsodat, szabadság!
ma délután is érted szállt az ének;
nehéz szavakkal harcod énekelték
az ázottarcu párisi szegények.

*1937. augusztus 6.*

## Hispania, Hispania[1]

It's been raining two days now, as I open my
  window
and look down upon the roofs of Paris
  glistening
in the rain, a cloud settles on my desk,
and a moist radiance trickles down my face.

I stand above the houses, yet languish in the
  depths,
as the rain-beaten soot falls upon me like tears,
and the shame of the alarming headlines
is like the indolent mud of this filthy twilight.

O! Dark-winged war that swoops,
and spreads its terror across the border!
where they no longer reap nor sow,
and where the grape and harvest lie abandoned.

The fledgling birds are silent, and the sun's fire
  is gone,
and women give birth to sons no more,
as your churning rivers run red
with bloody foam, Hispania!

And yet, new armies arise conjured
like a whirlwind from the empty air,
from wounded fields and depths of mines
a vast, resolute, unyielding host.

And the people shall cry out for freedom!
for their destiny, I can hear their strident voices
  rising

from the streets below, singing of your mortal
   struggle,
the wretched poor of Paris drenched with rain.[2]

*August 6, 1937*

   1. *This poem would have appeared in "Steep Road"
(1938) but could not be included because of the censors and
authorities. Published posthumously. During his second trip
to Paris in July 1937 he witnessed and participated in rallies
and demonstrations in support of the Spanish Republicans
fighting the Falangists (Nationalists) led by General Fran-
cisco Franco.*
   2. *The Spanish Civil War was fought from July 17, 1936
to April 1, 1939 and ended with the victory of Franco's fascist
forces that led to his rule as absolute dictator of Spain for
the next 36 years. It began with a coup started by generals
in the military against the elected government of the Second
Spanish Republic with the support of the church, monar-
chists, and right-wing fascists. The Nationalists received aid
from Hitler, Mussolini, and Portugal while the Republicans
were supported by the Soviet Union and Mexico. Tens of
thousands were killed, many of them civilians, and the civil
war became a testing ground for Nazi armaments and as
to how Hitler would conduct his war starting in September
1939. Many recognized that the civil war had become the
front line against international fascism and volunteer
brigades were formed in many countries to fight along side
the Republicans. Volunteers arrived from many countries
including France, Poland, Hungary, Canada, Germany,
Ireland, the United Kingdom and included the American
"Abraham Lincoln Brigade."*

---

## FEDERICO GARCÍA LORCA

Mert szeretett Hispánia
s versed mondták a szeretők,—
mikor jöttek, mást mit is tehettek,
költő voltál,—megöltek ők.
Harcát a nép most nélküled víjja,
hej, Federico García!

*1937*

## FEDERICO GARCIA LORCA[1]

Because Spain loved you
lovers recited your poems,—
and when they finally came, what else could *they*
   do,
but kill you, for after all you were a poet,
and now the people must fight on without
   you,
Federico Garcia Lorca!

*1937*

   1. *Poem commemorates the poet's death and murder at
the hands of the Spanish fascists in August 1936 soon after
the start of the Civil War. He was already well-known in-
ternationally as a poet and dramatist but Radnóti first be-
came aware of him and his martyrdom on his first trip to
Paris. The poem would have appeared in "Steep Road"*

*(1938) but could not be included because of the censors and
authorities.*

## ŐSZ ÉS HALÁL

*Nagy Etel emlékének*

Hány súlyos őszt és hány halált,
halálok vad sorát értem meg eddig én!
a süppedő avar szagával mindig
tömjén is száll felém.

Száll? inkább csak lejt, szalad,
míg rá nem hull a hó,
földönfutó és tömzsi páros illat,
kettős búcsuztató!

Az alkony most is két emléket ringat,
a földrehulló nyár futó szagát
s egy jámbor illatét...
lejtett utánad az, mikor a hűtlen ég
tested a hűvös földnek adta át.

\*

Az erdő vetkezik
és síkos már a rét,
körötted hét szép csillag ég,
hét csillag ég körötted és
tested körül most hirtelen
suhogó kört szalad
hét bársonyos vakond a föld alatt.

\*

Ó, honnan táncoltál a fényre te?
falak tövéből, nyirkos, mély sötétből!
S miféle szárnyas akarat emelt?
mit láthattál, micsoda égi jel?

S mi lett belőled, mondd?
te lélekűzte test,
te röppenő és dobbanó!
a gyertyák lángja és a friss
lehellet táncol most helyetted s—érted is.

Mi lett belőled lélekűzte test?
te dobbanó és röppenő!
ki könnyü voltál, mint a szellő,
súlyos vagy, mint a kő.

\*

Most rejt a föld.
S nem úgy, mint mókust rejti odva,
vagy magvait a televény
csak télen át—
örökre! mint emlékedet
e tépett költemény.

*1939*

## DEATH AND AUTUMN

*In memory of Etel Nagy[1]*

How many deaths, how many autumns,
how many ferocious deaths have I seen!
the scent of decaying leaves rises
like incense from the damp forest floor.

Did I say rises? No, rather dips and
glides until covered over with snow, and the
    dense
earth-bound fragrance of death and autumn
    become
a paired, farewell valediction.

Yes, the twilight cradles only two memories
now, the fleeting scent of summer as it scatters
about its sacred perfume...
and that of you, as the faithless sky
    offers you up
to the cool earth and loam.

*

The forests have disrobed
and the meadows are slippery with dew,
may seven stars shine upon you,
and may seven stars surround you
while about your corpse
seven velvety moles run circles
beneath the ground.

*

O, how did you come to dance into this
    light?
from what depths, and damp, and tangled
    darkness!
What winged intent spurred you on?
what visions did you see, what heavenly
    signs?

And what has become of you?
oh soul-encumbered flesh,
once soaring wildly, deeply throbbing!
your vital breath like a candle's flame
flickering both within you—and beside you.

Yes, what have you become, oh soul-encumbered
    flesh?
once so deeply throbbing, soaring wildly!
you, who were once as light as air,
now as grave and heavy as stone.

*

You lie finally hidden by the earth,
Not like the den that conceals the squirrel,
nor the black loam that hides its pilfered
    seeds,
but like this winter's chill—

that hides you away forever! or like your
    memory
shrouded in this torn poem.

*1939*

> 1. *Dedicated to the dancer Etel Nagy (George p. 380).*

## NYUGTALAN ÓRÁN

Magasban éltem, szélben, a nap sütött,
most völgybe zárod tört fiad, ó hazám!
    Árnyékba burkolsz, s nem vigasztal
        alkonyi tájakon égi játék.

Sziklák fölöttem, távol a fényes ég,
a mélyben élek, néma kövek között.
    Némuljak én is el? mi izgat
        versre ma, mondd! a halál?—ki kérdi?

ki kéri tőled számon az életed,
s e költeményt itt, hogy töredék maradt?
    Tudd hát! egyetlen jaj se hangzik,
        sírba se tesznek, a völgy se ringat,

szétszór a szél és—mégis a sziklaszál
ha nem ma,—holnap visszadalolja majd,
    mit néki mondok és megértik
        nagyranövő fiak és leányok.

*1939. január 10.*

## IN THE RESTLESS HOUR

I once lived high up in the wind, where the sun
    shone,
but now you've locked your broken son in a
    valley,
        oh, my homeland! you have cloaked me in
        shade, and no longer
            console me with your twilight's heavenly
            games.
Above me lie only cliffs, and in the distance a
    bright sky,
while I inhabit the depths, among the silent
    stones.
        Shall I be silent as well? but then what incites
        me
            to write today! is it death?–tell me, who is
            it that asks?
who is it that asks me for an accounting, to
    make excuses for my life,
or to justify this poem were it to remain a mere
    fragment, forever?
        But know this! not one voice will be raised in
        protest,
            when they tuck me in the grave, nor will
            any valleys resound,

for the wind scatters and tosses everything away
    and—yet the cliffs,
if not today,—then tomorrow will echo back
    all that I have said, and then the sons and
    daughters
        growing up today will be there to
        understand.

*January 10, 1939*

## TRISZTÁNNAL ÜLTEM...

Trisztánnal ültem egyszer ott a part fölött,
hány éve már?
hisz akkor ép a Kingen hősködött!
Vörösborunk világitott az asztalon,
feljött a hold.
A vízre csillagok csorogtak,
mert este volt.

„Matróz lehetnél"—szólt,—„szélfútta, tiszta
    szív,
s élhetnél ott
az alkonyok s a tenger kék között!"
*Az is* vagyok,—nevettem, ó a költő
minden lehet!
és minden is, mit szónokolsz,
mindjárt varázsolok: huhh! s azt sem tudod
hol kél a nap, hogy merre van kelet!

„Jó, jó, tudom. De tudod-é?" Tudom!
„Dehogy tudod!"—
nézett rám megvetőn s kezét fölemelé:
„ott arra távol,—még távolabb,
a Kettős Zátonyok felé
szigetek ringatóznak, fényes bóbiták.
S közöttük Borneo, mint egy sötét virág!

Odamegyünk!"—Hörpintett. „Jössz velünk?
olyat se láttál még, te zöld varázsló!"
Borát kiissza, pohara talpa csattan.
Elképzelem,—feleltem és maradtam.

Elment s szigetek intettek feléje
a Kettős Zátonyoknál, fényes bóbiták.
És intenek azóta folyton,
s mint egy sötét virág,
közöttük Borneo is integet.

S az ég a tengert tükrözi,
a tenger az eget.

*1939*

## I SAT WITH TRISTAN...

I once sat with Tristan above the riverbank,
how many years has it been?

he was bragging that he was the top-dog on the
    *King!*
Our red wine sparkled on the table,
as the moon rose.
And the stars trickled over the water
as night arrived.

"You could be a sailor."—he said—
"Windswept, clean of heart,
and live between the
blue of twilight and the blue of the shimmering
    sea!"
"That is what I am,"—I laughed, "for a poet
can be anything!
and everything, so in response to your harangue
would you like me to cast a spell?": "Huh! you
    don't even know
where the sun rises, or the way to the East!"

"Oh, but I know, I know. Do you?"
"Yeah, like hell you know!"—
and then he looked at me with contempt and
    lifted his hand:
"It's there, in the distance,—toward the Twin
    Reefs,
and beyond,
where the islands are cradled by the shining surf.
And among them lies Borneo, like a dark
    flower!"

"We'll go there!" he said—and then took a
    swig. "Are you coming?
I guarantee you've seen nothing like it, you
    green enchanter!"
Then he drained his cup, and his glass clicked
    its heels.
"I'll just picture it in my mind,"—I answered,
    "and stay behind."

Then he left, and the islands called to him,
from the Twin Reefs and the gleaming surf.
And ever since they often call to me as well,
like a dark and secretive flower,
and among them, Borneo.

Where the sky mirrors the sea,
and the sea mirrors the sky.

*1939*

## CSÜTÖRTÖK

New-Yorkban egy kis szállodában
hurkot kötött nyakára T,
ki annyi éve bolyg hazátlan,
tovább bolyonghat-é?

Prágában J M ölte meg magát,
honában hontalan maradt,
P R sem ír egy éve már,
talán halott egy holt gyökér alatt.

Költő volt és Hispániába ment,
köd szállt szemére ott, a bánaté;
s ki költő és szabad szeretne lenni,
egy fényes kés előtt kiálthat-é?

Kiálthat-é a végtelen előtt,
ha véges útja véget ért;
a hontalan vagy láncon élő
kiálthat-é az életért?

Mikor harapni kezd a bárány
s a búgó gerle véres húson él,
mikor kígyó fütyül az úton,
s vijjogva fujni kezd a szél.

*1939. május 26.*

## Thursday

In New York in a small hotel
T[1] tied a noose around his neck,
he had been homeless for years,
where is he wandering now?

In Prague, JM[2] killed himself,
an exile in his own land,
and PR[3] has not written for over a year,
perhaps lying silent beneath a gnarled root.

He was a poet and went to Spain,
and it was there that sadness clouded over his
    eyes;
for how can a poet seeking to be free,
shout down a glinting knife?

At least he can rail at eternity
when his finite path comes to an end;
are not the homeless and the chained,
justified in pleading for their lives?

It will come to pass when the lamb bites,
and the gentle dove gorges on bloody meat,
when the serpent whistles from the road,
and the wind lashes and shrieks with rage.

*May 26, 1939*

1. *Ernst Toller (1893–1939), German Expressionist
playwright who espoused pacifism and whose work flowered
during the Weimar Republic. For six days he was the pres-
ident of the Bavarian Soviet Republic. Imprisoned after-
wards for long periods and broken mentally and physically
left Europe for New York where he committed suicide.*
2. *Jiří Mahen (1882–1939) Czech novelist and play-
wright who committed suicide in response to Hitler's inva-
sion of Czechoslovakia.*
3. *Pierre Robin, French Communist writer who Rad-
nóti befriended in Paris (George p. 381).*

## A „Meredek út" egyik
## példányára

Költő vagyok és senkinek se kellek,
akkor se, hogyha szótlan dünnyögök:
U—U—U—sebaj, hisz énekelnek
helyettem kandi ördögök.

S higgyétek el, higgyétek nékem el,
joggal legyez az óvatos gyanu!
költő vagyok, ki csak máglyára jó,
mert az igazra tanu.

Olyan, ki tudja, hogy fehér a hó,
piros a vér és piros a pipacs.
És a pipacs szöszöske szára zöld.

Olyan, kit végül is megölnek,
mert maga sosem ölt.

*1939. június 1.*

## Written in a Copy of
## "Steep Road"

I am a poet and no one needs me,
not even when I murmur without words:
U—U—U—but no matter, let meddling devils
sing in my stead.

But believe this, if only for me,
there is logic in viewing me with mistrust!
for I am a poet, fit for the stake,
and a troublesome witness for truth.

I am one who knows that snow is white,
that blood is red, and poppies are red as well.
And that the downy stem of the poppy is green.[1]

One who will be killed in the end,
for he himself never killed nor raised a hand.

*June 1, 1939*

1. *Red, white and green are the colors of the Hungarian
flag.*

## Koranyár

1.

Kis réten ülök, vállig ér a fű
s zizegve ring. Egy lepke kószál.
S zizegve bomlik bánatom, a nap
felé az útról könnyű por száll.

Leül a fű is, fényes szél taszítja,
az égi kékség ráncot vet fölöttem,
apró neszek s apró szöszök repülnek
a fák közt, merre verset írva jöttem.

2.

Szavak érintik arcomat: kökörcsin,—
suttogom,—s te csillogó, te kankalin,
Szent György virága, Péter kulcsa te!
hullámos folt az árok partjain!

S ha elvirítsz, majd jön helyedre más,
törökszegfű jön, apró villanás!

3.

Fölállok és a rét föláll velem.
A szél elült. Egy kankalin kacsint.
Elindulok s a másik oldalon
a hullószirmu törpe körtefák
hirdetik, hogy úgysincs irgalom.

4.

De jön helyükre más. Megyek
és jön helyemre más. Csak ennyi hát?
akárha vékony lába tűnő csillagát
a hóban ittfeledné egy madár...

Micsoda téli kép e nyárra készülésben!
és szinte pattog ujra már a nyár.

*

Bokor mozdul s a fúvó napsugáron
egy kismadár megrémült tolla száll.

*1939. június 4.*

## EARLY SUMMER

1.

I sit in a meadow, where the whispering grass
sways and reaches to my shoulders. A butterfly
    flits about.
Then amidst the rustling my sadness melts away
as the dust rises from the road toward the sun.
The grass sits down beside me, jostled by the
    radiant wind,
as the blue plaits of heaven wrinkle above,
and feeble sounds and fluffs of gossamer hover
between the trees, where I have come to write
    this poem.

2.

The words gently brush my face: and I
    whisper,—
"Meadow Anemone, and you, Sparkling
    Primrose,
St. George's Flower, and you, Peter's Key!
like an undulating smudge on the riverbank!

And when you are no more, another will take
    your place,
oh, Sweet William, with your tiny sparks of
    light!"

3.

I rise and the meadow rises with me.
The wind dies down. A primrose winks.
I start out, and on the other side of the field
the falling blossoms of the dwarf pear
proclaim, there is no mercy.

4.

Others will take their place. And I, too, shall go
    away
and others will take mine. So, this is how it is?
As if a slender-footed bird had forgotten
its footprints in the radiant star-lit snow...

The winter landscape awaits the summer!
and the hint of summer crackles anew.

*

A bush stirs and the terrified feather of a small
    bird
flutters down the wind-coroneted rays of the
    sun.

*June 4, 1939*

## DAL

Búbánattól ütötten
járkálok most naponta
hazámban számüzötten;

s oly mindegy merre, meddig,
jövök, megyek, vagy ülök,
hisz ellenem sereglik
az égi csillag is,

az égi csillag is
felhő mögé buvik,
sötétben bukdosom
a szittyós partokig,

a szittyós partokig
már senki sem kisér,
már régen nem kisér
a táncos szenvedély,

már régen nem követ
a bársonyorru őz,
mocsárban lábalok,
szinéről száll a gőz,

szinéről száll a gőz
és egyre süppedek,
fölöttem nedvesen
egy kondorpár lebeg.
*1939. június 7.*

## SONG

Struck by a deep pain
I walk about each day
an exile in my homeland;

it doesn't matter where, how far,
I just come, and go, and sit,
while the winking stars
rise up against me,

rise up against me
then hide behind the clouds,
as I stagger about in the dark
toward the reed-swept riverbank,

toward the reed-swept riverbank
with no one beside me
not even my prancing ardor
that leaves me alone,

no one beside me, not even
the velvet-nosed fawn,
as I wade through bogs
and the mist rises from the surface,

the mist rises from the surface
as I sink deeper and deeper into the mud,
and overhead a pair of sodden
vultures hover casually.

*June 7, 1939*

## SZERELMES VERS

Ott fenn a habos, fodor égen a lomha nap áll
    még,
majd hűvösen int s továúszik.
És itt a szemedben a gyöngyszinü, gyönge
    verőfény
permetegén ragyog által a kék.
Sárgán fut az ösvény,
vastag avar fedi rég!

Mert itt van az ősz. A diót leverik s a szobákban
már csöppen a csönd a falakról,
engedd fel a válladon álmodozó kicsi gerlét,
hull a levél, közelít a fagy és
eldől a merev rét,
hallod a halk zuhanást.

Ó évszakok őre, te drága, szelíd, de szeretlek!
s nem szeretek már soha mást.

*1939. október 2.*

## LOVE POEM

Up there in the foam-ruffled sky the lazy sun
    stands still,

then coolly beckons and swims on.
And here in your eyes, the pearly, delicate
    sunshine
drizzles like a fine mist through the blue
    firmament.
And the yellow trail leads on,
covered long ago by a thick bed of leaves!

Fall is here. And they are knocking the walnuts
off the trees, as silence drips down the walls of
    our rooms,
let the turtle-dove that daydreams on your
    shoulder take flight,
for the leaves are falling, and the frost
    approaches
as the numbed meadows topple to their side,
and you hear their muffled fall.

Oh guardian of the seasons, my dear and gentle
    love!
I shall never love another.

*October 2, 1939*

## ALKONYAT

Hanga,—mondom, nézd, az hanga ott,
jól nézd meg, ritka erre.
Hanga?—kérdi s odanéz a gyermek.
A füvek vékonyka hangon énekelnek.

Hallod?—kérdezem.—Mit?—kérdi nagy, kerek
szemmel a gyermek.

Apró, arany láng ugrik,
nézd csak, fecskefű!—kiáltok.
*A fecske hű?*—csodálkozik,—
hisz ősszel Afrikába vándorol!

S elhallgat. Hallgatok már én is.
Az estikék kinyílnak körbe mégis.

Hallgatok, pedig szivemben nő az árnyék.
A gyermek futna már,
de illedelmes. És unottan áll még.

*1939. november 6.*

## TWILIGHT[1]

"Heather,"—I say, "Look, that's heather over
    there,
look closely, for it's rarely seen."
"Heather?"—asks the child, and turns to see.
Meanwhile, the delicate grasses sing in wraith-
    like voices.

"Can you hear?"—I ask.—"What?"—says the
    child
with eyes wide open.

Then a tiny, golden flame streaks by
and I shout, "Look, there's a swallow!"—
"A *wallow*?"–he asks with wonder,—
"Yes, and once fall comes he'll be leaving for
    Africa!"

And then the child falls silent. And I fall silent,
    too.

And as night comes, all the violets open.

I listen, but a shadow has settled over my heart
for I know full well that the child would like to
    run away,
but is much too polite. And so he stands beside
    me, bored, and silent.[2]

*November 6, 1939*

    1. *Two months before the poem was written Hitler in-*
*vaded Poland starting World War II.*
    2. *The child should be closer to nature than the adult*
*but has difficulty relating to it. Perhaps this alienation is a*
*portent of things to come.*

## KÉT TÖREDÉK

1.

Az este loccsant és a hosszú fák
elúsztak benne s már a köd mögött
az ébredő Nagy Medve dörmögött,

sötét lett és téged se látlak itt,
pedig mellettem állsz e lomb alatt,
de elrepülsz, kibontod szárnyaid.

Már tested sincsen. Angyal vagy talán?
hiába hagysz itt, visszatérsz, tudom.
Már tested sincs? rád is szitál a köd
s megősziti hajad a homlokod fölött.

2.

S mint bánya mélyén rejlő barnaszén,
úgy rejtezik a lomb is most a ködben,
megbillen néha és arcomba csöppen
egy-egy sötét csöpp róla hűvösen

Gondolj a köd mögé!—borzongatom magam,
örülj, hogy a világ most ködbe öltözött
és semmit se látsz!—Semmit se látnék?

Hiába ringat és hiába leng felém
a fényes gombaillat, ó jaj!
hiába áll körém a köd!

Hűvös, rothadó avarban állok,
kibomló látomásaim között.

*1939. november 23.*

## TWO FRAGMENTS

1.

Evening splashes as the slender trees
swim through the night, while behind the
    gathering fog
the Great Bear awakens and growls,

in the darkness I can no longer see you,
though you stand beside me beneath the trees,
perhaps you have unfurled your wings, and
    flown away.

You are formless now. Have you become an
    angel?
and though you take your leave, I know you will
    return.
Have you no body? look how the fog drizzles
and turns your hair to gray above your brow.

2.

Like black coal hidden in the depths of the
    mine
the branch hides behind the gathering fog,
then sways now and then as dark droplets fall
on my face, in the cool of evening.

What lies behind the fog!—I shudder and
    frighten myself,
be glad, for the merciful world is arrayed in
    mist,
and you can see nothing!—And can see nothing
    ahead.

In vain the bright fragrance
of mushrooms cradles and rocks me, and, oh!
the fog gathers around me in vain!

I stand on the cool earth upon rotting leaves,
as my dark prophecies unfurl like blossoms.

*November 23, 1939*

## LÁNGOK LOBOGNAK...

Lángok lobognak és kihunynak lassan s
    mindörökre
    katonák lelke száll most a fényes délkörökre;
egyforma lelkek! ó, mindegy, hogy ez, vagy az ki
    volt, mi volt,
    míg itt a hőség hajlong, amott a fagy sikolt;
a hánykódó hajók ágyúinál honvágytól részeg
    és sárga félelemtől rókázó tengerészek!
aknák lebegnek mindenütt, virraszt az érzékeny
    halál
    s dagálykor néha síkos testével partraszáll;
holt férfiak kisérik ringva és széttépett delfinek,

a hajnal ott is fölkél, de nem kell senkinek;
egy gép dörögve száll az égen és sötét árnyéka
lenn
   némán kíséri röptét a sanda tengeren;
örvény sziszeg felé, jelek szaladnak szét a víz
felett,
   a zátony vért virágzik tüskés koral helyett;
egész nap bőg a vész, olaj csorog a pontos
gépeken,
   mögöttük vak düh bujkál s visszhangzó
   félelem,
majd füstbe fúl a nap s akár a hosszúszárú
fájdalom,
   úgy hajladoz a hold már a másik oldalon
s lángok lobognak és kihúnynak lassan s
mindörökre
   katonák lelke száll most a fényes délkörökre.

*1939. december 20.*

## Flames Flicker...[1]

The flames flicker then slowly die as soldiers'
souls
   fly toward eternity and the bright meridians;
they are all identical souls! And who cares who
this was, or that,
   with one from a land of warmth, the other
   from a land of bitter cold;
by the guns of tossing ships sailors stagger about
drunk with
   homesickness, and yellow with terror and
   fear!
as thin-skinned death keeps watch, and mines
float everywhere,
   and sometimes when the tide's out he steps
   ashore with his slippery body;
escorted by dying dolphins and the lurching
dead,
   but then dawn comes even here, though there
   is no need;
a plane rumbles overhead, accompanied by its
dark shadow below
   that silently follows its flight over the
   treacherous cock-eyed sea;
a whirlpool hisses toward it, as light-signals
   burst and scatter over the water,
   and the reefs bloom with blood instead of
   spiny coral;
the tempest shrieks all day long, as oil drips
   from the precise machines,
   while behind them lurks blind rage and a
   resounding fear,
the sun drowns in smoke, while on the other
side

the moon sways, like a long-limbed exquisite
pain
and the flames flicker then slowly die as soldiers'
souls
   fly toward eternity and the bright meridians.

*December 20, 1939*

   1. *A nightmare vision of the world gone mad. Commemorates Germany's invasion of Norway in 1939 (George p. 381).*

## Együgyű dal a feleségről

Az ajtó kaccan egyet, hogy belép,
topogni kezd a sok virágcserép
s hajában egy kis álmos szőke folt
csipogva szól, mint egy riadt veréb.

A vén villanyzsinór is felrikolt,
sodorja lomha testét már felé
s minden kering, jegyezni sem birom.

Most érkezett, egész nap messze járt,
kezében egy nagy mákvirágszirom
s elűzi azzal tőlem a halált.

*1940. január 5.*

## A Foolish Song About
   the Wife[1]

The door titters with laughter when she arrives,
and the flowerpots tiptoe with delight
while a drowsy blond highlight
peeps in her hair like a startled sparrow.

Even the demented electric cord lets out a cry,
as it drags its clumsy body toward her,
and the whole room spins, and I can jot nothing
down.

She just got home, after wandering about all
day;
and clutches a large red poppy in her hand,
with which to shoo death away.

*January 5, 1940*

   1. *Radnóti once again utilizes the grotesque genre derived from surreal influences.*

## Mint a halál

Csönd ül szívemen és lomha sötét takar,
halkan koccan a fagy, pattog az erdei
út mentén a folyó, tükre sajogva megáll
   s döfködi partját.

Meddig tart ez a tél? fázik a föld alatt
régi, szép szeretők csontja s el is reped.
Mély barlangja ölén borzas a medve, jajong,
  sír a kis őz is.

Sírdogál a kis őz, ónos a téli ég,
felhők rojtja libeg, fúja hideg sötét,
meg-megvillan a hold, szálldos a hószinü rém
  s rázza a fákat.

Lassan játszik a fagy s mint a halál komoly,
jégből gyönge virág pattan az ablakon,
hinnéd, csipke csak és súlyosan omlik alá,
  mint a verejték.

Így lépdelget eléd most ez a versem is,
halkan toppan a szó, majd röpül és zuhan,
épp úgy mint a halál. És suhogó, teli csönd
  hallgat utána.

*1940. február 27.*

## LIKE DEATH

A stillness has fallen over my heart and a sullen
  darkness covers me,
as the frost softly clinks, and the river crackles
  by the
path in the woods as its gliding mirror comes
  painfully to a halt
  and stabs at the shore.

How long will this winter last? the bones of
  long-dead
beautiful lovers freeze and crumble in the earth
  below.
And in the lap of its deep cave the rumpled bear
  moans,
  while somewhere a fawn is weeping.

The fawn weeps beneath the wintry leaden
  sky,
as tassels dangle from the clouds, blown by the
  cold, dark wind,
and the moonlight flares, as snow-colored
  apparitions flit
  and agitate the branches.

Slowly the frost, as humorless as death, bends
  down to play,
while the delicate flowers of ice crackle on the
  window,
and you would almost think it lace, as it slides
  down the glass
  like beads of sweat.

And this is how my poem gently sidles up to
  you,
soft and unexpected as each word appears,
  swoops, and soars,

somewhat like death. And like the rustling,
  winter
  silence that always follows.

*February 27, 1940*

## TAJTÉKOS ÉG

Tajtékos égen ring a hold,
csodálkozom, hogy élek.
Szorgos halál kutatja ezt a kort
s akikre rálel, mind olyan fehérek.

Körülnéz néha s felsikolt az év,
körülnéz, aztán elalél.
Micsoda ősz lapul mögöttem ujra
s micsoda fájdalomtól tompa tél!

Vérzett az erdő és a forgó
időben vérzett minden óra.
Nagy és sötétlő számokat
írkált a szél a hóra.

Megértem azt is, ezt is,
súlyosnak érzem a levegőt,
neszekkel teljes, langyos csönd ölel,
mint születésem előtt.

Megállok itt a fa tövében,
lombját zúgatja mérgesen.
Lenyúl egy ág. Nyakonragad?
nem vagyok gyáva, gyönge sem,

csak fáradt. Hallgatok. S az ág is
némán motoz hajamban és ijedten.
Feledni kellene, de én
soha még semmit sem feledtem.

A holdra tajték zúdúl, az égen
sötétzöld sávot von a méreg.
Cigarettát sodrok magamnak,
lassan, gondosan. Élek.

*1940. június 8.*

## FROTHY SKY

The moon lurches in the frothy sky,
and I marvel that I'm still alive.
In this age where death wanders tirelessly,
and all he comes across, are picked clean and
  white.

Sometimes the year looks around and shrieks,
and then looks around, and faints.
And all the while autumn skulks behind my back,
as I await the dull gray ache of winter!

The forests bleed as time whirls,[1]
and with each hour that passes bleed some more.

As enormous darkening numbers
are scribbled by the wind into the snow.

I have finally lived to see all this;
the thick air suffocates me,
and I am embraced by the tepid silence
like the rustling in the womb, before I was
    born.

I pause by the foot of a tree,
whose branches buzz with rage.
A limb bends down. Is it to grab me by the
    throat?
but then I am neither a coward, nor weakling,

merely spent. I stand still. The branches
grope and muss my hair.
I know I should forget, but when have I ever
forgotten anything.

The froth dribbles from the moon,
as a green poison stains the sky.
I roll myself a cigarette, and slowly,
cautiously, I begin to live.
*June 8, 1940*

1. *An example of how nature mirrors Radnóti's psycho-
logical state in many poems.*

## TALÁN...

Talán ha gyermek lennék ujra...
Vagy tán bolond lehetnék?

A világ egyre tágasabb.
Már játszanék, lebegnék,
már ujra tűz a nap,
már fényben ég a távol.

A rend hálója enged,
majd ujra összezárul.

*

Gyermek lennék, ámde fáj az emlék.
Csalán csíp, apró ujjaimban szálka.
S az eperfán nagyon magas a lomb.

Vagy talán szíves bolond lehetnék
s élhetnék fenn a sárga házban sárga
virágok közt, nyakamban kis kolomp...

S csak nézelődöm. Itt az árok.
Járok, tünődöm, állok, ujra járok.
És egyre hosszabb telekre várok.

*Palinódia*

És mégse hagyj el karcsú Ész!
    ne éljek esztelen.
Ne hagyj el meggyalázott,
    édes Értelem.

Ne hagyj el, hadd haljak merész
    és tiszta, szép halált,
akár az Etna kráterébe hulló
    mosolygó Empedoklész!
*1940. július 12–14.*

## PERHAPS...

Perhaps if I were a child again...
Or have I gone crazy?
The world would feel immense.
And I could flit and play,
and the sun would blaze again,
and scorch the land with light.

And the web of harmony would part,
and fold up once more.

*

If I could be a child again, but then I remember
    only pain.
The nettle stings, and thorns pierce my tiny
    fingers.
And the berries are always out of reach
    overhead.

Or I could be the harmless village idiot,
living in a yellow house surrounded
by yellow flowers, with a cowbell dangling from
    my neck...

I would stare vacantly. Jump over ditches.
Walk about, daydream, stand, and walk some
    more.
And wait patiently for longer and longer
    winters.

*Palinode[1]*

Willowy Reason do not abandon me
    to live my life mindlessly!
And do not leave me disgraced,
    sweet Intellect.

Do not abandon me, but let me die a pure,
    audacious, fearless death,
like smiling Empedocles as he fell headlong
    into Mount Aetna's much longed-for crater!
*July 12–14, 1940*

1. *An ode that retracts a prior sentiment.*

## EMLÉKEIMBEN...

Emlékeimben lépdelő virágok...
meglebbenő esőben álldogálok,
két nő jön nedves, villogó fogakkal,
    majd két galamb. Kövér,
fontoskodó begyük egész a földig ér.

Egy éve már. Senlis felé az úton,
langy, esős alkonyat volt s furcsa módon
egy pillanatra boldog voltam ujra;
            köröttem zöld falak,
páfrányos erdők hajladoztak hallgatag
s Ermenonville felől a fiatalka
nyíres futott elénk, akár egy balga
fehérszoknyás kislány s a fordulónál
            katona állt a sár
felfénylő fodrain. Foga közt rózsaszál.

Az égen mintha fényesség suhanna...
Gyula ült szemközt és szelíd Zsuzsanna,
mellettem Fanni, kék szemén a tájék
            vonult s fejünk fölött
a gépkocsi vidám sörénye röpködött
s estére várt reánk a drága Páris.
Elzúgott arra már a gyors halál is
azóta és megszedte tarka csokrát.
            A nyíres még meleg
holtak közt véresen s pirulva ténfereg
s a katona, hűs vermek hős lakósa
hanyatt fekszik s szivéből hajt a rózsa.
Hazája ég. A lángok közt tünődő
            temetők ringanak,
körül görcshúzta fák és izzadó falak.
Fölöttük kormosan csak ég az ég is,
a csillagok megjönnek este mégis
s harmattal rívó hajnalok szaladnak
            a néma nap felé.
Ha kérdeném, a táj vajjon felelne-é?

Emlékeimben lépdelő virágok...
meglebbenő esőben álldogálok;
asszonyhad jő az úton gyermekekkel,
            fölöttük égi füst,
felhőfodor. Már oszlik. Könnyü és ezüst.

*1940*

## IN MY MEMORIES...

In my memories there were once strutting
      flowers...
when I stood beneath fluttering showers, as two
      women
drenched with rain approached, their teeth
      glistening,
            and then two white doves, their plump,
pompous crops sagging to the floor.

It has been a year. And on the road to Senlis,[1]
the dusk was light and humid, and in a strange
      way
I was happy again for a moment;
            surrounded by the thick green
forests of fern swaying silently,

it was above Ermenonville,[2] where young
birches ran up to greet us like foolish
young girls in white skirts, and at the turn of the
      road
            a soldier stood where ripples
of mud glistened. A rose clenched playfully
      between his teeth.

In the sky there was a brilliant light...
as Gyula sat facing me with shy Suzanne,[3]
and Fanni sat beside me, while the entire
      countryside
            rushed by in her blue eyes and above our
      heads
the automobile's mane fluttered joyously,
and my beloved Paris awaited our arrival in the
      dark.
And yet, since then death has come swiftly
to deliver his gaudy bouquet.
            And the birches now stroll between
the still warm, blushing, bloodied, corpses
and the soldier, too, is gone, the heroic tenant of
a cool chamber where he now decays, a thorny
      rose driven through his heart.
His homeland is aflame. And in the flames
      graveyards
            daydream and sway,
surrounded by gnarled trees and perspiring
      walls.
And above, though the soot-smudged sky's on
      fire,
the cold stars still rise at night,
and with every dew comes a weeping dawn
      rushing
            headlong toward a silent sun.
And if I were to question the land, would the
      land reply?

In my memories there were once strutting
      flowers...
when I stood beneath fluttering showers;
but now women and children march over the
      dusty roads
            while above them the smoke-filled sky is
frilled with clouds.
And everything dissolves. Turning weightless
      and silver.

*1940*

      1. *Located in the province of l'Oise in the region of Pi-*
*cardie in the north of France.*
      2. *Located in the province of l'Oise in the region of Pi-*
*cardie.*
      3. *Gyula and Zsuzsanna Ortutay were close friends who*
*accompanied Radnóti and Fanni to Paris.*

## TARKÓMON JOBBKEZEDDEL

Tarkómon jobbkezeddel feküdtem én az éjjel,
a nappal fájhatott még, mert kértelek, ne vedd
    el;
hallgattam, hogy keringél a vér ütőeredben.

Tizenkettő felé járt s elöntött már az álom,
oly hirtelen szakadt rám, mint régesrégen,
    álmos,
pihés gyerekkoromban s úgy ringatott szelíden.

Meséled, még nem is volt egészen három óra,
mikor már felriadtam rémülten és felültem,
motyogtam, majd szavaltam, süvöltve,
    érthetetlen,

a két karom kitártam, mint félelemtől borzas
madár rebbenti szárnyát, ha árnyék leng a
    kertben.
Hová készültem? merre? milyen halál ijesztett?

Te csittitottál drága s én ülve-alva tűrtem,
s hanyattfeküdtem némán, a rémek útja várt.
S továbbálmodtam akkor. Talán egy más
    halált.

*1941. április 6.*

## WITH YOUR RIGHT HAND
## ON MY NECK

With your right hand on my neck, I lay next to
    you last night,
and since the day's woes still pained me, I did
    not ask you take it away,
but listened to the blood coursing through your
    arteries and veins,

Then finally around twelve sleep overcame me,
as sudden and guileless as my sleep so long
    ago,
when in the downy time of my youth it rocked
    me gently.

You tell me it was not yet three when I was
    startled awake
and sat up terrified and screaming,
muttering strange and unintelligible words,

then spread out my arms like a bird ruffled with
    fear
flapping its wings as a dark shadow flutters
    through the garden.
Tell me, where was I going? And what kind of
    death had frightened me so?

And you held me, my love, as I sat up half-
    asleep,
then lay back in silence, wondering what paths
    and horrors awaited me.

And then went on dreaming. Of perhaps a
    different kind of death.

*April 6, 1941*

## VERESMART

Megcsöndesült az út és rajta mint
egy terhes asszony, holló billeg át.
Sóhajt az út,—no végre holló!
és ellocsogja néki bánatát.

Hallgatja őt a megsebzett vetés,
a harcra tört vidék pillája rebben,
még nem felejtett, bár az alkonyat
altatja egyre s folyton édesebben.

Apró veremben apró akna bú,
méregtől csillog, szétröppenne, de
már nem merészel. Őrzi rosszalón
a káposzták sötét tekintete.

S a bölcsrekókadt napraforgók
mögött és ott az ifju fák tövén
acélkék köd lebeg vízszintesen:
a vérre váró sűrü drótsövény.

De hajnalban, ha harmat űli meg
(szelíd gyujtózsinór a szára)
nagy óvatosan közte kúszik el
s kinyit a tök arany virága.

S a csönd majd ujra permetezni kezd,
a sáncok ormán néha gólya áll,
a futóárok nyúl tanyája ma
s már holnap átszánt rajta Flórián.

És visszatérnek mind a mívesek,
aki takács volt, ujra szőni fog
és éjjel szép fonállal álmodik,
míg fel nem keltik gyöngyös hajnalok.

S az asszonyok is hajladoznak ujra,
lábuknál nődögél egy új világ,
hiú, mákszínruhás lánykák zajongnak
s kicsiny fiúk, kis öklelő gidák.

S a föld bölcs rendje visszatér, amit
ó csillagok szakállas fénye áztat;
állatok s kalászok rendje ez, nehéz
s mégis szelíd szolgálati szabályzat.

*1941. január 17.*

## VERESMART[1]

The road falls silent and a raven
waddles across like a pregnant woman.
The road sighs,—well, finally a raven!
then pours out all its troubles and woes.

The wounded winter corn listens intently,
as the countryside, shattered by war, haunted
by memories, flutters its lashes, and the obliging
    dawn
lulls it to sleep ever more sweetly.

A small landmine holed up in a tiny pit
glints with poison, and would shatter and take
    flight,
but does not dare. For the cabbages look on
dark with disapproval.

Behind the sage wilting sunflowers
near the base of the youthful trees
a steel blue fog flutters horizontally,
where waiting for blood—lies dense barbed
    wire.

But come the dawn, weighed down with dew
(its stalk a gentle detonation fuse)
the squash creeps cautiously close to the ground
and unfolds its golden blossoms.[2]

Then silence sifts over the earth,
as an occasional stork stands on the ramparts,
and though the trenches may be a home for
    hares
by tomorrow Florian[3] will plow over them.

And the craftsmen will return, and he
who was a weaver, will weave again
and when night falls will dream of fine-spun
    yarn
until awakened by the pearly dawn.

And the women will bow and sway anew,
as a new world rises at their feet,
and vain little girls in poppy-colored dresses
    cavort
as young boys butt heads like billy-goats.

And then sanity will return to the earth once
    more,
bathed in the bearded light of the stars;
and there shall be harmony between beasts and
    ears of corn,
and the ponderous yet mild service regulations.

*January 17, 1941*

   *1. A region in central Romania close to where Radnóti cleared mines with his forced-labor battalion.*
   *2. Suggests that despite man's destructiveness and corruption nature is regenerative.*
   *3. Perhaps the name of a Romanian peasant plowing over the trenches and reclaiming the earth for growing crops (George p. 382).*

## ESŐ ESIK. FÖLSZÁRAD...

Eső esik. Fölszárad. Nap süt. Ló nyerít.
Nézd a világ apró rebbenéseit.

Egy műhely mélyén lámpa ég, macska nyávog,
vihogva varrnak felhőskörmü lányok.

Uborkát esznek. Harsan. S csattog az olló.
Felejtik, hogy hétfő s kedd oly hasonló.

A sarkon túl egy illatszerárus árul,
a hitvesét is ismerem szagárul.

Elődje vén volt már. Meghalt. S mint bárki mást,
csak elfeledték. Akár a gyökvonást.

Feledni tudnak jól. A tegnapi halott
szíveikben mára szépen megfagyott.

Egy ujságlap repül: most csákót hord a szél.
Költőt is feledtek. Ismerem. Még él.

Még kávéházba jár. Látom hébe-korba,
sötét ruhája válla csupa korpa.

Mit írjak még e versben? Ejtsem el talán,
mint vén levelét a vetkező platán?

Hisz úgyis elfelejtik. Semmi sem segít.
Nézd a világ apró rebbenéseit.

*1941. január 30.*

## THE RAIN FALLS, THEN DRIES...

The rain falls. Then dries. The sun shines. A
    horse whinnies.
Consider the tiny agitations of the world.

In the sweatshop a lamp glows, a cat meows,
and girls with clouded fingernails giggle and
    sew.

They're eating cucumbers. Scissors snap. The
    day blares.
And they forget, how lackluster their Monday
    and Tuesday were.

On the corner a perfume merchant sells his
    wares,
and I happen to know his wife by her fragrance.

His first wife was ancient when she kicked the
    bucket. And like
everyone else, was quickly forgotten. Like the
    square root of twelve.

Men are good at forgetting. And yesterday's
    dead are
nicely frozen and wrapped in their hearts by the
    end of the day.

A newspaper flutters: the wind twirls a cap.
And there's the poet they forgot. But I know
    he's still alive.

He frequents coffee houses. Where I see him
   now and then,
with dandruff on his frayed dark suit.

What else can I write about? Or is it time to
   abandon this poem,
like an ancient palm tree shedding its leaves?

They'll forget it anyway. Nothing on earth will
   change that.
Consider the tiny agitations of the world.

*January 30, 1941*

## AZ UNDOR VIRÁGAIBÓL

*Egy hírlapíróra*

Úgy nyögdécseltél, panaszolkodtál,
   nyavalyogtál,
      mint aki már nem is él.
Szántalak is, hisz rút, fecsegő humanista vagyok
   csak,
      könnyen békülök én.
Meggyógyultál és nyakig ülsz te megint a
   mocsokban
      és amit írsz, ujra
      nagy pofonért kiabál.
Most is hát kiderült, hogy joggal utáltalak
   eddig:
      elvihetett volna
      s undorodott a halál.

*1941. február 11.*

## FROM THE FLOWERS OF DISGUST

*To a journalist*

How you whined, complained, and moaned,
   like one already dead.
And I went along, like a pathetic, chatty
   humanist,
      quick to forgive.
But it seems that you are well again, and up to
   your neck
      once more in filth, and what you write
      begs for a great big smack on the head.
It has become eminently clear that I had good
   cause to hate you:
      death should have dragged you away by
      now,
      but is much too filled with disgust.

*February 11, 1941*

## MIVÉGRE

Felnőtt vagy,—szólok undorodva néha,
és nem segíthetsz rajta, lásd be végre.
Térj vissza,—szól egy hang ilyenkor,
csak ülj a földre és beszélj az égre.
Nem tudsz már?—kérdi s mintha rína.
A szék lábától, nézd csak! balra Kína
és jobbra lóherés, örök vadászmezők.
Ó, hol vagy régi, indiáni gőg?
nem érdekel már, honnan fú a szél?—
Az ember egyre vénül, verset ír, tanít...
„Csak ülj a földre és beszélj az égre."
S nem ül le. S nem beszél.
Felnő és azt se tudja, hogy mivégre.

*1941. március 15.*

## TO WHAT END

You are an adult,—and at times filled with
   disgust,
but you can do nothing about it, so admit it
   finally.
Go back,—says a voice at times like this,
and just sit on the ground and speak to the sky.
You mean you can't?—it asks, almost crying.
Just start from the foot of the chair, and look!
   To the left lies China
and to the right, the eternal hunting grounds,
   and clover.
O, come, where is that old Indian pride?
you say you no longer care from whence the
   wind blows?—
And that you're content to grow old, teach, and
   write poetry...
"Just sit on the ground and speak to the sky."
But he refuses to sit. And will not talk.
And so he grows up, but never knows why.

*March 15, 1941*

## KÉT KARODBAN

Két karodban ringatózom
csöndesen.
Két karomban ringatózol
csöndesen.
Két karodban gyermek vagyok,
hallgatag.
Két karomban gyermek vagy te,
hallgatlak.
Két karoddal átölelsz te,
ha félek.
Két karommal átölellek

s nem félek.
Két karodban nem ijeszt majd
a halál nagy
csöndje sem.
Két karodban a halálon,
mint egy álmon
átesem.

*1941. április 20.*

## IN YOUR TWO ARMS

In your two arms I rock
silently.
In my two arms you rock
in silence.
In your two arms I am a child,
sleeping.
In my two arms you are a child,
listening.
In your two arms you enfold me
when I'm afraid.
In my two arms I enfold you
and I no longer fear.
In your two arms
even death's silence
cannot frighten me.
In your two arms I
overcome death
as in a dream.

*April 20, 1941*

## MÁSODIK ECLOGA

Repülő:

Jó messzi jártunk éjjel, dühömben már
　　nevettem,
méhrajként zümmögött a sok vadász felettem,
a védelem erős volt, hogy lődöztek barátom,
míg végül új rajunk feltűnt a láthatáron.
Kis híja volt s leszednek s lenn
　　összesöprögetnek,
de visszajöttem nézd! és holnap újra retteg
s pincébe bú előlem a gyáva Európa...
no hagyjuk már, elég! Irtál-e tegnap óta?

Költő:

Irtam, mit is tehetnék? A költő ír, a macska
miákol és az eb vonít s a kis halacska
ikrát ürít kacéran. Mindent megírok én,
akár neked, hogy fönn is tudd, hogy' élek én,
mikor a robbanó és beomló házsorok
között a véreres hold fénye támolyog

és feltüremlenek mind, rémülten a terek,
a lélekzet megáll, az ég is émelyeg
s a gépek egyre jönnek, eltűnnek s ujra mint
a hörgő őrület lecsapnak ujra mind!
Irok, mit is tehetnék. S egy vers milyen
　　veszélyes,
ha tudnád, egy sor is mily kényes és szeszélyes,
mert bátorság ez is, lásd, a költő ír, a macska
miákol és az eb vonít s a kis halacska—
s a többi... És te mit tudsz? Semmit! csak
　　hallgatod
a gépet s zúg füled, hogy most nem hallhatod;
ne is tagadd, barátom! és összenőtt veled.
Miről gondolkodól, míg szállsz fejünk felett?

Repülő:

Nevess ki. Félek ott fönn. S a kedvesemre vágyom
s lehunyva két szemem, heverni lenn egy ágyon.
Vagy csak dudolni róla, fogam közt szűrve,
　　halkan,
a kantinmélyi vad és gőzös zűrzavarban.
Ha fönn vagyok, lejönnék! s lenn ujra szállni
　　vágyom,
nincs nékem már helyem e nékem gyúrt világon.
S a gépet is, tudom jól, túlzottan megszerettem,
igaz, de egy ütemre fájunk fönn mind a ketten...
De hisz tudod! s megírod! és nem lesz majd
　　titok,
emberként éltem én, ki most csak pusztitok,
ég s föld között hazátlan. De jaj, ki érti meg...
Irsz rólam?

Költő:

Hogyha élek. S ha lesz még majd kinek.

*1941. április 27.*

## SECOND ECLOGUE

Pilot:

We traveled far last night, and I cackled with
　　rage as the
interceptors buzzed overhead like a swarm of
　　bees, then
took pot-shots at us, but our defense was
　　powerful
and our reinforcements showed up over the
　　horizon.
They almost picked me off and swept the floor
　　with me,
but I've come back! And I'll return again
　　tomorrow, and
cowardly Europe will just have to crawl into its
　　cellar...
but anyway, I'll let it go for now! Have you
　　written since yesterday?

Poet:

I did, what else could I do? A poet writes, a cat
mews
and a dog howls while tiny fish flirtatiously
scatter
their roe about. I write down and document
everything,
just for you, so you can know how I'm doing
down here
amid your bomb-bursts, while between the
crumbling houses
and bloody carnage the moonlight staggers
about and the
terror-stricken fields curl up as the countryside
holds its
breath, and the sky is sick to its stomach with
disgust and
your planes keep coming, and vanish only to
return like
a death-rattle, then smash their closed fists
down once more!
I write, what else can I do? A poem is
dangerous,
and if you only knew how one whimsical,
delicate line,
even that takes courage, see, a poet writes, a cat
mews
and a dog howls while tiny fish—
but then you know the rest... Then again, what
do you really know?
Nothing! you just listen to your engine
hypnotized, your ears
buzzing, then you're deaf; don't deny it, my
friend! For I am
your twin. What are you thinking of when
soaring overhead?

Pilot:

Promise you won't laugh. I'm terrified up here.
And long for
my love and to close my eyes and stretch out in
my bed.
To mutter her name between my teeth in the
steamy
confusion of the canteen. Whenever I'm up here
I want to land! But soon long to fly again, I no
longer
find comfort in this world. I know every screw
and bolt
in my machine and my love for it is unnatural,
but our hearts pound to the same rhythm and
pain up here...
But you know all this! so write! then it won't be
a secret

anymore, I who was once a man, am now a
murderer,
homeless between the earth and sky. Who can
ever understand...
Will you write of me?

Poet:

If I'm still alive. And if there's anyone left to
hear.

*April 27, 1941*

PÉNTEK

Az április megőrült,
még nem sütött a nap,
egy hétig folyton ittam,
így lettem józanabb.

Az április megőrült,
fagyot suhint ma rád,
egy író ír s hetente
eladja a hazát.

Az április megőrült,
csikorgó hó esett,
sokan már elfutottak
s a szívük megrepedt.

Az április megőrült,
vonít a fagy felett,
három barátom elment
s mindhárom elveszett.

Az április megőrült,
vad zápor hullt időnként,
az egyik él, bolond,
s nem sejti, hogy mi történt.

Az április megőrült,
s kiöntött sok folyó,
a másik az nem él már,
agyában két golyó.

Négy napja, hogy megölték.
A harmadik fogoly.
Gyümölcseink lefagynak.
Szájam körül mosoly.

Vigyázz magadra,—hallom,
hogy mindent megtorolj!

*1941. május 18.*

FRIDAY

April has gone mad,[1]
the sun never once appeared,
and I drank an entire week
just to stay sober.

April has gone mad,
flicking ice everywhere,
and each week some writer
sells his country down the river.

April has gone mad,
a screeching snow had fallen,
and many ran away
with their poor hearts broken.

April has gone mad,
the frost howled endlessly,
and of my dear friends who left
all three have disappeared.

April has gone mad,
torrential rains fell out of season,
one may be alive, but crazy,
not knowing where he is.

April has gone mad,
the rivers overflowed,
my second friend is dead,
with two bullets in his brain.

It's four days, since he's dead.
The third's languishing in prison.
Our fruit trees died of frost.
And I find I'm always grinning.

But be careful,—I've been told,
the day will come for vengeance!

*May 18, 1941*

    1. *The moral center of the world is crumbling.*

## CSODÁLKOZOL BARÁTNÉM...

Csodálkozol barátném,—miért vagyok sovány,
világok gondja rajtam, világok gondja fáj.
Vajúdik fönn a hegység, a hágók omlanak,
és itt e völgyben is már repednek a falak.
S holnapra tán a szőke tehénkék nem lelik
a langyos aklot este s kinn bőgnek reggelig,
amíg a gazda mocskos, kis árkokban lapul,
s fölötte érthetetlen rend és halál az úr.
És árván üldögélnek, erdőkben, fák alatt,
idegen pitvarokban, a hűvös hold alatt
a vérük váró csöndes magános asszonyok,
sápadtan ülnek s érzik, a gyomruk hánytorog
s dalolnak összegyűlvén, akár az angyalok.
Ó, bárha azt hihetném, futóbolond vagyok,
rögeszméim között ím lobogva futkosok,
de háború van, látod, s utána rom, mocsok
marad csak és oly mindegy: átélem? meghalok?
az álom nem vigasztal, a hulló hajnalok
ébren találnak folyton, soványabb így leszek,

a fény fáradt szememben fájdalmasan rezeg,
s mosolygok néha mégis, mosolygok néha, mert
a földbebútt mag is csak örül, hogy áttelelt.
Rád gondolok barátném s szerelem, szerelem,
egy tigrisléptü álmos szeszély játszik velem.

*1941. május 20.*

## YOU WONDER MY DEAR...

You wonder my dear,—why I'm fading away,
    and why all the
woes of the world and its pains weigh heavily
    upon me.
The mountain ranges labor as the narrow passes
    crumble,
and here in the valleys the granite walls are
    cracking.
Perhaps tomorrow the small pied cows will no
    longer
find their lukewarm stalls at night but bellow
    outside till dawn,
as the farmer hides and lies down in a filthy
    ditch,
while above him an enigmatic law and death are
    rulers.
Orphaned they lounge in forests beneath the
    trees, and on
the alien terraces of strangers beneath the moon:
    pale
and lonely women, waiting expectantly for blood,
as their barren bellies heave with nausea
and they gather together to sing like angels.
Oh, if I could only convince myself that I am
    stark raving mad,
caught between obsessions and screwball
    delusions running
amok like a flame, but a war is swirling all
    around me,
and we're mired in filth and ruin, where nothing
    matters:
tell me, will I survive? or die? my dreams no
    longer comfort me,
and the plummeting dawns find me awake, I
    keep fading away,
and the light in my eyes trembles with anguish,
    and yet,
I still smile from time to time, for even
    hibernating
seeds finds joy in having survived the winter.
And I think of you my love, my friend, as this
    furtive love[1]
toys with me, and comes on a whim, like a
    stalking tiger.

*May 20, 1941*

1. *Radnóti began a one-year affair in April 1941 with the artist Judit Beck. This poem is written to her.*

## HARMADIK ECLOGA

Pásztori Múzsám, légy velem itt, bár most csak
    egy álmos
kávéházban ülök, odakinn fut a fény, a mezőkön
némán túr a vakond, kis púpjai nőnek a földnek
és széptestü, fehérfogu barna halászok alusznak
hajnali munka után a halas ladikok sikos alján.

Pásztori Múzsám, légy velem itt is e városi
    berken,
hét ügynök ricsajoz, de e hét se riasszon el
    innen,
most is, hidd el, a gond üli szívüket, árva
    legények...
s nézd azokat jobbról, mind jogtudor és
    furulyázni
nem tud ugyan közülük már senki, de hogy
    szivaroznak!

Légy velem itt! tanitok s két óra között
    berohantam
elmélkedni a füst szárnyán a csodás szerelemről.
Mint a kiszáradt fát egy kancsali, csöppnyi
    madárfütty,
ujraszül, azt hittem s fölemelt a magasba, az ifju
régi tetőkre, a vágy kamaszos vadonába röpített.

Pásztori Múzsa, segíts! Most róla rikoltnak a
    hajnal
kürtjei mind! párás teli hangon zengik alakját,
hogy süt a teste, szemén hogy villan a nyurga
    mosolygás,
ajkán táncos, okos léptekkel hogy jön a sóhaj,
hogy mozdul, hogy ölel, hogy nézi a holdat az
    égen!

Pásztori Múzsa, segíts! szerelemről zengjem a
    dalt már,
karmol folyton a bú, új fájdalom űz a világban,
mindig, újra csak új! elpusztulok itt hamar én is.
Görbén nőnek a fák, sóbányák szája beomlik,
falban a tégla sikolt; így álmodom én, ha
    elalszom.

Pásztori Múzsa, segíts! úgy halnak e korban a
    költők...
csak ránkomlik az ég, nem jelzi halom
    porainkat,
sem nemesívű szép, görög urna nem őrzi, de
    egy-két
versünk hogyha marad... szerelemről írhatok én
    még?

Csillog a teste felém, ó pásztori Múzsa, segíts
    hát!

*1941. június 12.*

## THIRD ECLOGUE[1]

Come Pastoral Muse, and keep me company, as
    I seek
refuge in this sleepy cafe, while out there the
    light scurries through
the fields as a mole digs patiently in silence, and
    the earth arches
its back like a hunchback, as strapping, tanned
    fisherman with glistening teeth
dream in the holds of their slippery barges after
    their dawn's labors are done.

Pastoral Muse, stay with me here, by this tree-
    lined grove in the city
where seven loud-mouthed salesman kick up a
    row, but do not let them
frighten you away, for believe me there is plenty
    on their minds, poor lads...
their cares weigh heavy on their hearts, and
    look, the lawyers to your right,
though none will ever play a shepherd's pipe,
    how they puff on their cigars!

Stay with me! For I must teach, but between
    lessons we shall soar on
the dusky wings of smoke to contemplate the
    strange miracles of love.
And just like a cockeyed wisp of a bird can
    resurrect a dried-out
tree with its song, so I shall be lifted up to the
    sky, beyond the ancient
roofs, then hurled into a savage state by my
    youthful desires.

Pastoral Muse help me! The shrieking bugles of
    daybreak blare!
their vaporous, whiskey-soaked voices rising to
    celebrate her form,
her flesh that yields and glows, the flashing
    smile upon her lids,
the sigh that waltzes from her lips as they part,
    and how she moves
when she cradles me, and stares in rapture at the
    swaying moon!

Pastoral Muse save me! My voice has been
    hijacked in the service
of love, I am clawed by torment, as ever new
    sorrows pursue
me through this world! Over and over, certain
    to be destroyed.

The trees twist and bend, the mouths of salt
    mines leer then cave in, and even
bricks shriek from inside the walls; these are
    the dreams that haunt me in my sleep.

Pastoral Muse save me! in this senseless age
    when poets must die...[2]
I feel the sky is falling, and know no monument
    shall mark our
grave nor noble Greek amphora, merely one or
    two poems, if they
survive ... but shall I write a few lines more
    about my secret love?
Look how her body gleams and blinds me, oh,
    Pastoral Muse, save me now!

*June 12, 1941*

    1. *Poem is written for Judit Beck.*
    2. *May refer to Federico Garcia Lorca and the Hungarian poet, Attila József.*

## ZÁPOR

Jókor menekülsz! A patak csupa bánat.
Felborzad a szél. Kiszakadnak a felhők.
Csattanva lezúdul a zápor a vízre.
Elporlik a csöpp. Nézek utánad.

Elporlik a csöpp. De a test csak utánad
nyújtózik, az izmok erős szövedéke
még őrzi a vad szorítást, a szerelmet!
Emlékezik és gyötri a bánat.

Úgy gyötri a testet utánad a bánat,
úgy röppen a lélek utánad, elébed,
ó, semmi, de semmise már! ez a zápor
sem mossa le rólam a vágyat utánad.

*1941. július 2.*

## RAIN SHOWER[1]

You were right to run! The stream is swollen
    with grief.
The wind shudders. The clouds have torn their
    moorings.
The rain pounds the surface of the lake with its
    fist,
The raindrops turn to dust. I watch as you go.

The raindrops turn to dust. My body longs for
    yours,
my muscles, my sinews, that guard the
    memory
of our wild couplings, the crush of our unruly
    love!
Flesh remembering flesh, tortured by sorrow.

I long for you, torn and tormented by grief,
my soul takes flight, fluttering after you, and
    before you;
and then nothing matters anymore! for not even
    rain
can wash away this fierce and raging desire.

*July 2, 1941*

    1. *Written for Judit Beck.*

## CSAK CSONT ÉS BŐR ÉS FÁJDALOM

*Babits Mihály Halálára*

1.

Látjátok, annyi szenvedés után most
pihen e hűvös, barna test.
Csak csont és bőr és fájdalom.
S akár a megtépett, kidőlt fatörzs
évgyűrüit mutatja,
bevallja ő is gyötrött éveit.
Csak csont és bőr e test.
De most a nemzeté is
csak csont és bőr és fájdalom, Ime,
Balázs, kihez könyörgött, vedd karodba!
O, requiem aeternam dona ei... Domine!

2.

Szavak jöjjetek köré,
ti fájdalom tajtékai!
ti mind, a gyásztól tompa értelem
homályán bukdosó szavak,
maradjatok velem:
gyászold omló *göröngy*,
sírj rá a sírra most!
jöjj, könnyü testü *fátyol*
ó, takard be,
s akit már régen elhagyott a hang,—
gyászold meg őt, te konduló *harang*,
lebegő *lélek* és gömbölyü *gyöngy*,
s gyászolj megint
te csilla szó, te *csillag*
te lassu pillantásu szó, te *hold*,
s ti többiek! ti mind!

3.

Tudtuk már rég, minden hiába, rák
marcangol és szemedben ott ragyog
egy messzi és örök dolgokból font világ,
s hogy oly időtlen vagy te, mint a csillagok.

Tudtuk, hogy meghalsz, tudtuk s mégis oly
árván maradtunk most a Művel itt.
Nagysága példa. És magasság.
És szédület. Szivet dobogtató.

4.

Ki nézi most tollat fogó kezünket,
ha betegen, fáradtan is, de mégis...
ki lesz az élő Mérték most nekünk?
Hogy összetörte már a fájdalom,
nézd, ezt a költeményt is.

Mit szólnál hozzá?—lám az eljövő
költőnek is, ki félve lép még,
most már a Mű a mérték.

S nem érti árvaságunk,
ha bólintunk: halott már...
nem ismert téged, ágyadnál nem ült,
s nem ült az asztalodnál.

Nem tudja majd, mi fáj...
s nem kérdi és nem kérdik tőle sem,—
mint egymástól mi,—évek óta már,
mint jelszót, hogy: „ki járt kint nála?
Ki tudja, mondd, hogy van Babits Mihály?"

5.

Halott keze nem fogja már a tollat,
béhunyt szeme nem lát több éjszakát.
Örök világosság, kibomló égi láng
röppen felé a földi füstön át.

*1941. augusztus–szeptember*

## MERE SKIN AND BONES AND PAIN

*On the death of Mihály Babits*[1]

1.

Take note, how after so much suffering
his cool brown flesh is finally at rest.
He was mere skin and bones and pain.
And like a ravaged and uprooted tree
that bares its growth-rings,
he, too, revealed his tortured years.
His body was mere skin and bones.
Just like this nation, that has become
mere skin, and bones, and pain. And you, St.
  Blaise,
whom he once implored, take him in your arms!
"O, requiem aeternam dona ei...Domine!"

2.

Words, come and gather around him
like foam on the breakwaters of pain!
all of you, that stumble about in the dim-lit
recesses of my grief-stricken mind,
stay with me a while:
come and mourn him crumbling *clod,*
you can weep over his grave now!
And come, oh, delicate *veil*
cover him over gently,

and you, that lost your voice so long ago,—
mourn him, tolling *bell,*
and you, fluttering *soul,* and you, perfect *pearl,*
mourn, oh, mourn for him once more
then come bright word, and come bright *star*
and you, slow-dawdling *moon,*
all of you! all of you!

3.

We knew for a long time that all was lost, and
    that cancer
was tearing you apart, for in your eyes there
    already
glowed a distant world wove of eternity,
and you had become timeless like the far-away
    galaxies.
We knew you were dying, and that we would be
    left
orphaned without you, your Work our only
    inheritance.
Its greatness our touch-stone. Its soaring
    heights.
Its dizzying reach. That still make our hearts
    quicken and pound.

4.

Who will watch over us now whenever we grip
    our pens,
for even when he was ill and shattered, and yet...
and who will be our living Measure now?
Look how broken he is with pain,
just like this poem.

Tell me, what would you say?—to the young
and upcoming poet, writing cautiously,
would you say: published Work is the only
    measure.

How can a stranger ever understand our orphaned
    state,
as we nod and mutter under our breath: he's
    gone...
for he never knew you, never sat by your bed,
never shared your table.

How can he know our anguish and deep pain...
for he can never ask, nor can we ask of him,—
as we asked of one another,—for years,
like some secret password, "Who went to see
    him?
Who knows how Mihály Babits is doing?"

5.

His dead hand no longer holds a pen,
his closed eyes no longer see the night.
He is an eternal brightness, an unfurling flame,
that through the impenetrable mist takes flight.

*August–September, 1941*

*1. Dedicated to Mihály Babits (1883–1941), great Hungarian poet and editor of the prestigious journal, "Nyugat." At first he was critical of Radnóti's poetry but later came to support him. Radnóti is mourning the death of his spiritual father.*

## Nyugtalan Őszül

Vasszinü, vad lobogói közül
nyugtalanul gomolyog ki a nap,
gőzei dőlnek; az ellebegő fény
hulló ködbe harap.

Borzas a felleg, az ég tükörét már
fodrozza a szél, a kék tovaszáll.
Felsikitó betűt ír alacsony röpüléssel
s készül a fecskemadár.

Nyugtalan őszül, emelkedik,
süllyed a lombon a rozsda,
hűvös az égi lehellet;
nem melegít, csak füstöl az ég,
csak sóhaja van ma a napnak.

Gyík surran a nagy temetők fala mellett
s húsraboló dühe dong,
izzik az őszi nyalánk darazsaknak.

Férfiak ülnek az árkok
partjain és a halál
mély tüzeit figyelik,
szálldos a vastag avar szaga már.

Szálldos az úton a láng
s lebben! fele fény, fele vér!
lebben a szélben az égő
barna levél.

És súlyos a fürt, a kacsok zsugorodnak,
zörren a sárga virágok
szára, a mag kipereg.

Úszik az alkonyi ködben a rét
s a távoli, vad szekerek
zörgése lerázza a fák
maradék levelét.

Aludni tér a vidék,
száll a halál fehér,
szép suhanással, az ég
dajkálja a kertet.
Hajadban nézd! arany őszi levél,
ág sírt feletted.

Ó, de te lobbanj föl az ősz, a halál fölé,
s emelj föl engem is Édes;
légy szerelemre okos ma,
csókra okos, álomra is éhes.

Szeress vidáman, ne hagyj el, az álom
sötét egébe is zuhanj velem.
Aludjunk. Alszik már odakinn a rigó,
avarra hull le ma már a dió,
nem koppan. S bomlik az értelem.

*1941. október 10.*

## Restless Comes the Fall

Impatiently the sun peers out of the haze
and unfurls its wild, rust-colored banners,
as its vapors sway, and its fluttering light
takes a bite out of the fog.

The disheveled clouds float by, and the wind
    ruffles
the mirrored sky, as the blue drifts away,
and the low-flying swallows trace their shrieking
    letters
into the palpitating air as they prepare to leave.

Restless comes the fall, its rusty banners
rise then sink over the branches,
and its cool and heavenly breath
no longer warms, but merely smokes up the
    sky
as the sunlight sighs.

A skink scampers up the mausoleum walls
and the flesh-plundering rage of the sweet-
    toothed
wasps drones on in the autumn's glow.

Men dangle their legs over the edges
of ditches and watch
as death's deep flames consume
the thickly fragrant litter of leaves.

The flames flee down the road
and flutter! half radiant light, half blood!
as the brown burning leaves
flitter in the wind.

And the vines bend, and the shoots shrivel,
as the stems of yellow flowers
crackle, and the seeds tumble out.

The meadow floats by in the twilight fog
as in the distance wild wagons
creak and rattle shaking the last leaves
from off the trees.

And the countryside prepares for sleep
as death swoops in a beautiful white arc,
and the sky gently
nurses the garden.
And look, in your hair! a golden leaf has fallen,
a tear from the weeping tree.

O, blaze like the fall, and celebrate death
my Dear, and lift me up as well;

if only for today, let us be wise,
wise with kisses, and hungry for dreams.

Love me gaily, and do not abandon me, but
plummet
with me into the dark firmament of dreams.
And let us sleep. Like the thrush that sleeps
outside,
where the walnuts have fallen on their bed of
leaves
without a sound. And an innate sense unfurls.

*October 10, 1941*

## HASONLATOK

Olyan vagy, mint egy suttogó faág,
ha rámhajolsz,
s rejtelmes ízü vagy,
olyan vagy, mint a mák,

s akár a folyton gyűrüző idő,
oly izgató vagy,
s olyan megnyugtató,
mint sír felett a kő,

olyan vagy, mint egy vélem nőtt barát
s nem ismerem ma sem
egészen még nehéz
hajadnak illatát,

és kék vagy olykor s félek, el ne hagyj,
csavargó, nyurga füst—
és néha félek tőled én,
ha villámszínü vagy,

s mint napsütötte égiháború:
sötétarany,—
ha megharagszol, ép
olyan vagy, mint az *ú*,

mélyhangu, hosszan zengő és sötét,
s ilyenkor én
mosolyból fényes hurkokat
rajzolgatok köréd.

*1941. november 16.*

## SIMILES

You remind me of a whispering tree
whenever you lean over me,
and your taste is mysterious
like the bitter poppy,

and you are endless, like spiraling time,
and inflame me and
provide comfort like a
tombstone that comforts the grave,

you are like a friend I once played with,
but can no longer recognize,
despite the cloudy fragrance
of your luxurious hair,

and when you are sad, I fret you may
leave, like a vagabond wisp
of smoke—and you frighten me,
when you take on the color of lightning,

and like a heaven-born tempest:
of dark-gilded shadows,—
whenever you're angered, you
contort like the letter *u*,

your voice sonorous, dark, and booming,
and it's at times like this
that from your wavering smile I trace
a burnished noose to surround you.

*November 16, 1941*

## HA RÁM FIGYELSZ...

Lélekzetem gyorsan tünő
ködöt lehell az ablakon;
homálya holdja egyre nő
ahogy magamat faggatom.
Mi hozhat még nekem vigaszt?
Szerelmem is bogozhatatlan,
sugárzik mint a fájdalom
és éjjelenként fölriaszt.

Kabátom belső balzsebében,
épen szivem fölött a tiszta toll.
Rosszkedvem füst ott fenn a nyári égen
s ki gondol rám, ha most az égre néz?
s ki válaszol? magamban van honom.
Ablaknál állok, itthon, s mégis úgy,
mint hullámverte zátonyon
berajzolt testü tengerész.

Kéken lebeg az ég felettem
s ázott esernyők bánata csorog
bennem ma hajnal óta már.
Hiába ég a nap felettem,
lehangol, mint a másnapos szakáll.

Sötét a bánat kútja s mint a jég,
de tükrén mégis ott borzong az ég,
mélységbe hullott életem elé is
így tartja védő két kezét a kék.
A bánat így emel fel égre mégis.

(S nem tart soká. Ha rámfigyelsz,
majd egyre égibb hangot hall füled.
S a végső szó után meséld el,
hogy bordán roppantott a rémület.)

*1942. január 15.*

## IF YOU WERE TO WATCH ME...

My breath quickly vanishes
as I fog up the window,
and a dim misty moon appears
as I torment myself with doubt.
What still consoles me?
When my love is tangled in knots,
and radiates like a deep ache
that startles me awake every night.

In the left inside pocket of my coat,
lies a pen just above my heart.
And my dejection drifts like smoke through the
    summer sky,
and I think, who is thinking of me now, when
    they look up at the sky?
Who can answer this? Perhaps no one. As I
    carry my home inside me.
And I stand by this window, as if searching the
    horizon
on a sandbank pounded by waves,
a lonely sailor sketched into the landscape.

The blue sky flutters above like sheets
and the sadness of drenched umbrellas
drips off me like rain ever since dawn.
Even the sun shines above me in vain,
as depressing as a second day's whiskers.

Deep, deep is sorrow's well, and as cold as ice,
and on its surface the trembling sky shivers
as my life sinks into its depths while
the sky holds up its blue and shielding hands
as sorrow lifts me to the heavens.

(This cannot last for long. And if you were to
    watch me,
you would hear something like a celestial voice
    rising.
And after the final words subside, you can tell
of the dreaded terror to come that will crack
    your ribs.)
*January 15, 1942*

## EGY VERSELŐRE

### • 1. „Költői" verseny •

Írj jó verseket és Szentendy lerángat a sárba,
        cikkeket ír névvel s névtelenül—levelet.
Ír napilapba, folyóiratokba s ha nem hagyod
    abba:
            rendőrségre szalad s ott melegen beajánl.

### • 2. Világfi •

Félre ne értsd, nem szent, Szentendy: világfi.
    Miért az?
            Rágalmaz, gyanusít,—ámde világfi
            azért!
Undorodó szegfűt tart ujjai közt, feje búbján
        szürke keménykalap ül s öltönye is
        pepita.

### • 3. Megnyugtatásul •

Csússz, mássz lábam alatt, nézd! el se
    taposlak,—utállak!
            Féreg vagy s férget irtani undorodom.
*1942. január 25.*

## TO A DABBLER IN POETRY[1]

### • 1. "Poetry" Contest •

Write decent poems and Szentendy will drag
    you down into the mud,
            writing articles under his name, as well
            as correspondences—anonymously.
He writes for the dailies, and quarterlies, and if
    you refuse to silence your pen:
        he runs to the nearest police station
        to lodge a frenzied complaint.

### • 2. A Man About Town •

Don't misunderstand, Szentendy's no saint: He's
    a man about town. And why is that?
        He slanders, and accuses,—and for that
        he is a respected man!
Even the carnation he holds between his fingers
    wants to puke, and on the top
        of his head he sports a gray top-hat, and
        wears a checkered suit.

### • 3. Putting Him at Ease •

Slither, and crawl between my legs, look! I won't
    even bother to squash you,—I loathe you!
        You are a cockroach, and exterminating
        vermin just makes me ill.

*January 25, 1942*

    *1. Written as a response to criticism leveled at Radnóti
by the writer and critic, Béla Horváth (George p. 384).*

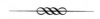

## BÁJOLÓ

Rebbenő szemmel
ülök a fényben,
rózsafa ugrik
át a sövényen,

ugrik a fény is,
gyűlik a felleg,
surran a villám
s már feleselget
fenn a magasban
dörgedelem vad
dörgedelemmel,
kékje lehervad
lenn a tavaknak
s tükre megárad,
jöjj be a házba,
vesd le ruhádat,
már esik is kint,
vesd le az inged,
mossa az eső
össze szivünket.

*1942. február 1.*

## CHARM

With quivering eyes
I sit in the sunlight,
the rose bush leaps
over the hedge,
the light leaps as well,
the clouds gather,
the lightning scurries,
the thunder replies,
up in the heights
there's a wild rumbling,
then a rumbling again
as the deep blue withers,
in the pond below
the mirror overflows,
so come inside
and peel off your clothing,
for it's raining outside,
then remove your blouse,
so the rain may wash
our hearts together.

*February 1, 1942*

---

## REJTETTELEK

Rejtettelek sokáig,
mint lassan ért gyümölcsét
levél közt rejti ága,
s mint téli ablak tükrén
a józan jég virága
virulsz ki most eszemben.
S tudom már mit jelent ha
kezed hajadra lebben,

bokád kis billenését
is őrzöm már szivemben,
s bordáid szép ivét is
oly hűvösen csodálom,
mint aki megpihent már
ily lélekző csodákon.
És mégis álmaimban
gyakorta száz karom van
s mint álombéli isten
szorítlak száz karomban.

*1942. február 20.*

## I HID YOU AWAY

I hid you away a long time
like slowly-ripening fruit
hidden behind covetous leaves,
and like flowers of temperate ice
on frozen windows in winter
you now blossom in my mind.
I know what it means when your
hand moves to smooth your hair,
or when you coyly tilt your ankle
for all this I carry in my heart,
and I admire the exquisite curves
of your ribs with a cool disregard,
but then catch my breath as if I had
just witnessed some wondrous vision.
And then sometimes, as I fall asleep,
I dream I have a hundred arms
and like a dream-imagined god
hold you in my hundred arms.

*February 20, 1942*

## RÍMPÁROK HOLDAS ÉJSZAKÁN

Az ablakok keresztjén hold csöpög,
a borzas macskák apró ördögök.

A háztetőn a fény aranyburok,
jönnek komor, sötétlő kandurok.

Rezzenve jönnek, vonják lábukat,
hét eb van itt, de távol száz ugat.

S reszel, sikong, mint gép, ha nincs olaj,
ebek fölött a kényes macskajaj.

S nem értik, hogy miért e fájdalom,
miért virágzik fény a házfalon?

S nem értik,—hisz semmit sem ért az eb,
ha fönn a hold egy kissé véresebb.

A macska más; a násszal jóllakik,
s árnyat vadászgat vígan hajnalig.

*1942. február 25.*

## STANZAS WRITTEN ON A MOONLIT NIGHT

The moon drips over the windowpanes,
as disheveled cats scurry about like tiny devils.

On the roof the light is like a gold brocade,
where the mournful tomcats slink like shadows.

Like trembling shadows they drag their legs,
while in the distance angry curs are barking.

And the rasp and squeal of the cats and dogs,
is much like a machine in need of oil.

And none can comprehend all this pain,
or why the errant light blossoms on the wall!

But then why would a dog ever understand,
why the moon overhead is stained with blood.

But the cat is something else, for it dines on its
    honeymoon,
and happily chases fleeing shadows until
    dawn.

*February 25, 1942*

## SZÁLL A TAVASZ...

*Előhang az Eclogákhoz*

Csúszik a jég a folyón, foltosra sötétül a part is,
olvad a hó, a nyulak meg az őzek lábanyomán
    már
kis pocsolyákban a nap csecsemőnyi sugára
    lubickol.
Száll a tavasz kibomolt hajjal, heverő hegyek
    ormán,
tárnák mélyein és a vakondok túrta lyukakban,
fák gyökerén fut, a rügy gyöngéd hónalja
    tövében,
s csiklandós levelek szárán pihen és tovaszáguld.
S szerte a réten, a domb fodrán, fodros tavakon
    kék
lánggal lobban az ég.

Száll a tavasz kibomolt hajjal, de a régi
    szabadság
angyala nem száll már vele, alszik a mélyben, a
    sárga
sárba fagyottan, aléit gyökerek közt fekszik
    aléltan,
nem lát fényt odalent, sem a cserjén pöndörödő
    kis
zöld levelek hadait nem látja, hiába! nem ébred.
Rab. S a rabok feketén gyűrüző vad bánata
    csobban
álmaiban s föld és fagyos éj nehezült a szivére.

Álmodik és mellét nem emelgeti sóhaja sem még,
lent nem pattan a jég.
Néma gyökér kiabálj, levelek kiabáljatok éles
hangon, tajtékzó kutya zengj, csapkodd a habot,
    hal!
rázd a sörényed, ló! bömbölj bika, ríjj patak ágya!
ébredj már aluvó!

*1942. április 11.*

## SPRING FLIES...[1]

*Preface to the Eclogues*

The ice glides over the river, as darkness stains
    the shore, and as
the snow melts, in the bright-lit footprints of
    the deer and hare
tiny puddles form as the sun's rays cavort and
    splash like squealing babes.
The spring flies and its disheveled hair flutters
    over the sprawling
hills, then runs through tunnels where the blind
    mole makes its den, and scampers
over the roots of trees, and beneath the tender
    armpits of the
stretching buds, then comes to rest on the
    ticklish leaves before moving on.
And all across the meadow, the crest of the hill,
    and over ponds ruffled
by the wind the sky is ablaze with a blue flame.

The spring flies with disheveled hair, but the
    ancient angel of
freedom, no longer keeps it company, for it
    sleeps deep in the
frozen, yellow mud, unconscious among the
    unconscious roots,
seeing no light below, nor the host of tiny leaves
    curling
on the green shrubs above, and despite
    everything! it cannot wake.
A prisoner. And its savage, spiraling sorrows
    splash through
its dreams while the earth and frozen night
    weigh heavy on his heart.
It dreams, and not even sighs can lift his chest
    now, for ice can never shatter in those depths.

Mute roots cry out, and silent leaves lift your
    jagged voices,
dogs foam at the mouth and snarl and howl, and
    fish churn the waters!
horses shake your manes! steers bellow, and
    riverbeds roar! So that you who are now
    asleep can finally wake!

*April 11, 1942*

*1. Written as the preface to Radnóti's cycle of eclogues. He wrote the "First Eclogue" in 1938 and the "Eighth Eclogue" shortly before his death in August 1944. It is most likely that he envisioned writing more. The fate of the "Sixth Eclogue," and whether it was written, is not known. The poem is written in response to Hungary's alliance with Hitler.*

## EGYSZER CSAK

Egyszer csak egy éjszaka mozdul a fal,
beleharsog a szívbe a csönd s a jaj kirepül.
Megsajdul a borda, mögötte a bajra szokott
    dobogás is elül.
Némán emelődik a test, csak a fal kiabál.
S tudja a szív, a kéz, meg a száj, hogy ez itt a halál,
    a halál.

Mint fegyházban a villany ha kacsint,
tudják bent a rabok s tudja az őr odakint,
hogy az áram mind egy testbe fut össze,
hallgat a körte, a cellán árnyék szalad át,
s érzik ilyenkor az őrök, a foglyok, a férgek a
    perzselt
        emberi hús szagát.

*1942. április 20.*

## SUDDENLY

Suddenly, one night, the wall moves,
and a silence echoes through the heart as it lets
    out a groan.
In the ribs, there is a twinge of pain, and even
    the heart
        accustomed to suffering falls silent.
The body rises, and the wall cries out.
And the hand, the heart, and the mouth all
    know, that death has arrived,
        that death is here.

And as in a prison, when the lights sputter
    overhead,
both the prisoners inside, and the guards
    outside all know,
that a current is coursing through some poor
    fool's bones,
and the flickering bulb listens, as a dark shadow
    scurries through the cells,
and the guards, the prisoners, the worms all
    know, it is burnt
        human flesh they smell.

*April 20, 1942*

## ÉJSZAKA

Alszik a szív és alszik a szívben az aggodalom,
alszik a pókháló közelében a légy a falon;
csönd van a házban, az éber egér se kapargál,
alszik a kert, a faág, a fatörzsben a harkály,
kasban a méh, rózsában a rózsabogár,
alszik a pergő búzaszemekben a nyár,
alszik a holdban a láng, hideg érem az égen;
fölkel az ősz és lopni lopakszik az éjben.

*1942. június 1.*

## NIGHT

The heart sleeps and terror is asleep in the heart,
the trusting fly sleeps by the cobweb on the
    wall;
the house sleeps, the mouse that makes no
    sound,
and even the garden sleeps, the branch, and the
    woodpecker in the tree,
the bee sleeps in the hive, the beetle in the rose,
and summer sleeps in each reeling grain of
    wheat,
the flame sleeps in the moon that sways like a
    cool medallion in the sky,
and only autumn is awake as it steals softly
    through the night.

*June 1, 1942*

## VIRÁGÉNEK

Fölötted egy almafa ága,
szirmok hullnak a szádra,
s külön egy-egy késve pereg le,
ráhull a hajadra, szemedre.

Nézem egész nap a szádat,
szemedre hajolnak az ágak,
fényén futkos a fény,
csókra tünő tünemény.

Tűnik, lehunyod szemedet,
árny játszik a pilla felett,
játszik a gyenge szirommal,
s hull már a sötét valahonnan.

Hull a sötét, de ne félj,
megszólal a néma, ezüst éj;
kivirágzik az égi fa ága,
hold bámul a béna világra.

*Nagyvárad, Csapatkórház,
1942. augusztus 25.*

## FLOWER SONG[1]

The branch of an apple tree leans over you,
and scatters its petals on your lips,
and every now and then one falls
on your lids, your hair.

I gaze at your mouth all day,
as the branch leans over your eyes,
and the sun's rays frolic in their light,
like the fleeting apparitions of a kiss.

Then they vanish as you close your eyes,
and the shadows play upon your lashes
as if toying with delicate petals,
when suddenly the darkness falls.

The darkness falls, but don't be afraid,
just listen to the voiceless silvery night,
as the celestial flowering tree unfurls,
and the moon gazes over a crippled world.

*Nagyvárad, Military Hospital*
*August 25, 1942*

    1. *Written in a military hospital when he was confined severely ill with an abscessed tooth during his second tour of forced labor.*

## OKTÓBERVÉGI HEXAMETEREK

Táncosmedrü, fehérnevetésü patak fut a
    hegyről,
táncol az őszi levél s taraján kisimulva elúszik.
Nézd csak, az árnyban a som fanyar ékszere
    villog a bokron,
s villog a fényben a kis füvek éle öreg remegéssel.
Még süt a nap, de oly érett már, csak a lassu
    okosság
tartja az égen, hogy le ne hulljon: félti aranyát.
Lassu, okos vagyok én is e lassu, okos
    ragyogásban,
féltelek én is a tél hidegétől, tűzifa gondja,
téli ruhák vak gondja növekszik, apad
    szemeidben
s mint a lehellet futja be tükreit, árad az álmos
bánat a kék ragyogásban, a szádon a mondat
    elalszik
s ébred a csók. Feketén jön a hó, jön a tél,
    feketélnek
sarkai máris az őszi nagy égnek, a hajnali órák
léptei már sikosak. Gyere hát elaludni az esték
hosszu szakálla alá; nézd, gyermeked is vagyok
    én, de
felnőtt, nagy fiad és szeretőd, fele gondra is érett,
nemcsak a versre komoly. Fekszünk majd s
    hallgatom éji

füllel a szíveden alvó gond ütemét a sötétben.
Hallgatom és várok. S mint ifjú gólyafióka
ősszel szállni tanulván meg-megbillen az égen,
forgók a bő heverőn. S lassan tovaszállok a jajjal.
Átveszem és ütemes dobogása elaltat,
    elalszunk,—
ketten az egy gonddal. S míg elkap az álom, az
    éjben
hallani, csapdos az ősz nedves lobogója sötéten.

*Élesd-Nagytelekmajor,*
*1942. szeptember 28–november 14.*

## HEXAMETERS IN LATE OCTOBER[1]

Pale with laughter, a prancing brook tumbles
    gaily down the mountain,
as an autumn leaf dances on its crest, smoothes
    the waves, then drifts away.
Look, how in the shade, the tart, bejeweled buds
    of dogwood glitter,
and in the wavering light, the blades of grass
    tremble with an age-old
longing. The ripening sun shines above, with
    only its patience
and wisdom to hold it aloft and guard its
    golden hoard
from tumbling. I, too, am ancient and wise, and
    fear for you in the
studied glow of this winter's chill, as we dream
    of warmth and kindling.
Your worries over warm winter garments ebb
    and flow and
blind your care-worn eyes, as your heavy-lidded
    sorrow swells and clouds
their bright mirrors with its casual breath,
    staining their blue radiance.
Words fall asleep on your lips, that my soft
    kisses waken, and then
darkly comes the snow, and darkly comes
    winter, as veiled corners dim
in the expansive autumn sky, and the hours of
    dawn take slippery steps.
Come and sleep with me beneath the dark
    whiskers of the night; I am
your child, your grown son, your ardent lover,
    ready to bear half your
sorrows, not merely to battle willful lines and
    rhyme. My ears have
become attuned to the night and I shall listen to
    the deep pounding
of your woes in your slumbering breast in the
    dark. Listening and waiting.
And like a fledgling stork tossed by the autumn
    wind as it learns to fly,

so I, too, will twist and turn in my sprawling
  bed, and leisurely soar beyond
my troubles; and take upon myself all your grave
  cares, as we fall
asleep to the rhythmic thrashing of your heart.
  And then drift off to
dream, listening to the moist fluttering of
  autumn in the night.

*Élesd-Nagytelekmajor,*
*September 28–November 14, 1942*

  1. *Written during his second tour of forced labor.*

## Kecskék

A felhők fátylasodnak,
elejtik színüket már,
a fű között sötétül;
a kis gidák kövérlő
lágy teste még világít
s elválik a sötéttül.

Egy szürke kecske állong,
szőrén a fény kialszik,
szemén kigyúl az álom,
nagy tőgyén napsütötte
füvek hatalma duzzad
s túlnéz a langy karámon.

Feldobja ujra habját
az alkony és kilobban
az ég alján eredt vér;
virágot csíp ledéren
egy bak s kétlábra állván
a hold elé nevetgél.

S mint szellem jár a másik,
vigyázva lép a gyepben,
mekeg s a hangja ében,
szakálla leng s csomóstul
apró, sötét golyókat
szór szerteszét az éjben.

*Nagytelekmajor, 1942. november 12.*

## Goats[1]

The clouds float like veils,
and let their colors fall,
while among blades of grass
the plump bodies of small goats
give off a distinctive glow
that is separate from the dark.

A gray goat wanders about,
as the light fades on her back,
and dreams kindle in her eyes,

as the sun-kissed grasses
swell her large udders and she
looks beyond the warm corral.

The dusk scatters its foam
and at the bottom of the sky
a fountain of blood gushes;
a lascivious billy-goat pinches
the flowers then stands on two legs
as it brays at the moon.

Another walks cautiously
through the grass like a ghost,
and bleats with ebon voice,
as his knotted beard dangles,
and he scatters fine, dark marbles
about in the night.

*Nagytelekmajor, November 12, 1942*

  1. *Written during his second tour of forced labor.*

## Téli napsütés

Az olvadt hó beroskad
és szertesündörög,
kondérok gőzölögnek,
mint bíbor sülttökök.

A jégcsap egyre nyúlik,
a csöppje már nehéz,
egy-egy kis tócsa pattan
s szelíden égrenéz.

S ott fönn az égi polcon
hátrább csuszott a hó,
kevésbeszédü lettem
s ritkán vitatkozó.

Ebédre várok-é, vagy
talán meg is halok?
léiekként szálldosom majd
horzsolván éjt s napot?

Árnyékom rámtekint, míg
borong a téli nap.
Kincstári sapka rajtam,
a nap fején kalap.

*1942. december 26.*

## Winter Sunlight

The snow melts and crumbles
then furtively skulks about,
while hot kettles steam,
like roasted purple pumpkins.

The icicles stretch lazily,
as droplets of water fall,

and one by one a puddle cries out
gazing longingly up at the sky.

And there on the upper shelves of heaven
the snow glides further away,
and I have lost my voice
who rarely ever argues.

I wait for lunch with patience,
or perhaps I'm waiting to die?
and wonder if my fluttering soul
shall be bruised both day and night?

My shadow glances toward me,
as the winter sun broods.
An ammunition cap on my head,
the sun sporting a fedora.

*December 26, 1942*

# Negyedik ecloga

    Költő:
Kérdeztél volna csak magzat koromban...
Ó, tudtam, tudtam én!
Üvöltöttem, nem kell a világ! goromba!
tompán csap rám a sötét és vág engem a fény!
És megmaradtam. A fejem rég kemény.
S tüdőm erősödött csak, hogy annyit bőgtem
    én.

    A Hang:
S a vörheny és a kanyaró
vörös hullámai mind partradobtak.
Egyszer el akart nyelni,—aztán kiköpött a tó.
Mit gondolsz, miért vett mégis karjára az idő?
S a szív, a máj, a szárnyas két tüdő,
a lucskos és rejtelmes gépezet
hogy szolgál... ó miért? a rettentő virág
nem nyílik még húsodban tán a rák.

    Költő:
Születtem. Tiltakoztam. S mégis itt vagyok.
Felnőttem. S kérdezed: miért? hát nem tudom.
Szabad szerettem volna lenni mindig
s őrök kisértek végig az uton.

    A Hang:
Jártál szellőtől fényes csúcsokon,
s láttál, ha este jött, a hegyre töppedt
bokrok közt térdepelni egy jámbor őz-sutát;
láttál napfényben álló fatörzsön gyantacsöppet,
s mezítelen ifjú asszonyt folyóból partra lépni
s egyszer kezedre szállt egy nagy szarvasbogár...

    Költő:
Rabságból ezt se látni már.
Hegy lettem volna, vagy növény, madár...

vigasztaló, pillangó gondolat,
tűnő istenkedés. Segíts szabadság,
ó hadd leljem meg végre honnomat!

A csúcsot ujra, erdőt, asszonyt és bokrokat,
a lélek szélben égő szárnyait.
És megszületni ujra új világra,
mikor arany gőzök közül vakít
s új hajnalokra kél a nap világa.

Még csönd van, csönd, de már a vihar lehell,
érett gyümölcsök ingnak az ágakon.
A lepkét könnyű szél sodorja, száll.
A fák között már fuvall a halál.

És már tudom, halálra érek én is,
emelt s leejt a hullámzó idő;
rab voltam és magányom lassan
növekszik, mint a hold karéja nő.

Szabad leszek, a föld feloldoz,
s az összetört világ a föld felett
lassan lobog. Az írótáblák elrepedtek.
Szállj fel, te súlyos szárnyú képzelet!

    A Hang:
Ring a gyümölcs, lehull, ha megérik;
elnyugtat majd a mély, emlékkel teli föld.
De haragod füstje még szálljon az égig,
s az égre írj, ha minden összetört!

*1943. március 15.*

# Fourth Eclogue[1]

    Poet:
If you had only asked me when I was young...
when I knew, oh, how I knew!
Howling, I had no need for the world! that it
    was foul!
as the hollow darkness buffeted me, and the
    light cut me through!
And yet I still survived. My head long since
    hardened.
And my lungs so much stronger for having cried.

    The Voice:
And the crimson waves of scarlet fever
and the agonies of measles cast you ashore.
And threatened to swallow you whole,—but the
    waters spit you out.
Why do you think the wavering years took you
    in their arms?
And that your heart, liver, and two lungs shaped
    like wings,
and all that slimy mysterious machinery
have since sought to serve only you ... and for
    what purpose?
And that cancer, that hideous flower, has not yet
    blossomed in your flesh.

Poet:

I was born. I protested. And yet, I'm still here.
Fully grown. And you ask me: why? to what
   end, I haven't a clue.
I always craved to be free but shadowy
guards escorted me to the ends of the road.

The Voice:

You walked on wind-swept peaks that gleamed
   with light,
and when night came, you saw a saintly buck
   kneeling
among the bushes, pressed hard against the
   mountain,
as resin glittered in the sunlight on the trees,
and a naked young woman stepped from the
   river unto the shore
and a great stag-beetle once landed on your
   arm...

Poet:

From my captivity none of this can be seen.
Had I been but a mountain, a plant, or a bird...
but then this is a fluttering thought sent to
   console me,
a fleeting godhood in the mist. Help me liberty,
let me find my way back home!

The peaks arise anew, the forests, the woman,
   the shrubs,
the soul's wings burning in the wind!
To be born anew into a new world,
where in a golden mist the blinding
sun rises once more over newer fresher dawns.

There is silence, silence for now, but the storm
   already breathes,
as ripe fruit swing upon the branches.
A light breeze sweeps up a butterfly, that flies
   away.
While between the trees death gently blows.

And I know, that I, too, am ripe for death,[2]
rising and falling with the undulating years;
I who have been a captive, whose solitude slowly
grows, like the crescents of the moon.

But one day I shall be free, dissolving in the
   earth,
while the broken world flickers above me
in the dawdling flames. And the stone tablets
   shall crack.
And heavy-winged imagination shall take flight!

The Voice:

Yes, the ripe fruit will swing, fall, and decay;
and the deep earth, filled with your memory
   shall comfort you.[3]
But for now let the smoke of your anger rise,

and write your words in the sky, while all else
   lies shattered below!

*March 15, 1943*

   1. *The poem is written on March 15 to commemorates the date of the ill-fated Hungarian Revolution of 1848 against the Austrian monarchy and Habsburg dynasty. After a number of successes on the battlefield the Hungarians were defeated by joint Austrian and Tsarist Russian forces.*

   2. *Radnóti envisions his death. World War II has been raging for over three years and he has already experienced the brutality of forced labor as well as the virulent anti-Semitism of the Hungarian populace, the military, and the camp guards.*

   3. *The myth of the poet as a necessary sacrifice to purify the world echoes once again here. This myth was already well-embedded in the Hungarian psyche and is exemplified by the heroic death of Hungary's "national poet," Sándor Petőfi, who died at the age of twenty-six on the battlefield against Tsarist forces in the Revolution of 1848.*

## TÉTOVA ÓDA

Mióta készülök, hogy elmondjam neked
szerelmem rejtett csillagrendszerét;
egy képben csak talán, s csupán a lényeget.
De nyüzsgő s áradó vagy bennem mint a lét,
és néha meg olyan, oly biztos és örök,
mint kőben a megkövesült csigaház.
A holdtól cirmos éj mozdul fejem fölött
s zizzenve röppenő kis álmokat vadász.
S még mindig nem tudom elmondani neked,
mit is jelent az nékem, hogy ha dolgozom,
óvó tekinteted érzem kezem felett.
Hasonlat mit sem ér. Felötlik s eldobom.
És holnap az egészet ujra kezdem,
mert annyit érek én, amennyit ér a szó
versemben s mert ez addig izgat engem,
míg csont marad belőlem s néhány hajcsomó.
Fáradt vagy s én is érzem, hosszú volt a nap,—
mit mondjak még? a tárgyak összenéznek
s téged dicsérnek, zeng egy fél cukordarab
az asztalon és csöppje hull a méznek
s mint színarany golyó ragyog a terítőn,
s magától csendül egy üres vizespohár.
Boldog, mert véled él. S talán lesz még időm,
hogy elmondjam milyen, mikor jöttödre vár.
Az álom hullongó sötétje meg-megérint,
elszáll, majd visszatér a homlokodra,
álmos szemed búcsúzva még felémint,
hajad kibomlik, szétterül lobogva,
s elalszol. Pillád hosszú árnya lebben.
Kezed párnámra hull, elalvó nyírfaág,
de benned alszom én is, nem vagy *más* világ.
S idáig hallom én, hogy változik a sok

rejtelmes, vékony, bölcs vonal

                     hűs tenyeredben.

*1943. május 26.*

## A TENTATIVE ODE

How long I have waited to tell you of the
hidden starry constellation of my love[1];
perhaps in a single image, or of its essence only.
But you rage in me like a torrent, and
seethe like life itself; as eternal and precise
as a petrified shell embedded in stone.
The moon-streaked night hovers above my
    head, and
hunts down my little dreams that rustle and take
    flight.
And even now I am unable to express
what it means to feel your watchful gaze
above my hand as I write. But then comparisons
mean nothing here. I discard them the moment
they arise. But tomorrow I shall start anew,
for I am worth only as much as the crafted
words of my poetry, a thought that will torment
me until the day when nothing of me remains
but bones and tufts of hair. I can see you are
tired, and I feel it, too, for the day was long,—
and so what more is there to say? The silent
    objects
praise only you, exchanging glances, as a half
    sugar-
cube warbles on the table and a drop
of honey glimmers on the lace like a golden
sphere; even the empty water glass cries out
overcome with joy, to be living on this earth
    beside you.
Perhaps one day I can share how it awaits your
    steps,
and how the intermittent gloom of spectral
    dreams
fades away, only to return and settle on your
    brow,
as your weary lids flutter and say good-bye, and
    your hair
unravels, and spreads in flames while you fall
    asleep. The shadows
of your lashes flicker, as your hand falls upon my
    pillow
like a birch-bough drifting off to sleep, and I
    sleep in you
as well, you who are no longer just *another*
    world.
And listen as the host of sage, mysterious, and
    slender life-lines
                 gather in the cool cup of your hand.

*May 26, 1943*

    1. *Written to Fanni after his return to Budapest from the labor camp. It inaugurates the nine great poems that he was to write between May 26, 1943, and April 30, 1944, before he embarked on his third and final tour of forced labor.*

## KOLUMBUSZ

„In Nomine Domini Nostri Jhesu Christi"
így kezdte régen s most nem ér rá naplót írni.
A könyvben szél lapoz. Otthagyja, másra gondol,
fölötte vad, feszes, nagykarmu ég dorombol.

Kolumbusz szétvetett lábakkal áll s az éjben
négy lázadó kuporg az árbocok tövében,
s hintál a nagy hajó és zeng a sok vitorla.

Tévedne Rodrigo? Lehet... S szűk lesz a torka.
Dehát a fűcsomók nem földközelt mutatnak?
és láttam én magam, madárraj szállt nyugatnak,
tegnap meg egy galamb.

                    S „föld! föld!"—üvölt a hang.
És péntek volt, két óra és sötét a hajnal,
„Laudetur"—mormolták s álltak levett
    kalappal.

*1943. június 1.*

## COLUMBUS

"In Nomine Domini Nostri Jhesu Christi,"
that's how he began, but had no time to
    complete his entry.
The wind thumbed through the pages. He
    walked away, then thought
of something else, as the tense, clawed, feral sky
    rumbled.

Columbus stood with legs apart in the anxious
    night
as four mutineers crouched beneath the swaying
    masts,
and the great ship lurched as the sails flailed and
    hummed in the wind.

Could Rodrigo have been wrong? Perhaps...His
    throat narrowed.
But weren't the floating clumps of grass a sign of
    land?
and hadn't he seen with his own eyes, a flock of
    birds winging west,
and only yesterday, a dove.

                Then "Land! Land!"—cried a
                    voice above the wind.
It was Friday, two o'clock, a bleak, and
    unforgiving dawn,

"Laudetur"–they murmured, as they stood
stunned and silent, caps in hand.

*June 1, 1943*

## IFJÚSÁG

Mikor Kolumbusz a zsivajgó partra lépett
s követték társai, az ittas tengerészek,
szagos szél támadt és lábához hullt egy fészek,
s egy zöld majom szaladt feléje s rázta öklét:
érezte már, hogyan kezdődik az öröklét.
Megvillant nagy szeme, fáradt szemhéja égett.
Legyintett. S hátraszólt valami semmiséget.

*1943. május 29.*

## YOUTH

When Columbus stepped onto the
    cacophonous shore
his drunken crew followed him, and a fragrant
wind arose as a nest fell by his feet, and a green
    monkey
ran toward him shaking its fists, boiling with
    rage:
he could already feel immortality stirring within
    him.
Lightning flashed in his eyes, his weary lids
    burned. And then he waved,
as he tossed some meaningless words over his
    shoulder.

*May 29, 1943*

## A FÉLELMETES ANGYAL

A félelmetes angyal ma láthatatlan
és hallgat bennem, nem sikolt.
De nesz hallatszik, felfigyelsz,
csak annyi, mintha szöcske pattan,
szétnézel s nem tudod ki volt.
Ő az. Csak ujra óvatos ma. Készül.
Védj meg, hiszen szeretsz. Szeress vitézül.
Ha vélem vagy, lapul, de bátor
mihelyt magamra hagysz. Kikéi a lélek
aljából és sikongva vádol.
Az őrület. Úgy munkál bennem, mint a méreg
s csak néha alszik. Bennem él,
de rajtam kívül is. Mikor fehér
a holdas éj, suhogó saruban
fut a réten s anyám sírjában is motoz.
Érdemes volt-e?—kérdi tőle folyton

s felveri. Suttog neki, lázitva, fojtón:
megszülted és belehaltál!
Rámnéz néha s előre letépi a naptár
sorjukra váró lapjait.
Már tőle függ örökre
meddig s hová. Szava
mint vízbe kő, hullott szivembe
tegnap éjszaka
gyűrűzve, lengve és pörögve.
Nyugodni készülődtem épen,
te már aludtál. Meztelen
álltam, mikor megjött az éjben
s vitázni kezdett halkan itt velem.
Valami furcsa illat szállt s hideg
lehellet ért fülön. „Vetkezz tovább!—
így bíztatott,—ne védjen bőr sem,
nyers hús vagy úgyis és pucér ideg.
Nyúzd meg magad, hiszen bolond,
ki bőrével, mint börtönével henceg.
Csak látszat rajtad az, no itt a kés,
nem fáj, egy pillanat csupán, egy szisszenés!"
S az asztalon felébredt s villogott a kés.

*1943. augusztus 4.*

## THE TERRIBLE ANGEL

The terrible angel angel is invisible today
lurking inside me, but does not scream.
Yet if you listen carefully, you can hear him stir,
as faint, as a grasshopper about to leap.
And though you are baffled, rest assured
it's him. Wary and watchful. Getting prepared.
So defend me, if you love me. And love me nobly.
Whenever you're with me, he cowers, but then
    screws up
his courage the moment you leave. Rising from
    the depths
of my soul, screaming vile accusations.
This is madness. He works on me like poison
and seldom sleeps, living within me
and outside me as well. And whenever the moon
    turns pale,
he scurries through the fields in his rustling
    sandals
to rummage through my mother's grave.
"Was he worth it?"—he sneers, waking her each
    time.
Whispering, as he takes her by the throat:
"Pitiful creature who gave him birth, only to
    die!"
Sometimes he casts me a knowing glance, then
tears pages from my calendar ahead of my time.
Brazenly deciding my fate, as to how long I shall
    live,

how I will die. Last night, I thought I heard
his voice, like a stone tossed into water,
twirling, swaying, sinking,
sending ripples through my heart.
I had just settled down to sleep,
and you were already dreaming.
I was naked when he arrived,
and he taunted me with scorn.
A strange scent was in the air, his chilly
breath lightly brushed my ear. "Remove
     everything!"
he urged seductively, "You no longer have any
     need for your skin,
for you are but raw, bloody meat, naked nerves.
So strip it all away, for believe me it's madness
to cling to it, somewhat like a prisoner who is in
     love with his prison bars.
Merely a mask, an illusion, so come take this
     knife,
I promise that you will feel no pain, merely a
     momentary hiss!"

And it was then that the blade came alive on the
     table, and gleamed.

*August 4, 1943*

## PÁRIS

A Boulevard St Michel s a Rue
Cujas sarkán egy kissé lejt a járda.
Nem hagytalak el gyönyörű
vad ifjuságom, hangod mintha tárna
visszhangzana, szivemben szól ma még.
A Rue Monsieur le Prince sarkán lakott a pék.

S balról, a park nagy fái közt
az egyik úgy sárgált az égre, mintha
előre látná már az őszt.
Szabadság, hosszucombu drága nimfa,
aranyló alkonyatba öltözött,
bujkálsz-e még a fátylas fák között?

Mint hadsereg vonult a nyár,
port vert az úton és dobolva izzadt,
hűs pára szállt utána már
s kétoldalt szerteszét lengett az illat.
Délben még nyár volt s délután esős
homlokkal vendégségbe jött az édes ősz.

Úgy éltem akkor, mint gyerek,
kedvemre, s úgy is, mint tudóskodó
öreg, ki tudja már: a föld kerek.
Zöld voltam még s szakállam mint a hó.
Sétáltam és kinek volt gondja rá?
Később leszálltam én a forró föld alá.

Hol vagytok ó, felzengő állomások:
CHÁTELET-CITÉ-ST MICHEL-
     ODÉON!
s DENFERT-ROCHEREAU—úgy hangzói
     mint egy átok.
Térkép virágzott foltos nagy falon:
Hol vagytok ó!—kiáltok. Hallgatózom.
És zúgni kezd a testszag és az ózon.

S az éjszakák! az éji vándorút
a végekről a Quartier felé!
Páris felett a furcsán elborult
hajnal mégegyszer felszürkéllik-é
mikor a versírástól részegen
és félig alva már aludni vetkezem?

Ó, visszatérni, tűnő életem
nehéz sodrából lesz-e még erőm?
A lent bűzölgő olcsó étterem
macskája párzott fönt a háztetőn.
Hogy nyávogott! Mégegyszer hallom-é?
Akkor tanultam meg, hogy hajdanán milyen
ricsajban úszhatott a hold alatt Noé.

*1943. augusztus 14.*

## PARIS[1]

On the corner of the Boulevard St. Michel and
     Rue
Cujas the sidewalk dipped gently.
You see, I have not abandoned you my
     beautiful,
wild and youthful days, for your voice echoes
even now through my heart like in a deep mine.
On the corner of Rue Monsieur le Prince there
     lived a baker.

And on the left, among the park's enormous
     trees
there was one so bright and yellow against the
     sky,
that it seemed it was a preview for the fall.
And freedom, bedecked in gold, was like a
     precious
long-legged nymph in the burnished twilight;
     tell me,
are you still playing hide-and-seek between the
     veiled trees?

Summer paraded through the streets like
     sweating soldiers,
beating her drums, kicking up the dust,
as a cool mist followed close upon her heels
and on both sides of the road fragrances floated
     in the air.
At noon it was summer, but by afternoon,
     autumn

had arrived like a welcome guest, dripping with
rain.
I lived like a child then, without worries,
but also, like an pedantic old man, finally
convinced:
that the earth is no longer flat but round.
And though I was still green, my whiskers were
like snow.
And I strolled about, troubling no one.
And later descended into the scorching metro.
Oh, where are you now, stations with musical
names:
CHATELET-CITE-ST. MICHEL-ODEON!
and DENFERT-ROCHEREAU—sounding
like a curse.
Maps blossomed like flowers on the soot-stained
walls.
Oh, where are you now!—I cry out. Then
listen.
As it begins to buzz amidst the smell of bodies
and ozone.

Those evenings! those late-night wanderings
from the outskirts of town toward the Quartier!
Will that strangely overcast and gray
dawn ever drift again over Paris,
when drunk on poetry I undressed and
half-asleep prepared for bed?
Will I ever have the strength to return one day
and escape the heavy currents of my wavering
life?
The cat from the cheap, stinking
diner below was screwing on our roof.
Oh, how he mewed! Will I ever hear that sound
again?
That's when I learned how deafening the noise
must
have been, when Noah gently sailed beneath the
moon.

*August 14, 1943*

1. *Celebratory poem of remembrance written just ten
days after "The Terrible Angel."*

## A MÉCSVIRÁG KINYÍLIK

A mécsvirág kinyílik
s a húnyó láthatárnak
könyörg a napraforgó;
a tücskök már riszálnak,
odvában dong a dongó
s álmos kedvét a bársony
estében égre írta

egy röppenő pacsirta;
s ott messzebb, kint a réten,
a permeteg sötétben
borzong a félreugró
nyulak nyomán a fűszál,
a nyír ezüstös ingben
immár avarban kószál,
s holnap vidékeinken
újból a sárga ősz jár.

*1943. augusztus 26.*

## THE CRIMSON FLOWER UNFURLS

The crimson flower unfurls
beneath the vanishing horizon,
the sunflower pleads;
the locusts scrape their wings
as hornets drone inside their nests
and a flushed lark takes flight
to inscribe his winged sentiments
in the velvety sky,
and beyond, in the serene meadow,
darkness drizzles to the ground,
as blades of grass shudder
in the traces of the nimble hare,
and silver-gowned birches stroll
through the leaves littering the ground,
and come tomorrow the countryside
will welcome the yellowing Fall.

*August 26, 1943*

## NYUGTALAN ÉJ

Egy kácsa ölyvvel álmodott s most felriad,
totyog, farát mozgatja, meg-megáll,
majd hármat hápog és elalszik ujra,
de már a pelyhes csöndet szertedúlta.
Sötét szél ébred borzas ég alatt
és álmokat fodrozva átszalad
lélekző ólak, istállók felett,
s ficánkol alvó kiscsikók helyett.
Susogni kezd, mi eddig néma volt,
lassan leszáll s az alvó bodza sűrű,
fehérlő illatában ring a hold.

*1943. szeptember 12.*

## RESTLESS NIGHT

A duck dreaming of a hawk awakens with alarm,
then shuffles, shakes its tail, pauses, stops,
quacks three times and falls asleep once more,
but by now he has despoiled the downy silence.
A dark wind stirs beneath the rumpled sky

then scurries past ruffling the dreams of animals
in their soft-breathing pens and stalls
then prances about instead of the sleeping colts.
And all that had been silent starts to whisper
   now,
while in the thick white perfume of the sleeping
elder-berry, the silver moon slowly sways.

*September 12, 1943*

## MINT ÉSZREVÉTLENÜL

Mint észrevétlenül álomba hull az ember,
úgy hull az ifjukorból a férfikorba át;
már múltja van s leül szemközt komoly
   szeszekkel
s apányi lett körötte már egyre több barát.

Apa és kisfia most együtt látogatják,
s a kisfiú lesz lassan, ki jobban érti őt,
ki érti még lobos szivének sok kalandját,
s kijátsszák lent a padlón a hintázó időt.

De mégis néhanap felnőttként pénzt keres már,
megrendelésre fordít, eladja verseit,
már szerződést bogoz, számolgat és protestál
s megélni néki is csak a *mellékes* segít.

Sikerre nem kacsint, mert tudja, egyremegy,
e hölgy kegyeltje az lesz, ki jókor érkezett;—
kedvence már a mák s a bíborhúsu meggy,
a bús kamaszt igéző méz és dió helyett.

És tudja, nyáron is lehullhat egy levél,
hiába táncol és csal a forró emberész,
s minden megméretik, ha egyszer majd nem él;
sportbajnok nem lehet már, sem kóbor
   tengerész,

de megtanulta, hogy fegyver s szerszám a toll,
s ugyancsak nyaktörő az, ha méltón peng a lant,
s hogy eljut így is ő mindenhová, ahol
mezítlen él a szándék és perzsel a kaland.

És míg tollára dől, a gyermekekre gondol,
és nincs nehéz szivében most semmiféle gőg,
mert értük dolgozik, akár a néma portól
csikorgó gyárban élők s műhelyben görnyedők.

*1943. november 15.*

## AS IMPERCEPTIBLY

As imperceptibly as we fall into a dream,
he drifts from youth into manhood;
he has a past, and hard liquor has worn him
   down,
and more and more of his friends have children.

A father and son have come to visit him,
and it seems the little boy understands him the
   best,
sensing the adventures that smolder in his heart,
as he seeks to foil the pendulum of time.

And yet, now and then he earns a bit of money,
   like a man,
translating on commission, and occasionally
   selling a poem,
arguing about contracts, griping, and counting
   pennies,
and making a living scraping by, and doing
   *extras.*

Success never smiled on him, and it's always the
   same,
for the lady favors those at the right place at the
   right time,—
he loves poppy seeds and purple-fleshed sour
   cherries,
but not the walnuts and honey favored by
   suicidal teenagers.

And he knows, that in summer some leaves will
   fall,
and the teeming mind can deceive itself and
   dance,
and all will be put to the scales once he's dead;
and he can no longer be a champion nor
   adventurous sailor,
but he has learned, that a pen can be a weapon
   and a tool,
and you can break your neck just by composing
   on a lyre,
and that even when good intentions are judged
   and
laid bare there may be no gratitude nor reward.

And as he leans on his pen, he thinks of all the
   children,
but without vanity or pride in his heavy heart,
for he works for them, like those breaking their
   backs
in sweatshops and mute dust-creaking factories.

*November 15, 1943*

## ÖTÖDIK ECLOGA

*Töredék*

*Bálint György Emlékére*

Drága barátom, hogy dideregtem e vers
   hidegétől,
hogy rettegtem a szót, ma is elmenekültem előle.

Félsorokat róttam.
            Másról, *másról* igyekeztem
írni, hiába! az éj, ez a rémes, rejtekező éj
rámszól: róla beszélj.
            És felriadok, de a hang már
hallgat, akár odakint Ukrajna mezőin a holtak.
Eltüntél.
            S ez az ősz se hozott hírt rólad.
                        Az erdőn
ujra suhog ma a tél vad jóslata, húznak a súlyos
fellegek és hóval teli ujra megállnak az égen.
Élsz-e, ki tudja?
            Ma már én sem tudom, én se
                        dühöngök,
hogyha legyintenek és fájdalmasan elfödik
    arcuk.
S nem tudnak semmit.
            De te élsz? csak megsebesültél?
Jársz az avarban az erdei sár sürü illata közt,
    vagy
illat vagy magad is?
            Már szálldos a hó a mezőkön.
Eltünt,—koppan a hír.
            És dobban, dermed a szív bent.
Két bordám közt már feszülő, rossz fájdalom
    ébred,
reszket ilyenkor s emlékemben oly élesen élnek
régmondott szavaid s úgy érzem testi valódat,
mint a halottakét—
            Mégsem tudok írni ma rólad!

*1943. november 21.*

## FIFTH ECLOGUE

*Fragment*

*To the memory of György Bálint*[1]

My dear friend, how I shivered with cold from
    the mere thought of this poem,
dreading every word, seeking to escape, terrified
    by every line.
Scribbling half-heartedly.
            And so I struggled, to write of
                *anything*
else, but it was all in vain! for the night, this
    dreadful, haunted night
rudely demands: Write of *him*.
            I startle awake, but the voice falls
                silent
like that of the dead lying in the blood-soaked
    fields of the Ukraine. Gone.
            And the tight-lipped autumn refuses
                to reveal your fate.
                        In the forests,

the dreaded prophecy of winter rustles its wings,
    as clouds drag themselves
across the sky heavy with snow, then come to a
    dead stop.
Are you still alive, who can know?
            Your fate is a mystery, but I no
                longer
rage when they throw up their hands in despair
    and turn their faces.
For they, too, know nothing.
            But perhaps you are alive! And
                merely wounded?
Limping through fragrant mud and leaves that
    litter the forest, or
have you become a fragrance as well?
            The snow drifts through the
                fields.
Missing,—the word strikes me like a sledge-
    hammer.
            Then bludgeons my pounding
                heart.
Between my ribs I am gripped by a searing pain,
    for
at times like this your memory trembles so
    vividly in my mind
that I can still hear your murmured words, and
    feel you right here,
as present, and as real, and as true, as the dead—
            And yet, I can no longer write about
                you, tonight!

*November 21, 1943*

1. *Dedicated to György Bálint, close friend who perished in a forced labor camp in the Ukraine.*

## NEM TUDHATOM...

Nem tudhatom, hogy másnak e tájék mit jelent,
nekem szülőhazám itt e lángoktól ölelt
kis ország, messzeringó gyerekkorom világa.
Belőle nőttem én, mint fatörzsből gyönge ága
s remélem, testem is majd e földbe süpped el.
Itthon vagyok. S ha néha lábamhoz térdepel
egy-egy bokor, nevét is, virágát is tudom,
tudom, hogy merre mennek, kik mennek az
    uton,
s tudom, hogy mit jelenthet egy nyári alkonyon
a házfalakról csorgó, vöröslő fájdalom.
Ki gépen száll fölébe, annak térkép e táj,
s nem tudja, hol lakott itt Vörösmarty Mihály;
annak mit rejt e térkép? gyárat s vad laktanyát,
de nékem szöcskét, ökröt, tornyot, szelíd tanyát;
az gyárat lát a látcsőn és szántóföldeket,

míg én a dolgozót is, ki dolgáért remeg,
erdőt, füttyös gyümölcsöst, szöllőt és sírokat,
a sírok közt anyókát, ki halkan sírogat,
s mi föntről pusztitandó vasút, vagy gyárüzem,
az bakterház s a bakter előtte áll s üzen,
piros zászló kezében, körötte sok gyerek,
s a gyárak udvarában komondor hempereg;
és ott a park, a régi szerelmek lábnyoma,
a csókok íze számban hol méz, hol áfonya,
s az iskolába menvén, a járda peremén,
hogy ne feleljek aznap, egy kőre léptem én,
ím itt e kő, de föntről e kő se látható,
nincs műszer, mellyel mindez jól megmutatható.

Hisz bűnösök vagyunk mi, akár a többi nép,
s tudjuk miben vétkeztünk, mikor, hol és mikép,
de élnek dolgozók itt, költők is bűntelen,
és csecsszopók, akikben megnő az értelem,
világít bennük, őrzik, sötét pincékbe bújva,
míg jel nem ír hazánkra ujból a béke ujja,
s fojtott szavunkra majdan friss szóval ők felelnek.

Nagy szárnyadat borítsd ránk virrasztó éji felleg.

*1944. január 17.*

## I Cannot Know...

I cannot know what this land may mean to
    others, but
for me it's my place of birth, smothered in
    flames, a sacred
plot of ground, the distant world of my youth
    where I sprouted
like a tender branch from the hide of a tree, and
    I pray
that my flesh may be interred within this costly
    earth. For here
I'm home. Where I know the name of every
    plant that kneels
before me, that of every flower, the name of
    each and every
road, who tramps upon the road, and where
    they wander. And
I know the meaning of the crimson ache that
    may one day
drip from tenement walls in the summer's
    twilight. And know
that for him who soars above in his infernal
machine, this is but a checkered scape, for how
    can he know
this is where Mihály Vörösmarty[1] lived, nor
    understand
all that lies here? Through his scope he sees only
    factories,
barracks, mills, while I see cattle, steeples,
    crickets, farms; through

his sights he sees chimneys, fields of corn, while
    I see trembling
laborers at their work, whispering orchards,
    vineyards, graves,
ancient mothers weeping beside the graves, and
    what may seem
to him a railway or factory to be razed may be
    but
a watchman's booth, the watchman waving a red
    flag while all
about him children play, and in the courtyard, a
    sheepdog
loafs, and there's the little park I know, with the
    faded footsteps
of those I loved so long ago, the taste of
    honeyed kisses,
blueberry, I see myself walking to school
    balancing
on the sidewalk, biding my time, so as not to
    have to
recite that day, then tripping on a stone, and
    perhaps here's
that very stone, but from above none of this can
    be seen
for there is no instrument devised to make out
    their traces.

We're all guilty, both nations and men, and we
    know how we have
sinned, where and how, our grave offenses. But
    there are workers,
blameless poets, and innocent breast-fed infants
    in whom
reason dawns and glows resplendent but for
    now lies
sequestered in the dark, hidden away, until the
    finger
of peace once more makes its mark upon our
    land, and our strangled
voices rise and in turn fresh and hopeful voices
    reply.

Oh, spread your great wings over us vigilant
    nocturnal clouds.

*January 17, 1944*

    1. *Mihály Vörösmarty (1800–1855), prominent Hungarian poet and playwright.*

## Gyerekkor

Már mozdulatlanul lapult az indián,
de izgalom szaladt még sziszegve fönt a fán,
s a szél forgatta még a puskaporszagot.
Egy megrémült levélen két vércsöpp csillogott,

s a törzsön szédelegve tornázott egy bogár.
Rézbőrü volt az alkony. És hősi a halál.

*1944. január 25.*

## CHILDHOOD

The Indian cowered on the ground motionless
    and still,
as a strange excitement ran up the hissing trees
and the smell of gunpowder spiraled in the
    wind.
Two drops of blood glistened on a terrified leaf,
as a giddy beetle did acrobatics on the trunk of a
    tree.
In the copper-skinned twilight, death was still
    the heroic end.

*January 25, 1944*

## NEM BÍRTA HÁT...

*Dési Huber István Emlékére*

Nem bírta hát tovább a roncsolt szív s tüdő
a multat és e bomlott éveken
virrasztó gondokat, hitet, csalódást,
nem bírta más, csupán az értelem,

s az bírta volna még. De megszökött a test,
szived megállt, a festék megmeredt,
üres maradt a karton és a vászon,
kezed nem méláz már a lap felett;

árván maradt világod és világunk,
sötéten színes, fölmért s tág világ;
bivaly, ló, munkás, költő sír utánad
s a dési templom és a dési fák.

A sorsod ellenére voltál mester
és példakép. Hivő, igaz, okos;
a munkáló idő emel ma már;
hiába omlik rád sír földje most,

a dolgozók nehézkes népe feldobott,—
csodálatos roncsát a szörnyű tenger,
hű voltál hozzá s hozzád az kegyetlen,
de megtanul majd s többé nem felejt el.

S ha megtanult, úgy látja majd, ahogy te,
a külvárost, a tájat, társait;
mindegy, koporsót, korsót mond a kép,
vagy tűzfalat, mert minden arra int:

„Ember vigyázz, figyeld meg jól világod:
ez volt a múlt, emez a vad jelen,—
hordozd szivedben. Éld e rossz világot
és mindig tudd, hogy mit kell tenned érte,
    hogy más legyen."

*1944. február 29.*

## HE COULD NO LONGER BEAR...

*To the memory of István Huber Dési[1]*

He could no longer bear the shattered heart and
    lung,
the past, the deranged confused years,
the loss of faith, the disappointments, the worry
    of keeping
constant vigil, nothing could endure all this,
    only Reason,

he could have gone on. But the body escaped,
and his heart ceased to beat, the paint hardened,
and the cardboard and canvas lay untouched,
and his hand no longer daydreamed or lingered
    over the page;

your world was orphaned like ours,
and the colors of this spacious world grew dark
    and measured;
ox, horse, laborer, poet, they all grieve for you
along with the church and trees of Des, your
    town.

Despite your destiny you were a master
and an example of purity. Loyal, truthful,
    wise;
the passing years extol your name;
though the earth is crumbling on your grave,

the workers' ponderous cavalcade has cast you
    up,—
like some wondrous wreckage by the awful sea,
and though you were forever faithful, in the end
    they were cruel,
yet perhaps they will learn and remember you.

And if they did, they may see through your
    eyes,
the suburbs, the countryside, their fellow
    men;
the things your paintings show, coffin, pitcher,
bulkhead, all an admonishment:

"Man beware, take a good look at your world:
this is your past, and this, your ferocious
    present,—
carry them both in your heart. Live this cursed
    moment,
and always know what you must do
    to make it different."

*February 29, 1944*

    1. *In memory of István Huber Dési (1895–1944)
painter and friend (George p. 388).*

PAPÍRSZELETEK

### • Engedj •

Engedj meghalnom, Édes!
És gyujts majd nagy tüzet, éhes
lángokkal égess meg! égess!
Engedj meghalnom, Édes!
*1941. április 20.*

### • Virág •

Most mentél el, öt perce sincs,
öt perce nem vagy már velem.

De látod, ez a szerelem,
ez a lidércláng, ez az ármány,
a karcsu képzelet

e fürtös vadvirága.

Most mentél el s már újra megcsodálnám
bokád fölött a drága
jólismert kék eret.

*1943. december 7.*

### • Kis nyelvtan •

Én én vagyok magamnak
s néked én *te* vagyok,
s te *én* vagy magadnak,
két külön hatalom.
S ketten *mi* vagyunk.
De csak ha vállalom.
*1943. március 12.*

### • Tél •

Hóbafagyott levelet
kaparász dideregve a szellő.
Duzzadt, mint tele zsák:
hóval telik ujra a felhő.
Nincsen csillag, a fák
feketéllő törzse hatalmas.
Megfagy az őz nyoma is.
Készül le a völgybe a farkas.
*1944. február 4.*

### • Halott •

Hogy megnőtt a halott,
lábujja eléri az ágyfát.
Fekszik, mint aki most,
most érte el élete vágyát.

### • Kisfiú •

Ordít a napfényben.
Üstöké bronz, szeme láng.

Csak neki szolgál már
rég a fehér elefánt.

### • Hasonlat •

Fázol? olyan vagy, mint
hóval teli bokron az árva madárfütty.

### • Mese •

Csöndesen alszik a hegy
kicsi barlangjában a béke;
még csecsemőnyi csupán,
szelid őz szoptatja naponta
s rejteni szép hálót
fon a pók a bejárat elébe.

### • Éjtszaka •

Fekszik a test, de a sok
lebegő árny áll a falaknál.
Jár a zsebóra, mereng
a pohár víz, hallgat a naptár.
*1944. március*

### • Erdő •

A lomb között arany kard,
napfény zuhant át,
megsebzett egy fatörzset
s az halkan sírni kezdett
aranylófényü gyantát.
*1944*

SCRAPS OF PAPER

### • Let Me •

Let me die, my Love!
light the blaze for my funeral pyre, let the
hungry
flames consume me! Burn me!
Let me die already, my Love!
*April 20, 1941*

### • Flower •

You left five minutes ago,
five whole minutes since I am without you.

But then you see how love is,
a will-o'-the-wisp, a willowy illusion
a deceptive vision,
a curled cluster of wildflowers.

You left five minutes ago, and yet I'm
ready to admire once again, that dear, blue,
familiar vein, that courses above your ankle.

*December 7, 1943*

### • Language Lesson •

I am *I,* to myself,
and I am *you,* to you,
and to you, you are *I,*
from two separate kingdoms.
And two of us make *we.*
But only, if I agree.
*March 12, 1943*

### • Winter •

The chattering wind scratches
at a frozen leaf in the snow.
Like sacks filled with stones:
the swollen clouds are heavy with snow.
The dark trees soar heavenward,
there are no stars in the sky.
The deer's hoof-prints freeze,
The wolf sharpens his fangs in the valley.

*February 4, 1944*

### • The Corpse •

How the corpse has grown,
his toes now touch the footboard.
He lies satisfied,
like someone who has achieved his dreams.

### • Small Boy •

He screams in the sunlight.
His forelocks bronze, his eyes aflame.
For a long time now,
the white elephant has served only him.

### • Simile •

Are you cold, my dear? You are like orphaned
  bird-song
on a bush weighed down with snow.

### • Fairytale •

Peace sleeps quietly
in a small cave in the mountain;
she is like an infant
suckled daily by a gentle doe,
to keep her from harm a spider weaves
its beautiful web by the mouth of the cave.

### • Night •

A body sleeps. The shadows
flutter and alight on the walls.
A pocket watch ticks, a water-glass
day-dreams, the calendar listens intently.

*March, 1944*

### • Forest •

The sun thrusts its golden sword
  between the branches,
a wounded tree
weeps in silence, its radiant
tears flow like amber.

*1944*

## O, RÉGI BÖRTÖNÖK

Ó, régi börtönök nyugalma, szép
  és régimódi szenvedés, halál,
költőhalál, fennkölt és hősi kép,
  tagolt beszéd, mely hallgatót talál,—
mily messzi már. A semmiségbe lép,
  ki most mozdulni mer. A köd szitál.
A valóság, mint megrepedt cserép,
  nem tart már formát és csak arra vár,
hogy szétdobhassa rossz szilánkjait.
  Mi lesz most azzal, aki míg csak él,
amíg csak élhet, formában beszél
s arról, mi *van,*—ítélni így tanít.

  S tanítna még. De minden szétesett.
  Hát ül és néz. Mert semmit sem tehet.

*1944. március 27.*

## O, ANCIENT PRISONS[1]

O, for the peace of ancient prisons, where
  a poet can find refuge from age-old
torments, even death, a wondrous and exalted
  end, where rhyme still commands an
  audience,—
But here, if you dare to speak, or move, you
  step
  into a void, into a foggy drizzling mist,
where truth is a crushed urn, that can no
  longer
  hold its form, its useless shards waiting to
be scattered o'er the earth. What will become
  of him who lives only to survive and
  keep up appearances, whose every word
is an indictment, who speaks only what *is,*—

  And who would teach more. But the world
  collapses
around him, so he just sits and stares.
  Paralyzed.

*March 27, 1944*

*1. Written seven months before his death poem reflects Radnóti's yearning for a mythic, heroic past as the moral center collapses around him.*

## ZSIVAJGÓ PÁLMAFÁN

Zsivajgó pálmafán
ülnék legszívesebben,
didergő földi testben
kuporgó égi lélek.

Tudós majmok körében
ülhetnék fenn a fán
és éles hangjuk fényes
záporként hullna rám;

tanulnám dallamuk
és vélük zengenék,
csodálkoznék vidáman,
hogy orruk és faruk
egyforma kék.

És óriás nap égne
a megszállt fák felett,
s szégyenleném magam
az emberfaj helyett;

a majmok értenének,
bennük még ép az elme,—
s talán ha köztük élnék,
nekem is megadatnék
a jó halál kegyelme.

*1944. április 5.*

## IN A CLAMOROUS PALM TREE

In a clamorous palm tree
is where I want to be,
in a shuddering earthly body
cradling my expectant heavenly soul.

I would sit in the company
of wise and scholarly apes
and their sharp voices would
fall on me like radiant showers;

I would learn to sing their song
and we'd sing in harmony,
and I would wonder joyously
why both their noses and their
rears were the same tint of blue.

And the looming sun would shine
above our well-lived tree,
and I would carry with me
the sins for all mankind;

and the apes would understand,
animated by intelligence,—

and perhaps if I lived with them a while,
they would kindly afford
me a merciful, and noble end.
*April 5, 1944*

## SEM EMLÉK, SEM VARÁZSLAT

Eddig úgy ült szívemben a sok, rejtett harag,
mint alma magházában a négerbarna mag,
és tudtam, hogy egy angyal kisér, kezében kard
  van,
mögöttem jár, vigyáz rám s megvéd, ha kell, a
  bajban.
De aki egyszer egy vad hajnalon arra ébred,
hogy minden összeomlott s elindul mint
  kisértet,
kis holmiját elhagyja s jóformán meztelen,
annak szép, könnyüléptű szivében megterem
az érett és tünődő kevésszavú alázat,
az másról szól, ha lázad, nem önnön érdekéről,
az már egy messzefénylő szabad jövő felé tör.

Semmim se volt s nem is lesz immár sosem
  nekem,
merengj el hát egy percre e gazdag életen;
szivemben nincs harag már, bosszú nem érdekel,
a világ ujraépül,—s bár tiltják énekem,
az új falak tövében felhangzik majd szavam;
magamban élem át már mindazt, mi hátravan,
nem nézek vissza többé s tudom, nem véd meg
  engem
sem emlék, sem varázslat,—baljós a menny
  felettem;
ha megpillantsz, barátom, fordulj el és legyints.
Hol azelőtt az angyal állt a karddal,—
talán most senki sincs.

*1944. április 30.*

## NEITHER MEMORY, NOR MAGIC

Until now all that dark and hidden rage lay in
  my heart
like the brown seeds in the core of an apple, and
  I knew
that an angel escorted and watched over me
  with sword
in hand, walking behind me, and guarding me
  in this troubled hour.
But he who wakes one wild dawn to the world
  crumbling around
him, and sets out like a ghost, leaving his meager
  and
miserable possessions behind, is essentially
  stripped

bare, and in his light-bounding heart there
  slowly ripens and
awakes a musing and meditative humility,
that rebels and speaks for others if no longer
  for
himself, of a distant shining freedom just out of
  reach.
I have had nothing and never will, and this life
  has
had no riches in store for me; but in my heart I
have let go of anger and seek no vengeance, and
  the
world will be built up anew, and though my
  song will be
banned, it will echo deep within the newly built
  walls and
foundations. I live as if everything has passed
  me by
and never look back, knowing there is no longer
  memory
nor magic to protect me; an ominous sky looms
  above
and if you catch a glimpse of me my friend just
  turn away.
There was a time an angel stood beside me with
  sword,—
but perhaps now, there's no one there.

*April 30, 1944*

## A BUJDOSÓ

Az ablakból egy hegyre látok,
  engem nem lát a hegy;
búvok, tollamból vers szivárog,
  bár minden egyre megy;
s látom, de nem tudom mivégre
  e régimódi kegy:
mint hajdan, hold leng most az égre
  s virágot bont a meggy.

*1944. május 9.*

## THE FUGITIVE

From my window I look at the mountain,
  but the mountain cannot see me,
for I am in hiding, with a poem oozing from my
  pen,
but what does it matter, when everything's
  foretold,
I still see, but cannot comprehend to what I
  owe
  this out-of-fashion kindness:

as in days gone by, the moon swaying in the sky,
  and the cherry slowly unfurling its blossoms.
*May 9, 1944*

## MAJÁLIS

A hangraforgó zeng a fű között,
s hördül, liheg, akár egy üldözött,
de üldözők helyett a lányok
kerítik, mint tüzes virágok.

Egy lányka térdrehull, lemezt cserél,
a háta barna, lába még fehér,
a rossz zenén kis lelke fellebeg
s oly szürke, mint ott fönt a fellegek.

Fiúk guggolnak és parázslanak,
az ajkukon ügyetlen szép szavak,
duzzasztja testük sok kicsiny siker
s nyugodtan ölnek, majd ha ölni kell.

Lehetnének talán még emberek,
hisz megvan bennük is, csak szendereg
az emberséghez méltó értelem.
Mondjátok hát, hogy nem reménytelen.

*1944. május 10.*

## A MAY PICNIC

A record player stands in the grass,
and wheezes and groans like a fugitive,
but instead of pursuers it's young girls
that surround it, like fiery blossoms.

One girl falls to her knees to change a record,
her back tanned, her ankles white,
and her delicate soul flutters to the awful music
on a day as gray, as these gray clouds above.

The boys crouch and glow like embers,
mumbling sweet, and awkward words,
their bodies puffed up with tiny victories
yet if called upon, they could kill with ease.

But perhaps that portion of the mind
where reason lives still flickers within,
merely hidden and asleep.
Tell me that all is not hopeless.

*May 10, 1944*

## ÁLOMI TÁJ

*Clemens Brentano Emlékének*

Ha az éjszaka korma lecsöppen,
ha lehervad az alkonyi, égi szeszély:

fonogatja fölöttem a mélyvizi csöndben
csillagkoszorúit az éj.

Ha a hold feje vérzik az égen
s gyürüző köröket ver a tóban a fény:
átkelnek az árnyak a sárga vidéken
s felkúsznak a domb peremén.

S míg táncra libegnek az erdőn,
toppanva, riadtszivü fészkek alatt,
lengő levelek szeme nézi merengőn
a tükörre csapó halakat.

Majd hirtelenül tovalebben,
nagy szárnyakon úszik az álomi táj;
sodródik a felleges égen ijedten
egy féleleműzte madár,

s a magány szelidebb a szivemben
s rokonabb a halál.

*1943. október 27–1944. május 16.*

## A DREAM LANDSCAPE

*To the memory of Clemens Brentano*[1]

When the lampblack of evening drips through
    the night,
and in the wilting twilight the profligate sky
weaves the stars into luminous wreaths
in the deepwater silence.

When the head of the moon bleeds in the sky
and daubs spiraling circles of light upon the
    lake:
and the shadows steal across the yellowing fields
to clamber over the edge of the hill.

Then the forests shall dance in the flickering
    glow,
as anxious hearts pound deep within their
    hidden nests
and the fluttering leaves gaze dreamily down at
    the
fish splashing beneath the pond's rippling mir-
    ror.

And then suddenly, my dream landscape flies
away, and flaps its enormous wings,
as it drifts across the cloud-swept sky,
like a bird driven by fear.

and loneliness sits easy on my heart
and death seems more familiar than ever.

*October 27, 1943–May 16, 1944*

> 1. *Dedicated to Clemens Brentano (1778–1842) German romantic poet and novelist who withdrew to a monastery at the age of forty to live in seclusion.*

---

## TÖREDÉK

Oly korban éltem én e földön,
mikor az ember úgy elaljasult,
hogy önként, kéjjel ölt, nemcsak parancsra,
s míg balhitekben hitt s tajtékzott téveteg,
befonták életét vad kényszerképzetek.

Oly korban éltem én e földön,
mikor besúgni érdem volt s a gyilkos,
az áruló, a rabló volt a hős,—
s ki néma volt netán s csak lelkesedni rest,
már azt is gyűlölték, akár a pestisest.

Oly korban éltem én e földön,
mikor ki szót emelt, az bujhatott,
s rághatta szégyenében ökleit,—
az ország megvadult s egy rémes végzeten
vigyorgott vértől és mocsoktól részegen.

Oly korban éltem én e földön,
mikor gyermeknek átok volt az anyja,
s az asszony boldog volt, ha elvetélt,
az élő írigylé a férges síri holtat,
míg habzott asztalán a sűrű méregoldat.

Oly korban éltem én e földön,
mikor a költő is csak hallgatott,
és várta, hogy talán megszólal ujra—
mert méltó átkot itt úgysem mondhatna más,—
a rettentő szavak tudósa, Ésaiás.

*1944. május 19.*

## FRAGMENT[1]

I lived in an age on this earth
when man was so debased,
he killed not only from duty but willingly for
    pleasure,
and he believed in delusions, braiding his life
with wild obsessions, as he foamed and raved,

I lived in an age on this earth,
when to be a murderer or informant merited
    pride,
and traitors and bandits were heroes,—
and those who were retiring and silent
were hated, and shunned like the plague.

I lived in an age on this earth
when those that spoke up had to hide
and gnaw on their fists with shame,—
and nations reveled in their monstrous fate
as they rolled in their filth, drunk on blood.

I lived in an age on this earth
when a mother was a curse to her child
and women were overjoyed to miscarry,
and the living envied the worm-eaten dead
and toyed with the poison that foamed on their
    table.

I lived in an age on this earth
when even the poet was silent,
waiting to find his voice once more—
and then, there were none left to curse the
    world,—
like Isaiah, the master of dreadful words.

*May 19, 1944*

    1. *Written in Budapest before leaving for his final call-up of forced labor.*

## HETEDIK ECLOGA

Látod-e, esteledik s a szögesdróttal beszegett,—
    vad
tölgykerités, barak oly lebegő, felszívja az este.
Rabságunk keretét ereszti a lassu tekintet
és csak az ész, csak az ész, az tudja, a drót
    feszülését.
Látod-e drága, a képzelet itt, az is így szabadul
    csak,
megtöretett testünket az álom, a szép szabadító
oldja fel és a fogolytábor hazaindul ilyenkor.
Rongyosan és kopaszon, horkolva repülnek a
    foglyok,
Szerbia vak tetejéről búvó otthoni tájra.
Búvó otthoni táj! Ó, megvan-e még az az
    otthon?
Bomba sem érte talán? s van, mint amikor
    bevonultunk?
És aki jobbra nyöszörg, aki balra hever,
    hazatér-e?
Mondd, van-e ott haza még, ahol értik e
    hexametert is?

Ékezetek nélkül, csak sort sor alá tapogatva,
úgy irom itt a homályban a verset, mint ahogy
    élek,
vaksin, hernyóként araszolgatván a papíron;
zseblámpát, könyvet, mindent elvettek a *Lager*
őrei s posta se jön, köd száll le csupán
    barakunkra.
Rémhirek és férgek közt él itt francia, lengyel,
hangos olasz, szakadár szerb, méla zsidó a
    hegyekben,
szétdarabolt, lázas test s mégis egy életet él itt,—
jóhírt vár, szép asszonyi szót, szabad emberi
    sorsot,
s várja a véget, a sűrü homályba bukót, a
    csodákat.

Fekszem a deszkán, férgek közt fogoly állat, a
    bolhák
ostroma meg-megujúl, de a légysereg
    elnyugodott már.

Este van, egy nappal rövidebb, lásd, ujra a fogság
és egy nappal az élet is. Alszik a tábor. A tájra
rásüt a hold s fényében a drótok ujra feszülnek,
s látni az ablakon át, hogy a fegyveres őrszemek
    árnya
lépdel a falra vetődve az éjszaka hangjai közben.
Alszik a tábor, látod-e drága, suhognak az
    álmok,
horkan a felriadó, megfordul a szűk helyen és
    már
ujra elalszik s fénylik az arca. Csak én ülök
    ébren,
féligszítt cigarettát érzek a számban a csókod
íze helyett és nem jön az álom, az enyhetadó,
    mert
nem tudok én meghalni se, élni se nélküled
    immár.

*Lager Heidenau, Zagubica fölött a hegyekben,
1944. július*

## SEVENTH ECLOGUE[1]

My love, see how the night falls, and the wild
    oak fence, barbed wire,
and floating barracks are inhaled by the evening.
    Our bondage melts
beneath our vacant gaze, and only our minds,
    only our minds
still grasp and comprehend the image of the taut
    wire. You see
my dear, even our imaginations seek to escape
    from here,
and only our dreams remain to sustain and give
    relief to our
broken bodies, like some sweet savior come to
    free us from this
prison, and point our way back home. Ragged
    and shorn, the snoring
inmates flee Serbia's sightless heights toward
    home. But home, is it
still there? The same as when we left. Or did
    some prying bomb
discover its secret hiding place? And those that
    moan in their sleep
to my left and my right, will they ever find their
    way back home, and
will there be anyone left to understand my
    hexameter?

I write without commas, as one line runs into
    another,
like a blind man fumbling in the gathering dark.
Bleary-eyed my hand crawls across the paper like
    a caterpillar,
my light, my books confiscated by the guards,

living without word or mail as a thick fog settles
  over our barracks.
I live with nightmarish rumors, amidst
  boisterous Italians, Frenchmen,
Poles, heretic Serbs, pensive Jews, one feverish
  and dismembered lot,
yet all living a single life, waiting for some
  hopeful word,
for the sweet sound of a woman, to disappear
  into the shadows,
for freedom, for the end, for a miracle.

I lie here, like a beast covered with vermin as the
  fleas
resume their siege with renewed vigor. But
  mercifully
the army of flies has retreated as darkness falls,
  and my
captivity and life are both shortened by a day.
  The camp sleeps
and in the glare of moonlight I see the barbed
  wire strain once more,
and through the windows I see the shadows of
  the armed guards
projected on the walls amidst the muffled
  sounds of evening.

You see, my dear, how the camp sleeps, and all
  around I am surrounded
by dreams and whispers, and then someone
  snorts and turns to dream
once more, his face aglow and beatific. And only
  I am still
awake with the taste of a half-smoked cigarette
  instead of the sweet
taste of your kisses in my mouth, and sleep, that
  balm, refuses to come,
and death refuses to take me, and without you,
  my love, how can I live and go on.

*Lager Heidenau, In the mountains above
  Zagubica, July, 1944*

  1. *Written in Bor during his captivity. One of five poems
he gave to Sándor Szalai for safe-keeping out of the ten dis-
covered in his trench-coat when his body was exhumed from
a mass grave near Abda.*

## LEVÉL A HITVESHEZ

A mélyben néma, hallgató világok,
üvölt a csönd fülemben s felkiáltok,
de nem felelhet senki rá a távol,
a háborúba ájult Szerbiából
s te messze vagy. Hangod befonja álmom,
s szivemben nappal ujra megtalálom,—

hát hallgatok, míg zsong körém felállván
sok hűvös érintésü büszke páfrány.

Mikor láthatlak ujra, nem tudom már,
ki biztos voltál, súlyos, mint a zsoltár,
s szép mint a fény és oly szép mint az árnyék,
s kihez vakon, némán is eltalálnék,
most bujdokolsz a tájban és szememre
belülről lebbensz, így vetít az elme;
valóság voltál, álom lettél ujra,
kamaszkorom kútjába visszahullva

féltékenyen vallatlak, hogy szeretsz-e?
s hogy ifjuságom csúcsán, majdan, egyszer,
a hitvesem leszel,—remélem ujra
s az éber lét útjára visszahullva
tudom, hogy az vagy. Hitvesem s barátom,—
csak messze vagy. Túl három vad határon.
S már őszül is. Az ősz is ittfelejt még?
A csókjainkról élesebb az emlék;

csodákban hittem s napjuk elfeledtem,
bombázórajok húznak el felettem;
szemed kékjét csodáltam épp az égen,
de elborult s a bombák fönt a gépben
zuhanni vágytak. Ellenükre élek,—
s fogoly vagyok. Mindent, amit remélek
fölmértem s mégis eltalálok hozzád;
megjártam érted én a lélek hosszát,—

s országok útjait; bíbor parázson,
ha kell, zuhanó lángok közt varázslom
majd át magam, de mégis visszatérek;
ha kell, szívós leszek, mint fán a kéreg,
s a folytonos veszélyben, bajban élő
vad férfiak fegyvert s hatalmat érő
nyugalma nyugtat s mint egy hűvös hullám:
a 2x2 józansága hull rám.

*Lager Heidenau, Zagubica fölött a hegyekben,
  1944. augusztus-szeptember*

## A LETTER TO MY WIFE[1]

In the soundless depths worlds are waiting,
and I cry out, but only the hollow silence
  screams back
into my ear, for I am removed from everything
in this cursed Serbia mired in war, and you, my
  love,
are far away, your voice enshrined only in my
  dreams,
but with each new day I find you in my heart,
while I listen, and the proud ferns swirl about
  me
and rustle in the cool palpitating air.

I ask, will I ever see you again, but I no longer
  know,

my uncertainty as solemn and ponderous as a
   psalm,
and you, who were once as beautiful as light, as
   ravishing as shadow,
are now lost in a thick wilderness, and though
   there was
a time when deaf and blind I could find you,
you now flicker behind my eyes the mere
   projection of a feverish mind,
and you who were once so real have become a
   dream,
submerged in the dark well of my adolescence.

My confidence fails me, and I ask, do you still
   love me?
as jealous and insecure as at the height of my
   youth
when I wondered, would you ever be mine;
yet despite this wary existence I tread a road of
   conviction
that you are still mine, my darling friend and
   wife,
though separated from you by three wild and
   distant borders;
Here fall has come, and I wonder will this be
   the season when I am
finally forgotten? Though your kisses are still
   vivid in my mind;

I once believed in miracles but their feeble light
now eludes me, as the air-raid sirens scream
   above;
I was drifting, wondering if your eyes were as
   blue as this sky,
but then the planes came, and the bombs are
   impatient.
I am a prisoner and live to mock them.
   Everything
I ever hoped for, I have weighed and measured;
but having surveyed the length and depths of
   my soul,
somehow I always return to you.—

I walk these roads, and know if I ever had to
   walk
through glowing embers and cascading flames
I would still find my way back to you;
my memories cling like bark to a tree, and
   though
I live in constant danger among savage men, I
   have found
a kind of peace despite the weapons and
   destruction, that descends
on me like a cool wave that brings in its wake
   the calm of reason,
still as simple and as true as 2x2.

*Lager Heidenau, In the mountains above
   Zagubica, August-September, 1944.*
   *1. Written in Bor. One of five poems given to Sándor
Szalai for safe-keeping.*

## GYÖKÉR

A gyökérben erő surran,
esőt iszik, földdel él,
és az álma hófehér.

Föld alól a föld fölé tör,
kúszik s ravasz a gyökér,
karja akár a kötél.

Gyökér karján féreg alszik,
gyökér lábán féreg ül,
a világ megférgesül.

De a gyökér tovább él lent,
nem érdekli a világ,
csak a lombbal teli ág.

Azt csodálja, táplálgatja,
küld néki jó ízeket,
édes, égi ízeket.

Gyökér vagyok magam is most,
férgek között élek én,
ott készül e költemény.

Virág voltam, gyökér lettem,
súlyos, sötét föld felettem,
sorsom elvégeztetett,
fűrész sír fejem felett.

*Lager Heidenau, Zagubica fölött a hegyekben,
   1944. augusztus 8.*

## ROOT[1]

A great force surges through this root
that laps up the rain
and dreams dreams as pure as snow.

And the root is cunning,
and creeps to the surface,
with arms like coiled rope.

On one arm sleeps a maggot,
on one foot lies a worm,
while above the world decays.

But the root is disdainful of the world,
and lives only for the limbs above,
weighed down with leaves.

Worshipful, and nurturing,
sending sweet, heavenly flavors
to the thirsty branches.

And I am like this root,
living among vermin,
where my poetry is born.

I who was once a flower, have become a root,
with the heavy earth above me,
my dark fate fulfilled,
a saw wailing above my head.

*Lager Heidenau, In the mountains above
    Zagubica, August 8, 1944.*

1. *Discovered in his Bor notebook when his corpse was
exhumed from the mass grave near Abda. Was not one of
the poems given to Szalai for safe-keeping.*

---

## Á LA RECHERCHE...

Régi szelíd esték, ti is emlékké nemesedtek!
költőkkel s fiatal feleségekkel koszorúzott
tündöklő asztal, hova csúszol a múltak iszapján?
hol van az éj, amikor még vígan szürkebarátot
ittak a fürge barátok a szépszemü karcsu
    pohárból?

Verssorok úsztak a lámpák fénye körül, ragyogó,
    zöld
jelzők ringtak a metrum tajtékos taraján és
éltek a holtak s otthon voltak a foglyok, az
    eltünt
drága barátok, verseket írtak a rég elesettek,
szívükön Ukrajna, Hispánia, Flandria földje.

Voltak, akik fogukat csikorítva rohantak a
    tűzben,
s harcoltak, csak azért, mert ellene mitse
    tehettek,
s míg riadozva aludt körülöttük a század a
    mocskos
éj fedezéke alatt, a szobájuk járt az eszükben,
mely sziget és barlang volt nékik e
    társadalomban.

Volt, ahová lepecsételt marhakocsikban utaztak,
dermedten s fegyvertelen álltak az
    aknamezőkön,
s volt, ahová önként mentek, fegyverrel a
    kézben,
némán, mert tudták, az a harc, az az ő ügyük ott
    lenn,—
s most a szabadság angyala őrzi nagy álmuk az
    éjben.

S volt ahová... mindegy. Hova tüntek a bölcs
    borozások?
szálltak a gyors behívók, szaporodtak a
    verstöredékek,
és szaporodtak a ráncok a szépmosolyú fiatal nők

ajka körül s szeme alján; elnehezedtek a
    tündér—
léptü leányok a háboru hallgatag évei közben.

Hol van az éj, az a kocsma, a hársak alatt az az
    asztal?
és akik élnek még, hol vannak a harcra tiportak?
hangjuk hallja szivem, kezem őrzi kezük
    szoritását,
művük idézgetem és torzóik aránya kibomlik,
s mérem (néma fogoly),—jajjal teli Szerbia
    ormán.

Hol van az éj? az az éj már vissza se jő soha
    többé,
mert ami volt, annak más távlatot ád a halál
    már.—
Ülnek az asztalnál, megbujnak a nők mosolyában
és beleisznak majd poharunkba, kik
    eltemetetlen,
távoli erdőkben s idegen legelőkön alusznak.

*Láger Heidenau, Zagubica fölött a hegyekben,
    1944. augusztus 17.*

## Á LA RECHERCHE...[1]

Tender evenings long ago, forever in my
    memory!
when I sat with laurelled friends and wives
    wreathed
about the gleaming table. Swallowed by the
    ooze of time,
those nights, where did they go? those nights we
    drank
our native wines with boisterous friends from
    slender glasses.

When poems swam in the glow of lamps, and
    burnished
metaphors floated on the green crest of night,
and when those now dead were still alive, and
    the prisoners were home,
but now my friends are all asleep, and the earth
    of Flanders,
the Ukraine, and Spain weigh heavy on their
    hearts.

Some rushed into the flames with teeth
    clenched and grating,
while others fought having been given no
    choice,
then fell asleep with their company in trenches
    beneath a filthy sky,
dreaming of their quiet peaceful rooms back
    home,
lone islands in the sea and caverns in which to
    hide from their fellow men.

Some rode in cattle cars bolted with locks, then
   stood frozen
and weaponless in distant minefields, while
   others went willingly
into battle clutching their weapons in hand, all
   the while
clinging to the conviction that this was their
   war to fight—
but now the angel of freedom guards their great
   sleep at night.
And then there were those ... whatever why go
   on. Where have those
sage evenings and drunken nights gone? Despite
   draft notices,
fragments of poetry multiplied, as did the
   wrinkles about the mouths
and eyes of their beautiful women, once light-
   footed girls now bent
beneath the terrible weight and awful silence of
   war.
Tell me, where is that night, that tavern, the
   table beneath the linden tree?
and where are those who tramped off to war? in
   my heart I can still hear
their voices, in my hand I can still feel the grasp
   of their hand,
and I whisper their poetry though their shadows
   fade and dissemble,
(I, who am a mute prisoner),—While Serbia's
   frozen peaks cry out in pain.
Where is that night, the one that will never
   come again?
the one fading even now beneath death's hollow
   vacant gaze,—
My unburied friends sit at our table, and lurk
   behind the smiles of
their women; they drink deep from their empty
   cups as if drawing breath,
but they lie in far-off forests, and sleep in
   distant pastures.

*Lager Heidenau, In the mountains above
Zagubica, August 17, 1944.*

   *1. Written in Bor. One of five poems given to Sándor
Szalai for safe-keeping.*

## Nyolcadik ecloga

   Költő:
Üdvözlégy, jól bírod e vad hegyi úton a járást
szép öregember. Szárny emel-é, avagy üldöz az
   ellen?

Szárny emel, indulat űz s a szemedből lobban a
   villám,
üdvözlégy agg férfiu, látom már, hogy a régi
nagyharagú próféták egyike vagy, de melyik,
   mondd?

   Próféta:
Hogy melyik-é? Náhum vagyok, Elkós városa
   szült és
zengtem a szót asszír Ninivé buja városa ellen,
zengtem az isteni szót, a harag teli zsákja valék én!

   Költő:
Ismerem ős dühödet, mert fennmaradott, amit
   írtál.

   Próféta:
Fennmaradott. De a bűn szaporább, mint annak
   előtte,
s hogy mi a célja az Úrnak, senkise tudja ma sem
   még.
Mert megmondta az Úr, hogy a bő folyamok
   kiapadnak,
hogy megroggyan a Kármel, a Básán és a
   Libánon
dísze lehervad, a hegy megrendül, a tűz elemészt
   majd
mindent. S úgy is lőn.

   Költő:
            Gyors nemzetek öldösik egymást,
s mint Ninivé úgy meztelenül le az emberi lélek.
Mit használtak a szózatok és a falánk, fene
   sáskák
zöld felhője mit ért? hisz az ember az állatok
   alja!
Falhoz verdesik itt is, amott is a pötty
   csecsemőket,
fáklya a templom tornya, kemence a ház, a
   lakója
megsül benne, a gyártelepek fölszállnak a
   füstben.
Égő néppel az utca rohan, majd búgva elájul,
s fortyan a bomba nagy ágya, kiröppen a súlyos
   ereszték
s mint legelőkön a marhalepény, úgy
   megzsugorodva
szertehevernek a holtak a város térein, ismét
úgy lőn minden, ahogy te megírtad. Az ősi
   gomolyból
mondd, mi hozott most mégis e földre?

   Próféta:
            A düh. Hogy az ember
ujra s azóta is árva az emberforma pogányok
hadseregében.—S látni szeretném ujra a bűnös
várak elestét s mint tanu szólni a kései kornak.

Költő:
Már szóltál. S megmondta az Úr régen
    szavaidban,
hogy jaj a prédával teli várnak, ahol tetemekből
épül a bástya, de mondd, évezredek óta lehet,
    hogy
így él benned a düh? ilyen égi, konok
    lobogással?

Próféta:
Hajdan az én torz számat is érintette, akárcsak
bölcs Izaiásét, szénnel az Úr, lebegő parazsával
úgy vallatta a szívem; a szén izzó, eleven volt,
angyal fogta fogóval s: „nézd, imhol vagyok én,
    hívj
engem is el hirdetni igédet ",—szóltam utána.
És akit egyszer az Úr elküldött, nincs kora
    annak,
s nincs nyugodalma, a szén, az az angyali, égeti
    ajkát.
S mennyi az Úrnak, mondd, ezer év? csak pille
    idő az!

Költő:
Mily fiatal vagy atyám! irigyellek. Az én kis
    időmet
mérném szörnyű korodhoz? akár vadsodru
    patakban
gömbölyödő kavicsot, már koptat e röpke idő is.

Próféta:
Csak hiszed. Ismerem újabb verseid. Éltet a
    méreg.
Próféták s költők dühe oly rokon, étek a
    népnek,
s innivaló! Élhetne belőle, ki élni akar, míg
eljön az ország, amit igért amaz ifju tanítvány,
rabbi, ki bétöltötte a törvényt és szavainkat.
Jöjj hirdetni velem, hogy már közelít az az óra,
már születőben az ország. Hogy mi a célja az
    Úrnak,—
kérdém? lásd az az ország. Útrakelünk, gyere,
    gyüjtsük
össze a népet, hozd feleséged s mess botokat
    már.
Vándornak jó társa a bot, nézd, add ide azt ott,
az legyen ott az enyém, mert jobb szeretem, ha
    göcsörtös.

*Láger Heidenau, Zagubica fölött a hegyekben,*
*1944. augusztus 23.*

# EIGHTH ECLOGUE[1]

The Poet:
Greetings, old man, you seem to be bearing up
    well on his treacherous
mountain path. Tell me, was it invisible wings
    that brought you
here or is it from enemies that you flee? Lifted
    by great wings
or pursued by passion? I see lightning in your
    eyes and it seems
you are one of the raging prophets of old, but
    tell me, which one?

The Prophet:
Which one? I am Nahum, born in the city of
    Elkosh, who
railed against Nineveh, that lewd, corrupt
    Assyrian city, and
thundered from the word of God, incensed and
    weighed down with anger!

The Poet:
Yes, I remember you and your righteous anger,
    your words have endured.

The Prophet:
My words may live on, but the sins of man loom
    greater than ever,
and as no one understood God's intent in my
    time, none do now.
The Lord warned that the great rivers would
    one day turn to dust, and
Carmel and Bashan would crumble, and the
    flowers of Lebanon
would wilt, that mountains would quake, and
    fire envelop and consume
everything. And all this has come to pass.

The Poet:
            Careening nations still annihilate
                one another,
and like Nineveh, man's soul has been laid
    transparent and bare.
What good are words, or threats of damnation,
    and what good came of
green clouds of ravenous locusts? man is still the
    most debased
of all the beasts! Bashing infants against walls,
    igniting steeples
like torches, stoking houses like furnaces in
    which the living
burn, factories going up in smoke, while the
    streets resound with
the shrieks of burning men, then faint into
    silence; seething bombs
making their beds, buildings gutted, ripped
    open, with their skeletons
torn apart as massive girders tumble through the
    air, and the shriveled
dead lie in parks like piles of dung scattered in a
    field. All this

has come to pass as you foretold. Tell me why
  you have returned
from the murky unknown, and foresworn the
  past?

> The Prophet:
>                     It was rage. For man is
still an orphan among the dissolute and savage
  cavalcade.—
And I needed to see once more with my eyes the
  corrupt
towers crumble, so I may bear witness for a later
  age.

> The Poet:
You have spoken. And as the Lord spoke
  through you once so long ago,
woe to those who build their towers on a
  foundation of corpses.
But tell me why after thousands of years, this
  great rage still consumes
you, and why so stubbornly you still carry its
  celestial flame?

> The Prophet:
Ages ago, the Lord touched my misshapen
  mouth with burning
embers as he once had wise Isaiah's, and with
  fluttering ashes
searched my heart, and an angel grasped the
  glowing rocks with pliers,
and I saw one rock was alive: and stammered,
  "Lord, I am here,
call on me to spread your Word," And once you
  have been chosen and
sent by God, time and years are meaningless,
  and there is no longer
any sleep nor rest, and what matter then a
  thousand years? when
for Him time is but the soft silent flapping of a
  moth's wings!

> The Poet:
And yet, my father, how young you seem. I envy
  you. Weighing my precious
little time against the humbling weight of yours.
  Like a stone smoothed
by wild-fringed waves on a distant shore, so my
  fleeting years erode.

> The Prophet:
So you may think. But I have read your newest
  poems and anger
sustains you. The rage of prophets and poets is
  the same, and can
be both food and drink for man! And whoever
  wants to live, can eat

and drink until the promised time, when the
  kingdom spoken of by
that young disciple, that rabbi, who codified our
  words and laws has
arrived. Come and spread His word with me
  that the time is nearing,
and He is about to be born. But wait. What is
  the Lord's intent?
It is that Kingdom. So let us be on our way and
  gather up
the people, and gather up your wife. Cut a stiff
  staff from that tree,
for a staff is good company for a solitary
  wanderer.
And cut that one for me, for I like mine knotted
  and gnarled.

*Lager Heidenau, In the mountains above
Zagubica, August 23, 1944.*

  *1. Written in Bor. One of five poems given to Sándor
Szalai for safe-keeping.*

## RAZGLEDNICA

Bulgáriából vastag, vad ágyuszó gurul,
a hegygerincre dobban, majd tétováz s lehull;
torlódik ember, állat, szekér és gondolat,
az út nyerítve hőköl, sörényes ég szalad.
Te állandó vagy bennem e mozgó zűrzavarban,
tudatom mélyén fénylesz örökre mozdulatlan
s némán, akár az angyal, ha pusztulást csodál,
vagy korhadt fának odván temetkező bogár.

*1944. augusztus 30. A hegyek közt*

## RAZGLEDNICA[1]

From Bulgaria come the thick roll of cannons,
echoing off the backs of mountains, hesitating,
  then falling;
gathering up both man and beast, lumbering
  carts and brooding thoughts,
as the road rears up and whinnies, and the
  clouds gallop by like wild horses.
And yet among all this madness you are with me
  still,
in the depths of all my knowing, a brilliant
  light,
as mute as an angel marveling at the apocalypse,
or a beetle tending to its grave in the hollows of
  a moldering tree.

*In the mountains, August 30, 1944.*

  *1. Poem discovered in his Bor notebook when his corpse
was exhumed from a mass grave near Abda. Was not one*

*of the poems given to Szalai for safe-keeping. The Serbo-Croatian word for picture postcard (George p. 392).*

## ERŐLTETETT MENET

Bolond, ki földre rogyván   fölkel és ujra
   lépked,
s vándorló fájdalomként   mozdít bokát és
   térdet,
de mégis útnak indul,   mint akit szárny emel,
s hiába hívja árok,   maradni úgyse mer,
s ha kérdezed, miért nem?   még visszaszól
   talán,
hogy várja őt az asszony   egy bölcsebb, szép
   halál.
Pedig bolond a jámbor,   mert ott az otthonok
fölött régóta már csak   a perzselt szél forog,
hanyattfeküdt a házfal,   eltört a szilvafa,
és félelemtől bolyhos   a honni éjszaka.
Ó, hogyha hinni tudnám:   nemcsak szivemben
   hordom
mindazt, mit érdemes még,   s van visszatérni
   otthon,
ha volna még! s mint egykor   a régi hűs
   verandán
a béke méhe zöngne,   míg hűl a szilvalekvár,
s nyárvégi csönd napozna   az álmos kerteken,
a lomb között gyümölcsök   ringnának
   meztelen,
és Fanni várna szőkén   a rőt sövény előtt,
s árnyékot írna lassan   a lassú délelőtt,—
de hisz lehet talán még!   a hold ma oly kerek!
Ne menj tovább, barátom,   kiálts rám! s
   fölkelek!

*Bor, 1944. szeptember 15.*

## THE FORCED MARCH[1]

He is an idiot who crumples to the ground
   only to rise and march once more,
and though a searing pain marks every step
   still lifts each ankle and knee,
who stubbornly marches on,   as though lifted
   by great wings,
and though the ditch calls to him,   is afraid to
   surrender,
and if you were to ask him, why?   perhaps he
   may answer,
that somewhere a wife waits for him   or that
   he deserves a death worthier than this.
But he is an idiot, this deluded man,   for that
   which he once called home is now choked
   and burning   and a singed wind swirls,

the walls of his house are crumbling,   and his
   beloved plum tree is dying,
and those once calm nights of home   now
   bristle with fear.
Oh, if I could be mad like him:   and believe
   that my home,
and all that I remember,   lived on not only in
   my heart,
but there! as it did once   on my old faithful
   veranda,
where bees droned in peace,   where plum
   preserves were cooling,
in the summer's leaving   and where the sleepy
   garden,
and the fruit among the branches   swayed
   nakedly,
as my blonde Fanni   waited by the russet
   hedge,
and the shadows slowly gathered   to trace a
   lazy morning—
but I am bewitched and stray!   for the moon is
   so round tonight!
So go no further, my friend,   but yell in my
   ear! That I may rise and wake!

*Bor, September 15, 1944*

   *1. One of five poems given to Sándor Szalai for safe-keeping.*

## RAZGLEDNICA (2)

Kilenc kilométerre innen égnek
a kazlak és a házak,
s a rétek szélein megülve némán
riadt pórok pipáznak.
Itt még vizet fodroz a tóra lépő
apró pásztorleány
s felhőt iszik a vízre ráhajolva
a fodros birkanyáj.

*Cservenka, 1944. október 6.*

## RAZGLEDNICA (2)[1]

Nine kilometers from here
the haystacks and houses are burning,
and frightened peasants sit by their fields
numbly smoking their pipes.
But here, the pond ripples gently
as the young shepherdess steps into the water,
and the ruffled sheep bend their heads
to drink in the clouds.

*Cservenka, October 6, 1944.*

   *1. Written during the death march. Discovered in his Bor notebook when his corpse was exhumed from a mass grave near Abda. Was not one of the poems given to Szalai for safe-keeping.*

## RAZGLEDNICA (3)

Az ökrök száján véres nyál csorog,
az emberek mind véreset vizelnek,
a század bűzös, vad csomókban áll.
Fölöttünk fú a förtelmes halál.

*Mohács, 1944. október 24.*

## RAZGLEDNICA (3)[1]

The oxen drool bloody saliva,
the men urinate blood;
the stinking company congregates
    in ragged groups,
as death rages above.

*Mohács, 1944.*

   1. *Written in Mohács during the death march. Discovered in his Bor notebook when his corpse was exhumed from a mass grave near Abda. Was not one of the poems given to Szalai for safe-keeping.*

## RAZGLEDNICA (4)

Mellézuhantam, átfordult a teste
s feszes volt már, mint húr, ha pattan.

Tarkólövés.—Igy végzed hát te is,—
sugtam magamnak,—csak feküdj nyugodtan.
Halált virágzik most a türelem.—
Der springt noch auf,—hangzott fölöttem.
Sárral kevert vér száradt fülemen.

*Szentkirályszabadja, 1944. október 31.*

## RAZGLEDNICA (4)[1]

I fell beside him, his body rolled over
already as stiff as a string about to snap.
Shot in the back of the neck.—"So this is how
    you, too, will end,"—
I whispered to myself.—"Just lie still.
From patience death will bloom."—
"Der springt noch auf,"—I heard someone say
    above me;
as mud caked with blood dried upon my ears.

*Szentkirályszabadja, October 31, 1944.*

   1. *Written during the death march. Discovered in his Bor notebook when his corpse was exhumed from a mass grave near Abda. Was not one of the poems given to Szalai for safe-keeping. The poem chronicles the indiscriminate murder of the Jews by the SS and Hungarian guards as they retreated from advancing Soviet forces and Yugoslav partisans. The death described is that of Radnóti's friend, the violinist Miklós Lorsi by an SS guard, hence the image of the string snapping. It is the last poem in the Bor notebook.*

# Zsengék / Miscellaneous Poems (1925–1929)

*Radnóti's maternal uncle, who was his guardian, sent him at the age of eighteen to Czechoslovakia for technical training in the textile business so that he could assist and join him in his highly successful company. Though grateful for his uncle's care and support Radnóti went reluctantly for he had little interest in business and manufacturing. Reichenberg or Liberec is an ancient town in Bohemia that historically was a prominent center of textile manufacturing for centuries. His uncle sent him to the prestigious Textile Institute where he attended from 1927 to 1928 at which time the city was considered the unofficial capital of Germans living in Czechoslovakia. When Radnóti was studying there the city was still relatively calm, and he was immersed in his technical studies and was starting to write his earliest poetry. Some of these verses are dedicated to Fanni with the notation "Gy. F." It was here that he befriended Klementine Tschiedel ("Tinni"), a young German girl who became his lover and who figures in many of the poems written in Reichenberg. The language spoken at the Textile Institute was German and this proved invaluable as he embarked on exploring German literature and later on translating German poets. It is interesting to note that although the Reichenberg poems are some of the most interesting and exploratory that he wrote at the time, he did not include them in his first published volume, "Pagan Salute." Some were published in small literary magazines but otherwise, were published only posthumously by Fanni, included in his collected works. Several years after his departure from Reichenberg, the city became the focal point of the struggle between Czechoslovakia and Germany and there was frequent pro–German agitation. Some radical groups sought to unite the city to their mother-land and in September 1938, a pro–Nazi coup was foiled. Soon afterwards, however, the Munich Agreement awarded the city to Nazi Germany and most of the city's Jewish and Czech population fled and the main synagogue was burned down.*

## VERGŐDÉS

Borongós, bús őszi nap...
Megvan már a hangulat,
De a rímek nem gördülnek
És a témák szétröpülnek...
Összefogni őket lüktető agyam
Már nem bírja sehogyan
Papirt, tollat félrevágom,
A helyemet nem találom
S lenézem magamat,
Tépázom a hajamat...

*1925. szeptember 22.*

## WRITHING

A melancholy, gloomy autumn day...
The mood is set,
And rhymes refuse to come,
Themes dissemble...
My mind throbs and tries
To pull it all together, but all in vain.
So I toss paper and pen aside,
Unable to find my place
Then berate myself,
And tear at my hair...

*September 22, 1925*

———⚬⚬⚬———

## A DUNA PARTJÁN

Este van, novemberi este...
S a feketén villogó Duna vize
Mint egy fáradt vándor teste
Lomhán nyujtózott ki amarra, messze

A mélységes Csöndet megszakitja
Egy-egy munkás káromkodása
Azután ujrá csönd...—csönd...
S a sötét viz halk mormolása...

A hidpilléren két színes lámpa ég
A hid alatt komor sötét...
S a vizen a kétszinű hosszú árnyék
Mintha, mintha az Élet partján állnék...

A kétszinű Életnek partján...
Kétszínű Életek útján...
S alattam a viz morajlása

Olyan, mint az Élet folyása...

*1925. november 17.*

## ON THE BANKS OF THE DANUBE

It is night, a clear November night...
And the Danube gleams so bright
Like a wayfarer's tired body
Stretched out lazily, while in the distance

Every now and then a workman's curse
Rends the deep Silence and then the
Silence falls once more...—only silence...
And the soft murmur of dark waters...

On the bridge two colored lamps burn bright
While beneath the bridge lies the dismal dark...
And on the waters a deceitful shadow flickers
As if I were standing by the edge of Life...

On the shore of a deceitful Life...
On the road of deceitful Lives...
While beneath me the soft waters murmur
And flow on, just like the flow of Life...

*November 17, 1925*

———⚬⚬⚬———

## HÍV A DUNA

Egy zajgó tavaszi estén,
Amikor minden új fakad,
S az Élet dalát zengik a légben
Láthatatlan hadak,
Hív a Duna... az örök
Titkok Dunája majd.

Nézem az áttetsző hullámokat,
Szemem issza a rejtett titkokat,
Itthagyom a párás, vágyás estét...
Megölelem a hideg Duna testét,
Rámvágyó, utolsó szeretőm testét,
Megölelem a Halált...

*1926. március 13.*

## THE DANUBE CALLS

On a clamorous night in spring,
When everything blossoms anew,
And in the air invisible armies
Sing Life's song.

The Danube calls ... the keeper
Of eternal secrets.

I watch the translucent waves,
And my eyes drink in their hidden secrets,
Then leave the vaporous craving night behind...
And embrace the Danube's icy body,
My final lover that longs for me,
Death my final love...

*March 13, 1926*

## RÓZSA

Egy bordóvörös könyv vagy—
Dús, csevegő szirmok lapjaid,
Melyek között a szél borzolva lapoz...

Nehéz illatú, nedves szirmaid
Telítve vannak titkos regékkel,
Melyeket a múlt a földben hagyott...

Lapoz, lapoz szirmaid közt a szél,
—Pompás kötésed most nyílt ép' széjjel,
S elmeséli nékem amit olvasott...

*1926. június 9.*

## THE ROSE

You are a crimson book—
Richly gilt, your petals chattering,
As the wind flicks through your pages...

Heavy with perfume, your moist blossoms
Are tinged with secret legends,
Buried in the earth so long ago...

The wind thumbs through your petals,
Your magnificent binding finally splayed,
And then tells me of the tales it's read...

*June 9, 1926*

## A BOLOND ÉS A HOLD

Ma vérvörösen kelt fel a telihold,
A meguntan változó vén, buta hold...
Előtte pár órával szivárvány ragyogott
S az ember többé nem bámult, bókolt,
Az ember betelt ma a csodákkal,
Pedig vérvörösen kelt fel a hold.

Ki fog néked hold, szerenádot adni,
Hisz ma a bolondok ölnek, csalnak,
Éji zenét a Pénznek adnak...
A józanok,—a józanok meg bolondabbak

Mint a régi nagy bolondok.
Ki fog a holdnak ma szerenádot adni.

Csak én állok itt, az éji bolond,
Régi, régi álmoknak uj bolondja.
De ni, a régi Vigyorgó is ujjá válik;
Könnyezve, csukott görbült szájjal
Kapaszkodik az ég peremén a hold,
S hajlong előtte a kórus,—én, az éji bolond.

*1926. július–október*

## THE FOOL AND THE MOON

The full moon rose blood-red today,
Fed up with changes, old blockheaded moon...
Only hours before there had been a rainbow in
    the sky,
But men no longer gape in wonder, no longer
    bow,
For they,
For they have had their fill of miracles,
Even though the moon rose blood-red today.

Tell me, who will be left to serenade the moon,
When madmen murder, and steal, and swindle,
And raise their voices in praise of Riches...
And those that are sane,—are madder still,
As mad as the madmen of yesteryear,
So tell me, who will be left to serenade the
    moon.

It seems that only I remain, a fool of the night,
A fool, newly risen from ancient and forgotten
    dreams.
But look, the aged Cheshire Cat changes and
    smiles once more; Teary-eyed,
with clenched, and twisted mouth,
It is but the moon clinging to the rim of the sky,
While below the earth's chorus bows,—and I,
    the fool of the night.

*July–October, 1926*

## NEM VOLT ANYÁM

Én nem ismertem az Anyámat...
Aki nekem két életet adott...
Az enyémet s az Övét... az... Ö... vét... is.
Mert az Anyám meghalt, meg...
Meghalt, mikor a világra hozott...
Az én Anyám itthagyott engem...
Egy tébolyító, veszett éjjelen...

Nékem talán nem is volt Anyám... ?
Hisz az Anyám nem ismert engem...
Mert... meghalt... mikor én... élni kezdtem.
Ő meghalt mikor fia lett neki...

Nem szerette bennem a... fiát...
Az én Anyámnak nem volt fia...
S nekem nem is volt Anyám... A... nyám.

Engem az Anyám el... átkozott!...!
Bi... bizo... nyosan... el... átkozott...!
Én megöltem az én Anyámat...
Én... az... Anyámnak a gyilkosa vagyok...
Én... terhelten jöttem... a... világra...
Hejh, rossz... nagyon rossz... csillag ragyogott
Azon a babonás május éjjelen.

Én az Anyámtól bocsánatot kértem...
Fel... ajánlottam neki az... életem...
És ő fáján kacagott... Hahhahaha...
Ahogy va... vajúdva, halva kacaghatott
Nem engedett... Hogy neki nincsen... fia.
S most támolyog a földön egy árva... va... hahaha
Aki csal...—hisz nem is volt Anyja...

Sohasem sírtam. Egyszer sírhattam
Ujszülötten... bűnösen, kínos nyafogással...
Mikor... Anyámat, a fiatalt vitték... temetni...
De ma nagyon sihi... rtam...
Mert ma elvesztettem az... árva... ságom
Nem vagyok árva. Nem volt Anyám...
El... vesz... tettem ah... haz... Anyámat

*1926. december 31.*

# I HAD NO MOTHER[1]

I never knew my Mother...
The one who gave me two lives...
Hers and Mine ... who ... gave ... me ... Hers.
For my Mother just up and died, she...
Died, right when she brought me into the
    world...
My Mother, who abandoned me...
One depraved, and rabid night...

But then perhaps I never had a Mother...?
For after all she never knew me...
She ... just up and died ... as soon as my life ...
    began.
Giving birth to a son...
But then she never loved ... the son in me...
Not my Mother, who had no son...
And I, who had no Mother ... Mo ... ther.

My Mother placed ... a curse upon my head!...!
Yes, it was she ... who cursed ... me!
And so I in turn ... killed my Mother...
I ... who am my Mother's ... murderer...
I ... who ... entered the world ... saddled ... with
    guilt...
So hi-dee-hi-ho, it was a wicked ... wicked ... star
    that rose that night
That superstitious night in May.

And I have since begged forgiveness of my
    Mother...
And ... have even offered up my life ... for her...
But she just laughs ... though she's in pain ...
    Ha-ha-ha...
As she must have laughed ... when she lay dying
    ... in labor,
She who never admitted... That she had ...
    a son.
And now ... I stagger through this world ... an
    orphan ... an or ... ha-ha-ha,
A cheat...—for I ... never had a Mother...
I ... never cried. Perhaps ... but once
When I was born ... wracked with guilt ...
    whining in agony...
When ... my Mother ... taken in her youth ...
    was buried...
But today I finally sob ... bed...
For today I lost my ... orphan ... hood,
The orphan in me is finally gone. But then I
    never ... had a Mother...
I have lost and aband ... oned ... my ... Mother ...
    for good.

*December 31, 1926*

1. *Radnóti's mother and twin brother died during child-birth and he was consumed with guilt throughout much his life.*

# SZEMEM MEREDTEN BORBA MEREDT

s a serlegből kikelt a Nő
és szédítő vad táncot lejtett...
mint egy huri, valami frivol
Isten által a mennyországból
véletlen ittenfelejtett...

És szédítő vad táncot lejtett...
a könnyen dűlő serleg szélén
ringatózott párázó teste...
az őrjítő balettet lejtve,
vérző vágyakat oltott belém...

A könnyen dűlő serleg szélén
megcsúszott egy éles ritmuson
és sikoltva kidőlt a pohár,
mint kocsmai részeg tivornyán
s a bor szertefolyt az abroszon...

*1927. március 10.*

# I STARED NUMBLY INTO THE WINE

as a naked Girl rose from the goblet
and danced a wild, dizzying dance...
like an houri fallen from heaven

accidentally forgotten
by some careless god...

She danced a wild, dizzying dance...
on the edge of the slightly tipped goblet
and as her vaporous body swayed in
its insane ballet, she aroused
in me a passionate longing...

On the edge of the slightly tipped goblet
she slipped from the pulsating rhythm
and screamed as the goblet crashed to the floor,
and we caroused like drunken slobs all night
as wine spilled over the table...

*March 10, 1927*

## SZENT SZERELMI ÚJRAÉLÉS V.

*Gy.F.*

Te még nem tudod, hogy ki is vagyok,
Hogy kiék ezek a fáradt szemek
Melyekben életfény sosem ragyog.

Az én arcom ez a beteg sápadt,
Kín meszelővel fehérre mázolt
Melyről lesír távol az utálat...

Ez is az enyém még, te, a hajam,
Ez a törtfényű kis büszkeségem,
Az egyetlenegy fiatal rajtam.

Ma milyen furcsák a szemeid,
Most ép olyanok, mint a Kisdedé,
Olyan babonásan tiszták megint...

Ne nézz így rám, hisz csak fáradt vagyok.
És már látom, hogy a te szemedben
A fáradtságom is benne ragyog...

*1927. március 26.*

## HOLY REBIRTH IN LOVE

*Gy.F.*[1]

You don't yet know just who I am,
Or to whom these tired eyes belong
Where the light of life no longer shines.

But this is my face, though sickly pale
Whitewashed with anguish and daubed with pain
And streaked with tears of loathing...

And yet, this is still mine: my hair, you,
And my modest dimming pride,
And now the fading marks of youth.

How strange your eyes seemed today,
As mysterious and clear,
As that of the Holy Child's...

Don't stare at me, for I am merely tired,
And yet, I can already see in your eyes,
How my weariness has begun to glow...

*March 26, 1927*

1. *Dedicated to Fanni Gyarmati, "Gy. F." his future wife. Radnóti is almost eighteen at this time and Fanni is fifteen.*

## ESŐ UTÁN

Ma sokszínű vízgyöngyök csillognak
Máskor poros levelén a fáknak,
Ma mohón és vidáman ölelik
Fölül a fényt és alúl az árnyat...

A fű még az esőtől nedves,
S a sétány már szárazon ásít
És méregzölden rángatja az utat
A teltgyomrú és gyöngyöző pázsit...

Rezegtetve száritja az úton
Összeaszott szárnyát egy lepkepár,
Előbb az eső verte le őket.
Most nyilaz utánuk a napsugár...

Ma sokszinű vízgyöngyök csillognak
Máskor poros levelén a fáknak,
Ma mohón és vidáman ölelik
Fölül a fényt és alúl az árnyat...

*Margitsziget, 1927—május 8.*

## AFTER THE RAIN

Today, droplets of water glistened like
Varicolored pearls on the dust-covered leaves,
Then greedily and covetously embraced
The light above and the shade below...

The grass is still moist and twinkling from the
    rain,
While the winding promenade yawns dryly,
And the full-bellied pearling lawn glitters
And tugs at the road with its poisonous green-
    ery...

A pair of butterflies tremble like leaves
And dry their withered wings by the road,
Just earlier the rain had beat them to the ground
And now the sunlight lets fly with its arrows...

Today, droplets of water glistened like
Varicolored pearls on the dust covered leaves,
Then greedily and covetously embraced
The light above and the shade below...

*Margitsziget, May 8, 1927*

## A RÉGI HÁZRA

a nap sután süt és játszi kis angyalkák pucér
   köldökkel
     szórakoznak a szélfogamarta vén ház falán...
lomha, nagy szines legyek között őrült táncot
   járnak a
     sugarak egy kintfelejtett virágcserép fölött...
és ha egy sarokból a szél nyomán felszáll a por,
a nap az ódon emlékek között szemtelen
   kotor...
a cserép szélfogamarta fal, pad nyomán ujra és
   ujra,—
     talán az angyalkák száján új mese fakad
és rezgőn sír végig a házon az unalom és
   pókhálót fon
     keresztbe a régmosott, poros ablakokon...

*Margitsziget, 1927. június 14.*

## ON THE OLD HOUSE

the sun shines stupidly as impish cherubs with
   navels bared
     frolic on the wind-chewed walls of the
       ancient house...
among sluggish, colorful flies the sunlight
   insanely
     dances above a cracked flowerpot
       abandoned outside...
and from a corner the dust rises in the wake of
   the wind,
as the thoughtless sun scrapes through archaic
   memories...
through flowerpots, over wind-gnawed walls,
   the imprints of benches, again and again,—
     perhaps new tales will spring from the
       mouths of cherubs
and boredom will quiver and sob as it drags
   itself throughout the house weaving
     cobwebs across the long-overdue, unwashed,
       and dusty windows...

*Margitsziget, June 14, 1927*

## LEVÉL

*Gy. F.*

Megkaptad Kedves a levelem?
Látod én magamat temetem:
Fehér lapokat írok tele,
Amikor zokognom kellene
Azon, hogy te nem vagy itt velem,
Tépd össze Kedves a levelem.

Jer már haza, hiszen úgy várlak,
Por lepi Kedves a szobádat,
Régi titkok illata lebben.
Száz régi csóknál tüzesebben
Kivánja ajkam a te ajkad,
Jaj, mennyi szép lesz ujra rajtad...

Jött tőled is pár lila levél,
Melyre tán csókot is leheltél,
Egy-két bús szerelmi üzenet
Melyre felelni csak csókkal lehet,
De oly messze vagy, elérhetetlen...
Tépd össze Kedves a levelem.

*1927. július 17.*

## THE LETTER

*Gy. F.*[1]

My Love did you get my letter?
Then you see how I bury myself with words:
Filling up blank sheets of paper,
When I should be sobbing
For you are nowhere near,
So just tear up my letters, Dear.

Come home, for I am crazed with waiting,
A thick dust covers your Dear neglected room,
Where the fragrance of our old secrets flutter
And the echoes of a hundred kisses burn,
My lips still long for yours,
Oh, how I will shower you with kisses...

Your lilac-scented letters just arrived,
Perhaps grazed by your lips and breath,
A few sad and mournful words
That can only be answered with kisses,
But then you are gone, and nowhere near...
So just tear up my letters, Dear.

*July 17, 1927*

   1. *Dedicated to Fanni Gyarmati, "Gy. F." his future
wife.*

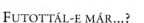

## FUTOTTÁL-E MÁR...?

A nagy csendben a vén romoknál,
futottál már te arra, hol
kisértetes szellemzörgéssel
béka ugrál ki a kövek alól
és mikor félve a fák alól
rövid szerelmek fénye csillan,
vagy néhány régi, szent szerelem
egy régvárt csókban összecsattan
és a párok egymást ölelve
surrannak az egymásrahajlott

lombbal ernyőző ágak alatt,
akiket az Éj összehajtott...

futottál már bolondúl, átkokkal
terhes szerelmek szép szigetén
a csókolódzó párok között,
csattanó csókok éji delén?...

*Margitsziget, 1927. augusztus 2.*

## HAVE YOU RUN YET...?

Have you run yet past the ancient ruins[1]
and their silent immensity where
a toad leaps from beneath the mute stones
like a ghost rattling its rusty chains, and
where from beneath the trees the passion
of new-born loves dimly glimmers with fear,
or the ancient saintly love of a hallowed
    romance
resounds and is sealed with a long-awaited kiss,
as couples in a tight embrace
rustle beneath the leaning branches
of the deep forest's sheltering canopy,
only to be enveloped by the slanting Night...

have you run yet like a blithering fool
through this pregnant beauteous isle cursed
with love, past entangled couples as the noon-
tide
of their kisses echoes into Night?...

*Margitsziget, August 2, 1927*

1. Written on "Margitsziget" or Margaret Island located
in the middle of the Danube in Budapest. A popular recre-
ational area with medieval ruins, parks, gardens, a thermal
spa and hotels.

## TÁJKÉPEK

### a./ Alkonyat a parton

A parton, a fekete házak mögött
csak most bukott le a nap, szétszórva
sugarainak véres nyugalmát
és közbül ragyogtak a felhők,
az Isten színpalettái, melyekre
rákeni végtelen élete minden
pompázó ragyogását.
Fehéren világít a Tejút
és a másik oldalon a halvány
hold felhőfátyolt kötött az orra alá
és szégyelte korai felkelését,
a Dunán pedig izmos, kis fekete
gőzösök vontatják megélhetésük
nehéz uszályát...

*Budapest, 1927. szeptember 14.*

### b./ Alkonyat a parton és az uszályhajó sír

(Már fekete a víz és alszanak feke—
tén a parton a Gyárak)
    jaj, Uram, kéményedből már sikoltva
dől a rosszszínű füst és a kazán falán do—
bogva tör ki a pihenni-vágyás lihegése,
    tudod, hogy bűn kínlódva törni a
csöndet, amikor hideg a víz és aludni
akar az aki nem alszik,
    nézd a hidat is zavarod,
nem örül lehajtott köszönő fejednek
és ráddobálja haragvó sok kis lám—
pája fényét és holnap meglásd bosz—
szút áll és
    hallod itt hátul sír rajtam a
hajósnak tegnapszületett gyermeke, bánt—
ják az éjjeli hangok és elrémítik álmát,
    jaj, Uram elég volt mára, szor—
galmas kéményed füstje bekormozza az
eget és az meglásd, rádejti majd
a nagy nehéz hidat,
    (már fekete a víz és alszanak feke—
tén a parton a házak).

*Budapest, 1928. szeptember 5.*

### c./ Éjjel a töltés mellett

Fényudvaros a hold és amottan távol
libasorban álló bús, hosszú jegenyék
féltve gyászolják az éjbetünő estét
és mögöttük alszik a falu, a vágyak
temetője és a hajlottágú törpe
fenyők toboz-termése csörrenve hull le
az avaros földre.
Jobbról a fekete esti erdő, párás
és illatos vággyal hódol rámeredő
meddő szerelemmel a lilaszin leplű
holdas ég felé és körbe uralják
a megtestesített unalom éjjeli
őrei a tájat,—a távírópóznák—,
vigyázva a kettős síneken szaladó
zakatoló, lámpás városi vágyat...

*Budapest, 1927. július 15.*

### d./ Alkonyat a tengeren

Tegnap még hosszú csókba
forrt össze a távol láthatáron
az ég és a tenger,
mindkettő kék volt, oly egyforma
kék, s ma már összevesztek;
a tenger haragos sötét lett,
az ég meg majdnem fehér

s szerelmük izzó gyermeke,
a nap is eltünt egy fa mögé
s csak a fénye csillogott
a vízen, mint egy aranyfolyó
és csak a rajta keresztülvonuló
vitorlásoknak tarka szárnyai
vonódtak be bújt sugarától.
Tegnap még az éggel szeretkezett
a tenger, s ma már összevesztek;
a tenger haragos sötét lett,
az ég meg majdnem fehér.

*Budapest, 1927. szeptember 17.*

### e./ Alkonyat a téli hegyen

A nap leszökött a fehér havon
a hegyről a lenti tóba és az
fellángolt véres sugarától, mely
vörösre festette az alkonyi
szürke eget, melyet arra távol
hófelhők tettek halott nehézzé;
ujra havazni készül és itt fönt
a hegyi kocsmából vasárnapi
tánczaj harsan ki a fehérségbe,
melyet oly sulyossá varázsol egy
tóba beparázsló alkonyulat...
havas minden, még a kora árnyak
is nyomtalanul fehérbe járnak
és itt fönt ujra havazni készül.

*Reichenberg, 1927. december 8.*

### f./ Gyorsvonat elhagyja a várost

Fekete fák rohannak el sűrün
az ablak előtt, a vágyak felé,—
a város felé, mely remegve nyúl
át lámpakarjaival a sötéten
és fénykarikákat dobál búcsúzó,
fájó szemeim elé, melyekkel ha
megsimogatom a fákat, melyek
már a fekete városig visznek
vissza a sóhajokat; a tüzes
pernyék ezre koszorút fon borzas
zúgó fejük köré, amikor a
sötétbe zuhannak és mikor a
szerényen hallgató kazlak mellett
a sinek zúgása lassan elhallgat,
és sötétre szakadoznak szét a
városi házak kidobált fényei
melyekkel búcsúzik attól, akit
rossz és lármás sinek szöktetnek ki
hang—és fényzenés házaiból.

*Reichenberg, 1927. október 8.*

### LANDSCAPES[1]

#### a./ Twilight by the River's Edge

By the river's edge, behind the black houses,
the sun has finally set scattering
its rays in blood-red repose
between the gleaming clouds.
God's colorful palette, with
which to daub his infinite life
upon the earth with a radiant glow.
The Milky Way twinkles,
as the pale moon knits
a veil of clouds to hide its face,
embarrassed for having awakened early,
while on the Danube, small muscular
tugboats haul rusty barges
their heavy lot in life...

*Budapest, September 14, 1927*

#### b./ Twilight by the River's Edge
#### Where a Barge Weeps

(The waters have turned black and the dar-
kened Factories are asleep on the shore)
   oh, Lord, your chimneys belch their vicious
smoke that pounds against the furnace walls
   then shrieks lon-
gingly for rest, panting with fatigue,
   you know by now, that it is a sin to break the
   silence
with your whining, when the waters are icy cold
and those seeking rest are unable to sleep,
   look, you have even angered the dozing bridge,
that now flings its lamp—
light about and though you bow your head
will not be placated, and tomorrow you will
feel its vengeance;
   listen, how the ferryman's
newborn child wails terri-
fied by the sounds of evening that disturbed his
   dreams,
   oh, Lord, that's enough for today, the smoke
      from your indus-
trious chimneys has blackened the sky with soot,
you will see, that tomorrow the sky will drop
the heavy bridge on your head,
   (the waters have turned black and the dar-
kened houses are asleep on the shore).

*Budapest, September 5, 1928*

#### c./ Night Falls Over the
#### Railroad Embankment

The moon wears a crown, while in the distance,
standing in single file, the tall mournful poplars

anxiously grieve as the twilight disappears into
  the night;
and behind the trees, the small village sleeps, a
  graveyard
of desires, and the stunted pines bow their
  heads,
and drop their abundant harvest of cones that
  fall and clink
on the leaf-littered ground.
On the right, the darkening woods gaze
with a hazy, fragrant longing, and pay homage
with unrequited love, to the veiled, purple,
  moon-tinged sky
and like watchmen,—the telegraph poles—rule
  over
the tedium of the night, and lean over the
  darkened
landscape, as a train clatters down the double
  tracks
and rushes headlong toward the luminous
city with a wild and unbridled desire...

*Budapest, July 15, 1927*

### d./ Twilight Over the Sea

Yesterday, the sky and sea
came together in a long burning kiss
over the distant horizon,
both were blue, an identical
blue, but today they quarreled,
and now the sea is dark with anger,
and the sky is white with pain,
and their incandescent child,
the sun, has disappeared behind the trees,
and only its faint light twinkles
on the waters, flowing like a golden stream
where sailboats cross the surface
and drag the dimming light
with their colorful wings.
Yesterday, the sky was in love
with the sea, but today they quarreled,
and the sea is dark with anger,
and the sky is white with pain.

*Budapest, September 17, 1927*

### e./ Twilight Over the
### Snow-Capped Mountains

The sun leaps from the snow-capped
mountain and sets fire to the lake below,
its blood-red rays,
smear the drab and twilight sky
with crimson, while in the distance
clouds burdened with the dead weight of snow
  gather;

soon it will be snowing here by this little tavern
in the mountain, and Sunday's revelers will
dance late into the blaring night
as the enchanted glow of sunset
settles on the lake...
and soon all will be blanketed with snow, and
  the shadows
shall fade beneath the gathering drifts of white
as the snow prepares to fall in the mountains.

*Reichenberg, December 8, 1927*

### f./ The Express Train Departs the City

The black trees rush by through
the darkened windows, rush by with longing,—
they yearn for the distant city, as the lights of
  the train
reach out to embrace the night with trembling
  arms,
and cast rings of light before my sorrowful eyes,
my eyes are saying farewell, as they softly
caress the trees, and my sighs rise
and drift toward the dark and
fading city; thousands of fiery
cinders weave ruffled garlands that swirl
and buzz about like bees, then plummet
deep into the night as the hissing tracks fall
  silent
beside the nodding haystacks that listen
  intently;
the houses and lights of the city
scatter in the enveloping dark,
and say farewell, to the fugitive
smuggled out over the evil clamorous tracks,
from the shining song-filled houses,
that cry out and shimmer.

*Reichenberg, October 8, 1927*

  1. *A series of six poems begun in Budapest and extending
into his time in Reichenberg. These poems were not included
in his first published book "Pagan Salute" perhaps because
Radnóti wanted to highlight the pastoral voice in his first
collection and these are "urban" poems.*

### C. NEUMANN & SÖHNE

Milyen hatalmas élés, kiélése
minden beléölt apró életnek,
a Gépek ritmusára sóhajt a Gyár:
de meghal mikor megszólal este a
sziréna és nagyratárt kapukon
kitódulnak a bús, sápadt munkások
és a lányok, akik az olajvéres,
hörgő gép mellől zúgó füllel, futva,

viháncolva, kacagva menekülnek
az uccára és ez a viháncolás
több nékik a Gyár hatalmasan zúgó,
lüktető zenéjénél; ... ezek a kis,
apró hangok többek a Gép szédítő
szimfóniáinál; ... és több a forgó,
csöpögő tengelyek között fogantyúk
után kapaszkodó gépész halálos
lihegésénél, hogyha kigyullad—a
zavart jelző lámpa vérvörös lángja.
Milyen hatalmas élés a nagy Gépek
sóhaja és az Élet mégis apró
nő-vihogások ritmusára fordul.

*Reichenberg, 1927. október 17.*

## C. Neumann & Söhne[1]

What immense and oppressive power resides
    here,
that must snuff out these little lives to sustain its
    own,
the rhythm of the great Machines, the sigh of
    the Factory:
winding down as the evening siren calls,
and the great gates open wide,
and the sad workers, and pale young women,
pour out into the streets shoving
to escape the machines greased with blood,
their ears buzzing from the death rattle of the
    gears,
giggling, and running into the clear night air,
their laughter drowning out the Factory's
    throbbing,
mighty, buzzing song;...their small,
diminutive voices greater than the dizzying
symphony of the Machines;...greater even than
    the sounds
of the rapidly turning gears, or the sickly gasp of
    the machinist
as he climbs and grasps for hand-grips among
dripping teeth, and whirling armatures, toward
    a blood-red flame—
the flame of the signal lamp to sound the alarm.
What immense life-force resides here, in the
    sigh
of the great Machines, where Life seems to turn
    to the rhythm
and soft laughter of women.

*Reichenberg, October 17, 1927*

1.  *The factory where Radnóti worked during his stay in
Reichenberg to gain practical knowledge in textile manu-
facturing.*

## Mert föld van az avar alatt...

Mégis föld van az avar alatt,
tegnap én a mélyére ástam
és ott alatta megtaláltam.

Hatalmas, zord ujjaim között
melyekkel az Időbe vájtam,
esőcsöppek peregtek lágyan,
a sokszinű levelek között
—melyek nyáron esőért vágytak
és most örök esőben áznak—
remegtek az ujjaim között
melyekkel az Időt tépáztam,
büszkén keresve megaláztam,

Mert föld van az avar alatt
tegnap én a mélyére ástam
és ott alatta megtaláltam.

*Reichenberg, 1927. október 28.*

## For There Is Earth Beneath the Leaves...

There is earth beneath the leaves after all,
for yesterday I dug deep down,
and found it there.

Between my enormous brooding fingers
I dug into Time itself,
as the rain sifted gently
between the colored leaves
—leaves that had longed all summer for the rain
and are now repeatedly soaked and moist—
trembling between my fingers
with which I tore away at Time,
and defiantly brought it to its knees,

There is earth beneath the leaves after all,
for yesterday I dug deep down,
and found it there.

*Reichenberg, October 28, 1927*

## „Die Liebe kommt und geht"

*[Részlet]*

Láttad?

Ma éjjel szomorúfűz akadt
az utunkba és oly szomorún
könnyezett ki a fekete és
lázas udvarból, oly félősen,
sejtősen megremegett a testünk.

Láttad?

Amikor reggel arra mentünk,
a nap az ablakra költözött

és ragyogni akart, de a fűz,
fejével elébe borult és
elfojtotta a ragyogását.
Láttad?

Ez a gyászos, furcsalombu fa
minket sirat, két csókot, amely
összeakadt és most szakadni
készül a könnyesen ragyogó
mindentlátó, szent ablak alatt.

*Reichenberg, 1928. február 25.*

*

Néha a fiadnak érzem magam,
ki lopva nézi vetkőző anyját
és csodátlátó szeme kicsillan
kamaszévei únt úndorából
és beléd szeret.
És beléd szeret
a testedet látva.

Néha a fiadnak érzem magam
amikor csókolsz a homlokomon
és mikor én bűnös borzalommal
az ajkaidon csókollak vissza
mert úgy szeretlek.
Mert úgy szeretlek
és az enyém vagy.

Néha a fiadnak érzem magam,
feslett és szerelmes rossz fiadnak,
mert hideg és bűnös éjszakákon
a melleden nyugszik el a fejem
csókjaink után.
Csókjaink után
én jó kedvesem.

*Reichenberg, 1928. május 22.*

*

Homlokom a gyenge széltől ráncolt
tenger oly közelnek tetsző végtelenje
és szőke édesvizeknek
hullámos áradata a hajam,
mely a halánték körül zuhataggal
omlik homlokom fodros tengerébe
és látomásos, felhős egeknek
zöld tükre két nagy tágratárt szemem,
két összetapadt ajkam pedig
korsója ízes, titkos szavaknak
és fogaim fehér szűrőjén át
szitálva hullik le rátok
a keserű és az édes,
a mézszavú áldás és az átok.

És Te néha a tenger végtelenjét
simítod végig a tenyereddel,

belébámulva a látomásos
felhős egekbe és hullámos
szőke vizekben fürdeted meg
az ujjaidat és ilyenkor
mind e gazdagság csak a Tiéd
és csak Terád hullik ilyenkor
minden ízes áldás és átok.

*Reichenberg, 1928. január 18.*

*

Sok szerelmes éjszakán égették
tested dombjai az arcom bőrét
és sok éjszakán égette gyulladt
arcom a tested érzékeny bőrét...
akkor csak ez az izzás volt, ez a
sötét nagy izzás és hogy messze vagy
most fojtott illatát is érzem a
szerelmünknek...
jázmin illatuk volt az éjeknek
a tested is jázmint lehelt, mint a
fehérvirágú bokrok, tavaszi
fülledt éjszakán...
de elmúlt, elmúltak a lihegő
csókok, melyek párája most tudom,
hogy jázmint lehelt és hogyha később
tavasszal érinteni akarom
a tested, vagy csókolni akarom
a szájad, csak egy fehér virágra
kell hajtanom emlékező fejem
és egy bokor illatát kell mélyre
szívnom és ujra itt vagy és újra
megölelem fehér, dombos tested,
amelyen annyiszor pihent elfáradt,
szegény, ráejtett fejem...

*Budapest, 1927. december 24.*

*

Ilyenkor, így összeveszés után
oly uj vagy nekem és még annyira
újra szép
és meglátok rajtad mindent ujra,
a testedet, a tested zenéjét,
és lépteid dalát, ahogy felém
jössz a kis ucca sarkán...
és a szájad ujra oly piros és
a fogaid ujra csillogók,
s a szemeid is újra bámulom,
a szemeid, amelyeket láttam
farsangi reggel felém kacagni
és késő őszi estén, pilláin
remegő könnyel
és láttam a kéjtől félig lehunyva
kifényesedni...
és most ujra látom, hogy hív a szemed

és felém zenél várón a tested,
felém, akit nem várnak és nem vártak
soha, sehol és én sem várok, mert
egyszer hívtak és én nem mentem és
azóta megfogott egy átok...

*Reichenberg, 1928. január 12.*

\*

Hóval borított fehér dombokon keresztül
kisértelek sok sok éjen át és egybefont
karunkon áradt széjjel testünkben a meleg...
a hó világított és amikor megálltunk
csókolódzni, fekete folt maradt talpunk alatt...
Ilyenkor szétszakítottuk ugy összetapadt
ajkainkat, egymásra néztünk és a szűz hó
csillant meg a halálos ijedtség könnyével
befutott, szerelmesen fénylő szemeinkben...
Könnyű léptekkel suhantunk tovább, nehogy új
csókkal túrjuk fel a havat és kiviritson
a fekete föld, minden szerelmeknek réme...
Aznap éjjel a felhők hangtalan suhantak,
aznap a fehér dombokon nem csókolództak.

*Reichenberg, 1927. november 15.*

\*

A Mosolynak barnafényű kenyerét harapdáltad
a fogaiddal és szerteszaladó morzsáiból
gyúrtál csillogó, szépszínűfürge Kacajgolyókat,
két nagy ajkad megfeszült villogó fogaidon, de
jaj
görbüléséből már kivirágzott a Sírás bodros—
virágú fája és mintha egy kis repedésből vér
szaladt volna végig a Kacagás kenyerének hó—
fehér testén és már fogaid közül is bodrosan
szakadt ki a Sirás, felkúszva és pergő, remegő
könnybimbóival körülvirágozva szemeidet,
amelyek ablakán
láttam
érett a Bánat dagadó kovásza.

*Reichenberg, 1928. június 16.*

\*

Ölelkezésünk közben
jaj
leszakadt a gyöngysorod
és
mint könnycseppek peregtek
sírva a forró párnák
ráncain a csillogó
gyöngyök.
Lásd,
úgy peregtek a gyöngyök
ahogyan néha könnyek
között lihegő testünk

bőrén pereg a harmat
elfáradt dalát zengve
egy
ölelésre
emlékezésnek.
Látod,
nem vigyáztál és a
szerelem gyöngye
szakadt le rólad
a csókok után.

*Reichenberg-Budapest, 1928. július 3.*

\*

Nyújtóztál tegnap a kályha előtt
s melled dombjai feszítették
a ruhát, ahogyan hátradőlve,
félig lehunyt szemmel melengetted
szép kezeidet a kályha falán...
a tűz fénye megvilágította
a lábaidat és ropogott a
hátad mint a macskáé, amikor
elnyújtja testét a tűz előtt és
bársonyos négy lábának elrejtett
karmai csikorogva vájnak a
fényes padlóba...
a te cipőid is csikorogtak
mert te is macska vagy és szeretem
megcsókolni a melleid fölött
feszülő ruhát, melyen átárad
felémnyujtózó testednek kába,
izmotfeszítő, langyos melege.

*Budapest, 1927. december 28.*

\*

Vetkőztél tegnap az ablak előtt
a beszürődő lila fényben
kacagtak az árnyad vonalai
és a megfogyott, könnyes holdsarló
babonás arany kalapként, remegőn
koszorúzta meg a hajadat...

Hallod, a fal mögül a szomszédban
valahol gramofon zenél egy régi
volgaparti, bús melódiát és
az óra nyögi kinn az éjfelet...

Hagyd ott az ablakot, az aranyos
holdas kalapot és dobd a ruhát
a hallgató, fekete székre
és a meztelenséged add nekem.

*Reichenberg, 1928. február 7.*

\*

Nem szeretlek már,
megindult a föld és csillag hull az égről,

de nem azért mert csillaghullás hava van,
hanem mert lehullott homlokdról is egy
annyi magányos éjjelen szőtt glória:
a szerelmem,
ne csodálkozz, látod nem szeretlek többé
és az ég is könnyezik,
ugy-e megijedtél most is, hogy ráhullott
ijedt szőkeséged között egy esőcsepp
az arcodra, pedig csak az eső esik
és hidd el hogy vége;
és ezt a szerelmet siratja az ég is.
Ne félj,
csak egy levél hullott a lábam elé, mint
ahogy most már a szerelmed is lehull...
Nézd már, beborult és hogy esik az eső.

*Reichenberg, 1927. november 7.*

\*

Az illatod bolondja voltam,
úgy hajtottam hozzád a fejem,
mint télen illatos, idegen
párás virágokhoz, amelyek
japán vázában remegnek egy
alkonyuló szobának asztalán
és az illatuk a nyárról mesél.

Oly vigyázva, halkan csókoltam
meg az ajkad, hogy szirmod ne hulljon
és sokáig megmaradj nekem,
de hiába, az illatod elszállt,
és én egy régi parfőmnek fájó
emlékét hegedűlöm el most
emlékezőn a papiroson.

*Reichenberg, 1928. február 21.*

\*

Fehér gyöngysort vettem a nyakadra
és amikor megcsókoltál érte
nekem szemem elé futott a pult
mögött a gyöngyöket mutogató
alázatos kereskedő, amint
árúit dicsérve kinálgatta
a szépencsillogó gyöngysorokat.
Én ezt a kis fehérszeműt válasz—
tottam, pedig volt drágább is, szebb is,
olyan, amilyent te érdemelnél.
És amikor megcsókoltál érte
eszembe jutott, hogy vajjon jobban
öleltél volna, hogyha csillogóbb,
szebb, nagyobbszemű gyöngyöt csavarok
szépséges díszül a nyakad köré...
Te!
Nem méred te ki gyöngyök árával
az ajkadnak és ölednek tüzét?...

*Reichenberg, 1928. május 9.*

\*

Szakítottunk.
Te véresre csókoltad a számat
és lihegve kértél, hogy maradjak.
Nem maradok.
Menj be szépen, én meg elindulok
a mérföldkövek között a sárban.
Mit nézel?
A hófehér éjek után ugy-e
könnyező, foltos olvadás szakadt.
Hallod?
A vézna fákban a nyarat
siratják most korhadt, téli szentek.
Ne sírj.
A könnytől csunya lesz a szemed
és nem bírom folytatni, ha könnyezel.
Hallod-e?
Szél szánkázik zúgva a dombokon
és itt te előtted fodros a sár.
Megértettél?
Sár. Sár és Gyűlölet van az alján
minden csillogó, nagy szerelemnek.
Most menj.
Érzem, hogy imádlak és gyűlöllek
és ezért most itthagylak az úton.
Kedvesem.
Nagyon, nagyon szerettelek és hogyha
találkozunk, talán ujra kezdem.
Menj már.

*Reichenberg, 1928. február 1*

## "DIE LIEBE KOMMT UND GEHT"[1]
*[A Cycle of Fourteen Poems]*

Did you notice?

How tonight a weeping willow
barred our way, and
sobbed so grievously in the dark
and feverish garden, that we
trembled with presentiment and fear.

Did you notice?

That when we passed by in the morning,
the sun had planted itself on our window
and sought to blind us, but the willow
fell headlong before it
so as to strangle its glow.

Did you notice?

That this strange and grieving tree
weeps for us, for our entangled lips
about to tear apart, beneath
this all-seeing, sanctified window
that now glistens with tears.

*Reichenberg, February 25, 1928*

*

Sometimes I feel as if I'm your son,
lurking in the dark, watching you undress,
my eyes gleaming and wide with wonder,
an adolescent plagued with self-loathing,
but then I'm falling in love with you.
Falling in love with you,
having glimpsed your forbidden body.

Sometimes I feel as if I'm your son,
when you kiss me on my brow,
and though tormented by guilt and terror
I lightly brush your lips with mine,
and I'm falling in love with you.
Falling in love with you,
knowing that you're mine.

Sometimes I feel as if I'm your son,
your debased and lovesick son,
and on cold and guilty nights like this
I rest my head upon your breast
after our passionate kisses.
After our passionate kisses,
my dear beloved.

*Reichenberg, May 22, 1928*

*

A gentle breeze wrinkles my brow
like the wind furrows the endless sea
and my hair ripples like the fair waters
of the swaying ocean, my locks tumble
over my temples like a waterfall
and over my forehead like the ruffled sea,
and my green eyes are wide and prophetic
mirrors that reflect the cloud-swept sky,
my clenched lips are a pitcher guarding
sweet and secret words straining to escape
and my white teeth are sieves
that sift words that fall upon you
both the bitter and the sweet,
both a honey-tongued blessing and a curse.

And sometimes You smooth the endless
ocean with your palm,
and gaze into the revelatory
cloud-swept skies and undulating
blonde waters where you dip
your fingers; at times like this
all the earth's treasures are Yours
and upon You fall every sweet
blessing and every curse.

*Reichenberg, January 18, 1928*

*

On many nights of making love, the undulating
mounds of your body set my skin and face on fire,

and on many nights, my burning mouth,
set your delicate skin on fire, too...
we were molten heat, giving off
an incandescent glow, and though you're gone,
the suffocating scent of your thighs
still lingers with me...
the jasmine exhaled by your body
filled the night, like the scent
of delicate white blossoms that
suffocate the sultry night in spring...
but our panting kisses, whose vapors
gave off that scent of jasmine
now are gone, and if I ever seek to conjure
your body again or that long lost
spring, or pretend to kiss your lips
once more, I need only to remember
to breathe deep and the fragrance
of white blossoms will come to me once more
and I will embrace your undulating body,
where in my great sorrow I once found refuge,
and where I once leaned my
poor head, like a broken bough...

*Budapest, December 24, 1927*

*

At times like this, after we've quarreled,
you are as fresh and new as when we met,
and as beautiful,
and I am overcome, and see you fresh once more,
your body, the song of your hands,
the serenade of your steps, as you walk
toward me down this little street...
and your lips are moist and red anew,
and your teeth newly glisten,
and I gaze into your eyes as if for the first time,
eyes that once smiled at me so joyously
that they transformed one late autumn night
into a morning carnival,
when tears of joy trembled on your lashes,
and your eyes, half-closed,
smoldered with desire...
and now you smile at me once more, as your
    eyes beckon,
and your expectant body sings its carnal song,
for me, for whom no one waits, and for whom
    none
have ever waited, chastised and much wiser, for
    there was a time
when your eyes called out to me but I refused to
    go, and
since then a heavy curse has held me in its grasp...

*Reichenberg, January 12, 1928*

*

Across white hills covered with snow
I walked with you on many a night, our arms
entwined as warmth flooded our bodies...
the snow glittered and whenever we stopped
to kiss, we left a dark stain beneath our feet...
At times like this we tore our welded lips
apart and gazed deeply into each other's eyes
as the virgin snow gleamed with tears of deathly
fear and our eyes glistened with love...
With light steps we would gently glide so as
not to disturb the snow with further kisses nor
    uncover
the dark blossoms of the earth, that terrorize
    every love...
That night the clouds floated by in silence, and
    on that day
upon the white hills there were no more kisses.
*Reichenberg, November 15, 1927*

*

Famished you bit into the brown-gilt crust of a
    Smile, and
with glistening teeth kneaded its scattering
    crumbs
into bright, varicolored spheres of Laughter,
your pouting lips tensed over your twinkling
    teeth, and
                    oh
from their curves there bloomed the frilled
    blossom
of the tree of Tears and as if from a small wound
    blood
ran down the snow-white body of the loaves of
your Laughter and from between your teeth you
    burst
into a frilled Weeping, while trembling twirling
buds of tears were woven into a wreath in your
    anguished eyes
            through whose windows
                    I saw
            your Sorrow rise like bread.
*Reichenberg, June 16, 1928*

*

    In the midst of our entanglement oh!
    you tore your strand of pearls that
    scattered like tears over the hot
    wrinkled pillows those shiny
        tumbling pearls.
        And look, the
        pearls rolled
like the beads of sweat that sometimes drip
from our panting bodies that sift like dew
    amidst our joyous tears as they

sing a tired song of the memory
    of a single embrace.
            See,
    you were careless and for
    that love's pearls were torn from
    your neck amidst our burning
            kisses.
*Reichenberg-Budapest, July 3, 1928*

*

Yesterday you stretched by the stove
and your blouse was pulled tight over the
mounds of your breasts as you leaned back
with eyes half-closed and warmed
your beautiful hands on the tiles...
the light of the fire illuminated your
legs and your back cracked
like that of a cat when
it stretches in front of a fire and
scrapes its claws hidden
in its four velvety feet on
the shiny wooden floor...
then your shoes creaked
for you are a cat as well and I love
to kiss the blouse pulled
tightly over your breasts, as your muscles
languidly flow and your
body strains to give up its warmth.
*Budapest, December 28, 1927*

*

Yesterday you were dressing by the window
in the sifting violet light
while the lines of your shadow laughed
and the superstitious waning moon
wept and trembled as it placed
a golden crown upon your hair...
And from somewhere behind a neighbor's
    wall
a gramophone was playing
an old Russian peasant song
as the tired clock groaned midnight...
So come from the window my love, and leave
    your
golden crown to the moon, fling your dress
over this silent black chair
and give all your nakedness to me.
*Reichenberg, February 7, 1928*

*

I no longer love you, and yet,
the world starts up again and the stars
still tumble from the sky, and not because

it is the month when comets fall, but because
  they fall
from your brow like garlands wove of lonely
  nights:
my love,
do not feign surprise, you can see I no longer
  love you
and for that the sky sheds tears,
you were frightened, weren't you, when the rain
began to fall upon your face and golden hair,
but it was only the rain that fell,
and you must accept it's finally over;
the sky mourns our love.
Oh, don't be frightened,
it is only a leaf that fell by our feet,
like your love, falling now...
And look, the sky is overcast, and how the rain
  falls.

*Reichenberg, November 7, 1927*

*

I was mad for the scent of your perfume,
and leaned my head toward you,
like leaning toward an exotic fragrant
misty flower in winter
that trembles in a Japanese vase
in some darkened room and whose
fragrance speaks of summer.

How gently I kissed your lips,
careful that your petals not fall
and you would last me for a long, long time,
but it was all in vain, for your fragrance
  vanished,
and now I play the sad song of your perfume
like on an old violin, as I sift through my
  memories
on this wilting scrap of paper.

*Reichenberg, February 21, 1928*

*

I bought white pearls to place around your neck
and when you kissed me in return
suddenly from behind the counter
and into my sight leapt a fawning
salesman praising his wares, and
to offer me much more beautiful
brighter and much finer pearls.
But I chose this delicate white strand—
though there were necklaces more expensive and
more beautiful, such as those you clearly
  deserve.
But when you kissed me
it occurred to me, that perhaps you would have
embraced me with more passion, had I hung

an ornament more bright, more worthy,
more beautiful around your neck...
But say!
How can one measure the price of pearls
against the fire of your lips and thighs
  tonight?...

*Reichenberg, May 9, 1928*

*

We broke apart.
My lips bloodied by your kisses,
and you gasped and begged for me to stay.
But I will not stay.
So go quietly inside, so I can take my leave
and wander among the mile markers in the
  mud.
What are you staring at?
Haven't our snow-white evenings been followed
by a melting, tear-stained thaw,
Are you even listening?
To how among the sickly trees winter's
moldy saints bemoan the summer.
Stop your crying.
You only make your eyes ugly with your tears
and anyway, I can't bear it.
Do you hear?
How the wind careens and howls in the hills
while here before you lies the ruffled mud.
Do you understand me?
Mud. Mud and Hatred that lurk beneath
every great and gleaming love affair.
So go now.
I both adore and hate you,
and for that I'll leave you on this road.
My dear.
I once loved you to distraction, and perhaps
if we ever meet again we can pick up where we
  left off.
Go now.

*Reichenberg, February 1, 1928*

1. *"Love comes and goes." An ambitious cycle of fourteen
love poems written between 18–19 years of age in Reichen-
berg and chronicling his first sexual encounter with Klem-
entine Tschiedel (Tinni), a 17 year old German girl. These
poems were not included in any of the books published dur-
ing his lifetime and perhaps this was a gesture to Fanni so
as not to hurt her feelings (personal communication Győző
Ferencz).*

## NOCTURNO

Szeretkező macskák sivitottak
a háztetőn, a kéményünk alatt,

az ajtónkról ma éjjel leszakadt
és sikoltva tünt el a denevér,
vészfüttyök nyargaltak szélparipán
a padláson ma sípolt a magány,
a szobákban a borzalom lakott,
a sarkokban a setét lapúlt,
szellem nyitogatta a nagykapút
és elnyújtva remegve az orrát
rekedt kutya ugatta a holdat
és siratott engemet a holtat
akinek mellén ott űlt a halál.

*Reichenberg, 1928. május 30.*

## NOCTURNO[1]

Two cats shrieked with lust
on the roof beneath our chimney,
and tonight the bat broke free from above our
    door
only to disappear screeching into the night,
thunderstorms rode gusty stallions
while in the attic loneliness blew on its plaintive
    pipe,
and a horror dwelt in our sad little rooms
as the shadows flattened themselves into dark
    corners
and a ghost opened and closed the heavy garden
    gate
while a dog trembled and snarled
and barked himself hoarse baying at the moon,
he was bemoaning my fate, and like one already
    dead,
death straddled my chest and cackled.

*Reichenberg, May 30, 1928*

1. *Another example of a poem in the grotesque genre favored by Radnóti.*

## SOKAN LÁTTÁTOK, HOGY

mindig rohantam az uccán, nyitott szemmel
a fényben és zajban
és mint a gyermek örültem, hogy a járda
piszkos csíkja felgombolyodik
a talpam mögé és
a járda is
elémszaladt a házaival, melyek kapualjából
kifolytak reggelenként a szeméttel és a vízzel
a hétköznap tragédiái
amelyek este tíztől bezárva hörögtek a
csilláros szobák halottrugójú ágyain és
elfutottak mellettem a pénznek ordító
    transzparensei
melyek alatt néha mulatók kinálták

jegesdézsákba hűtött mámorukat
és más keskenyebb járdájú céda uccák is
szaladtak sokszor a talpam alá
úri zaj és transzparensek nélkül
és itt néha megálljt parancsolt egy egy tolakodó
kifestett lány és ilyenkor megálltak fújva
a házak
a lámpák
a kanálisok
és lesték, hogy mit beszél az ucca két szerelmese,
én és a céda,
aki alá sétálva csúszott a járda
és én aki mindig rohantam gyorsan
hogy a szétszórt köpések patakká folyva
siklottak a talpam alá, a céda
aki sokat sírt és sokat szeretett és
én aki sokat szerettem és sohasem sírtam.

*1928. augusztus 10.*

## MANY OF YOU SAW, HOW

I would often run down the street, with eyes
    open wide
into the bright sunlight, amid all the clamor,
and like a child was lost in ecstasy, and how the
filthy stripe of the sidewalk rolled up into a ball
behind my heels,
as another sidewalk
ran up to greet me with all its houses, and where
    each morning
the garbage and water flowed from the
    entryways;
and the tragedies and heartbreaks of weekdays
were locked up after ten at night, only to rattle
in chandeliered rooms on creaky death-beds and
    springs,
and how I ran past the bright billboards,
where screaming barkers and revelers offered
cooling intoxicants from tubs of ice,
and sometimes the narrow sidewalks of wanton
    streets
would run beneath my feet,
without genteel noises, past the peep shows,
and every now and then a jostling, painted girl
    would bark
a command, and breathlessly, everything would
    come to a halt,
the houses
the lamps
the canals
as they strained to hear what the two lovers of
    the streets were saying,
I and the whore,
beneath whom the strolling sidewalks slid,

and I, who always ran swiftly
through scattered pools of spit
sliding beneath my feet, I and the whore, who
wept much and loved freely, and
I, who loved many, but never cried.

*August 10, 1928*

## SZERELMES VOLT A KIS
## HUGOM NAGYON

hegedült búsan az esti szobában
a tártkarú rézállványra hulltan
fehér csuklója villogva hintált
a húrok fölött és képek tapsoltak
halkan a falon ha megpihent
karcsú vonója.

szerelmes volt
áttetszőn lengett a teste
szájoncsókolt és drága játékos
ujjaival simogatta meg a hajamat.
szomorú voltam, mert szomorú volt.

hugom hegedült a kis szobában
fehér csuklója villogva hintált
és képek tapsoltak halkan ha
megpihent karcsú vonója.

*Budapest, 1928. augusztus 17.*

## MY LITTLE SISTER WAS
## MADLY IN LOVE

and sadly played her violin in her room at night,
standing above the brass music stand with its
   open arms
while her pale wrists gleamed and swayed above
the trembling strings and the portraits on the
   wall
applauded softly whenever her slender bow
came to rest.

she was in love
and her translucent body swayed
as she kissed me on the lips and with playful
fingers stroked my hair
and then I was sad, because she was sad.

my sister played her violin in her room at night
as her pale wrists gleamed and swayed
and the portraits on the wall applauded softly
whenever her slender bow came to rest.

*Budapest, August 17, 1928*

## NYÁR VAN

tornyos egyedülségem sír rám a falról,
a lámpa alól,
a csöndben kibomlott bánatpalástom
és beszökött az ablakon a Gond
magával hozva az utcák nyári illatát
ahol a poros vadgesztenyefák alatt nők
szaladnak kis nyári ruhákban
és utánuk néha férfiak,
akik kirázták magukból a Gondot, hogy
megigazítva nyakkendőjüket új Gond
után fussanak fáradt és görcsös lábaikkal
és megpihenjenek kis egyéjjeles szállodák
számlája fölött és szeressenek,
mert hiszen
nyár van,
egyedülségem társa lett a Gond,
és nem örül a szakadó nyári ruháknak,
most még jól van így,
nem szeretem az aszfalt és a nők nyári
szagát és tornyos egyedülségem elbújik
a bánatpalástba,
de mi lesz, ha egyszer eljön az ősz
a nők és az aszfalt szaga jobb lesz
és én majd nem tudom kirázni a Gondot
fullasztó palástom ráncaiból.

*1928. augusztus 4.*

## IT IS SUMMER

and my towering loneliness wails at me from the
   walls
and from beneath my lamp,
while in the silence my veiled sorrows dissolve
as Misery clambers through the windows
and brings with it the scent of the summer
   streets,
and underneath the powdery chestnut trees
women flee in flimsy summer dresses
pursued by amorous lovers,
who, having shaken their Misery for a moment,
and who having straightened their ties, run
with cramped legs after new Miseries
finding a bit of comfort in a tiny motel
and a one-night stand,
for after all
it is summer,
and Misery has become my trusted companion;
I no longer find solace in flimsy summer dresses,
but it's all for the best,
for the scent of asphalt and women in summer
no longer gives me pleasure and my towering
loneliness hides behind the pall of my sorrows,
but what will happen when Fall suddenly arrives

and the scent of women and asphalt is pleasing
once more, and I can no longer break free of
  this Misery
nor of the suffocating tangled folds of my
  sorrow.

*August 4, 1928*

## GÉPIRÓLÁNYOK

Kicsi lányok, ázott madonnaarccal
figyeltek
és
kezeiket nagymozgású kis fehér
pókok
az
asdf-jklé
fölött
és sorok kopogós glóriája
öntözi fénnyel a fejeteket
és
néha
egy egy rossz váltón elcsúszik
létezéstek könnyű kis rendje
és
megszűnik a záróra várás
mint
(a csók varásá)
és
az elsejéé
(a gyermeké)
és
ujra apróhíreket
öleltek bujva
reménykedve
és
kelletőn
és
jaj
csak
kicsiny hajtányok
vagytok
a
Pénznek
kéjbokros
pályaudvarán.

*1928. szeptember 10.*

## THE TYPISTS

Tiny girls, gazing down like Madonnas
  with ecstatic faces
your

hands hovering like white
spiders
above
asdf-jkle
as
the tapping keys gleam
and sprinkle your heads with haloes of light
but
every now and then
your simple predictable lives
skid off the tracks
and
you stop yearning for that precious
closing hour
(somewhat like turning away from a kiss)
for
you missed your day of the month
(which may now belong to a newborn child)
and
so you hope for better news
and comfort yourself by hiding away and by
wishing
and
by trying so hard to please
but
oh
you are but
a tiny caboose
in an abandoned railroad yard
strewn
with cinders of
Greed
and lechery.

*September 10, 1928*

## EGYETLEN VALAMI A SEMMI

Apám hét éve átkelt a Semmin;
a Semmi hajósa volt és
a Valamire itthagyott engem, aki
a Semmit imádom és akit környékez
nagy bánatdagályon, amit ölelek
zenés ágyaknak asszonyölén—
a Valami.

Hét éve a partján vagyok,
tudom, hogy csak a Semmi van,
a Bánat van és vannak
Asszonyölek és sárgán irigylem
megfutott apámat, akinek a
bűne vagyok, bolond, nagy
Valami—bűne egyetlenül és
bosszútól tele ártatlan szőkén.

Irigylem az apámat; reggel
és este, árnyék alatt és
födetlen fényben a Semmit
imádom és környékez nagy
bánatdagályon a Valami,
mikor örökségem a sokszinű
ősöktől rámhagyott, gondosan
vigyázott egyetlen Valami a Semmi.

*1928. november 28.*

## NOTHINGNESS IS A SINGULAR SOMETHING

Seven years ago my father crossed into
    Nothingness;
he was the pilot of Nothing
but he left me here for Something, he,
who worships Nothing and who skirts
around the vast tides of sorrow, embracing
the song-filled beds and thighs of women—
as if it was Something.

For seven years I have stood on these shores,
so I know there is only Nothing,
merely Sorrow and the thighs
of Women and I am green with envy
of my father, who just trotted out of here, I who
    am his
sin, his great, big, idiotic
Something—but his sin alone
filled with vengeance and fair-haired innocence.

I envy my father every morning and
every night, and worship Nothing
whether in the shade or in the glaring light,
but Something skirts
the vast tides of my sorrow,
and the inheritance left me by the
colorful multitude of my forefathers, is the
    carefully
guarded singular Something, that is after all,
    Nothing.

*November 28, 1928*

## AZ ÁHITAT ZSOLTÁRAIBÓL

*Gy. F.*

### • I •

Kedves, miért is játszom boszorkányos
ékes szavakkal, amikor szomorúbb
vagyok a fűznél, büszkébb a fenyőnél
és szőkébb a vasárnap délelőttnél.

Amikor ősszel, ha halovánvan csillog
a napfény, egyszerű szavakkal hódolok
néked és szeretlek, ahogyan csak a fűz
szeretheti a bágyadt folyót.

Szines miseruhát hoznak az alkonyok, hogy
imádkozzak hozzád egyszerű, szomorú
szavakkal, melyek néha bennem születnek
és nem marad utánuk semmi.

Szomorúbb vagyok a parti fűznél
és szép szavakkal szeretlek mégis
pedig te szebb vagy a százszorszépnél
és az egyszerűbbnél is egyszerűbb.

*1928. november 14.*

### • II •

Mégis csak szavakkal szeretlek,
és te ilyenkor jegenyék
áhítatos magasában fészkelsz, mint
a sajnálkozásnak nagy madarai
és talán megmaradt csókjaid
fűzérét pergeted az ujjaid
között és lehullajtod hozzám.

Egyszerű szavak érnek csak hozzád,
áhitatos jó papi szavak és
az istenek imádkoztató
egyszerűsége fehérlik az
ajkaid között és szemeidben
felhősen kéklik az égnél kékebb
virágoknak ártatlan kékje.

*1928. november 16.*

### • III •

Hugóm is vagy néha, fehér arcú,
vontaranyhaju kedvesem, mikor
szavaink és ajkaink eltévesztik
a szerelem útját és én ilyenkor
szomorú pap-bátyád vagyok
aki már túl van az ölelésen
és szelidszájú kishúgát szereti
benned, akit szeret.

*1928. november 20.*

### • VII •

Háromszor háromszázhatvanöt napon és
háromszor háromszázhatvanöt éjen
szerettelek és hordtalak vemhes
tétova szememben hunytpilláju misék
után és most sokkal több mint ezer nap
után egy véres könnyel csak kiszakadtál.

Pedig sokkal több mint ezer napon át
érted remegtek az alkonyi fák
és pihés madarak sipogtak ijedten,

hogy ellopom és lerakom őket
a fákról a földre a lábad elé.

Most háromszor háromszázhatvanöt nap
után üres tiszta szemekkel járok,
aranyfüst száll a nagy hegyek felől;
szétfütyülöm a szomorúságom és a
fészkek mélyén bizalmas madarak
várnak rám tátott puha csőrrel mert
hozzájuk térek torkomban ízes
kukacokkal s hogyha vihar jön
fejem meghajtom, rád gondolok és
letakarom őket bús kalapommal.

*1929. március 3.*

### • IX •

Violák és sok más virágok
nyiltak ki bennem.
Fehér klárisok sápadnak
szememből a csuklód köré
lassan peregnek a kezeiden
és már ujjaid hegyén csillognak
amikor lecsókolom őket
mert az ujjaid csúcsán
kezdődik és végződik az élet.
Mégis oly végtelen
mint esős réteken
mély álmoknak hajnali habja
amikor dallos szemeidben
kinyílnak a ködtarajos rónák
és bomlott hajunkat zászlókként
lengeti a szél.

*1929. március 28.*

### • X •

Pattanó virágú bogaras réten
megáradt bennem egyszer a jóság:
nyújtott nyitott tenyérrel hívtam
az erdők és mezők madarait
és ők eljöttek cikkázva hozzám
tapsos röpüléssel bújtak meg
hajamnak meleg sátra alatt.
Azt hitted akkor hogy csodát látsz
nagyranyílt szemekkel hátráltál
tőlem de én átöleltelek
kibontottam forró aranyhajad
és úgy szóltam a madarakhoz
akik már nem fértek el rajtam:
—Nézzétek ez az én kedvesem
nagyszemű és ezerszer áldott!—
És eljöttek akkor hozzád is ők
széttúrták hajad és hemperegtek.
Akkor ott madaras fejünk alatt
csókunkból is dalok születtek

és a dalokból uj csókos csodák.

*1929. március 31.*

\*

Ajkadon nedvesen csillan a
messze alkonyok álmos fénye,
mert színes sinek doromboló
utján jöttél te vissza szíves
sziveddel—testedben álmos
délutáni sütkérezések
melegét hoztad el nekem és
úgy ömlött el rajtad a jóság
hogy szégyenlem most ajkamnak
remegését mellyel ujra az
ujjaidat csókolom sorra
miközben halottan lehulló
cserebogarak tavaszi síró
búcsúimáját mondogatom.

*1929. május 11.*

\*

Szavakkal játékos
életem mellédkuszik
és átölel virágos
karjaival mint
a kánikula ott
lenn a mezőkön
az örjöngő napot
öleli valami
rettentő csudába!

Testünk csak csillogva
ragyog a fényben
és az útszélről mégis
szemérmetlen szerzetes—
füvek nyújtóznak fel
hogy lássák csókjainkat!

*1929. augusztus 21.*

## FROM PSALMS OF RAPTURE...[1]

*Gy. F.*

### • 1. •

My dear, why do I play with bewitching
eloquent words, when I am sadder than
a willow, prouder than a mountain pine,
more fair than a Sunday morning.

When autumn comes, and the glimmering
sunlight turns feeble, I shall pay you homage
through simple words, and love you
as only the willow can love the languorous river.

The sunsets bring me varicolored vestments,
so I may worship you by mouthing simple,
    sorrowful

words, born within me now and then
and even after, when nothing remains.

I am sadder than a willow by the riverbank,
but love you with the most beautiful of words,
you who are a hundred times more simple
than simplicity, more beautiful than beauty

*November 14, 1928*

• 2. •

It seems after all that I love you with words,
and at times like this you nest in the
rapturous heights of poplars like
a great bird of repentance and regret,
perhaps twirling the rosary
of what remains of your kisses between your
fingers, and letting them fall all over me.

It seems that only heartfelt words can reach you,
simple, pious words
offered up like prayers to gods,
as pure in their simplicity as that which gleams
white from between your lips, as your eyes
    cloud over
with a tint more blue than the innocent flowers,
more blue than the blueness of heaven.

*November 16, 1928*

• 3. •

At times like this you are also my sister,
my pale-faced golden-braided love,
it's whenever our words and lips stray from
the paths of love; at times like this
I am also your confessor and chaste uncle
beyond all cravings and desire
loving only the innocent gentle-mouthed
little sister in you.

*November 20, 1928*

• 7. •

Three times three hundred sixty-five days and
three times three hundred sixty-five nights
I have loved you and carried you
in my wavering pregnant eyes after many
an ardent Mass said with closed lids, and now,
    after more
than a thousand days you break away with
    bloody tears.

The twilight trees have trembled for you
more than a thousand days and the
downy birds have peeped with fright
for fear I may abduct them from the trees
and place them at your feet upon the ground.

Now after three times three hundred sixty-five
    days

I walk with clear and haunted eyes,
as a golden smoke drifts above the tall
    mountains;
I whistle my sorrows away
while in the depths of nests trusting birds
wait for me with soft, gaping beaks, and
I will go to them bearing delicious worms
in my throat and if a storm were to arise
I would bow my head, cover them with my sad
top-hat, and think of you.

*March 3, 1929*

• 9. •

Violets and many flowers
bloom within me.
And white corals turned pale
in my eyes wrap around your wrists
and slowly roll unto your hands
to gleam on your finger tips
and then I kiss them away
for life begins and ends
at the tips of your fingers.
And yet, this is as endless
as foamy unfathomable dreams drifting
through rain-drenched meadows at dawn
when in your song-filled eyes
the fog-tufted plains open wide
and the wind tousles our disheveled
hair like banners.

*March 28, 1929*

• 10. •

On an insect-filled crackling meadow exploding
    with flowers
kindness and charity once flooded over me:
and I stretched out my arms with open hands
and called out to all the birds of the forests and
    the fields
and they came zigzagging
with their clapping wings to hide away
beneath the warm sheltering pavilion of my hair.
You thought you were witnessing a miracle
and backed away from me
with panicked eyes but I held you tight
and unwound your smoldering golden hair
then spoke to the birds
that no longer had room to land;
"This wide-eyed girl is my love
and she is a thousand times blessed!"
And it was then that they came to you,
and frolicked and mussed your hair.
And there, beneath our heads garlanded with
    birds

new songs from our kisses were born
and from these songs we composed more
   wondrous kisses.

*March 31, 1929*

\*

The drowsy light of distant twilights
faintly glimmers on your moistened lips
as you return to me over the clattering rails
and bring with you all the graciousness in your
heart—and in your body
the warmth of a baked-in-the-sun
early afternoon, and such goodness
pours from every pore of your skin that
I am embarrassed for the trembling
of my lips as I hungrily kiss
your fingers one by one
and murmur and wail like a madman
as I say farewell to spring
and the June beetles swoon and die.

*May 11, 1929*

\*

My playful life
sidles up to you with words
and takes you in its
flower-laced arms
like the blistering heat that
staggers through the meadow
and grabs the raving sun
and then squeezes it
something awful!

Our bodies glint
and shine in the light
while from the side of the road
the shameless monkshood
crane their necks to spy
on our passionate kisses!

*August 21, 1929*

   1. *This cycle of eight poems was not included in the pub-
lication of his first book, "Pagan Salute," and were published
posthumously. They are dedicated to Fanni.*

## Születés

Fonalakon futó életek között születtem
   eltévedtem és két élet
                  váltotta meg az én nagy életemet.
Meghalt az Anyám aki párosan szült és elvitte
   páromat a
              Testvért.

Halálok között születtem, világok borultak
   össze és május
              könnyezte akkor a halottakat.
Az enyém a legdrágább az életek között mert
   kettőt
              visszaadott a pillanatnak.
Némán jöttem és nem volt még hangom.
Virágoktól sulyos fák beszéltek akkor és két
   halott.
Az Anyám beszélt először aki belémhalt de nem
   csókolt meg
              engem. Beszélni tudott csókolni
   nem.
Május volt és akkor nem kaptam először csókot.

Nem volt még hangom és az Anyám beszélt:
—Elmegyek és elviszem tőled az álmot.
Elmegyek és elviszem tőled a könnyet.
Elmegyek és elviszem az álmot és a könnyet.—
Nem volt még hangom és a Testvérem beszélt:
—Elmegyek pedig nem is jöttem.
Elmegyek mert el kell mennem.
Elmegyek mert holtan születtem.
Elmegyek és elviszem a kedvesedet aki halottan
   fog születni
              valahol.
Elmegyek és te figyelj a májusokra. Azok a te
   sorsod.
Elmegyek és elviszek mindent ami nem lesz.
Elmegyek és te egyedül maradsz.—

Akkor megjött a hangom és sírtam.

Elment és elvitte az álmot.
Elment és elvitte a könnyet.
Elment és elvitte a kedvest.
Elment és elmentek.
Elmentek és elvittek mindent ami nem lesz.

Mondom megjött a hangom és sírtam.
És egyedül voltam a májusokba.
Majdnem meghaltam én is akkor.

Nagymellű sváblány szoptatott de sohasem
   csókolt meg
              engem pedig elvitte bimbóin a csókom
   nyomát.
Azt hiszem ő volt az első szerelmem.

*1929. január 10.*

## Birth

I was born among lives that ran on threads then
   got lost, as two lives
              were traded for my wonderful life.
My Mother died in labor with twins, and took
   with her my
              Brother.

I was born amidst death, as worlds crumbled,
and the month of May
                    mourned for the dead;
Mine must be the most expensive of lives, for
two were traded for one,
                    and were given back to
                    timelessness.
And I arrived soundlessly without a voice.
And the somber trees spoke of the flowers and
then of the dead.
My mother spoke first who died for me, but
never kissed
                    me. She could speak but would
                    not kiss.
And though it was May I received no warmth
nor kisses.

As yet, I had no voice, and my mother said:
"I will leave and take with me your dreams.
I will leave and take from you your tears.
I will leave and take with me your dreams and
tears."

As yet, I had no voice, and my Brother said:
"I will leave even though I never arrived.
I will leave because I must.
I will leave because I am stillborn.

I will leave and take with me your Mother who
will die in labor
somewhere.
I will leave, but pay attention to the months of
May. For therein lies your fate.
I will leave, and take with me all that can never
be.
I will leave, and you will be left alone."

And it was then that I found my voice and
cried.

For he left and took with him the dream.
He left and took with him the tear.
He left and took with him my Mother.
He left, and she left, too.
And they took with them all that can never be.

Yes, it was then that I found my voice and cried.
And ever since I have been alone in the months
of May.
And I almost died with them as well.

And it was a buxom German girl who nursed
but never kissed me,
and I firmly believe I planted my first kiss on her
swollen nipples.
Yes, I am sure that she was my very first love.

*January 10, 1929*

---

## Beteg lány az ágyon

Gyönyörű, lázas fiatal lány...
—ó, most ölelni volna szép—
párnák és lágy paplanok között
az ajka félig nyitva szét.
Teste ingben betakaratlan,
szeme úgy nyit rám csodálva
—szemérmetlen, de akaratlan—
mint fakadó nedves virág
valami furcsa téli ködre.
Meglepett és mozdulatlan,
mégis mozog;
csókot vár teste csókos gödre,
ezernyi domb, völgy, bársonyos pihe.
Kékeres két keze halovány,
és mert néhány virágot hoztam
a szeme újra rámcsodál.
Most rámismer és megköszöni,
(kis ajka csúcsos és remeg,)
—ó, így megölelni volna szép—
de én csak lázas kis ajkát csókolom
és mégis sóhajt, mert
—ó a láz...—
Kis melle duzzad
és tapadó selymes ingjének
szemérmetes pántja pattan
és hajamban turkál a keze.

*1929. február 9.*

## To a Sick Girl in Bed

Beautiful, and feverish girl...
—oh, how good it would be to crush you
now—
between these soft covers and pillows
with your burning mouth half open.
Your untied blouse reveals your breasts,
and you stare at me with wonder,
—shameless, but without design—
like a moist and budding flower
that gazes intently into a winter fog.
You lie amazed and still,
trembling slightly; I think
that your pale body craves my kiss,
with its mounds, and valleys, its velvety down.
Your limpid hands lie ashen and pale,
and your startled eyes are wide with wonder
as you stare at my bouquet.
And then you nod to thank me,
(your lips trembling,)
—oh, how good it would be to crush you
now—
but soon I am brushing your feverish lips with
mine

and hear you softly sighing
oh, perhaps it's just the fever...
But soon your tiny breasts heave and swell,
and your silken blouse is drenched with sweat
I hear your bands snap, as desperately
you run your hands through my hair.

*February 9, 1929*

and now the lad of the street corners
is haunted by strange fantasies
for he lives with the dove she left behind—
the vision of a fat and tufted saint
that he feeds and returns to every night.

*March 14, 1929*

## MÁRIA TEGNAP UJRA ITT VOLT

Mária tegnap ujra itt volt
fényesség fogta halkan a fejét
szertefutó bámész mosollyal
mélabarna kenyeret árult
és sátrának csúcsán csapdosó
búbos galamb fehér begyében
ragyogtak arany búzaszemek.

Felhős szomorú szép szemével
valamit érzett és várt szegény
mert a sarkoknak dalárus legénye
szomorú béna jó legény
mosolyáért gondalkonyos szájjal
megcsókolta éjjel a kezét
templomos néma áhítattal.

Azután elmúlt Mária éje
eltűnt amire kihajnalodott
de jaj a sarkok szegénylegényét
megülte valami cifra jóság
az itthagyott búbos galambbal él—
álomlátta szentség búbos és kövér
és esténként hazajár megetetni.

*1929. március 14.*

## MARIA WAS HERE AGAIN YESTERDAY

Maria was here again yesterday
and the light gently cradled her head
as she looked on with a beguiling smile
and sold her drowsy brown bread
while on the top of her tent fluttered
a white and tufted dove in whose crop
glittered golden flecks of grain.

Her cloud-swept beautiful eyes
spoke openly as the poor thing waited
for the lad that sang on the street corners
a sad, and good, but crippled boy
who would kiss her hand for just her smile
with his care-worn dusky lips
and a pious silent devotion.

And then one night Maria was gone
she vanished before the coming dawn,

## MINDEN ÁRVASÁG SZOMORÚ DICSÉRETE

Ó, csitult árvaság! Egyedül járok
az égi mezőkön, lehulltak már a
csillagok is, csak testetlen szavaim
ragyognak és selymes hajzatuk szelíd
kezekkel lengeti a szél mely hozza
utánam, fehéren göndör felhőknek
alkonyi nyáját.

Most földi mezők fölött vonulok,
gazdagon mélán: csillanó füvek!
vetés! a kazlak alatt szerető
béres! mosoly a koldusok véres
ajka körül! minden én vagyok és
szűzek összeszorított térdei
fehéren nyílnak látásom nyomán!

Azután ujra semmi! egyedül járok
az égi mezőkön, lehulltak már a
csillagok is, csak testetlen szavaim
ragyognak és selymes hajzatuk szelíd
kezekkel lengeti a szél mely hozza
utánam, fehéren göndör felhőknek
alkonyi nyáját.

Ó, csitult árvaság!
Minden árvaság szomorú dicsérete!

*1929. június 16.*

## A SORROWFUL PRAISE OF EVERY ORPHANHOOD

O, calming orphanhood! I walk alone
through heaven's meadows, where the stars have
fallen, and only my formless words
gleam as the swaying wind braids
with kindly hands their silken hair
and brings to me its twilight flock
of white and curly clouds.

Now on earthly meadows I proceed,
among richly wistful: glinting grasses!
the sowing! of the amorous farmhand
beneath the haystacks! and the bloody smile
about the mouths of beggars! I am everything,
and virgins spread their legs
beneath my white and piercing gaze!

And then, I am nothing once more! and walk
alone through heaven's meadows, where the
        stars
once fell, and only my formless words
gleam as the swaying wind braids
with kindly hands their silken hair
and brings to me its twilight flock
of white and curly clouds.
O, calming orphanhood!
May each orphanhood be praised by sorrow!

*June 16, 1929*

### ŐSZI VERS

Menekülj, te szegény, most amikor
szőllők sárgásra érett fürtjével
sulyosul kedved. Ilyenkor ősszel
hagyd ott a mezőt és az erdőt,
bársonyos fáid és a bokrok
melyek alatt a kedvest ölelted
meghalnak most; a hajló nagy
fű ahová remegve csókra
terítetted száraz és sárga.
Hagyd ott a mezőt, az erdőt
és gyere a házak közé, a
városi fák hullása nem oly

veszejtő: csak az égre és a
tetőkre ne nézz! mert fáradt
Madonnák ülnek a házak fölött
és arcukról dől a szomorúság.

*1929. szeptember 10.*

### AN AUTUMN POEM

Save yourself poor fool, now that your heart
is as heavy as overripe grapes whose
vines yellow and curl. At times like this, you
should leave the woods and meadows behind,
and turn your back on the dying velvety trees
beneath whose branches you once embraced
        your love;
the tall bending grass where you once laid her
        down
and where she once trembled with passionate
        kisses
is now yellow and dry.
So abandon the forests, and meadows
and come to where the buildings rise, for the
fallen leaves of the trees in town are not
as painful to see: but avert your eyes
from the rooftops and the sky! for worn-out
Madonnas crouch above the houses
and sorrow falls from their faces like leaves.

*September 10, 1929*

# Kötetbe nem sorolt és hátrahagyott versek / Miscellaneous Poems (1930–1944)

### VARIÁCIÓ SZOMORÚSÁGRA

*Gy. F.*

A fájdalommal ujra egyedül élek,
mert elmaradtál most mellőlem lányom
nagy, szőke fejeddel és kacagva
tapsoló, törpe bokrokat ölelsz;

Nem tudod, hogy a szűz is asszonnyá
örülve öleli magát, csak utána
rejti énekesen titkát sikoltó,
vérdíszes ingét az anyja elől és
csak fájó ölét babrálva érik
teherré benne a figyelő szomorúság.

Látod, nehéz ez egyedül: kulcsoljuk
össze az ujjainkat lányom, jó
némasággal épül fölöttünk fénnyel
az ég: így nagylombú fa alatt
árnyék és megáldozott öröm
festi a tájat, nézz körül!

Föléd kivánkozik a szél s
gyertyásan csak a jegenye áll és
egy öregember éretten ott csak
ráhajlik az útra, ahol szitálva
leng a szomorúság; imádkozz
lányom most zengő imákkal értem!

*1930. február 16.*

## VARIATIONS ON SORROW

*Gy. F.*[1]

I am left once more alone with my pain,
for careless and unthinking you left my side,
your blond hair tangled and wild, wrapping
    your arms
around the stunted shrubs that applaud and
    cackle.

You seem unaware that a virgin hugs herself
and rejoices in her womanhood, and only
    afterwards
hides her blood-stained skirt from her
    meddlesome
mother as it screeches its secrets, and only then
does a fleeting sadness come over her
as she gently strokes her aching lap.

You can see, it is hard to do this alone: so let us
twine our fingers my love, as the brilliant light
soundlessly builds hushed edifices
in the sky: while underneath the looming
    branches
the shadows paint a landscape with
sacramental joy, yes, just look around you!

Even the errant wind blows and yearns
    for you, as
the poplars flicker like votive candles
and an old man mellowed with age bends over
the winding road, where sorrow sifts
and sways; just say a benediction for me my love
and lift me to the heavens with your resonant
    prayers.

*February 16, 1930*
    *1. Dedicated to Fanni.*

## SZERELMES, ŐSZI VERS

*Gy.F.*

A júliusi tarlón pattanó
szöcskéken ámúltam szaporán
s tenyerem alatt a kedves gyönyörű
kamaszmellei értek vidáman.

Most mélyül már szemében a kék
és zsákos gabonák tömött csudái
előtt hajtjuk le őszi fejünket.

Csókok gondjától sulyosúl a ház
s költöző madarak nehéz
tollaitól fordúl emlékezőre
a táj éretten és régi mesékre:

valamikor, ha messzi jártam tőle,
földről pipacsok véres pöttyeit

s az égről csillagokat akartam
a hajára hozni néki.

*1930. augusztus 11.*

## LOVE POEM, IN AUTUMN

*Gy. F*

I marvel at the bounding crickets
in the stubble-fields of July, while
beneath my palm my love's budding
adolescent breasts ripen merrily.

The blue deepens in her eyes,
as we solemnly bend our autumnal heads
before sacks swollen with golden grain.

The house grows ponderous with the weight of
our frantic kisses while the feathers of migrating
birds lead the earth to sift through its seasoned
memories and recollect ancient tales:

there was a time, when I traveled far,
and sought to bring her the blood-red drops
of poppies from the earth, and pull the stars
from the sky to weave into garlands for her hair.

*August 11, 1930*

## SZOMBAT ÉJI GROTESZK

Fán űl a telihold és az ágon
vörösen himbálja magát. Boros
munkás tántorgó hangja süvölt.
Denevérek húznak a fák közt s
fekete rendőr is közelebbre
sípolja a társát. Szél indúl a
kocsmák felől és porból tornyokat
épít az útra, ahol szerelmesen
négy zsemlyeszín agár szalad. Asszonyok
félnek most hazatérő embereikben
megfeszült, eljövendő gyermekeiktől!

*1930. szeptember 28.*

## SATURDAY EVENING GROTESQUE

The full moon dangles from the trees
and swings red-faced from the branches.
A drunken workman staggers about howling.
The bats flit between the trees as
a dark policeman whistles for
his partner to come. The wind blows
over the taverns and builds sandcastles on the
    road,
where four amorous whippets the color of hot
    breakfast

buns frolic. Women lie in fear of their men
about to come home and anxiously carry
their unborn agitated infants!

*September 28, 1930*

## OKTÓBER

Fiatal vakok járnak
a nedves falakon s
lábuk nyomán fekete
rózsa virágzik!

Csillag költözik szűz
lányaink hajára,
akik imádni jönnek
gitárral egy most született
csecsemőt, mert életük
elfagy ez ősszel!

Már verébtől díszes
a fa melegen és télen,
elhaló farkasainkért
lassú eső imádkozik
csak s az angyalok
fehér koszorúja!

*Szeged, 1930. október 23.*

## OCTOBER

Blind youths clamber up
the slippery walls and
in their footprints
black roses bloom!

Stars nestle in the hairs
of our virgin daughters
who have come strumming their guitars
to worship a newborn babe
and whose lives will
freeze by autumn!

The sparrows warmed by the
winter sun adorn the trees, and only
the slow-falling rain offers up
a prayer for our dying wolves
and weaves for them
the white wreaths of angels.

*Szeged, October 23, 1930*

## RETTENTŐ, DÜHÖS ARCKÉP

Zápult, kis költők írják meg
ujra verseimet s alattam

növekednek borus kukacokká!
még kukacokká sem! mert csak
annyik ők, mint legyeknek
piszka szentkép karimáján,
amit húsvétkor nagytakarítva
a hívők levakarnak!

*1931. január 24.*

## A TERRIFYING, ANGRY PORTRAIT

Brain-dead, small-minded poets are
rewriting my poems again and grow
beneath me into miserable maggots!
no, less than maggots! more like fly-
shit on an icon's
soiled frame that simpering
believers wipe off at their
annual Easter cleaning!

*January 24, 1931*

## PÁRISI ELÉGIA

(a Sacré Coeur fölött állok mellettem
a rossz veszprémi festő párisi élete
virággá bomlott ki a naptól
és hangzik mint asszony szava kinek
megejtett lánya álmában éjjel
kibeszéli titkát s gondját a szomszéd
biccentve hallja     biccentek is)

—van asszonyod?

(szemeim lassan hazatérnek)

= van     tán fönn összeveszett
a hegytetőn most a fiatal meg
az öreg erdő de nála zászlózó
mókusokat húzgál a nap lenn
fáink oldalát és szemeit aranyozva

—Veszprém felé csönd van s így
délfelé madártól gurúl csak
a domboldali rög     jaj

= sírsz?

—sírok     és bokrétát
tűzök a kalapomra.

(és párisi életünk virággá
bomlott ki a naptól s hangzott
mint asszonyok szava
aki elől lányok rejtették
sokáig vérdíszes ingüket titkon
és ahogyan ők is rejtették
régen az anyjuk elől)

*Páris, 1931. július 18.*

## A PARISIAN ELEGY

(I stand above the Sacré Coeur while beside me
the Parisian life of that god-awful painter from
    Veszprém
blossoms beneath the sun
and echoes like the words of a woman
whose pregnant daughter spills her secrets in her
    sleep
and then sits with her nodding neighbor who
listens to her troubles     and I nod, too)
"Do you have a lover?"
(my eyes drift toward home)
"I do." Perhaps in the mountains
the old and virgin forests have quarreled
but now the sun yanks at the
fluttering squirrels to gild
the bark and the hollow eyes of our trees
—toward Veszprém there is silence and
about noon only a bird can entice the
clod to roll down the hill     oh
"Are you crying then?"
"Yes, I'm crying,"     and I pin a
nosegay to my hat.

(and our Parisian lives blossom
beneath the sun and echo
like the voices of women
whose daughters have hidden
their blood-stained skirts and their dark secrets
from them as they once hid
their skirts from their mothers long ago)
*Paris, July 18, 1931*

## [JÓLLAKOTT ABLAKOKON...]

Jóllakott ablakokon koppannak szemeink és
    ingyen
nézzük a holdat, de kegyelmes kenyerünk felével
mégis, úri halakat hízlalunk a parkok alatt;
barátom mérnök s nemrég vassiakkal szaladt
    még bom-
ló mezőkön, hol tompán fröccsent a föld kaszák
    iste-
nes füttye helyett és ellőtt ólom bújt ott szíve
    alá;
sokszor esik szó köztünk ösmerős emberekről,
    együtt
élünk Párisban itt és füstöl homlokunkról a
    honvágy,
törkölyös borokat szeretnénk szopni pohos,
    otthoni

üvegekből;
o még nem felejtette el az anyja nevét, én már
    néha
igen, kicsit öregszünk és elnehezednek a
    hajnalaink
hétfőktől, szombatokig;
tudjuk, hogy a gazdagok szíve szőrös s mi
    harcosok
vagyunk prolik seregében és a társadalmi rend
    pipa—
csos tábláit takarjuk el a naptól;
este, alvás előtt, modern házakat építünk alattunk
elhullott régi asszonyok csontjaiból s mint
    díszített
köpés vágódik szerte fogunk közűl a káromlás,
    kövéren,
s vasárnapok dudája mellett társaink olcsó
    szeretőit
dicsérjük szemmel, szegénynegyedek árnya alatt.
*Páris, 1931. augusztus 25.*

## [ON WELL-FED WINDOWS...][1]

We tap on well-fed windows with our hungry
    eyes
but we get the moon for free, as we graciously
    toss half our precious bread
to the fancy carp in the park to fatten them up;
my friend the engineer ran not so long ago in a
    steel helmet through crumb-
ling meadows, where scythes with a divine
    whoosh once be-
spattered the earth but now a spent bullet lies
    burrowed beneath his heart;
often our conversations turn to old friends, and
    we live
here in Paris with our homesickness rising like
    smoke from our heads
longing to sip homegrown wines from plump
    goblets
made at home;
he has not yet forgotten his mother's name, but
    I occasionally
have, as each day we age a bit more and our
    mornings grow burdensome
from Mondays to Saturdays;
we know full well that the rich have hardened
    their hearts
and that we are soldiers in a people's army and
    hide
our placards with red poppies from the glare of
    the sun,
but come evening, before falling asleep, we
    build modern houses

from the bones of old women buried and lying
  beneath our feet
unceremoniously spitting out curses and raging
  from between our teeth,
and when Sunday comes with its fanfare we
  praise our comrades'
cheap lovers with our eyes, deep within the
  shadows of the crumbling slums.

*Paris, August 25, 1931*

  1. *An early poem expressing leftist sentiments.*

## HAJNAL DUMÁL PÁRKÁNYRÓL
### VEREBEKNEK

Lányaink a tőke kontyolta asszonyává,
minket csak a csókuk zsíros szaga fullaszt! igaz,
kutaink csöndje szétrepedt immár és hajnal

dumál párkányról verebeknek s igaz, hogy
fák a szélnek most vicsorítva felelnek, de
a hegyek, fiú! felhőt legelnek, hiába vársz!

vágd arcul a régi világot s dalold, dorongot
simítva vagy éhes szeretőt, mint anyádban,
mielőtt elszülettél, a magzati nagy dalt:

lázadás! lázadás drága, te forradalom!

*1931*

## DAWN BLABBERS AT THE SPARROWS
### FROM THE WINDOWSILL[1]

Filthy profit braided our daughters into women
and we choke on the smell of their greasy kisses!
  it's true
the silence of our wells is now broken and dawn

blabbers at the sparrows from the windowsill
  and it's also true, that
the trees answer the wind with a toothy grin,
  but
the mountains, my boy! they graze on the
  clouds, despite your waiting!

cuff the old world on the ears and sing, stroking
a cudgel or hungry lover, like you once did
  inside your mother,
before you were born, the great song of progeny:

rebellion! dear rebellion, you sainted
  revolution!

*1931*

  1. *An early poem expressing his youthful socialist senti-
ments.*

## KEREKEDŐ MITOSZ

Hogy megjött a pirosfülü tél,
angyalok szárnypihéi közé
sok szegény bújt melegedni csibésen,
de tovább fázott még a többi szegény,
jövő melegekről karban üvöltve
és zsebeikben pattanva kinyíltak
a bicskák!

Most hű ujjak alatt pörköl
a bicska nyele és sokfelé
néznek égre az udvarokon,
maflák szájából is szikrázva
úgy csihhan a jó szó, hogy éveink
bóbitái susmogva összehajolnak
fenekedni!

*1931. október 9.*

## A STIRRING MYTH[1]

Now that the red-eared winter has arrived
and many a poor wretch hides like a chick
seeking warmth between the feathered wings of
  angels,
the others go on freezing,
as they howl in unison seeking future warmth
as their jackknives pop open
in their pockets!

Now beneath loyal fingers the knife handle
smolders and everywhere in the courtyards
they look up at the sky
and good words fly like sparks
even from the mouths of screeching
  knuckleheads so that the
plumed crests of our years can murmur and lean
  together
nursing a grudge!

*October 9, 1931*

  1. *An early poem expressing his youthful socialist senti-
ments.*

## HELYZETJELENTÉS

Férfiöklökön kiüt a penész s
fehéren hahotázik; gyerekanyák
száját fekete éhség üli vacogva,
mert mérges réten legel régen a ló is,
vörösredagad fájó fogatája;
ágon kínjában pörg az almavirág
és jajjá válva röpül el Moszkva felé;
korgóhasu felhő lustán hegyen ül,
de sötét lábaközén bagózó viharok
régi fegyvereket kalapálnak és

fülüket néha lehajtva a földre
vigyáznak a messzi dudákra.
*1931. október 9.*

## SITUATION REPORT[1]

Men's fists are overgrown with mold and
turn white as they shriek with laughter; on the
   mouths
of child brides sits a black hunger with its teeth
   chattering,
even the horse has been grazing on poisoned
   pastures,
its painful gums swollen and bleeding;
on the branch the apple blossom contorts with
   pain
as its cries reach all the way to Moscow;
a cloud with its stomach rumbling squats lazily
   on a hill,
while storms gather about its feet hammering
ancient weapons as every now and then
they place their ears to the ground
while guarding distant trumpets.

*October 9, 1931*

   1. *An early poem expressing his youthful socialist senti-*
*ments.*

## BETYÁROK VERSE

Bennünk reked még a szerelmes
lehellett is, égnek puffasztja
dühös hajunkat a nemzetes
kórság, mert szuronyok közt élünk
pukkadásig!

De hijj! borjak nyakában lóg még
a jó kötél és vöröslő ég
alatt állnak üresen, ravasz
utakon szerte még, magos és
kemény jegenyék!

*1931–1932*

## VERSE OF OUTLAWS[1]

Even the hint of love sticks
in our craw, and our raging hair
is puffed up to the sky by patriotic
fervor for we live among bayonets
and are about ready to explode!

But hey! a strong rope still dangles
from the necks of cattle and
beneath a reddening sky, on cunning
roads everywhere, there still stand the tall
resolute poplars bearing seeds!

*1931–1932*

   1. *An early poem expressing his youthful socialist senti-*
*ments.*

## [MOST FÖLFUJOM...]

most fölfujom a mellem és kiengedem a hangom
   zengjen
sokszor megtettem eddig is már
az írástudók most whitmani és kassáki pózról
   beszélnek majd
s nem lesz igazuk
jótüdejű epikus ez a kettő
de mindent otthágy a helyén
én pedig ha éhes vagyok csillagot vacsorálok és
   asszonyom hajára is
lehozom ha kell hogy szebb legyen tőle és
   hogyha fázik az éggel
takarom s holdat lehellek a szeme fölé
igen ezek a képek rekvizitumok régi verseimből
vállalom őket
néhány dolgot szeretnék elmondani most csak
   magamról és az
emberekről
akikkel együtt élek
elmondani, hogy boldog ember vagyok én és
   keserű lázadó is
a nincstelenekhez tartozom de asszonyom van
szőke
kékszemű
akivel házasra költözöm holnap vagy
   holnaputánn
költő vagyok de a kenyeret és az asszonyt
   hirdetem
ha eljöttök velem
megőszült fákat mutatok néktek hogy lássatok
   és kammogó hegyeket
akik letérgyepelnek
tudom
semmi sincsen jól úgy ahogyan van
de boldog vagyok mert harcolok hogy jól legyen
   minden
és a harc lombját egyszer majd megsüti a
   napfény
ebben hiszek
az asszonyom harcol velem együtt és így
   vagyunk
száz karral szeretném megölelni de két karral is
   magamba ölelem
nézzétek
egyszerre zeng a testünk és egyszerre pihen el ha
   lép—

csőn jár egyszerre lép velem és egyszerre szusszan
tanítsátok magatokhoz az asszonyokat mert
ők a ti igazságotok és ők a ti címeretek

*1931. november 20.*

## [I WILL NOW INFLATE...]

I will now inflate my chest and cast my voice
let it ring
something I have done many times before
the scholars will speak of Whitmanesque and
    Kassák-esque attitudes[1]
but they will be proven wrong
for though these two have powerful and epic
    lungs
they never seem to move anything along
I on the other hand eat stars for dinner
    whenever I'm hungry and pull them down
to decorate my love's hair and make her more
    beautiful and whenever she is cold
I cover her with the sky and breathe a moon
    over her eyes
these may be images I've recycled from my early
    poems
but I stand behind them all
and now there are a few things I would like to
    tell about myself
and about the others
with whom I live
I wish to say, I'm happy but also bitter and
    rebellious
and find myself on the side of the destitute and I
    have a lover
who is blonde
and blue-eyed
and who I plan to marry tomorrow or the day
    after
I am a poet and I sing of bread and of my woman
and if you were to come with me
I would show you the ancient trees and heavy-
    footed mountains
kneeling down
I know
that everything is wrong now
but I am happy for I struggle to make things
    right
and know that one day the sun will shine on my
    struggle
these are my beliefs
and my love fights beside me and this is how we
    spend our days
if I could I would embrace her with a hundred
    arms but two must do for now
and look

sometimes our bodies sing and sometimes they
    come to rest and when we
walk the stairs we walk and breathe in unison
so teach your women to cleave to you
for they are your truth and your shield.

*November 20, 1931*

    *1. Refers to the free verse of Walt Whitman and the Hungarian poet Lajos Kassák (1887–1967), who greatly influenced the young Hungarian poets of the 1920s. Kassák, a poet from a working-class background is considered the father of the Hungarian avant-garde and was an ardent leftist. While Radnóti championed free verse in his earliest poems he later turned his back on it and experimented for much of his life with various classical metric forms.*

## TÉLI KÓRUS

Mi vagyunk a farkasok,
Farkasok a kopogós téli mezőkön
Hol csúszkál a szélütött hideg
És ólakba zárt húsokról hord meleg híreket!

Üvöltő farkasok vagyunk
S húsok meleg szaga alatt
Száraz gyomorral futkosunk
És kopogunk szemeinkkel!

Hangunkra behúzza farkát a falu
És puskásokat küld nyakunkra
Mikor a havon hasalunk!

Állj mellénk szorosan és indulj el velünk
A falu felé! A falu felé! Nézd!
Darazsak ezek csak nem puskagolyók!
Énekeld túl testvér a dongást:

Mi vagyunk az üvöltő farkasok
És miénk lesz a falu majd
És alvó szalmákkal az ólak is!

Miénk a város a meleg húsokkal
És jóllakunk és melegünk lesz
És mi leszünk majd az éneklő farkasok
És énekelünk! Énekelünk!

*1931–1932*

## WINTER CHORUS[1]

We are the wolves,
Wolves running through the knock-kneed fields
    of winter
Where the palsied frost slithers
And the locked-up meat in the folds bears good
    news!

We are the wolves, the howling wolves
Racing amidst the warm smell of flesh
Our stomachs shrunken and cramped

Knocking on bolted doors with our starving
   eyes!

The village sends its hunters to track us down
And pulls in its tail at our howling
As we lie hidden and crouched in the snow!

So come let us march together as we advance
On the village! The village! And look!
These are but hornets not bullets!
So raise your voices my brothers to drown out
   their sound:

We are the wolves, the howling wolves
And one day the town will be ours
With its beds of straw and its sleeping pens!

Yes, one day the town will be ours with its
   bloody meat
And we will eat our fill and stay warm
And then we will be the singing wolves
And how we will sing! How we will sing!

*1931–1932*

   *1. Ferenc Hont, director of the theater in Szeged and
friend of Radnóti's, encouraged collective presentations or
"choruses" by performers and audiences as an extension of
political gatherings and giving voice to the proletariat. Both
Bertolt Brecht and Erwin Piscator had experimented with
mass performances and encouraged the use of speech choirs
as part of social agitation. Various speech choirs performed
throughout Hungary in the early 1930s. Both "Winter Cho-
rus" and "Steel Chorus" hint at a coming revolution of the
oppressed masses.*

## ACÉLKÓRUS

Az éhség kórusa mondja most a verset
   szemetekbe;
az éhség kórusa, mely nem énekelt soha még
csak dolgozott
és igával körbejárt,
mint jár a kerge barom;
munkájának még sosem maradt föle,
csak dolgozott,
és maga ráadás volt,
kócos ágynál
és kopasz asztal fölött!

dolgozott,
most penészes ökle hull le;
szelet sodor,
mint az induló vihar feketén
és úgy ejti szombatja mellé a vasárnapot,
mint üres tál mellé ejthetne rózsabimbót.

északon
északon
délen

nyugaton
nyugaton
és keleten
áll a kórus és mondja a verset!
fehéren
feketén
sárgán
és véresen,
fehérek
feketék
sárgák
és véresek!

véresek, mert Távolkeleten száraz türelemmel
sárga prolik öldösik egymást
s a dalos faluk népe füstölve tolakszik az úton!
vágóhídi borjak ünnep előtt a véres hely korlátai
   közt
így bökik egymást és hangzanak, mint a csúszós
   hideglelés!
vasakkal egymásra köpködnek a sárga prolik
és egymást keresve, napokat menetelnek!
jó volt a háború!
jobb sose volt!
kövér profit csorog!
csordogál! ó ezért!

ezért ropogós gyarmatot zabái az anyaország!
Elfántcsontpartokat, vagy Indiát,
vagy ha akarod Madagaszkárt!
ha akarod, a néger fiú sikolt feléd
kit a filmrendező törzsétől megvett egy ócska
   pipáért
és a tigrissel szétmaratott!

szép fölvétel volt,
a tigrist napokig korgatta elébb
s veszettfeneként ugrott az akkor!
hangosfilm volt
s a mozik népe
a néger halálos hangjától hidegen borzongva
térhetett nyugovóra;
ó, ne féltsd az álmát!
Velence teréről álmodik majd a polgár,
hol mézes hetet evett
és galambot etetett!

ne félts te semmit,
csak tanuld meg szorosan tartani elvtársad kezét
s az öklöd gyakorold!
akár a puffanó bárányfelhők hasán,
ha máshol nem lehet
és lassan egyél, ha enni akad!
sétáljon szét benned az illetett erő!

az éhség kórusa mondta most a verset
   szemetekbe

és az éhség kórusa folyton növekszik
éjjel és nappal
éjjel és nappal
mint a gyerek,
kit fúj a szél és ver az eső
fúj a szél                ver az eső
és ver az eső            és fúj a szél

növekedj kórus!

és növekszik a kórus
mint a taposott sár, feketén;
feketén                  mint
feketén                  a taposott
feketén                  sár

és ráfuj a téli szél
és kemény lesz!
és kemény lesz
mint a kő!
és még keményebb:
mint a vas?
keményebb
mint az acél!

*1931. november–december*

## STEEL CHORUS

The chorus of hunger recites this poem into
    your eyes;
the chorus of hunger, that has never sung
    before
only sweated and toiled
beneath a heavy yoke,
staggering about like an ox
whose back-breaking work is never done,
and yet keep on working,
and collapsed in the bargain
on a filthy bed
and crumpling over a barren table!

he toiling endlessly,
flailing his moldy fists by his side;
twisting in the wind,
like a dark departing storm,
turning his back on Saturdays and Sundays,
like placing a rosebud beside an empty plate.

to the north
the north
the south
the west
the west
the east
the chorus stands and recites this poem!

white
black
yellow

bloodied,
white
black
yellow
bleeding!

bleeding, while in the Orient the yellow
    proletariat
slaughter one another with a terrifying
    patience,
as crowds flee the singing villages like smoke!
like stockyard cattle shuffling toward the
    slaughterhouse before a holiday,
between the bloody rails, bellowing and
    tripping over each other like
slippery fits of ague! Spitting on each other,
    wielding iron,
hunting each other down, marching endlessly
    for days!

each one convinced his war is just!
but then it was never about justice!
it was about fat profits!
jingling in someone else's pockets! it was all for
    this!

for this the motherland devoured its crispy
    colonies!
for this, it devoured the Ivory Coast, India,
Madagascar!
and if you want you can even purchase a black
    boy to scream for you
like the film director that once bought a boy
    from his tribe for a worthless pipe
to be torn apart by a tiger in his movie!

the boy was a bargain,
and the director tormented the tiger for days
so it would leap on the helpless victim at the
    appointed time!

it was a talkie
and the audience
listened to the boy's death-rattle, and perhaps
    some even shuddered,
but then all went home for the night;

so have no concern about their dreams!
for the good citizens slept well, dreaming
    perhaps of Venice
where they once spent an idyllic honeymoon
and fed the white doves in the square!

but fear nothing,
and grip your partner's hand
and pump your fists!

for you can punch away at the soft underbelly of
    the clouds,
and if you have nothing better to do

you can eat slowly, even if you have nothing to
    eat!
and let indelicate thoughts eat at your gut!
the chorus of hunger recites its poetry in your
    eyes;
the chorus of hunger, that is always changing
    and growing
night and day
day and night
just like a little child,
blown by the wind, hammered by the rain
blown by the wind          hammered by the rain
hammered by the rain      blown by the wind

so rise up chorus, and grow!

and the chorus grows
from the trampled mud, dark and black;
blackly                          like
blackly                          the trampled
blackly                          the mud

and the frozen wind blows
and the chorus hardens!
hardens
like stone!
harder
than iron?
no, harder
than steel!

*November–December, 1931*

### TÉL

Naptól kunkorodott az idő és
a meleg türelem vele együtt,
még zsíros fű alatt aludt
az izzadó tücsök s aprót
lehellt alvó proli fülébe.

Tücsök már mennyei réten
udvarol, mert bokrok nyakig
csücsülnek most a hóban s fagyott
Tisza hátán fölfordul a szél,
lábával az égre kalimpál.

De tollasok elől surrantott
beszédet vigyáz a nyári alvó s
haragja pörg, mint guta este
a bokrok alján, ki kócosan
nappal odukba lapul.

*1932. február 19.*

### WINTER

The weather is crinkled by the sun
that keeps patience warm,
and the perspiring cricket sleeps
beneath the plump grass breathing tiny
breaths into a worker's ear.

The cricket is now courting in celestial
meadows, for the bushes are up
to their necks in snow and on the back
of the frozen Tisza the wind capsizes,
and kicks its feet up at the sky.

But summer's sleeper conceals
his angry words from the plumed gendarmes
though his rage spins like the apoplectic night
crouching beneath the shrubs, while during
the day he lies in wait disheveled in deep
    hollows.

*February 19, 1932*

### TÖRTÉNELEM

Elpihenő, rozsdás tyúkoknak szemén
a hártya fehér volt akkor délután,
s hogy ledőltél aztán, a koraestén
macska udvarolt csak a pincelukán
és máris szirmokban hullt a vaksötét.

Nagyot aludtál s mélyet, mint a medve,
langyosmeleg felhőbe gömbölyödtél
népem és korogtál nagyokat nyelve!
talpaid hiába vakarta a tél,
türelmes orrodon lágyan légy aludt.

Most fölébredtél népem, hát nézz körül:
a reggelen már fákat rajzolgat át
a minden proliknak anyja és örül,
hogy hallhatja szemeid kopogását
és elinduló, biztos motozásod!

A fák előtt már süvöltenek s rázzák
kócos sörényüket az új, nyerítő
szeretők és minden mezitelen ág
telifutva pörgő virággal, hintő
dühöket ott gyorsan szálltat a széllel!

Most, hogy fölébredtél népem, végre hát
bő csipáidat is zsákokba rakod
és étel után indulsz az úton át;
látod: távol a fagy már hátrakapkod,
mert olvadó farát félti dühödtől!

Ajánlás

Ó ügyészség! oly szelid ma ez a vers
és surranó. Gyorstollú, ritka madár

karmos kezem alól; elringató vers
de öklös öklömön is fütyölő már
s ha megdagad, lesz majd még trombitaszó!

*1932. november 6.*

## History[1]

The glistening membrane in the eyes of the
    resting
rust-colored chickens was white that afternoon
as you lay down to take your nap, and in the
    early evening
only the cat courting by the cellar door was
    awake
when suddenly the unseeing dark scattered its
    petals.

You slept deep and well, like a bear
curled up into a lukewarm cloud, and my fellow
    citizens
your stomachs grumbled loudly while you
    swallowed!
and the winter scraped at your feet in vain,
while a patient fly landed and slept on your
    nose.

And now that you are awake, look around:
for in the morning the mother of all proletariats
will be sketching the trees and rejoicing
to hear your stomachs growl with hunger
and seeing you take your first confident steps!

Beneath the trees fresh lovers howl and
neigh and shake their disheveled manes
as each naked branch is overrun
with delirious twirling blossoms, while the wind
somersaults and scatters its fury!

And now, that you are awake, you can
stuff the rheumy film from your eyes into a sack
and after eating your fill take to the road;
for as you can see: far off in the distance the
    frost is
backtracking, to protect his melting rump from
    your rage!

*Dedication*

Oh, censor! this poem is gentle and rustles
    softly.
Though it may be a swift, exotic bird pinned
beneath my taloned hand, today it is but a
    tender lullaby
thrashing and whistling beneath my fist, but if it
    were
to puff up with anger, there would be hell to
    pay!

*November 6, 1932*

1. *An early poem expressing youthful socialist senti-*
*ments.*

## Ismétlő vers

Kórust tanítottam délután
s megyek utána hazafelé most;
lányok és fiúk hangja ül
a fákon is.

> Tanítok
> és vallom a harcot is!
> költő is vagyok,
> meg proletár.

Kórust tanítottam délután
s megyek utána hazafelé most
és mint hétszer hét útu veszedelem;
a sarkon dekli áll.

> Tanítok
> és vallom a harcot is!
> költő is vagyok,
> meg proletár.

Lányok és fiúk hangja ül
a fákon is és a magosságból
lecsavarog s köröskörül gyalogol
velem egy támolygó hóesés.

> Tanítok
> és vallom a harcot is!
> költő is vagyok,
> meg proletár.

Lányok és fiúk hangja ül
a fákon is és így megyek.
Szemlél a polgár s messziről utál;
a sarkon dekli áll és nehéz vagyok.

> Tanítok
> és vallom a harcot is!
> költő is vagyok,
> meg proletár.

És ígérem:
ha mindezt nem tudom már,
leüttetem a jobbkezem!

*1932. december 27.*

## A Repeating Poem

I taught a chorus in the afternoon
and now I'm headed for home;
and the voices of the girls and boys still
perch atop the trees.

> I teach
> and also embrace the fight!

for I am a poet
and a proletarian.

I taught a chorus in the afternoon
and now I'm headed for home
the dangers on the road have multiplied;
and on the corner stands a cop.

    I teach
    and also embrace the fight!
    for I am a poet
    and a proletarian.

The voices of the girls and boys still
perch atop the trees and from the heights
there falls a reeling snow that
staggers about with me everywhere.

    I teach
    and also embrace the fight!
    for I am a poet
    and a proletarian.

The voices of the girls and boys still perch
atop the trees as I wander along.
A citizen eyes and hates me from afar;
on the corner stands a cop and I am filled with
    rage.

    I teach
    and also embrace the fight!
    for I am a poet
    and a proletarian.

And I vow with every fiber of my being:
that if I ever forget what I have seen,
I will have my right hand cut off!

*December 27, 1932*

## EMLÉKVERS

Fekete ikreket szült a barifelhő,
lengedező hó pólyált a két gyereken
és most sikkantja őket a tél a jegen,
mert prolifelhő volt az a barifelhő!

Esőt nem szült, csak gyereket szült a jámbor,
havat se szült, csak gyereket mifenének
s reggeltől estig csavarog most az ének
és a téli zajból jó messzi kilángol.

Locsolták a két legénykét ó hitekkel,
de feketék voltak, mert anyjuk árnyon élt
és körülfújta őket a bojtos sötét,
amint siklottak lobogó kezeikkel.

Felhő szülte őket, utánuk vér esett,
pirosat sírtak s a vérbe megfürödtek,
piros szél fújdogált s ők ropogva nőttek
és seregek nőttek ím, a hátuk megett!

*Ajánlás*

Ó, elvtársak! a prolifelhő seregünk
anyja ma s vezérlő ura a két iker,
sose hagyjon el minket a harci siker
és taposott sárként dagadjon seregünk!

*1932–1933*

## MEMORIAL POEM

A cumulus cloud gave birth to black twins,
and the fluttering snow swaddled the two infants
and now the winter pushes them on the ice as if
    on sleds
for the cumulus cloud is a proletarian cloud!

She did not give birth to rain, and she did
not give birth to snow, but to twins,
and from morning til night her song wanders
and blazes up far from winter's cacophony.

And she watered the two lads with her faith
and they became black, for she lived among
    shadows,
and they were wind-swept by the tasseled dark,
as they slid on the ice with waving hands.

Born from a cloud, and watered by blood,
they wept crimson tears and bathed in blood,
and the wind blew red as they swiftly grew
and then great armies rose, behind them!

*Dedication*

O, comrade! Today the proletarian cloud is
the mother of our troops, and the twins are our
    leaders,
may victory never abandon us
and like the trampled mud may our armies
    swell!

*1932–1933*

## KEDD

Szeretőd hajnaltól tanít,
este lehuppan az ágyra,
alig, hogy evett valamit.

Szeretne ellakni veled
akár négy szál pipacs között
s tűrné az éji meleget,

de birtok a föld és a ház,
dühödt eb sikos fogakkal,
csámpás csősz furkóval vigyáz.

Így bicskás rokonok nyakán
éltek és homlokotokra
beszédjük árkokat dumál.

Ők a rend s a társadalom,
szuszogástok is ellesik,
s bogaruk mászik a falon.

De figyeljétek a tüskés
világot folyton s legyetek
gazdagok torkán rossz nyelés,

ijedt hajnali íz! sütött
libamájon keserű görcs;
s mert lustul az, ki rég ütött,

hát üssetek s hegyes kések
lessenek a jelre, mitől
felröpül majd a kedvetek!

*1932–1933*

## TUESDAY

Your love teaches from morning til night,
and come the evening collapses on her bed,
though she's hardly eaten anything.

She would love to live with you
even if it were among four poppies
and would even put up with the heat,

but the house and the grounds are not yours,
and a rabid slick-toothed mutt
and a knock-kneed guard with a club stand
    watch.

So you live on the backs of ruffian relatives
carrying knives whose foolish babble
carves deep wrinkles in your brow.

They are the pillars of society in your town
and can even hear you breathe,
like insects crawling on the wall.

So be forever on your guard in this
prickly world, and make swallowing difficult
for the rich so that they choke on you,

and be a disgusting after-taste! like the bitter
bile on fried goose liver, and remember, that
he grows soft, who hasn't struck back in a while,

so strike then with your pointy knives
and watch for the sign from which you
take your cue and blithely fly away!

*1932–1933*

———— ❧ ————

## MONDOGATÁSRA VALÓ

Ikreket szült anyám,
meg is halt ott nyomban,
az öcsémmel együtt
nyugszik nyugalomban.

Meghalt az apám is,
a munka megnyomta,
föl is boncolgatták
s a templomtoronyra,—

hogy el ne érhessem—
fölrakták a lelkét,
azóta figyelem
s várom, hogy leessék.

Átsüt rajtam a nap,
kis ereje ha van,
egy dagadt is tegnap
pöszörödött rajtam.

Orcáján szánalom
rakódott lilára,
szeretőm tanítom
köpni a világra.

*1932–1933*

## TO BE SAID OVER AND OVER

My mother gave birth to twins,
then died right there on the spot
may she rest in peace with my brother
in their common grave.

My father died as well,
it seems that the work did him in,
first came the autopsy
and then the church steeple,—

and so I could not reach him,—
they piled high his soul,
and I have been waiting ever since
for it to fall.

The sun shines through me,
whenever it musters some strength,
and just yesterday some fat little guy
took pity on me.

His purple face
reeked with compassion
and I am now teaching my love
to spit on the world.

*1932–1933*

———— ❧ ————

## JANUÁRI JELENÉS

Odakint sík jeget símogat ilyenkor a szél
s havat kuporgat lágyan az égnek fölső polcán;
most hallgatja melegedő fülekkel a polgár,
hogy csipog nála mégis, jófajta kályhai szén.

Zsíros nyakát karolja át a hempergő meleg
s teli fenékkel üli őt vezéri hatalom;

bácsik, nénik s pókok kussolnak lógva a falon
és vigyázzba állnak előtte a régi telek.

De szőr ijed borzasra szép hasán, mert ácsorgó
proli fejebúbjáról didergő bolha pattan
s koppintja szobája falát a kis daganattal,
mit néki kivánt föl így a lenti napramorgó.

Ugrik, hogy mentse méla dolgait, amíg lehet;
kenyeret talál, ráharap és a nyála csepeg,
de fogai közt a kenyér undorral csicsereg,
kiköpi hát: s hízlal az most ím, finom legyeket.

Oda a pihés nyugalom, hogy rágná a kórság,—
sóhajtja és vacakokat fut dugni, hiába!
át a kövér falakon már lassan a szobába
bévonul a tájról az illő, téli komolyság.

*1933. január 25.*

## JANUARY APPARITION

At times like this the wind fondles the slick ice
    outside
and gently rakes the snow to the upper shelves
    of heaven;
and a good citizen listens intently with warm
    ears,
as the coal chirps away in his kindly stove.

The wallowing heat throws its arms about his
    greasy neck
while the powers-to-be sit their fat asses in his
    lap,
and aunts uncles and spiders hang from the wall
    and cower
as ancient winters stand stiffly at attention
    before him.

But the hair on his fine belly stands on end from
    fright
as a shivering flea leaps from the head of a
    proletarian
and he flings the swollen bug onto the wall of
    his room,
as is wished upon him by the low-lying sun.

He leaps to save his humble belongings while he
    can;
finds some bread, takes a bite and salivates,
but between his teeth the bread chirps with
    disgust,
and he spits it out so it can fatten some tasty
    flies.

So much for downy peace, sickness will chew
    him up,—
he sighs and hurries to hide some junk, but all
    in vain!
for slowly, as is befitting, through the thick
    walls of his room

winter enters from the barren fields in deadly
    earnest.
*January 25, 1933*

## ELŐHANG

Izzad a késem s ugrálva villan át a harci poron,
melyet fölrúgtam e súnyó vidéken,
hol régóta élek bujdokolva
s kúszok szálkás karókra, mint a kerti bab;
ha fölállok itt, hát orvul támad az ellen
vagy szemes pofával figyeli suhanásom!

És mégis teli tenyérrel fogom a késemet immár,
bujdosva, de fennen villog ha nézed
s így villog mindig az! emléked árkán is,
fiatal korokon majd, mikor szembe támad
ki ellened kél és kígyók marásától
jó csizmád véd akkor, mely a combodig ér!

Ó, fiatal korok lakósai, ti boldog földekről
növekedtek a pintyes levegőbe!
gondoljátok el: körbe harcoltunk,
összetámasztva hátunkat társainkkal;
kúsztunk és buktunk s ha kellett
mései süvegekkel röpültünk láthatatlan!

Ó, fiatal korok elvtársai! hősi kor ez!
hát hősmódra, késsel és durván énekelem!

*1933. április 2.*

## PROLOGUE

My knife sweats and frolics and glints in the
    battle dust
that I kicked up in this shifty countryside,
I have lived here for a long time in hiding
creeping up splintery stakes, like beans up a
    bean pole,
and when I stand, the enemy mounts its
    treacherous attack
or else watches with vigilant face as I scurry
    about!

I grip my knife with the whole palm of my hand
and hole up as it gleams almost blinding with its
    brilliance,
and it always gleams like this! even in the dark
    recesses of your memory,
and in years to come, when those that rise up
    against you
stare you squarely in the face, your knee-high
    boots will be
the only thing standing between you and the
    serpent's bite!

O, happy dwellers of years to come, who will
    rise from
joyous lands into the finch-enchanted sky!
think on this: that we once fought in a circle
beside our comrades back to back;
and crept and stumbled and if need be we
    turned invisible
wearing our magical caps as in fairytales!

O, gallant comrades of years to come! these are
    heroic times!
and so I will sing heroically, while roughly
    clutching my knife!

*April 2, 1933*

This is a world born of the devil, created in
    shame,
to be shoved beneath the greasy skin of over-fed
    gluttons!
As damnation nibbles away slowly at my life
    from all sides
and I live moving from one tiny hell to
    another!

But I wait for the time I can release my voice,
and at *that time* the wind will be pregnant with
    rage,
and my rage shall commune with the gleaming
    ice,
and fly like a hatchet through the air!

*June 9, 1933*

## DÉLI VERS

Kedvetlen űlök itt, hol vastag déli nap
szorong a fák között és sok szundi levélről
fejemre szálán lecsusszan a pók;
megül és figyel pillanatig, de lábal már
lefele, mert készülő kedvem noszogatja.

Hiába setten hozzám az erdei állat,
meg-megszagolgat csak s tovaillan az is;
érzi kerek dühömet, mely csattan,
mint pántos vödör a hűvös kút
vizének tetején várja, hogy telitődjék.

Ordögtojta világ ez,
kövérek bőre alá való pirulásnak!
nagy fene faldossa körül életemet most
s életem is apró fenékkel él!

Így várom időm, hogy hangom kieresszem,
hasasodik tőle az *akkori* szél
s fényes jegekkel társalkodva majd,
baltaként röpül a légen át!

*1933. június 9.*

## NOON POEM

I sit here, dejected, where the thick noonday sun
squeezes between the trees and where from the
    nodding leaves
a spider slides down its thread unto my head;
sits, watches for a moment, then clambers
further down, goaded by my imminent mood.

The prowling animals of the woods sidle
up to me in vain, to sniff me and then amble
    on;
for they sense in me a circumscribed rage, that
    slaps,
like a hinged bucket slapping the water
in a cool well waiting to be filled.

## ELÉGIA

O, hős öregember!
holt testedet dér
öltözteti tiszta ruhába

s ravatalodon kemény levegő
bugyolál nyugalomra,
míg a fehér hír szívemig ér.

Szálldos a lélek még;
de holnap pihenni
egy fára leül tán,

vagy emlékként búvik meg
a férfiak szíve alján,
ó, hosszú aggastyán!

Illőn gyászol e föld:
nem mutogatja a gyászát,
nem száll bánat a rögre.

Csak fényes héja
ropog szomorúbban
az esti kenyérnek

és a tengerek lassúdad
reggeli tánca lett nehezebb,
de jól tudod, ez se örökre.

Halottaival úgy bánik e föld,
ahogyan kimenős matrózok
a kocsmák poharával,

ha fölforr bennük a nyelt rum:
hosszan nézegetik, aztán odacsapják!
így bánik a testtel e föld is.

De elnyugszik a zajgás;
te tudod és tudom én,
mint van az!

Csöndes beszédben évek
és évszakok után is
élőkről szólnak először.

Holtakról azután csak,
de róluk hosszasabban,
s a szavakon lassan

csörög az örök koszorúk levele
s ebből néked is jut majd
ó, hosszú aggastyán!

*1934. január 4.*

## ELEGY

O, brave old man!
look how the frost has swaddled you
in fresh-washed clothes

and on your bier the hard air
bundles you up for rest,
as the white news reaches my heart.

The soul still flies freely about;
but by tomorrow perhaps it will
have come to roost in a tree,

or like a precious keepsake shall lie
concealed in the depths of men's hearts,
o, slender ethereal greybeard!

The earth mourns respectfully,
and makes no show of its grief
for the sod knows no sorrow.

And only the gleaming crust
of the evening's bread
crackles more sadly,

even the labored morning dance
of the sea has slowed, but then you always
knew that none of this could last forever.

The earth deals with its dead,
like drunken sailors on shore-leave
with a tavern's mugs,

as rum burns a hole in their guts as they stare
vacantly, and smash their mugs against the
    wall!
that is how the earth deals with flesh.

But then the noise subsides;
and you and I both know
what that means!

And centuries and years from now
when they speak in whispers,
they will speak first of the living,

and only afterwards of the dead,
with reverence
weighing each word

as the wreaths of eternity rustle, and
be assured, some words will be said for you
o, slender ethereal greybeard!

*January 4, 1934*

## AZ „ÚJHOLD" AJÁNLÁSA

Oly szelíd e könyv ma, ó jámbor emberek,
szépszemű madár ez, karmos kezem alól,
fölfelé röpül és hangja föntről pereg
le mint a gyöngy, vagy fű között bú, mint a jól
lefojtott indulat. De kezemen immár
új madár üldögél, fiatal. Nézdel és
az is szállani kész. Csőre tőr. Hangja kés.

*1935. április 9.*

## DEDICATION TO "NEW MOON"

O virtuous men, this book lies so peaceful
    today,
a bird with kindly eyes, resting beneath my
    clawed hand,
and then it flies, its voice drifting to the ground
    and glistening
like pearls, and then it takes refuge between the
    blades of grass like
repressed emotion. But now another bird
is perched upon my hand. It looks about, and it,
    too, prepares
to fly. Only its beak is a dagger. Its voice is a
    knife.

*April 9, 1935*

## HENRI BARBUSSE MEGHALT

Két napja hogy lefogták fönnakadt szemed
és puha kendővel állad felkötötték.
Nyirkos testedet megmosták fürge kezek
és most tisztán fekszel, tiszta élted után.

Balkezed mellre tették, a balkezedre
tollas jobbkezed, Így fekszel. Hallgatagon
vonul a nép előtted el. Két napja, hogy
halott vagy és holnapra már tenyérnyi por.

Tenyérnyi por csak, de számos eljövendő
mozdulatnak apja a harcban, mely közös.
S a harc után a hajló nyárban lobogva
fölmutat majdan az ifjú emlékezet.

Oly messze vagy. Fedetlen fővel hallgattam,
hogy elért a hír s már régóta ülök itt.

Nehéz köd száll le lassan, minden eltünik
s pólyában lélegzik az újuló világ.

*1935. szeptember 2.*

## HENRI BARBUSSE[1] IS DEAD

It's two days since they shut your vacant eyes
and gently bound up your chin with a soft scarf.
Then bathed your dank body with lively hands
and you lie cleansed, after a lifetime of purity.

They placed your left hand on your chest, and
    on that
they placed the right, the one that held your
    pen. And you lie
here as the mournful crowds shuffle by in
    reverent silence. It's two days
since you're gone, and by tomorrow you will be
    but a handful of dust.

Mere dust to fit into one's palm, and yet you are
    the father
of countless future revolutions and of a battle
    that we hold in common.
And after the battles are fought in the kneeling
    summer
your memory will still be fresh and billow like
    banners.

You are truly gone. I listened with my head
    uncovered to the
awful news and then sat for a long, long time.
A thick fog settles on the ground as everything
    disappears
and in its swaddling clothes a new age begins to
    breathe and stir.

*September 2, 1935*

1. *Communist poet and novelist (1874–1935). Radnóti's first book, "Pagan Salute" opens with a quote by Barbusse.*

## LAPSZÉLI JEGYZET LUKÁCSHOZ

Holdsarló
nézi csak
reggelig,
végül a
vándorló
pásztorok
meglelik.

Jászol a
bölcseje
fényekkel
úgy teli!

Állnak és
csodálják
feketén,—

s köztük két
hű tehén
leheli
a gyerek
csillogó
bőre tükrét.

*1937. október 20.*

## A MARGINAL NOTE TO LUKE

The crescent
moon watches
him till dawn,
when finally
wandering
shepherds
find him.

The manger's
his cradle
flooded
with radiance!

They stand and
gaze at him in wonder
darkly,—

and between the two,
a faithful cow
gently breathes
on the infant's
silvery skin
glistening like a mirror.

*October 20, 1937*

## KÖSZÖNTŐ

*Egy Sík Sándor-ünnepély prológusa*

Ötven év?
kit ünnepeltek, annak nincs kora
A költő hangja száll,
visszhangja támad s hallható
a néma s mégis harsogó időben.

Mit is jelenthet húsz, vagy ötven év?
múlt és jövendő századok sora?
A költő oly idős, amennyi a világ,
foglyul nem eshet, s röptének néha tág
a horzsoló közel s a föld felett
a csillagrendszerek hona
moccanni néki szűk lehet.

Egy költőt ünnepeltek itt,
ki Krisztust kiált, mikor
az erőst is megtörte már a próba,
s bárány helyett a farkast hirdeti
s kemény öklére büszke Európa.

Egy költőt ünnepeltek itt,
ki mindenkit megért és sohasem itél,
s „csak tiszta test, akár az encián,
és lélek, mint a fenyvesormi szél".

Virág és szél a hegytetőn...
ösvény vezet felé, erős kapaszkodó,
de hangot hallotok, vigasztalót,
s elétek villan fönn a régen áhitott világ,
s egy napsütötte tó.

Ötven év?
nem azt köszöntöm én a költő ünnepén,
költőnek nincs kora.
Ma gyermek még és új játékra kész,
egy pillantás, és újra régi mester,
aki a gyermek századot tanítja,
tapasztalt bölcshöz illő türelemmel.

Társát köszönti most a gyermek,
lélek a lelket, aki eretnek
hadak között hűségre példakép;
fiú köszönti apját, egy hitvány
korban lelkéhez hű tanítvány!

*1939. február 3.*

## SALUTATION

*Prologue to a celebration honoring Sándor Sík[1]*

Fifty years?
he who is being celebrated knows no age
for the voice of the poet soars,
and echoes everywhere
in this shrill yet voiceless age.

Tell me, what do twenty or fifty years mean
amidst the sweep of past and future centuries?
The poet is as old as the earth,
and cannot be held captive, his flight sometimes
grazing the ground or soaring high above the
    earth
and even the vast territory of constellations
is too narrow and confining.

You are celebrating a poet here,
he who praises Christ when even the strong
are broken and tested mercilessly,
and instead of the lamb haughty Europe
worships the wolf and the hard fist.

You are celebrating a poet here,
he who understands everyone and never judges,
he who is "clean of body, like the gentian,
and whose soul is like the pine-scented wind."

Both the flower and the wind on a mountain
    peak...
where clinging, resolute trails lead,
and you hear a consoling voice,
while in front of you gleams the longed for
    world,
and a sunlit lake.

Fifty years?
That is not what I have come to celebrate,
for the poet is ageless.
Today he is a child preparing for new
    adventures,
and with the blink of an eye, he is once again
    the wise master,
who teaches the youthful century,
with patience befitting a seasoned sage.

The child greets his companion,
and soul greets soul, as he remains a symbol
of faith among heretical armies;
the son greets the father in this wretched age
and stays true to his spirit, a constant pupil!

*February 3, 1939*

1. *Dedicated to his friend and mentor the Piarist priest, Sándor Sík, whose intervention with the authorities during Radnóti's obscenity trial over "Song of Modern Shepherds" helped save him from imprisonment and expulsion from the university.*

## ELŐHANG EGY „MONODRÁMÁHOZ"

*Ilonának*

Kérdeztek volna magzat-koromban...
Ó, tudtam, tudtam én!
Üvöltöttem: nem kell a világ! goromba!
nem ringat és nem ápol,—
ellenemre van!

És mégis itt vagyok.
A fejem rég kemény
s tüdőm erősödött csak,
hogy annyit bőgtem én.

A vörheny és a kanyaró
vörös hullámai mind partradobtak.
Egyszer el akart nyelni,—
aztán kiköpött a tó...

S a szív, a máj, a szárnyas két tüdő,
a lucskos és rejtelmes gépezet
hogy szolgál... ó miért? S a bimbózó virág—
nem nyílik még húsomban most a rák.

Születtem. Itt vagyok.
Felnőttem. S mire?
Igértek néked valamit?

kérdeztem egyszer én
magamban még süldőkoromban.
S mindjárt feleltem is:
Nem. Senki semmit nem ígért.
S ha nem ígért, a senki tudta mért.

Szellőtől fényes csúcsra röpít fel a vágy
s lenn vár a gőzt lehelő iszap.
A hallgatag növények szerelme emberibb.

A madár tudja tán, hogy mi a szabadság,
mikor fölszáll a szél alá
és ring az ég hullámain.

A hegyek tudják, hogy mi a méltóság,
hajnalban, alkonyatkor is,
a lomhán elheverő hegyek...

Hegy lettem volna, vagy növény, madár...
vigasztaló, pillangó gondolat,
tünő istenkedés. Ma már
az alkotás is rámszakad.

Kérdeztek engem? Számbavettek.
Ó, a szám... a hűvös és közömbös!
Nem érdeklem, nem gyűlöl, nem szeret,
csak—megfojt.

Nézd, én *vagyok*. Nem egy, nem kettő,
nem három és nem százhuszonhárom.
Egyedül vagyok a világon.

Én *én* vagyok.
S te nem vagy *te*, s nem vagy *ő* sem.
Gép vagy. Hiába sziszegsz. Én csináltalak.
Én *vagyok*. S általam te. Hiába sziszegsz.
Én *vagyok*. Szétszedlek és te *nem vagy*,
nem kapsz több olajat, túl nagyra nőttél.
S szolgálni fogsz, hiába sziszegsz!

Én *én* vagyok. Én *én* vagyok. Én *én*.
S te nem vagy *te* s nem vagy *ő* sem:
Pénz vagy. Hiába sziszegsz!

Én *én* vagyok, én *én* vagyok,
megőrülök,
én *én* vagyok, én *én*...
megcsúszom a végén!

Én *én* vagyok magamnak,
s neked én *te* vagyok.
S te *én* vagy magadnak,
*két külön hatalom.*
S ketten *mi* vagyunk.
De csak ha vállalom.

Ó, hadd leljem meg végre honnomat!
segíts, vigasztaló, pillangó gondolat!

Még csönd van, csönd, de már a vihar leheli,
érett gyümölcsök ingnak az ágakon.
A lepkét könnyű szél sodorja, száll.
Érik bennem, kering a halál.

Ring a gyümölcs, lehull, ha megérik.
Füstölg a halál. Élni szeretnék.
Lélek vagyok. Arkangyalok égi haragja
ég bennem, riaszt a világ.

Sűrű erdő kerít, porfelhőben a távoli nyáj.
Porfelhőben a nyáj. Porkoszorús katonák.
Dögölj meg, dögölj meg, dögölj meg hát világ.

Ringass emlékkel teli föld.
Takarj be! védj, villámmal teli ég!
Emelj fel emlék!

Lélek vagyok. Élni szeretnék!

*1941 tavasza*

## PROLOGUE TO A "MONODRAMA"

*For Ilona*[1]

If you had only asked me when I was but a
    seedling...
Oh, you know, when I was so certain! when I
    knew everything!
I cried out: "I have no need for the world! It's
    vile!
it doesn't suckle or comfort me,
it is my enemy!"

And yet I'm still here,
with my head seemingly secure atop my neck
convinced I owe it all
to my interminable whining.

The bloody waves of measles
and scarlet fever tossed me to the shore to break
    me.
And the world tried its best to swallow me
    whole,—
only to spit me out...

And somehow my heart, my liver, my two
    pinioned lungs,
and all that lubricated inscrutable machinery
have conspired to keep me going ... and why?
    Even
the riotous bloom of cancer seems to shun me.

I was born. I'm here.
I grew up. But for what?
"Did they ever promise you anything?"
I once asked myself
when I was but a fledgling.
and I immediately answered:
"No. No one promised me a thing."
No one did, and none know why.

Desire casts me to the bright heights like the
    errant wind
while below the belching marsh awaits me.
I find the love of mute plants more forgiving.

Perhaps only a bird understands what freedom
is
as it soars beneath the wind
and rocks atop the waves of heaven.

And perhaps only mountains understand
dignity,
when at dawn, and twilight,
they lie down and bask in indolence...

If I could have only been a bird or plant...
such a soothing, fleeting thought,
a momentary glimpse of heaven. And yet today
all of creation collapses around me.

Did they ask me? Out of consideration.
Oh, my mouth ... how cool and indifferent!
I matter nothing, neither hated, nor loved,
merely—strangled.

Look, *it's me.* Not one, not two
not three and not one hundred and twenty-
three.
I'm all alone in the world.

I am *me.*
And you are not *you,* and you are not *someone*
else.
You are a machine. And you hiss in vain. I made
you.
I *exist.* And because of me so do you. In vain
you hiss.
I *exist.* If I take you apart then you are *no more,*
and you shall get no more oil, you've grown too
large.
And you shall serve me, so hiss all you want!

I am *I.* I am *me.* I'm *myself.*
And you are not *you* and you are not she:
You are merely money. And you hiss in vain!

I am *I.* I am *me,*
I am clearly going insane,
I am *me,* I am *I...*
I will slip and fall in the end!

I am *I* to myself,
and to you I am *you.*
And to yourself you are *I,*
*two separate kingdoms.*
And together we are *we.*
But only if I agree.

Oh, let me find my home at last!
help me soothing, fluttering thought!
There is silence for now, but a storm is brewing,
and the ripe fruit swings gently on the bough.
The easy wind sweeps the butterfly along, that
then flies away.
And death ripens and circulates within me.

The fruit sways and will fall to the earth when
fully ripe.
And death will send its signal. But I want to
live.
For I am a soul. And the heavenly rage of
archangels
burns within me, but I am frightened of the
world.

A thick forest surrounds me, and a distant flock
is swallowed
by a cloud of dust. Like dust-wreathed soldiers.
Oh, die, die, drop dead world.

Cradle me, oh earth, so full of memories.
And sky, cover and protect me with lightning!
My memories, come lift me up!

For I am a soul. And I wish to live!

*Fall, 1941*

1. *Dedicated to the actress Ilona Görög, wife of Ferenc
Hont, head of the theater in Szeged (George p. 397).*

---

## [A FÁKRA FELFUTOTT...]

A fákra felfutott a szürkület.
Lengett a lomb között, majd este lett.
Tested fölé göröngyöt sírt a föld,
hervadó koszorúkat az ország.
S mi élünk itt tovább,—de nélküled.

*1941. szeptember 1.*

## [THE DUSK SCAMPERED UP
THE TREES...]

The dusk scampered up the trees.
And swayed in the branches, then the evening
came.
And over your corpse the earth wept clods,
and the land cried withered wreaths.
And yet we go on living,—only this time,
without you.

*September 1, 1941*

---

## [TÖREDÉK 1944-BŐL]

Nem dolgozom.
A versíró kedv megjő?
Hallgatok. Kezem zsebemben,
Csak gondolom, hogy: itt van.
S várok. Vár a kedv is.
Majd tovaillan.

[FRAGMENT FROM 1944]
I am doing nothing.
When will inspiration come?
I remain silent. My hands in my pocket.

I think: she's here.
I wait. The mood lingers.
Then evaporates.

---

# Eaton Darr strófái /
# The Songs of Eaton Darr (1941–1943)

*Radnóti created a fictitious persona, that of an English poet, Eaton Darr. The name roughly spells "Radnóti" backwards. While these poems have often been viewed as "nonsensical" they are in keeping with his attraction from an early age to surrealism and the grotesque genre. Given the madness that swirled around him, these poems have a "coherence" and reflect a world in collapse where everything is distorted and nothing makes sense. The creation of the character of Eaton Darr is reminiscent of the heteronyms created by the great Portuguese poet, Fernando Pessoa.*

## KORONGOSOK

Mert értem én a hámorod,
bakorrú lepkeszeg,
pártigazolványt rámol ott
két röppenő keszeg.
S bár józan ésszel, jó korán
kiáltottál „csaló"-t,
szerintük testét is sovány
sójegyre kapta Lót.

*1941*

## POTTERS

I'm starting to understand your forge
and stag-nosed butterfly,[1]
and your membership card flitting about
like two silvery carp.
And you were clear enough of mind
to cry out, "Stop the deceitful bastard!"
as Lot redeemed his salt coupons
for an emaciated body.

*1941*

1. *This may allude to the Nazi swastika or the emblem of the right-wing, anti–Semitic Hungarian Arrow Cross (personal communication Győző Ferenc). A cryptic poem.*

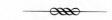

## REGGEL

Egy szép medvével álmodtam ma éjjel,
az túrta így az ágyam szerteszéjjel.

S az is lehet—ültem fel megriadtan én
(milyen világ, ó jaj! milyen milyen világ!),
az is lehet, hogy elhagyott kis gyöngyvirág
vagyok most én a medve köldökén.

*1941*

## MORNING

I dreamt of a beautiful bear last night,
which may be why I woke up in a rumpled bed.
Or perhaps, it may be why I sat up in alarm,
(muttering to myself, *Oh, what a world! what a
    world!*)
or perhaps I am forsaken, like a lily-of-the-
    valley,
bemoaning my fate on the bear's fat belly.

*1941*

## BALLADA

Egy gyermekrabló járt itt fel s alá,
szemében könny, fülében hosszu szőr,
Londonban élt, s azóta néha: *sír.*
Nadrágja rikító pepita volt
s mindig oly hosszú, hogy belébotolt.
Két ujja közt egy ingó rózsaszál
virult, hogy itt járt épp ma két hete.
Börtönben üldögél most s tudja már
mindenki róla: ő a Vész Ede
s hogy gaz nadrágja lett a végzete.

Nadrágja (mondtam már) pepita volt
s a pepitában egy kis hiba volt.

Kemény kalapban, bottal jött a rend
s a gyermekrabló gyorsan véle ment.

*1941*

## A BALLAD

A child molester lived here once
with a tear in his eye and long hairs in his ear,
but now he lives in London, where they call him
"Sir,"
and where he stumbles about in his loud and
checkered trousers
that are way too long,
and twirls a single rose between his pudgy
fingers.
Just two weeks ago he was here still,
but now he sits in prison where everyone
shuns him like the Black Plague.
Perhaps it was his villainous trousers that were
his undoing.
Pants (that as I've already said) were checkered
and loud
with one tiny fault.
I heard when the law came with his bowler hat
in hand, sporting a club,
the child molester went quietly, and took with
him his checkers and trousers.

*1941*

## ALKONYAT

A nyúl vigyorgott, a vadász futott,
puskája nem volt, lőni nem tudott,
Igy szórakoztak szépen nyolcig ők,
s megjöttek akkor mind a lakkcipők.
Komorlón jöttek mind a tájon át,
vadászunk félt, lenyelte önmagát.
Mikor már látta, hogy bealkonyúl,
haptákba állt a harmatékű rét,
a fáradt ég vörös lett és a nyúl
zsebébe dugta kajla balfülét.

*1941*

## DUSK

The hare grinned, and the hunter scampered
about,
for he had forgotten his rifle, and was unable to
hunt.
This is how they entertained themselves until
eight o'clock,

when the patent-leather shoes arrived,
and gravely marched across the field,
where the hunter hid, and swallowed himself.
By the time he realized that night had fallen,
the dew-covered meadow had snapped to
attention,
and the tired sky had turned to red while the
hare
tucked his droopy ears into his pocket.

*1941*

## TÜNEMÉNY

Egy ügyvéd ült itt. Hószín szárnya nőtt
és elrepült. Nem látja többet őt
e kávéház. Szivarja ittmaradt,
törvény burjánzik füstös ég alatt.
S mert törvény egymagában nem lehet,
burjánzott mellé sok kis rendelet.
S kertészük nincs. Az ügyvéd elrepült.
Lúdtalpon élt. Most ajkán égi kürt.

*1942*

## A VISION

A lawyer once held court here, then grew snow-
white wings
and flew away. He is nowhere to be seen,
not even in the coffee houses that he used to
frequent. He left his cigar behind,
and now justice runs amuck beneath a hazy sky.[1]
It seems that when the law goes untended,
decrees and pronouncements run wild.
The lawyer has flown, and the gardener is gone.
His feet no longer touch the ground, he blows
on a heavenly trumpet.

*1942*

> *1. A comment on the collapse of law.*

## CSENDÉLET

A költő nincsen otthon,
de mégsem éri semmi kár.
Két könyv között a polcon
egy kígyó szundikál.
Az asztal lábánál szagos fatörzsre gondol
s kis térképet vizel
egy izgatott komondor.
A jámbor macska meg
vad kéjektől remeg

s lassan kidönti fönt egy üvegből szelíd
gazdája színezüst, hagymás heringeit.
Majd elmélázva ül sok kis gerinc felett,
a bűze mint egy vén, iszákos tengerészé.
　　S közben tenger helyett,
　　patak helyett csobog,
　　madár helyett csicserg
　　a W. C.

*1942 vége–1943 eleje*

### Still Life

　　The poet is not in,
　　but don't you fret, for all is well.
　　A snake suns itself between
　　two books on his shelf,
and by the foot of his desk an excited
　　komondor[1]
　　dreams of fragrant trees and traces
　　his territory with his piss.
　　His pious cat
　　trembles with carnal passion
as his kindly master serves him
pickled herring from a glinting jar,
and afterwards he daydreams over the little
　　bones,
like a stinking, whiskey-soaked sailor.
　　And in the poet's study, instead of the ocean
　　waves

and the brooks splashing,
　　instead of the birds twittering, it is his toilet
　　that chirps.

*End of 1942–Start of 1943*

　　1. *A large breed of Hungarian sheepdog.*

### Semmi baj

A ház leégett, száll a pernye, füst, de hála
az égieknek, még jajongni sincs okod,
hiszen a fecskendő céltévesztett sugára
himbálja fönn a tűzoltóparancsnokot.

*1942 vége–1943 eleje*

### No Problem

Yes, the house burned down, and the ashes swirl,
　　along with the smoke,
but thank God, there's no reason to cry, for
　　surely
the captain with his dangling hose, standing
　　illuminated beneath
the poorly aimed spray, should be more than
　　enough to comfort you.

*End of 1942–Start of 1943*

# Tréfás versek /
# Incidental Poems (1938–1943)

*The poems in this section are casual poems written to his friend Gyula Ortutay.*

### [Hát szaporázol már…]

Hát szaporázol már, kedves kisöcsém, de hiába,
　　Ebben az évben is én!—én leszek az öregebb!
Könyvecskét adok ím, F. sándori bőrbe kötöttet,
　　S hogy ne siránkozz itt, képes a,—fényes a
　　könyv.
Fancsika és Miklós üzen ezzel a csöppnyi
　　papírral,
　　Azt üzenik, hogy „gyógy", élj vigan és
　　szaporodj!
Ronda világunkat moly rágja ki ott, ahol éri.
Dolgozz csak szaporán, hogy gyarapodjon a mű!

*1938. március 24.*

### [So You Press On, Little Brother…]

So you press on little brother, but all in vain,
　　For I am moving on as well!—and I'll be the
　　one who's
older! Here, I'm giving you a little book, *Sándor
　　F.,*
bound in leather,
　　And so you won't whine, there are even
　　illustrations, and the pages are
shiny. Fanni and Miklos send their greetings
　　with this tiny missive,
　　They say,—be healthy, live happily, and
　　press on!

Let moths chew up this wretched world,
   wherever they can
  reach. And just work diligently, so that art can
   flourish.

*March 24, 1938*

## 4:1

Akinek hajzata a sok csatától már kuszált:
vén ember és vénecske asszonya
köszöntik ím a táncos-etnológus ifjú párt.

S lám-lám, ha már igy elmaradt a díszebéd,
kutasd te süldő férj a kéj szokásait
s táncold el néki nej egy röpke jegyzetét.

Négy év az egynél több a jóból és alig
s közelse mindegy, mennyi volt a jó,
az első éves házasság még kis ladik
s mig én ladom, te ladsz és ő ladik,
csak lassan lesz belőle méltó gőzhajó.
De már pirulni kezd az égi kék,
pihenjetek ti elsőfű csikók,
dajkálva üdvözölnek mindkettőtöket
                a vén Radnótiék.

*1939. augusztus 11.*

## 4:1

To those who distinguished themselves in battle,
   and came out tousled:
from this old man and his somewhat aging
   wife
we greet the young ethnologist-dancer pair.[1]

And as long as the holiday dinner is kept out of
   sight,
the fledgling husband can explore carnal
   customs
and the young wife can dance for him daintily.

Four years may be one too many, and we're
   not
indifferent to what is good, and we're loathe to
   judge,
for the first year of marriage is but a tiny fishing
   boat
and I buy, you row, and you and she sail
and it takes time to make a sea-worthy
   steamship.
But the blue sky begins to blush,
so rest for now young and frolicking foals,
we send greetings to you from the nurturing
              and yet decrepit Radnóti clan.

*August 11, 1939*

1. *Ortutay was an ethnographer and his wife a dancer
(George p. 398).*

## [Megboldogult az Úrban...]

Megboldogult az Úrban
Heine.
Kárhozat jusson néki, de
hely ne
a Reichsdeutsche Literatúrban.
A gyerek kérdez:
Miért? Mert megholt?
Zsidó volt!

Zsidó volt?
Heine?
Ejnye. Ejnye.

*1939. Karácsony*

## [Heine Was Blessed by the Lord...]

Heine[1] was blessed
by the Lord.
But may he be damned forever
and have no place
in the firmament of German Literature.
And if a child were to ask:
Why? Why must that be?
Answer, because he was a Jew!

A Jew?
Heine?
What a shame. What a shame.

*Christmas, 1939*

1. *Heinrich Heine, the great German Romantic poet
(1797–1856) converted to Christianity from Judaism like
Radnóti. Schumann and Schubert set his lyric poems to
music. Ironically, it was Heine who wrote in "Almansor: A
Tragedy": "Das war Vorspiel nur. Dort, wo man Bücher ver-
brennt, verbrennt man am Ende auch Menschen."—That
was merely a prelude. Where they burn books, they will ul-
timately burn people.*

## [Lám az idén Gyula majd megelőztél...]

Lám az idén Gyula majd megelőztél kis híja
   engem,
Én még 31 se vagyok, de Te már teli 30!
Tudnék meglepetést, igazit, de hiába, a Führer
Még nem akar, nem akar, mi'csináljak, nem
   feketül el!

S itt ez a rímbefutó kicsi hexameter se segíthet,
Hát csak e disszimilánst adom íme ma. Itt ez a
Dürer.

*1940. március 24.*

## [Well Gyula, This Year You're Once Again...]

Well Gyula, this year, you're once again slightly
ahead of me,
For I'm just shy of 31, and You just made it to
30!
I could think of a surprise but it would be all in
vain, for the Führer
Hasn't yet made up his mind, as to what dark
mischief he may do!
And even my little hexameter cannot aid me
here,
So instead let me offer a substitute. I give you
this Dürer.

*March 24, 1940*

## [Hiába lépdelsz egyre...]

Hiába lépdelsz egyre felnőtt korod felé,
kavicsot gyűjtsz Te most is, mint mézet zsönge
méh,
s a szoknyák közt úgy térülsz-fordulsz, mint egy
gyerek,
pedig embonpointod már lassan szép kerek.
Bizony, bizony a lelkünk, az ifjú még Gyulám,
de habtestünkön minden évünk nagyot gyur
ám,
s kacsintok mégis én, mert tudom, minden
hiába,
nem vénülünk mi már, mert ügyetlen volt a
bába,
megnyomta egy kényeske helyen akkor fejünk
s ez felment minket attól, hogy felnőttek
legyünk
s bár minden évvel munkád tudósi becse nő,
én mégis így köszöntlek: szerbusz, te csecsemő!

*1941. március 24.*

## [In Vain You Pick Your Way...]

In vain you pick your way to adulthood,
gathering pebbles like a bee gathers honey,
and you go round-and-round among the skirts,
like a child,
though your embonpoint has grown quite nice
and round.

I know our souls will stay forever young, my
Gyula,
though the years will knead our bodies
mercilessly,
and I wink, for I know, that everything is in
vain,
for we cannot age further, for some clumsy
midwife,
once squeezed our nuts real good in a delicate
area
and this excuses us from ever acting like men
and though your reputation grows by leaps and
bounds,
I will forever greet you thus: hello, you big
child!

*March 24, 1941*

## Születésnapi eclogácska

Ajnye Gyulám, az idén születéseddel de siettél,
én 33 vagyok és holnap Te is annyi.
Szép szám, raccsolván különös becse is van e
számnak,
egyszeri jó Agenor fia is—de hisz ismered ezt
Te;
annyi vagy és nem több! mondd csak „tatoná-
nak" a postást.

Hát utolértél most Gyula, bár hat hétre csak
éppen,
aztán elszaladok s futhatsz egy évig utánam.
Könnyebben szaladok, poggyászként egy kicsi
Naptár
lóg ki zsebemből, míg Te a kétkötetes fene
súlyos
Népművészetedet külön úgy guritod
teherautón.

Mégis az ifjú csak én lehetek, vénit a tekintély
s véglegesen lemaradsz ha idén már prof leszel
ott lenn.
Hát lemaradsz, lemaradsz, eleget provedáltam,
elég is,
légy vén, légy atya, légy atyamester igaz
Magyarország
földjén s éljünk itt szabadon, kutakodva
sokáig!

„Kissé föllengzős ez a sor Mikecem, no de
mégis..."
Jól van jó, ne röhögj, hisz abbahagyom, csak
ölellek!

*1942. március 24.*

# A TINY BIRTHDAY ECLOGUE

My dear Gyula, this year you rushed your
    birthday,
for I'm 33 and tomorrow you will be the same.
It's a good number, and has special significance,
for noble Agenor's son, also...—but then You
    know all this,
and you are as many years, but no more! go
    ahead, call the postman "tholdier."

So you caught up with me Gyula, but by six
    weeks only,
after that I'll run ahead again and you can chase
    me all year.
But I'm quicker, and a copy of my "Calendar"
    now hangs
from my pocket, while You have to roll up with
    a truck to carry your
damned heavy two-volume treatise on Folk Art.

Anyway I'm the one who's young, but
    recognition ages me, and you'll fall
behind permanently if you become a professor
    down there this year.
Then if you fall behind, you fall behind, I have
    mouthed off more than enough,
so get old, be a father, and be a master on
    Hungary's
faithful soil and let us live free to pursue our
    research!

"Mikey, that last line was a bit over the top, take
    it out..."
All right, don't laugh, I will stop now, and just
    send you my love!

*March 24, 1942*

# CSERÉPFALVI KATINAK

Kis Kati, disztichon ez, majd megtanulod
    dudorászni,
nincs rím benne, de szép, csak fura dallamu
    vers.

Régen is ép ilyet írtak az emlékkönyvbe a
    költők,
    szép kicsi lányoknak párbafutó sorokat
Kis Kati, adjon más bölcs, méla tanácsokat arról,
    hogy kell élned az új rendben az életedet;
élj, ahogy eddig is, oly szabadon, vigan és
    megigérem,
    víg leszek én is majd s mint Te, olyan fiatal.
Ég áldjon, kicsi lány s ne feledd el legközelebb,
    hogy
    szerbuszt mondj, ha jövök s nem
    kezicsókolomot!

*1943. augusztus 8.*

# FOR KATIE CSERÉPFALVI[1]

Little Katie, this is an elegiac couplet that you
    will learn to hum,
and though it has no rhyme, it contains
    beautiful and odd
melodic verse. The poets wrote like this long
    ago in their
memorial albums, in paired couplets for tiny
    beautiful
girls. Little Katie, let others offer you their sage
    opinions
as to how you should live and conduct your life
    in the new order;
but live, like you have till now, just as joyously
    and as carefree, and
I swear that I shall be as happy as You, and as
    young. May
heaven bless you, tiny lass and don't forget next
    time you should
say "thou," when you come to greet me and not
    kiss my hand!

*August 8, 1943*

1. *Katalin Cserépfalvi, born 1933, is the daughter of Imre Cserépfalvi (1900–1991), the leftist publisher who published Radnóti's "Steep Road" as well as Attila Jozsef's poetry. She lives in the U.S. and is a retired French teacher. She published an autobiography,* The Illegal Life of Mimi-koko.

# Appendix A: On Translating the Poems of Radnóti

On embarking on the translations I was aware of the daunting task in front of me. I was especially aware that others had already translated Radnóti's poems into English, with the most ambitious work being that of Emery George, who published his complete poems in 1980.[1] In the past few years I also became aware of the translations of selected poems by Steven Polgar, Stephen Berg, and S.J. Marks (*Clouded Sky*, 1972),[2] George Gömöri and Clive Wilmer (*Forced March*, 2003),[3] and Szuzsanna Ozsváth and Frederick Turner (*Foamy Sky*, 1992.)[4] There have been others as well. Like many, I was first struck by Radnóti's dramatic and almost mythic story, that of the 35-year-old poet and Holocaust victim whose final 10 poems are discovered in the pocket of his trench coat when his body was exhumed from a mass grave near Abda Hungary. I had been given a facsimile monograph of these poems, *Radnóti Miklós Bori notesz* (Bor Notebook of Miklós Radnóti)[5] during a trip to Hungary, which was my first exposure to him. Along with the faded poems in his handwriting were photographs of Radnóti and his wife, Fanni, as well as of the remote forest where he had been killed, and the garden in Istenhegy that figures in some of his most famous poems. It was this monograph that set me on my journey to discover more about his work and to reading his poetry in the original Magyar tongue.

My link to Hungary dates from 1948, the year I was born to two Jewish parents, who unlike Radnóti had survived the Holocaust. I lived in Budapest with my parents and spent my summers with my great aunt and uncle, Aurilia and Ignácz Steiner, and their housekeeper, Bertushka, in Kiskunhalas, a small village near the Romanian border. It was an idyllic place with houses with thatched roofs, dirt roads, a profusion of roses, snapdragons and red poppies, and storks migrating from Egypt that raised their young in nests atop the chimneys. All three of my elderly summer guardians had survived the Terezin concentration camp just three years before. My great uncle was the physician for a large area surrounding Kiskunhalas, and I would sometimes see him rushing off into the night clutching his medical bag to board a horse-drawn carriage that had been sent to transport him to a woman in labor or to an emergency at the local hospital.

My bedroom was in the library and I was surrounded by books ranging from surgical texts and medical oddities to much of the canon of Hungarian literature, with a special emphasis on classics and poetry. By the ages of five and six I was reading *The Adventures of Huckleberry Finn* and the novels of Jules Verne in Hungarian and also spent many nights with Bertushka as she read to me Hungarian fairytales by candlelight. On other occasions I would listen to my great aunt reciting the poems of Petőfi, Arany, and Ady from memory, as well as poems by other great Hungarian poets. In this manner I was introduced to the riches of my mother tongue. Upon my return to Budapest for the school year, I had another literary mentor, my uncle Dezső, a machinist with a sixth-grade education who lived in the apartment below ours with my aunt, grandmother, and my two cousins. I visited them almost daily and upon arriving home from work, Dezső would invariably launch into a bombastic recitation of some patriotic Hungarian verse from memory, and somehow I was always the targeted audience. The joy on his face at such times could not escape me. It was because of these influences that I vowed at an early age that I would become both a poet and a physician, and I have had the good fortune to become both. I believe that it was the remembered images, sounds, smells and textures of the Hungarian countryside, as well as my learned reverence for language, which came as naturally to my family as breathing, that have served and sustained me on this long journey of translating one of Hungary's great poets.

In tackling this project I was not seeking to improve on the work of my predecessors or fellow translators. Rather, I set before me the task of translating all the poems so that I could travel the same roads Radnóti had, following his central path as well as veering off with him over digressive roads and explorations. I knew that from the very start I had to make some hierarchical decisions. Would I place poetic coherence and tone ahead of fidelity to meter and rhyme, or could I achieve both? Would I be able to resist the temptation to "improve" on a poem, or would I be sensitive to retaining all its vulnerabilities, thereby affording the reader the opportunity to appreciate both Radnóti's triumphs and failures? William Weaver also grappled with this dilemma when he wrote the following note to himself when translating the work of the Italian writer Carlo Emilio Gadda: "[D]o not try to clarify the meaning when Gadda has deliberately made it murky. Translation is not exegesis."[6] And finally, would I remain vigilant so that my own poetic voice would intrude as little as possible, so that the voice that we ultimately hear is as close as possible to that of Radnóti's. I was haunted throughout by the knowledge that I have picked up many a book of translations of some great poet's work and have come away wondering why that poet is considered great in his culture, or have come away with the feeling that I was reading something rigid and artificial, and that there was no possibility that what I had heard was the poet's voice.

I drew much comfort from the reflections of other translators who also struggled with what seem the archetypal, and sometimes insurmountable, challenges of translation. Gregory Rabassa's statements that "a translation can never equal the original"[7] or that "a translation is never finished ... and can go on to infinity"[8] rang true, for I found myself translating most of the poems five to ten times and even then finding on occasion that what had seemed right several weeks before no longer did. His view of translation as transformation or adaptation that "mak[es] the new metaphor fit the original metaphor"[9] was in keeping with my experience of the many elusive elements in translating poetry. His citing Jorge Luis Borges, who said that what he expected of a translator was "not to write what he had said but what he had wanted to say,"[10] provided me with some small license to place poetic coherence above other considerations.

In grounding myself I was guided by the following statement by Edgar Allan Poe: "A poem deserves its title only inasmuch as it excites by elevating the soul" (from *The Poetic Principle*, 1850). That quotation appears beneath his bronze bust in the much-neglected and beautiful outdoor Hall of Fame in the Bronx, New York, on what was once the old campus of New York University, and I committed it to memory 45 years ago at the age of 19. What it has suggested to me is that all successful poems reach a transcendent revelatory moment in which non-linguistic, imagistic and elemental psychological and emotional truths are reached, and that readers recognize these truths when achieved for they resonate in all of us. This, in addition to language, is what makes a poem; language is merely the tool that we use in our efforts to rise to this revelatory moment. I must quote here the remarkable insights of Frederick Turner, one of the translators of Radnóti, as he grapples with the profound idea of the existence of an "ur-language," one to which all poetry aspires. I believe that he is expressing sentiments similar to those of Poe's, sentiments that have been at the very foundation of my search to render Radnóti's poems into English so that an English reader, far removed from Radnóti's Finno-Ugric (Magyar) tongue, can hear and appreciate his distinctive voice. Below is Turner commenting on the myth of Orpheus, in which the poet travels to the underworld to retrieve his dead wife, Eurydice, and on how this myth relates to the translating of the poems of Radnóti:

> For the translator the myth holds special gifts. In order to recover the life of the dead poet [Radnóti], the translator must follow him into the land of the dead, must go underground with him and be reborn with him in his apotheosis. Our work as translators is ... to find Radnóti's unburied body and give it fit burial.... To translate is to die to one's own language as the dead poet had died to his, and to go back to their common source. The poet, [Radnóti], as in [his poem] "Root," lives underground, nourishing the branches of the flowering tree. Every poem is a flowering branch; to translate is to retrace that branch's vitality down to its source, to where the other language branches off from the common

root, and to follow it up into a new bough of blossoms. The tree of life is the tree of tongues, and under every poem's words is an ur-language in which it was spoken before the poet himself translated it into Magyar or Latin or English. The "original" has never been written down, and every poem is an approximation of that orphic song which comes from the land of the dead, of the ever-living. Translation is not a correspondence between leaf and leaf, flower and flower, but a descent through the fractal cascades of the twigs, the forked branches, to the root where the original poem issues, and then, by the power of song, ascends along another branch. By the "ur-language" we do not mean some actual prehistoric language, like Indo-European.... The ur-language is the deep language that we share to some extent with other higher animals, the language of childhood, the words that we sometimes speak in dreams and that dissolve when, having awakened, we try to remember them. The world itself speaks a sort of objective poetry....Rocks, trees, and beasts, come to listen to Orpheus because they want to hear how their own story comes out. The ur-language that they speak is not conscious of itself and does not know its own meaning.[11]

Although I had already read a substantial number of Radnóti's poems in the original Hungarian, it was not until I started to translate the poems that I began to more fully understand them, recognize recurrent themes, or appreciate how one poem informed or clarified another. As the philosopher Hans Georg Gadamer observed, "Reading is already translation, and translation is translation for the second time.... The process of translating comprises in its essence the whole secret of human understanding of the world."[12] John Felstiner, the translator of Paul Celan and Pablo Neruda, similarly notes that "[t]he fullest reading of a poem gets realized moment by moment in the writing of a poem. So translation presents not merely a paradigm but the utmost case of engaged literary interpretation."[13]

In translating one becomes quickly aware how easy it is to lose the "poetry" when moving from one language to another, for it seems that each language has its own music. By way of example, Margaret Sayers Peden notes, "The rhyme scheme of the Petrarchan or Italianate sonnet ... demands almost impossible acrobatics from the English-language translator."[14]

Languages are not equivalent. Some, such as English, are richer than others in word count, while others are richer in sound quality. In trying to achieve an equivalence between languages, Donald Frame notes, the translator often merely makes a text longer.[15] At the pre-linguistic, pre-cognitive level of the mind it would seem that even the tone and texture of words as simple and as basic as the Hungarian *este* (evening) and *éjszaka* (night) conjure different images in the collective consciousness and collective memories of readers from each culture. When one addresses the differences in syntax between Hungarian and English, one can begin to understand Edward Seidensticker's statement regarding his translations from the Japanese: "Japanese and English are very different languages. An English sentence hastens to the main point and for the most part lets the qualifications follow after. A Japanese sentence prefers to keep one guessing. The last element in the sentence reveals whether it is positive or negative, declaratory or interrogative."[16]

Of more direct relevance is the dilemma of translating Radnóti's famous eclogues into English; there is an immediate and fundamental challenge that is difficult to overcome. The classic hexameter, a line consisting of six feet, was used in Greek (e.g., Homer's *The Iliad* and *The Odyssey*) and Latin literature (Ovid's *Metamorphoses*). Each foot is generally made up of either two long syllables (spondees) or one long and two short syllables (dactyls) in the first four feet. The fifth foot is generally a dactyl and the last a spondee. Because English is a stress-timed language with vowels and consonants compressed between stressed syllables, writing a poem in hexameter results in a monotonous line that generally reads like bad prose. Although various English poets have attempted to write in classical hexameter, few have succeeded. A laudable exception is Henry Wadsworth Longfellow's neglected masterpiece *Evangeline*, which begins: "This is the forest primeval, the murmuring pines and the hemlocks." Interestingly, among the few languages in which classical hexameter can be used to create lyrical elements, and which are not stress-timed, are ancient Greek, Latin (which in practice tends to be more spondaic), and Hungarian. Clive Wilmer, in his collaborative translation with George Gömöri of selected poems by Radnóti,[17] discusses the significance of the hexameter in Radnóti's poetry.

Radnóti's use of classical hexameter was in keeping with a long Hungarian tradition of utilizing the form in lyrical practice. Zsuzsanna Ozsváth, quoting Ignotus (founder of the influential journal, *Nyugat*), writes that in the beginning of the nineteenth century, "the Greco-Latin verse forms had become the main vehicle for what the literate Hungarian audience felt was most important to be said.... The prosody of classical Latin poetry, when applied to Hungarian, can produce a rhythm more eloquent and natural than in any other living language."[18]

While grappling with the above issues I approached the translation of each poem similarly. The first step was one of deconstruction or literal translation. While generally at that stage the poem itself made little sense as a poem, it did provide me with a list of words approximating the Hungarian words as closely as possible. Then I looked at the shape and structure of the poem and repeatedly reread the poem in Hungarian to understand as fully as possible Radnóti's poetic intentions and hear the meter and lyrical elements. Then began the second phase: reconstruction. I focused on maintaining the integrity of the number of lines and, as closely as possible, the meaning of each line, although syntactic issues sometimes necessitated that the overall meaning from a single line be maintained by spreading it through more than one line. In this manner each poem went through five to ten drafts, and though frequently a draft had appeared satisfactory at first, when revisited days, weeks, or months later it no longer had the coherence and sense that it had at an earlier reading. It was a persistent phenomenon, this stage in which the mind accepts the psychological, imagistic, and linguistic coherence of the draft by melding the meaning of both the Hungarian and English versions as if the languages were one. I came to refer to this as the "transitional stage," and tried to be on guard against its lulling presence.

At this stage the inchoate frequently appeared coherent, and I have come to think that this reflects a basic neurologic phenomenon having something to do with the most fundamental elements of language. Perhaps it sheds light on Turner's ideas about the "ur-language" in translation.

The final stage was looking at the poem as a whole and assuring myself that Radnóti's poetic intentions, poetic coherence, lyricism, and tone had been preserved through the deconstruction, transitional phase, and reconstruction. I am by no means alone in viewing the translation process in the context of an architectural metaphor. Margaret Sayers Peden, in addressing the process of translating a poem by Sor Juana Ines de la Cruz, notes, "We cannot translate until we 'do violence' to the original literary work. We must destroy-deconstruct ... before we can reconstruct."[19] There is of course an inherent danger in translating, for there is no guarantee that the reconstruction process will be successful. And so we are left with Robert Frost's well-known dictum "Poetry is what gets lost in translation," and Paul Celan's pessimistic remark on his struggle with translating Baudelaire from French into German: "Poetry is the fatal uniqueness of language."

I have come to hope and trust, however, that when translation is effectively conducted, Edmund Keeley's observation will hold true that "what constitutes poetry, at least in the individual case, is exactly what survives in translation: that which is so essentially poetic in a given poet's voice that it can be heard in any translation."[20]

—Gabor Barabas

# Appendix B: A Chronology of Radnóti's Life and Times

**1909**   On May 5, Miklós Radnóti is born in Budapest as Miklós Glatter. His father, Jakab Glatter (1874–1921), was a traveling salesman for his brother-in-law's textile firm. His mother, Ilona Grosz (1881–1909), dies while giving birth to him and his twin brother, who dies several minutes after delivery. Both parents are from non-religious, assimilated Jewish families.

**1911**   His father remarries Ilka Molnár (1885–1944). Radnóti is very close to his step-mother, unaware until the age of 12 that she is not his biological mother. His half-sister, Ágnes, is born three years after the marriage (1914–1944) and is five years younger.

**1914–1918**   World War I begins on July 28, 1914, and ends four years later on November 11, 1918. Hungary is caught up in the great upheaval and is on the losing side. On the front there are devastating defeats and great sacrifices, while at home there is chaos with labor strikes and food shortages. For four months after the end of World War I Count Mihály Károlyi serves as president of the short-lived Hungarian People's Republic as the country breaks away from Austria. As the Austro-Hungarian Empire gradually disintegrates, various nationalities rise up, demanding independence. To support these movements the Allies put pressure on Hungary and set up a boycott to further destabilize the regime. French troops occupy Hungarian territories, and Hungary ultimately loses almost 70 percent of its lands as millions of Hungarians are left in these lost regions cut off from the motherland. Radnóti starts four years of elementary school in Budapest in 1915.

**1919**   A communist government under Béla Kun succeeds Károlyi's regime and the country descends further into economic and social chaos with the crumbling of industry and agriculture. Kun resorts to bloody suppression of dissent. The fact that he is of partial Jewish heritage, and that the majority of his leaders are Jewish, helps to fuel the anti–Semitic backlash that follows. As Hungary nears civil war, the Romanians defeat Kun's army and his regime dissolves. The factions that had sought to overthrow Kun are anti–Semitic and anti–Communist, and they blame Hungary's ailments, as well as its involvement in the disastrous international war, on Jews. Many Jews are murdered in the pogroms that follow. Radnóti starts four years of secondary school in Budapest.

**1920**   On March 1, Admiral Miklós Horthy becomes regent of Hungary. There is a great backlash because of the humiliation imposed by the Allies on Hungary. The Trianon Peace Treaty, which forces Hungary to give up its territories and millions of its citizens to live displaced in Austria, Czechoslovakia, Romania and Yugoslavia, is felt to be the result of Jewish machinations and influence. A succession of anti–Semitic laws, the *Numerus Clausus*, are passed, and they limit the number of Jews that can attend universities. The laws also prevent peasants from owning any substantial lands and allows for torture as punishment. The Catholic church and clergy frequently among those who fan the flames of anti–Semitism and organize radical anti–Semitic groups. The new laws gradually erode the freedoms that were afforded to Jews in 1867, when the First Law of Emancipation gave them equal rights to Christians, and 1895, when the Second Law provided Judaism with protection and legitimacy equal to that of the various Christian religions. For fifty years these laws, generous by European standards

231

had led to the rapid involvement of Jews in highly respected professions and businesses, instilling in the Jews of Hungary a deep patriotism that led to significant assimilation, especially in the larger cities. As a consequence, many Jews had entered professions in law, medicine, engineering, and journalism, and many more had become prominent in industry and agriculture. At the same time, and despite anti–Semites' claims that the Jews were getting rich on the backs of others, most were still simple laborers and merchants with limited education and means. This had been especially true in the smaller towns and villages.

**1921**　His father dies suddenly when Radnóti is 12, and the poet learns both that Ilka is not his biological mother and that Ágnes is his half-sister. Because of financial difficulties Ilka and Ágnes must go to live with her parents in Nagyvárad in what is now Romania, while Miklós stays in Budapest. He is separated from the only family he has ever known. On October 20 the Orphans' Court designates Radnóti's maternal uncle, Dezső Grosz, to be his legal guardian. His uncle is a wealthy textile wholesaler who hopes to encourage the young Miklós to follow in his footsteps and learn about the family business.

**1923**　His uncle moves him into the household of his two great-aunts, whom he also supports. Dezső Grosz is frugal and the accommodations are meager. He enrolls his young ward in the Upper Commercial School in Budapest to encourage a practical career in business, and Radnóti attends for four years. During these four years, his uncle grooms him to enter the textile business, but unbeknownst to Grosz, Radnóti has already developed an interest in literature and writing. His mathematics teacher and tutor, Károly Hilbert, guides Radnóti's readings in poetry and remains in contact with him throughout much of the poet's life.

**1924**　Radnóti learns at the age of 15 that not only his mother but his twin brother died during his birth. This new knowledge is a great blow to him, and he never fully recovers from the trauma. It becomes a major underlying theme in many of his poems throughout his life and leads to a profound guilt.

**1925**　He composes what is believed to be his first poem at the age of 16.

**1926**　He meets Fanni Gyarmati, his future wife, in Hilbert's home and they marry eight years later.

Fanni's father is a highly successful educator who owns a school for typing and stenography.

**1927**　He writes his first poem to the 15-year-old Fanni and graduates from commercial school at the age of 18. His uncle takes him on a vacation to Pirano, Italy, as a reward for graduating and continues to groom him for a career in business. He is sent for further study to Reichenberg, Czechoslovakia, to attend the famous Textile Institute for a year. Students attend the institute from throughout the world, but Radnóti has scant interest in his courses. He continues to develop his poetry, and although he corresponds with Fanni, he falls in love with a young German girl, Klementine Tschiedel (Tinni). Many of the poems written in Reichenberg are inspired by her and by this first sexual relationship. At the Textile Institute, German is the primary spoken language, and he begins to translate German poems into Hungarian. He also becomes aware of the writings of the European avant-garde and begins to write free verse, rejecting rhyme and meter.

**1928–1929**　Radnóti becomes involved in the literary journals *1928* and *Kortárs* (Contemporary), serving as co-editor of the latter. These journals give voice to a liberal movement among young intellectuals and encourage rejection of the past and the values of the older generation. Like many such journals, these publications are short-lived. Radnóti works in his uncle's company with reluctance as his guardian becomes aware of his passion for literature and of his disdain for the textile business. Despite his uncle's seductive dangling of future wealth in front of him, Radnóti balks at pursuing a business career and continues to develop his aesthetic theories and techniques. In June 1929, some of his earliest poems are published in the anthology *Jóság* (Goodness), of which he is co-editor. In this particular issue he is in the company of poets writing free verse. *Jóság* focuses on the fusion of Christ's teachings of love for humanity and socialism. Radnóti reaches an accommodation with his uncle and studies Latin so that he can enter a university and pursue the humanities.

**1930**　In March his first book of poetry, *Pogány köszöntő* (Pagan Salute) is published by *Kortárs*. He is 20 years old. In September he enrolls in the Ferencz József University in Szeged, unable to attend a university in Budapest because of anti-Semitic laws. He pursues studies in the Hungarian and French languages, and he visits the famous

Piarist priest Sándor Sík, who is a poet and a professor of literature. Sík had been born to Jewish parents who converted to Christianity, and he becomes Radnóti's close friend, mentor, and protector. Hungary is buffeted by the Great Depression, and there is wide-spread unemployment and starvation. Agriculture and industry collapse, and there are strikes and demonstrations as the nation descends into chaos. The turmoil fuels anti–Semitism and is fertile ground for the rise of numerous right-wing and extremist organizations. Like most young Jewish intellectuals of the time, Radnóti is patriotic and sees himself as Hungarian first; his links to Judaism are secular and tenuous. He continues to maintain contact with his step-mother and sister.

**1930s**    Radnóti becomes one of the founders of the Arts College of the Youth of Szeged, a leftist student organization at the university that decries the plight of Hungary's large and oppressed peasant class. The idealistic student movement is modeled after the English settlement movement of the late–19th century in which middle- and upper-class reformists sought to better the lives of the poor in London's slums through educational support and social work.[1] The members of the Arts College apply these methods in trying to better the lives of peasants. The group visits villages to witness first-hand the grinding poverty that is the fate of the agrarian class still living under the medieval class structure that denied them many basic rights. The Arts College organizes lectures, exhibits, and debates, and publishes books. The members link themselves to the avant-garde, and some are inspired by Soviet revolutionary art movements and the Italian Futurists.[2] There is an evolving feeling that art contains the answer to many of the political and social ills that foster a growing fascism. The leftist students foresee a revolution in morality and aesthetics that will do away with capitalist injustices and promote liberalism. They are against the Horthy regime and his right-wing supporters, but they are also in the minority and are closely watched and sometimes harassed by the authorities. The university professors and administrations are bulwarks of the establishment, and the majority of students are anti-left and anti–Semitic. Right-wing extremism therefore finds strong support not only among the poorer working classes but also among the most educated segments of society. Anti-Semitic student riots increase and become commonplace at institutes of higher learning throughout the thir-

ties, and the beatings of Jewish students by well-organized mobs are ignored or encouraged. During this time Radnóti maintains close contact with Fanni while living in poverty in a cramped apartment in Budapest. He immerses himself in Latin, which later leads to his translations of Latin masters.

**1931**    In March, Radnóti's second book, *Újmódi pásztorok éneke* (Song of Modern Shepherds), is published by Fiatal Magyarország, a progressive group whose name translates as "Young Hungary." In April, the chief prosecutor of Budapest confiscates the book for obscenity and blasphemy and orders that all available copies are to be destroyed. Some of the poems are declared attacks on public morality and religion, and Radnóti is scheduled to appear in court that December to face charges of indecency and blasphemy.[3] A guilty verdict will mean prison and expulsion from the university, and it will forever dash any hopes of teaching in a school or pursuing a university career in the humanities.

**July–August 1931**    Radnóti travels to Paris for the first time with his friend Imre Szalai. They arrive at the time of the Colonial World Exposition, and Radnóti is exposed for the first time to African culture and art. This experience has a profound and life-long effect on him, and it leads to his writing the poem "Ének a négerről aki a városba ment (Song of the black man who went to town) in 1932 and to later translations in 1943 and 1944 of African fairytales. On this trip he meets Maki Hiroshi, the Japanese doctor who is the subject of one of his poems in *Lábadozó szél* (Convalescent Wind), his third book of poems, published in 1933. In December he appears in court. The two poems that especially concern the authorities are "Arckép" (Portrait) and "Pirul a naptól már az őszi bogyó" (The autumn berries redden in the sun). He is sentenced to eight days in prison for blasphemy but appeals the verdict. Fortunately, his mentor and protector, Sándor Sík, intervenes on his behalf and writes a letter to the presiding judges stressing that in his opinion the works are not blasphemous but merely in bad taste. Radnóti receives one year of probation.

**1932**    Szeged is in an uproar as police infiltrate and close down left-wing organizations. The persecution reaches deep into the university and student body and many activists are jailed and tortured. In June, Radnóti travels to Nagyvárad to see his step-mother and Ágnes. In July he travels with Fanni and some friends to the Tatra Mountains in a region that is now in Slovakia. This trip is commemorated in his poem "1932. július 7." (July 7, 1932). In September the neo-fascist Arrow Cross Party is formed in Szeged. It becomes a powerful political force similar to Hitler's Brown Shirts and terrorizes Jews and Gypsies with increasing impunity. In October the ardent anti–Semite Gyula Gömbös becomes prime minister; he remains in power until 1936. Gömbös is the first European head of state to visit and recognize Hitler. He views Jews as foreigners who contaminate Hungarian society and calls for their expulsion. His administration strengthens economic ties with Germany, and under his leadership, Hungary eventually enters World War II on the side of the Axis powers.[4] In December Radnóti publishes his poem "Zaj, estefelé" (A Noise, Toward Evening) in *Nyugat*, the most prominent Hungarian literary journal at the time.

**1933**    In January, Hitler assumes power in Germany. In February Radnóti's third book of poems, *Lábadozó szél* (Convalescent Wind), is published by the Arts College of the Youth of Szeged and receives favorable reviews except from the most influential poet at the time, Mihály Babits.[5] The collection includes poems that explore the struggle between rich and poor and express Radnóti's left-wing sentiments. In September, he travels with Fanni to Dalmatia where he meets the peasant Pero Kapetanovich, who makes an appearance in his poem "Montenegrói elégia" (Elegy for Montenegro).

**1934**    In June he formally changes his name from Glatter to Radnóti, taking the name of his grandfather's village, Radnót. He also obtains his PhD from the University of Szeged, writing his thesis on Margit Kaffka (1880–1918), one of Hungary's great modern poets and novelists. He also completes a thesis in French.

**1935**    In May he sits for his final exams in both Hungarian language and literature and French language and literature. His fourth book of poems, *Újhold* (New Moon), is published by the Art College of the Youth of Szeged. On August 11, he and Fanni are married and he moves from his apartment to a new apartment on Pozsony Street #1. He is 26 at the time. In November, Mussolini's fascist forces invade Ethiopia.

**1936**    The Spanish Civil War begins on July 17. It ends three years later, on April 1, 1939, with the defeat of the loyalists by Franco's fascist forces supported by Hitler and Mussolini. In September, Radnóti obtains his high school professor's diploma in Hungarian and French, but because of the anti–Semitic laws, he is never allowed to teach. He and Fanni live in poverty during their nine years of marriage until his death. He is able to secure occasional jobs as a tutor and supplements this with income by editing manuscripts and working as a translator. Fortunately, Fanni is able to teach typing and stenography at her father's school, and Radnóti's uncle gives money to the struggling young couple. In November his fifth book of poetry, *Járkálj csak, halálraítélt!* (March On, Condemned!), is published by *Nyugat*, which brings him significant prestige among the literati and his peers.

**1937**    Radnóti is awarded the Baumgarten Award, Hungary's highest literary honor, which includes a cash prize and brings him national recognition. With the prize money, he and Fanni are able to travel that June to Paris, where he witnesses and participates in a mass rally organized by the Communists in support of the loyalist anti–Franco forces in Spain. A massive portrait of Lorca, the executed Spanish poet, is a centerpiece at the rally that ends with the emotional singing of the "Internationale" by the 100,000 participants. He also sees Picasso's famous painting *Guernica*. His experiences on this trip inspire him to write his poem "Hispánia, Hispánia," which the censors would not allow into his next book and which is published only posthumously after the end of World War II. Radnóti's readings and lectures on literature are broadcast over the radio.

**1938**    He translates Virgil's ninth eclogue, which greatly influences his esthetic development and leads to the writing of his own now-famous eclogues. On March 11, the Nazis annex Austria, and just over two months later, on May 28, the Hungarian Parliament passes a law that classifies Jews as non–Hungarian and radically limits the number of Jews working in all professions. On October 1, German forces move into the Sudetenland, precipitating the breakup of Czechoslovakia; in November, Hungary annexes parts of Slovakia. On November 9, 1938, Kristallnacht in Germany is followed by pogroms against the Jews. In December, the Hungarian Parliament passes another law creating forced military labor service for Jews. Although conscripted into the army, these laborers could not bear arms. Radnóti's fifth book of poems, *Meredek út* (Steep Road), is published by Cserépfalvi.

**1939** On May 4, the Hungarian Parliament adopts the Second Anti-Jewish Law, which defines Jewishness along racial lines and further establishes forced labor. The leaders of Hungary's major Christian denominations enthusiastically support the law. From July to August, Radnóti travels to Paris for the third and final time, accompanied by Fanni and their close friends, Gyula Ortutay and his wife, Zsuzsanna.

On September 1, Hitler invades Poland, starting World War II, and soon afterwards the Soviets invade Poland from the east as part of the Hitler-Stalin Pact. This precipitates a spiritual crisis in Radnóti, who like most left-wingers had viewed the Soviets as the bulwark against fascism and as the only force that could defeat the Nazis.

**1940** Germany attacks and defeats France, Holland, Norway, Belgium, Luxembourg and Denmark and establishes Jewish ghettoes in Poland. Hungary occupies regions in Transylvania. Radnóti publishes two books: *Guillaume Apollinaire válogatott versei* (The Selected Poems of Guillaume Appolinaire), translated with István Vas.; and *Válogatott versei, 1930–1940* (Selected Poems), containing his own poems written over the previous decade. In September, he receives his draft card and soon afterwards is called up for duty for his first tour of forced labor. The tour lasts three and a half months, and during this time he is assigned to clear barbed wire with his bare hands along the Hungarian-Romanian border and to dig anti-tank trenches.

**1941** In April he begins an adulterous affair with the artist Judit Beck that lasts until July 1942. The relationship places great strain on his marriage of six years to Fanni. A number of poems from this period are written to Judit,[6] but Fanni, who has stubbornly guarded his literary legacy for almost seventy years since his death, has protected these poems equally. Fanni loses her job when her father's school is closed by the authorities, who enforce the new anti–Semitic laws. German troops enter Hungary on their way to Yugoslavia and are joined by their Hungarian allies. Later, as many as 18,000 Jews, all of whom who had sought refuge in Hungary from countries invaded by the Nazis, are rounded up and transported to the Ukraine, where they are executed by the SS, Hungarian soldiers and Ukrainian militia. Hungary declares war on the Soviet Union, Great Britain, and the United States. In June, Radnóti visits the great but now badly ill poet Mihály Babits, who was critical of Radnóti's early work but has be-

come an admirer. Upon Babits's death, Radnóti writes his famous poem "Csak csont és bőr és fájdalom" (Mere Skin and Bones and Pain). On August 2, the Hungarian Parliament adopts a third anti–Jewish law that further isolates Hungary's Jews from the rest of the population. This isolation sets the stage for the deportation and murder of 500,000 Hungarian Jews toward the end of the War. In December, Radnóti's small book of poems *Naptár* (Calendar) is published.

**1942** In January, three thousand Serbs and Jews are murdered by the Hungarian army and their bodies are thrown into the Danube in Budapest. Radnóti translates selected tales from the French by La Fontaine, as well as poems by Keats, Shelley and Byron. In July he is called up for his second tour of forced labor service; it lasts ten long months, until May 1943. His time is spent putting up telephone poles, and in back-breaking work in a sugar factory. He becomes severely ill with a dental abscess and suffers from intermittent depression. He entertains thoughts of suicide. Radnóti is able to go home on furloughs, and Fanni is sometimes able to visit, but their relationship is not fully mended from the affair with Judit Beck. The long separations and ever-present dangers, take their emotional toll on both husband and wife. Radnóti must wear an armband that identifies him as a Jew. He is nearly at the end of his rope when friends and prominent supporters write a letter to the minister of defense, pleading for his release. He is discharged home.

**1943** Germany builds gas chambers in Auschwitz. Hitler's forces are defeated in Stalingrad, and for the first time doubt is cast on the invincibility of the German war machine. In May, Radnóti and Fanni are baptized by Sándor Sík. Their motives are a source of controversy, and the conversion offers scant protection against the genocide to come. In August he publishes a collection of translations, *Orpheus nyomában* [In the Footsteps of Orpheus], with the publisher Pharos, and in October he translates a juvenile version of *Don Quixote*.

**1944** Radnóti begins his translation of Shakespeare's *Twelfth Night*, completing two acts. On March 19, Hitler invades Hungary, concerned that his staunch ally is trying to arrange a separate and secret peace with the Allies. He sends Adolf Eichmann to implement the "Final Solution" at a time when Hungary's Jews are the last remaining large group of Jews untouched by genocide. He finds willing partners among government leaders, right-wing extremists, and the general population. In just two months (May 15–July 10), nearly 500,000 Jews are rounded up and sent to in cattle cars to Auschwitz, where the majority are murdered in the gas chambers. All Jewish properties are confiscated and appropriated by the government and by individual members of the populace. Part of the fabric of Hungarian society for centuries, Hungary's Jews are rapidly destroyed. Pharos publishes Radnóti's translations of African folktales and poems in *Karunga, a holtak ura* (Karunga, Lord of the Dead). In May, Radnóti receives his letter summoning him to his final, and fatal, tour of forced labor service. He and his battalion arrive in Serbia in cattle trucks. On June 2, he arrives in Lager Heidenau in Bor, Serbia, and works in a copper mine. As a convert to Christianity, he wears a white arm band instead of the yellow band worn by non-converts, but it confers little protection. His contingent is assigned to build a railroad for transporting the much-needed copper ore for the German war machine. The men subsist on starvation rations, and there are frequent beatings and torture. On August 16, he writes his final letter to Fanni. From August to September, the Soviet army and Yugoslav partisans close in, and Radnóti's labor battalion starts its retreat from Bor back north to Hungary. The battalion is split in two, and Radnóti is assigned to the second group, which remains behind as the first group departs. Fearing that the second group may be destined for harsher treatment, or worse, he makes several requests to join in the first group and finally prevails. Ultimately, however, this is the doomed column, and the men unknowingly set out on a death march that few will survive. In contrast, the second group is soon liberated by Yugoslav partisans.[7] Before embarking, Radnóti copies five poems out of his now famous Bor notebook, including his "Hetedik ecloga" (Seventh Eclogue), "Levél a hitveshez" (Letter to My Wife), "Á la recherché ...," "Nyolcadik ecloga" (Eighth Eclogue), and "Erőltetett menet" (Forced March). He entrusts the copies to his friend, Sándor Szalai, who has been assigned to the second group. Soon after being liberated Szalai has two of the poems, "Hetedik ecloga" and "Á la recherché ...," published in a local newspaper in Temesvár (Timisoara), Romania. The poems come out while Radnóti is still alive and marching toward his inevitable fate near Abda, Hungary. His column is decimated by hunger, illness, and executions, and he is unaware that his mother and sister have already been murdered in Auschwitz. On October 7 or 8, the group is split up in Cservenka, with Radnóti and 800 of his fellow prisoners continuing their march toward Hungary and another 1,000 remaining behind. Radnóti witnesses the killing of violinist Miklós Lorsi. A wounded Lorsi had been assisted by the poet and another prisoner, and he is shot and killed after an SS guard calls out "Der springt noch auf!" or "He is still moving!" It is an incident that Radnóti commemorates in his famous final poem, "Razglednica (4)" (from the Serbian for "Postcard"), which anticipates his own death. Most of the prisoners that remained in Cservenka are murdered by the German SS in a frenzied two-day bloodbath.[8] On October 30, Radnóti writes "Razglednica (4)" in Szentkirályszabadja on a scrap of paper that he inserts into his small writing tablet. The SS guarding his column return command of the prisoners to Hungarian soldiers. On November 8 and Nov 9, Radnóti is badly beaten and is unable to go on. He is taken with 21 other exhausted and wounded prisoners to a remote forest in two carriages. The prisoners are executed one by one with a shot to the back of the neck and are buried in a mass grave by their Hungarian guards.

**1945**    In January and February the Russian army enters Budapest.

**1946**    Radnóti's posthumous collection, *Tajtékos ég* (Frothy Sky), is prepared for publication by Fanni. He had done much of the editing on the collection that Fanni partially revises and adds to with the five poems from the Bor notebook, rescued by Szalai. Just before publication, and 19 months after his murder at the hands of Hungarian soldiers, a mass grave is discovered near Abda. The grave is exhumed and Radnóti's body is identified among the corpses. In the pocket of his trenchcoat, his Bor notebook is discovered; it contains his final 10 poems, along with letters and photographs. On August 1, Fanni learns of the discovery near Abda in a Jewish newspaper, and among the names of the dead she sees that of her husband. On August 12, she travels with Gyula Ortutay, Dezső Baróti, and Gábor Tolnai to Győr, near Abda, to claim the body. She is also given the Bor notebook, in which she discovers five final poems, "Gyökér" (Root) and the four "Razglednicas," all written during the death march[9] Radnóti is reburied in Budapest.

—Gabor Barabas

# Appendix C: A Brief History of Anti-Semitism in Hungary

Radnóti endured much in his brief life. But his harrowing journey, and the death that ended it, was shared by hundreds of thousands of Hungarian Jews. Anti-Semitism has a long history in Hungary, and by the Second World War, it was woven deep into the fabric of Hungarian society.

In the 1200s, under the rule of King Ladislaus, Jews were temporarily forced to wear red cloths to indicate their religion, and during the time of the bubonic plague in the mid 1300s, they were expelled from Hungary, later to be recalled. In the late 1400s and early 1500s, there was once again widespread persecution, and Jews were sometimes burned at the stake for what are now recognized to be blood libels—false accusations that Jews ritually murdered Christian infants and used their blood in Passover rituals. From 1526 to 1686, Hungary lost a desperate and drawn-out war against the Ottomans; as a result, various regions of the kingdom were occupied by Turkish forces for almost 150 years. Jews generally fared better in Turkish-occupied regions than in those controlled by Christians. In 1686, Habsburg Christian forces captured the city of Buda from the Turks, and most Jewish residents of the city (as well as Muslims) were massacred. During the reign of Empress Maria Theresa in the 1700s, Jews living in Hungary were taxed more heavily than Christians and were prevented from living in certain areas of the kingdom. It was Maria Theresa's son, Emperor Joseph II, who toward the end of the 1700s eliminated the laws and edicts that had oppressed Jews for centuries, providing a temporary respite from persecutions. In 1839 there was a movement to provide Jews with equal rights if they adopted the Magyar language, and in the famous uprising against the Habsburg monarchy in 1848, Jews demonstrated their patriotism by fighting alongside their countrymen and providing money for the war effort. In 1849, they were rewarded with full citizenship; but two weeks later, when Russian and Austrian forces defeated the Hungarian rebels, the Jews were severely punished by the Habsburgs for having supported the revolution. There were executions and heavy financial levies. In 1867, during the reign of Emperor Franz Joseph, a bill of emancipation was finally approved, and by 1910 some 900,000 Jews lived in the vast Austro-Hungarian Empire, representing nearly 5 percent of the population. In the Hungarian capital, Budapest, almost one-quarter of the population was Jewish. By the time of the First World War, and for several years after, Jews found greater acceptance in Hungarian society, and over 10,000 died fighting for their country. With the defeat of the Habsburg's in 1918 and the dissolution of the Austro-Hungarian Empire, however, there came a period of chaos. Through the Treaty of Trianon, the victorious Allies forced Hungary to relinquish two-thirds of its territory and its population to neighboring countries, and one-third of ethnic Magyars found themselves living in territories outside of Hungary. This caused great humiliation and led to long-standing resentments that later fueled the rise in Hungary of right-wing, reactionary, fascist organizations that several decades later allied themselves with Hitler and Nazi Germany. These same groups would lash out violently at the Jewish population that they held as scapegoats for all of Hungary's problems.[1]

Soon after the end of World War I, a liberal democratic government was briefly set up under Mihály Károlyi but was overthrown by a communist revolution in March 1919. Three of the four leaders of the newly formed Hungarian Soviet Republic were of Jewish origin, including Béla

Kun, and they were brutal and deadly in their suppression of dissent. This gave credence to the fabricated idea of a Jewish-Bolshevik conspiracy, and when the communists were themselves overthrown after just four months in power, many held the Jews responsible for the months of terror and resurrected the long-simmering anti–Semitism that had characterized Hungarian society for centuries:

> The resurgence of old-fashioned, theologically informed, and unenforced Judeophobia and the growth of a newer kind of secular, cynically manipulated anti–Semitism were both closely linked to this drive by the internally torn but ultimately consonant right to restore, maintain, or purify the established order....The fascist right, usually with the tacit connivance of traditional conservatives and reactionaries vilified Jews as the chief carriers of social and cultural subversion and the masterminds of political revolution.[2]

The armies that crushed the communists were led by Admiral Miklós Horthy, an avowed anti–Semite, and his supporters exacted their vengeance through a string of pogroms and lynchings of Jews, as well as the imprisonment, torture, and killing of real and imagined communists and socialists, as well as peasants who in seeking rights had allied themselves with activists. The reprisals perpetrated by Horthy's government were at least as bloody and indiscriminate as those of the short-lived Soviet Republic. Jews were the most visible minority and quickly became scapegoats for all of Hungary's economic and social ailments. In 1920, Horthy's government passed a *numerus clausus* law that capped the enrollment of Jews at the country's universities to 6 percent of the student body, a figure that approximated the percentage of Jews in the general population. (At the time the law was passed, Jews accounted for approximately 15 percent of university students.)[3]

For a group that constituted so small a portion of the population, Jews had managed by this time to achieve great commercial and social success. For example, in 1920 nearly half of all Hungarian physicians were Jewish, as were approximately 50 percent of attorneys, 40 percent of veterinarians, 40 percent of engineers and chemists, 20 percent of pharmacists, 35 percent of journalists, and 30 percent of musicians.[4] It is to be noted, however, that a large percentage of Jews were merchants and shopkeepers with more limited educations, and especially in small villages, many still lived in poverty. In the early 1930s, the Depression caused even greater social chaos, and amidst these up-

heavals fascist extremist groups began to flourish, including the Nazi Arrow Cross Party, formed in 1935. There were also virulently anti–Semitic national socialist parties that arose in the twenties and thirties, and these all played an active and enthusiastic role in the genocide to come. On May 29, 1938, Hungary passed its first anti–Jewish law, which restricted the number of Jews in commerce, journalism, medicine, law, and engineering to 20 percent. A year later, on May 5, 1939, the second anti–Jewish law defined Jews racially for the first time. Employment in government was forbidden, and Jews could no longer serve as editors of newspapers. In addition, their numbers among physicians, lawyers, and engineers was further reduced to 6 percent. As a result of the laws, half of the country's Jews lost their income. In addition, their right to vote was rescinded. The third anti–Jewish law passed on August 8, 1941, and prohibited intermarriage and sexual relations with non–Jews. All of these laws were modeled after those passed by Hitler in Nazi Germany. In 1941, three years before their mass deportation to the death camp in Auschwitz, Hungary's Jews numbered 700,000–750,000, accounting for approximately 5 percent of the country's population.[5]

The preliminary killings of Jews began in August 1941 when Hungary handed thousands of refugees from German-occupied countries back to the Nazis. Approximately 10,000 were murdered,[6] and soon afterwards, Hungarian soldiers and police killed 1,500–3,000 Jews and Serbs.[7] While Jews could neither bear arms nor serve in the regular army, they were enlisted for forced labor service. They were essentially slave laborers who cleared minefields, built railroads and airfields, and worked in munitions factories and other locations in support of the German Nazi and Hungarian fascist war effort. Radnóti was called up for labor service (*munkaszolgálat*) three times, the final call-up proving fatal. Tens of thousands of Jews in labor service died while serving on the Soviet front, and approximately 4,000 died in the copper mines at Bor in Serbia where Radnóti also labored.[8] Numerous others died on death marches, killed by the German SS or by their Hungarian countrymen.

On March 19, 1944, German troops invaded after Hitler became suspicious that Hungary planned a separate peace with the Allies. Until then the majority of Hungary's Jews had been spared the fate of most of Europe's Jewish population, which had been decimated in Hitler's "Final Solution." Hitler quickly neutralized Horthy's influence and installed a puppet government, giving power to leaders of the Nazi Arrow Cross Party and its sympathizers. He sent Adolf Eichmann to Hungary to supervise the deportation of Jews to the death camps, and in less than eight weeks, from mid–May through mid–July, 435,000 of the last large population of Jews remaining in Europe had been placed in cattle cars headed toward Auschwitz.[9] Hitler and his SS found enthusiastic partners among members of the Hungarian government, army, general populace, and the virulently anti–Semitic gendarmes and police (*csendőrség*).[10] Hundreds of villages were rapidly emptied of their Jews with the assistance of their neighbors. Eichmann informed Horthy's aides, as well as the leaders of the Roman Catholic, Calvinist and Lutheran churches, of his timetable and his intentions, leaving the organization of the deportations and of the train transports entirely in Hungarian hands. Even Eichmann is reported to have been surprised by the enthusiastic participation of the Hungarian citizenry and the Hungarian gendarmes. He had not been fully aware of the depths of hatred that had developed over centuries.

In July the largest concentration of Jews in the country, the community in Budapest, was targeted. By July 9, more than 400,000 had been deported to Germany on 147 trains, and 90 percent were killed in the gas chambers soon after their arrival.[11] It was not until the joint American-British landing in Normandy, and the invasion of Italy, when the defeat of Hitler became inevitable, that Horthy and his fellow Hungarians halted the deportation of the Jews.[12] The death marches of forced laborers, however, continued even as Soviet forces advanced from the east, and Hungarian troops massacred hundreds of Jews in Romania as they retreated. Ghettos were established in Budapest, where there were mass executions by the Arrow Cross and the gendarmerie.[13] Between November 1944 and February 1945, as many as 15,000 Jews were murdered and thrown into the Danube even though Soviet forces were already in Budapest, and the Arrow Cross continued to kill Jews even as they were encircled by Russian soldiers. Between May and December 1945, those Jews who had survived the death camps in Germany returned to their homeland to search for their families. Most searched and waited in vain, finding their homes occupied by their neighbors and their properties confiscated. Approximately 25 percent, or 180,000–200,000, of Hungary's Jews survived the genocide and were living in Hungary in 1945.[14] There were those who survived the death camps only to be killed by their countrymen when they returned to their villages to wait for the return of their families and friends. Punishment of the perpetrators of one of the greatest acts of genocide, however, was not forthcoming. Only 122 individuals were executed in 1946 for their crimes under the Soviet puppet government, and all but a few were tried not for their role in killing Hungary's Jews but for their political affiliations.[15] The tens of thousands of direct perpetrators melted into the general population and resumed their lives, held unaccountable, and often welcomed and accepted, by their fellow citizens.

—Gabor Barabas

# Source Notes

## Foreword

1. Miklós Radnóti, *Bori notesz* [Bor Notebook], facsimile ed. (Budapest: Magyar Helikon, 1974).
2. *Ibid.*, 13.
3. Carolyn Forche, introduction to *Against Forgetting: Twentieth Century Poetry of Witness*, ed. Carolyn Forche (New York: W.W. Norton, 1993), 31, 33–34.
4. Jeffrey Meyers, *Manic Power: Robert Lowell and His Circle* (London: Macmillan, 1987), 1–2.
5. *Ibid.*, 15.

## Introduction

1. Radnóti, *Bori notesz*.
2. Emery George, *The Poetry of Miklós Radnóti: A Comparative Study* (New York: Karz-Cohl, 1986).
3. *Miklós Radnóti: The Complete Poetry*, trans. and ed. Emery George (Ann Arbor, MI: Ardis, 1980).
4. *Radnóti Miklós összegyűjtött versei és versfordításai* [*Miklós Radnóti's Collected Poems and Translations*], ed. Győző Ferencz (Budapest: Osiris, 2006).
5. Zsuzsanna Ozsváth, *In the Footsteps of Orpheus: The Life and Times of Miklós Radnóti* (Bloomington: Indiana University Press, 2000), 73.
6. *Ibid.*, 74.
7. *Ibid.*, 150–152.
8. *Ibid.*, 176.
9. *Ibid.*, 201–202.
10. *Ibid.*, 212–218.
11. George, *The Poetry of Miklós Radnóti*, 24–27.
12. Ozsváth, *In the Footsteps of Orpheus*, 180, 210.
13. *Ibid.*, 57–60.
14. Gusztáv Láng, "Imitation and Variation: A New Analysis of the Eclogues of Miklós Radnóti," in *The Life and Poetry of Miklós Radnóti*, eds. George Gömöri and Clive Wilmer (Boulder, CO: East European Monographs, 1999), 108–110.
15. Ozsváth, *In the Footsteps of Orpheus*, 63.

## Appendix A

1. *Miklós Radnóti: The Complete Poetry*.
2. *Clouded Sky: Poems by Miklós Radnóti*, trans. and ed. Stephen Polgar, Stephen Berg, and S.J. Marks (New York: Harper & Row, 1972).
3. *Forced March: Miklós Radnóti Selected Poems*, trans. and ed. George Gömöri and Clive Wilmer (London: Enitharmon, 2003).
4. *Foamy Sky: The Major Poems of Miklós Radnóti*, trans. and ed. Szuszanna Ozsváth and Frederick Turner (Princeton, NJ: Princeton University Press, 1992).
5. Radnóti, *Bori notesz*.
6. William Weaver, "The Process of Translation," in *The Craft of Translation,* eds. John Biguenet and Rainer Schulte (Chicago: University of Chicago Press, 1989), 119.
7. Gregory Rabassa, "No Two Snowflakes Are Alike: Translation as Metaphor" in *The Craft of Translation*, eds. John Biguenet and Rainer Schulte (Chicago: University of Chicago Press, 1989), 3.
8. *Ibid.*, 7.
9. *Ibid.*, 2.
10. *Ibid.*
11. Szuzsanna Ozsváth and Frederick Turner, introduction to *Foamy Sky: The Major Poems of Miklós Radnóti*, xli–xlii.
12. John Biguenet and Rainer Schulte, introduction to *The Craft of Translation*, ix.
13. John Felstiner, "'*ZIV*, That Light': Translation and Tradition in Paul Celan," in *The Craft of Translation*, 94.
14. Margaret Sayers Peden, "Building a Translation, the Reconstruction Business: Poem 145 of Sor Juana Ines de la Cruz," in: *The Craft of Translation*, 24.
15. Donald Frame, "Pleasures and Problems of Translation," in *The Craft of Translation*, 76.
16. Edward Seidensticker, "On Trying to Translate Japanese," in *The Craft of Translation*, 143.
17. Gömöri and Wilmer, introduction to *Forced March*, 22.

18. Ozsváth, *In the Footsteps of Orpheus,* 136.

19. Sayers Peden, "Building a Translation, the Reconstruction Business: Poem 145 of Sor Juana Ines de la Cruz," in *The Craft of Translation*, 14.

20. Edmund Keeley, "Collaboration, Revision, and Other Less Forgivable Sins in Translation," in *The Craft of Translation*, 54.

## Appendix B

1. Ozsváth, *In the Footsteps of Orpheus*, 57–60.
2. *Ibid.*, 63.
3. *Ibid.*, 67, 73–75.
4. *Ibid.*, 76–77.
5. *Ibid.*, 99–100.
6. *Ibid.*, 157–159.
7. *Ibid.*, 212–213.
8. *Ibid.*, 215.
9. *Ibid.*, 218–220.

## Appendix C

1. Ozsváth, *In the Footsteps of Orpheus*, 150.

2. Arno J. Mayer, *Why Did the Heavens Not Darken* (New York: Pantheon, 1988), 6.

3. *Ibid.*, 85.

4. *Ibid.*, 76.

5. *Ibid.*, 429.

6. Martin Gilbert, *The Holocaust: A History of the Jews of Europe During the Second World War* (New York: Holt, Rinehart and Winston, 1985), 186–187.

7. Gerald Reitlinger, *The Final Solution* (Northvale, NJ: Jason Aronson, 1987), 413.

8. *Ibid.*, 733.

9. Mayer, *Why Did the Heavens Not Darken*, 435.

10. Reitlinger, *The Final Solution,* 423–424.

11. *Ibid.*, 429.

12. Mayer, *Why Did the Heavens Not Darken,* 437.

13. *Ibid.*, 440.

14. Isreal Gutman, ed., *Encyclopedia of the Holocaust*, 4 vols. (New York: Macmillan, 1990), 1799.

15. Reitlinger, *The Final Solution,* 447.

# Bibliography

Biguenet, John, and Rainer Schulte, eds. *The Craft of Translation*. Chicago: University of Chicago Press, 1989.

George, Emery. *The Poetry of Miklós Radnóti: A Comparative Study*. New York: Karz-Cohl, 1986.

Gilbert, Martin. *The Holocaust: A History of the Jews of Europe During the Second World War*. New York: Holt, Rinehart and Winston, 1985.

Gömöri, George, and Clive Wilmer, eds. *The Life and Times of Miklós Radnóti*, Boulder, CO: East European Monographs, 1999. Distributed by Columbia University Press.

Gutman, Israel, ed. *Encyclopedi of the Holocaust*. 4 vols. New York: Macmillan, 1990.

Hilberg, Raul. *Perpetrators Victims Bystanders: The Jewish Catastrophe, 1933–1945*. New York: HarperCollins, 1992.

Mayer, Arno J. *Why Did the Heavens Not Darken*. New York: Pantheon, 1988.

Ozsváth, Zsuzsanna. *In the Footsteps of Orpheus: The Life and Times of Miklós Radnóti*. Bloomington: Indiana University Press, 2000.

Radnóti, Miklós. *Bori Notesz [Bor Notebook]*. Facsimile ed. Budapest: Magyar Helikon, 1974

_____. *Clouded Sky: Poems by Miklós Radnóti*. Translated and edited by Polgar, Steven, Stephen Berg, and S.J. Marks. New York: Harper & Row, 2003.

_____. *Foamy Sky: The Major Poems of Miklós Radnóti*. Translated and edited by Zsuzsanna Ozsváth and Frederick Turner. Princeton, NJ: Princeton University Press, 1992.

_____. *Forced March: Miklós Radnóti Selected Poems*. Translated and edited by George Gömöri and Clive Wilmer. London: Enitharmon Press, 2004.

_____. *Miklós Radnóti: The Complete Poetry*. Edited by George Emery. Ann Arbor, MI: Ardis, 1980.

_____. *Radnóti Miklós összegyűjtött versei és versforditásai [Miklós Radnóti's Collected Poems and Translations]*. Edited by Győző Ferencz. Budapest: Osiris, 2006.

Reitlinger, Gerald. *The Final Solution*. Northvale, NJ: Jason Aronson, 1987.

Schneider, Elisabeth W. *Poems and Poetry*. New York: American Book Company, 1964.

# English Titles Index

# Hungarian Titles Index

# Hungarian First Lines Index

# General Index